国家社科基金
GUOJIA SHEKE JIJIN HOUQI ZIZHU XIANGMU
后期资助项目

毛奇龄及
清初以经解经派易学研究

种方　著

天津出版传媒集团

天津人民出版社

图书在版编目（CIP）数据

毛奇龄及清初以经解经派易学研究 / 种方著.

天津：天津人民出版社，2024. 8. -- ISBN 978-7-201 -20754-4

Ⅰ. B221.5

中国国家版本馆 CIP 数据核字第 2024H43U01 号

毛奇龄及清初以经解经派易学研究
MAOQILING JI QINGCHU YIJING JIEJING PAI YIXUE YANJIU

出　　版	天津人民出版社
出 版 人	刘锦泉
地　　址	天津市和平区西康路35号康岳大厦
邮政编码	300051
邮购电话	（022）23332469
电子信箱	reader@tjrmcbs.com

责任编辑	林　雨
美术编辑	卢炀炀

印　　刷	天津新华印务有限公司
经　　销	新华书店
开　　本	710毫米×1000毫米 1/16
印　　张	21.75
插　　页	2
字　　数	300千字
版次印次	2024年8月第1版 2024年8月第1次印刷
定　　价	88.00元

目 录

导 论

要在时代背景中研究毛奇龄，需先交代一下清代易学的大致发展脉络。它与清代整体经学的发展比较一致，也经历了由官方支持的宋学独大，到汉学复兴，之后又脱出汉、宋桎梏，渐渐回归本书，开始理智反思、择善而从的大致发展过程。

首先要说明的是，虽然汉易、宋易各以年代作为名称进行区分，但是二者的区别不仅仅在于此，更重要的区别在于解经方式。汉易主要以象数解易，以致流于阴阳灾异谶纬等说，宋易则主要以义理解易，"图""书"之说属于其变体。这是汉、宋的大致时代趋势，但义理、象数都是易学体系中不可或缺的一部分，汉学、宋学中的大部分学者，在大体内容上显露出倾向性，但并不意味着完全摒弃了另外一种思路。同时，从时代上来说，很多被归类于汉易的学者，都是汉代以后人，如虞翻属于三国时期、蜀才属于东晋时期，而很多宋易学者也并非宋人，如吴澄即为元人，但我们仍然按照他们的思想倾向，将其分别归类于汉学、宋学。

第一节 清代前期

清初的易学，以继承明代的宋易为主。宋易可以大致分为"图""书"学及义理学两类，宋易的这两类虽然可以说大相径庭，一天道、一人事，但是都具有比较高的阐发度，因此在它们的发展过程中，最终都难免会出现牵强附会的倾向，十分需要宋学的清代继承者们进行反思和整理。清初所继承的宋易更倾向于后者，对前者却常常有不同意见，

从另外的角度来说，清儒重拾宋学特别是朱子学，也是针对明代王学末流的空疏之弊自然而然的选择。在他们的努力下，清初的学风也确实得到了缓解，这一点在易学领域表现得尤其明显，这是清初宋易学的主要成就。

汪学群在他的《清初易学》中，将清初明遗民的易学分为宋易学与程朱易学两类：宋易一派以孙奇逢、方以智、王夫之为主，重义理、讲微言大义，更注重阐发《易经》中幽深的哲理。而程朱易学一派主要是刁包、张尔岐和钱澄之，同前者一样注重义理的同时，更加注意回归为君与百姓日用之道，

强调其中修身致用的道理。清廷官方所支持的宋易学，则更为偏向于程朱易学这一类，因此在官方的支持下，清初的整体学术氛围，也更加倾向于程朱易学。汪先生的这种分类，比较接近于实情。

清代初期，朝廷一共编成了三部官方的解易之作：其一为顺治下令编写的《易经通注》；其二为康熙早年编成的《日讲易经解义》；其三则为康熙晚年编成的《周易折中》，这是三部中最精良的集大成之作。《周易折中》凡例说："明初，《程传》《朱义》并用，而以世次先程后朱，故修《大全》书，破析《本义》而从《程传》之序。今案易学当以朱子为主，故列《本义》于先，而经传次第，则亦悉依《本义》原本，庶学者由是以复见古经，不至习近而忘本也"①，而"汉晋间说易者，大抵皆淫于象数之末流，而离其宗"②。可见这部书立足宋学，尤其以朱熹为是。而在朱熹与程颐之间，"朱子之学，出自程子，然文义异同者甚多，诸经皆然，不独《易》也。况《易》则程以为圣人说理之书，而朱以为圣人卜筮之教，其指趣已自不同矣。然程子所说，皆修齐治平之道，平易精实，有补学者。朱子亦谓所作《本义》简略，以义理《程传》既备故也。今经传之说，先以《本义》为主，其与《程传》不合者，则稍为折中其异同之致"③。由于程朱异同颇多，《周易折中》的编纂者只好以朱熹《周易本义》为主，在其不合于程颐《周易程氏传》的地方尽量折中。鉴于这部书为帝王服务的特殊性，《周易折中》的内容取舍有所侧重，在为君之道、君民关系等方面，着重进行了劝讽与阐发。

虽然清初由上到下都对程朱易学推崇备至，但对宋易《图》《书》之说及《先天图》的批判开始得却比较早，这一现象，源自程、朱对《图》《书》之说的微妙态度。

首先，程颐就不接受《图》《书》之说，这使对《图》《书》学的反驳工作压力顿轻。《二程遗书》中记载了程颐的一段话："易八卦之位，元不曾有人说。先儒以为乾位西北，坤位西南，言乾坤任六子而自处于无为之地，此大故无义理。……因见卖兔者，曰'圣人见《河图》《洛书》而画八卦。然何必《图》《书》，只看此图，亦可作八卦，数便此中可起。古圣人只取神物之至著者耳。'"④程颐承认《河图》《洛书》为天生神物，圣人则之以画八卦，但这只是偶然而已，不必特地强调《河图》《洛书》的重要性，因为八卦存在于万事万物之中，并非神物专有，数也因此存在于万事万物之中。同时，程颐又对八

---

①② ［清］李光地：《周易折中》，成都：巴蜀书社，2013年，第1页。

③ ［清］李光地：《周易折中》，成都：巴蜀书社，2013年，第2页。

④ ［宋］程颐：《二程遗书》，《二程集》，北京：中华书局，1981年，第222页。

卦方位之说嗤之以鼻,既然不接受八卦方位,那么程颐眼中的《河图》《洛书》,名与陈抟、朱熹等人的《河图》《洛书》相同,其实质则并不一样。

至于朱熹,虽然他把《河图》《洛书》附于《周易本义》的图目之中,似乎承认了《图》《书》之说,但他在图目的最后强调了一个前提,即"有天地自然之易,有伏羲之易,有文王、周公之易,有孔子之易。……不可便以孔子之说为文王之说也"①。《周易》的体系和理论本就是层层建构起来的,朱熹能够意识到这一点,非常可贵。而《图》《书》之说,其理论依据都在《系辞》中,属于"孔子之易"的范畴,值得学习研究,但不可与卦爻辞中的"文王之易"相混淆。因此,程颐碍于《周易》本书明文记载之"河出图,洛出书,圣人则之",而不得不勉强承认一半的《图》《书》之说,在朱熹这里,得以轻巧地避过。

既然程、朱都对《图》《书》之说态度微妙,那么清代初期的易学虽仍然以义理之学为主流,但早已对《图》《书》学进行批判,这也就不足为奇了。清初三家顾、黄、王,除王夫之以外,顾、黄二家均明确表现出对《图》《书》学的反对态度。其中黄宗羲的《易学象数论》,开篇即条分缕析地梳理了《河图》《洛书》及《先天图》的来历发展,以辨其非。顾炎武则尤其是程朱后学反图书说的一个典型。他原本极其推崇程朱二家易说,主张"复程朱之书以存《易》",但他又说,"希夷之《图》、康节之《书》,道家之《易》也"②,认为《图》《书》和先天之说是道家之《易》、方术之书,违背了圣人作易教人于人伦日用的初衷,因此不可提倡。由此可见,顾炎武从易学观角度来说,是程朱的完全继承者,讲义理、讲实用,并且比程朱更坚定地贯彻了程朱学,不论汉宋,但凡涉及易图及象数的,他一概不取。清初在义理派内部即有这样先声夺人的批判,后来倾向考据派的毛奇龄、胡渭、李塨等人,更是矛头直指《图》《书》学及先天说。胡渭的《易图明辨》,干脆以一部书的篇幅,考镜源流,从各个角度全面指明了《图》《书》、先天诸说的问题。

第二节　清代中期

毛奇龄是清代前期到中期的过渡人物,大约与李塨、胡渭同时,三人过从甚密,相互间学术交流也很频繁,他们是康熙末年至乾隆初年间反对宋

---

① [宋]朱熹:《周易本义》,北京:中华书局,2009年,第28页。
② [清]顾炎武著、黄汝成集释,栾保群、吕宗力校点:《日知录集释》,上海:上海古籍出版社,2006年,第51页。

易的主力,也是探索汉易的先驱者。提到清代易汉学的复兴,人们想到的往往是乾隆末期的惠栋、张惠言等人,实际上毛奇龄之稽考汉易、接受汉易,要比惠栋早四五十年之多,而且他是第一个真正通篇使用汉易理论全面梳理解释《周易》文本的人。《仲氏易》一书,虽然立足毛奇龄独创的分卦、聚卦理论,但其理论与汉易卦变说极为类似,且在具体说解及考订上,博采各家,各有辨析,使人读其书而能通汉易。但毛奇龄与后来佞汉的惠栋等人不同,他借鉴汉易说理论的同时也有所扬弃,形成自己个人的易解,与汉易成说不同,而惠氏则以直接采用汉易成说为主。

惠栋经学传自其父惠士奇(1671—1741),惠士奇有《易说》六卷,杂释经传,力图破除王弼以来空言说经之弊,他的目标并不仅仅是宋易,而且包括汉代之后的整个义理易学。《易说》的思想虽然倾向于汉易,但是还并未有意识地引用和使用各家之说,且惜于其篇幅短小,并未通篇疏解经文,因此流传范围很窄,接受度也不高。直至惠栋继承家学,先是于乾隆九年(1744)纂集汉易各家说法,以人为纲,编成一部《易汉学》,然后就开始写作《周易述》,进行疏通《周易》经文的工作。惠栋在这部书上花费了十四年,直至去世,仍有少数篇章未能完成,包括鼎卦至未济十五卦,以及《序卦》《杂卦》两传。惠栋的再传弟子江藩于乾隆四十九年编成《周易述补》,体例思想基本上都遵从了师法。

同时代的许多学者已对惠栋的易学成果作出极高评价,特别是他的友人及拥趸,如江藩、凌廷堪、卢见曾等人。另外一些学者,如阮元,虽然肯定了惠栋的易学成就,说"国朝之治《周易》者,未有过于征士惠栋者也"[①],但也就一些问题提出了比较客观的批评,尤其是他佞汉的倾向,如往往依据汉易古文擅改经文,且大多依据不足,似是而非,即"其校刊雅雨堂李鼎祚《周易集解》与自著《周易述》,其改字多有似是而非者。盖经典相沿已久之本,无庸突以擅易,况师说之不同,他书之引用,未便据以改久沿之本也,但当录其说于考证而已"[②]。

《周易述》所采用的观点以虞翻说为主,体例一般是先引用虞翻,之后再兼采汉易别家,可算是略有倾向的贯通各家。而另一位汉易的推崇者张惠言,则更加专门地研究虞翻。他略晚于惠栋,生于乾隆二十六年,死于嘉庆七年(1802),晚年学易,主要作品都与虞翻有关,包括《周易虞氏义》《周易虞氏消息》等。他在《周易虞氏义》的卷首自序中说明了纂集虞易的原因:"我大清之有天下百年,元和征士惠栋始考古义孟、京、荀、郑、虞氏,作

《易汉学》，又自为解释，曰《周易述》。然掇拾于亡废之后，左右采获，十无二三，其所自述大抵宗祢虞氏，而未能尽通，则旁征他说以合之。……又古书亡，而汉魏师说可见者十余家，然唯郑、荀、虞三家略有梗概可指说，而虞又较备。"①可见他并不认为虞翻的易说比汉魏诸家更好，只是因为虞说保存最全，辑佚的意义更大。另外一点值得注意的是，以惠栋为代表的吴派在当时已声势浩大，而一般说来，张惠言并不被当作吴派学者，但在易学方面，他仍然是惠栋易学的强力拥趸，由此可见当时汉易领域中惠栋不可撼动的地位。

清代整理汉易的另一位鼎足，要数道光年间的李道平。他的《周易集解纂疏》，依托于《周易集解》，全面阐释了汉易。唐人李鼎祚的《周易集解》博采各家之长，实际上不仅汉魏易学，包括唐代孔颖达、侯行果等人的观点也散见书中。这部书搜罗广泛，资料性极强，是后人辑佚汉魏旧注的主要来源之一。李道平依托《周易集解》进行辨析阐释，使他的成果与毛奇龄、惠栋等人相比，既有搜集之功，又有解读之效。

虽然乾嘉以后，汉易呼声渐高，但是坚持宋学的学者也势力不小，如任启运。他在雍正、乾隆两朝都有宫中侍讲的经历，至死服务于清廷，学术思想倾向于宋学程朱一派。他的易学著作为《周易洗心》，其名源自《系辞》中的"圣人以此洗心，退藏于密"，任启运认为"洗心"是作易学易的根本，是《周易》的本旨，因此反复强调这个概念。这也使得他虽然主程朱之书，但强调哲理性，反对朱熹以《周易》为卜筮之书的说法，因此如果继续依照汪学群先生的划分，那么他应当被归为宋易学一派。虽然专注于义理，但是在句读文义方面，任启运更加服膺汉魏诸家的解释。这是他的个人特色，也是时代趋势，即使是清廷御用的宋易学者，也很难完全闭目塞听、固守门户之见。

还有一位颇为矛盾的宋易学者王又朴，虽然学程朱易学，在著作《易翼述信》中以程朱思想为主，但是又往往能够意识到他们牵强不合经文的地方，因此同时也强调从十翼出发才能更加到位地理解经义，结果纠结一生，无法折中，甚至著作几番易稿。但总的来说，他还是属于宋学阵营的，并且对毛奇龄大加批判。

清代中期了汉易、宋易两种易学倾向之外，还出现了第三种倾向，即同时努力摆脱汉学、宋学双方的影响，从《周易》经传文本出发，追求经文的

---

① [清]张惠言：《周易虞氏易》，《续修四库全书》，上海：上海古籍出版社，2002年，第26册，第430页。

"本义"。这种倾向正是本书所要研究的内容,开创自毛奇龄,并在小范围内得到了坚决的贯彻。

第三节　研究综述

一、针对毛奇龄的研究现状

毛奇龄是近些年来学术界的一个研究热点,特别是21世纪以来,有关他的研究,不论是学位论文还是期刊论文,都如雨后春笋般不断涌现,以下是具体的研究篇目,按照完成时间由早至晚排序。

首先是博士学位论文,包括以下几篇:2008年北京师范大学薛立芳的《毛奇龄"诗"学研究》、2009年南开大学闫宝明的《毛奇龄与朱子学》、2010年复旦大学胡春丽的《毛奇龄与清初〈四书〉学》、2010年山东大学周怀文的《毛奇龄研究》、2010年山东大学崔丽丽的《毛奇龄易学研究》。

《毛奇龄易学研究》这部论文对本书来说参考价值很大,它已由中国社会科学出版社于2016年出版。书籍一共六章:第一章毛奇龄易学建构的背景,主要介绍从明代到清代前期的学术概况;第二章毛奇龄的生平、著作及易学渊源,介绍毛奇龄的概况;第三章毛奇龄的易学观,主要介绍毛奇龄对《周易》本质的看法及他的五易说与推易说;第四章毛奇龄的解易方法,主要介绍毛奇龄使用卦名、卦象、方位、爻位、时气数等理论解易,与他引用其他经书、史书解易的情况;第五章毛奇龄对图书之学的考证,介绍他考辨宋易各种《图》《书》说的情况;第六章毛奇龄易学对清初学者的影响,简要介绍了毛奇龄对朱彝尊、胡渭、李塨三人造成的影响。

这部书与本书第一章,在介绍毛奇龄易学基本情况与他考辨《图》《书》学的内容上有一些重复,但详略不同。另外,针对毛奇龄的核心观点"以经解经",两书看法不同。《毛奇龄易学研究》在以经解经方面,着重介绍以他经解经,这是本书不关注的内容。而以本经解经方面,《毛奇龄易学研究》并未对《易经》和《易传》进行区分,因此没有发现"以经解经"的实质是"以《易传》解经"。

除在毛奇龄易学研究上力求创新之外,本书还开拓了新的重点,通过对比他与前代学者虞翻等人,以及同代易学家胡渭、惠栋等人的异同,阐述他在汉与宋、义理与考据学派之间的归属,并对毛奇龄进行的学术史中的定位。而且本书针对"以经解经"派其他学者的研究,都是这部书所没有的。虽然在《毛奇龄易学研究》的最后一章,提及了毛奇龄对李塨的影响,但只是寥寥几页,且只将关注点放在批判《图》《书》学一个问题上,有很多问题都还没有涉及。

接着是硕士学位论文,2013年福建师范大学胡红的《毛奇龄〈古今通韵〉研究》涉及毛奇龄的音韵学问题,对本书论述毛奇龄利用音韵解易的相关内容帮助很大。

硕博学位论文的总体情况是,以专人专书与专人专领域为主,且尤其集中在经学领域。研究者们各自选择毛奇龄的一部著作或一门经学,在小范围内进行深入研究。

至于期刊中的短篇论文,更是卷帙浩繁,无法一一枚举,因此这里只列出与本书有关的篇目,即与毛奇龄生平、交游与其经学,尤其是易学有关的篇目,仍然按照时间顺序排列。

与毛奇龄生平与交游有关的文章,包括郑吉雄1995年《台大中文学报》上发表的《全祖望论毛奇龄》、胡春丽2009年11月在《理论界》上发表的《毛奇龄交游考》、周怀文、经莉莉2012年3月在《芜湖职业技学院学报》上发表《毛奇龄交游考论》、胡春丽2014年3月在《殷都学刊》上发表《毛奇龄交游续考》、胡春丽2016年12月在《古籍研究》上发表的《毛奇龄生平考辨》、罗静2017年1月在《山东师范大学学报(人文社会科学版)》上发表《徐咸清与毛奇龄交游考》、胡春丽2017年12月在《嘉兴学院学报》上发表《朱彝尊与毛奇龄交游考论》。最初的文章总论毛奇龄的交游对象,多事枚举,因此对个人的具体状况和其与毛奇龄的交游过程介绍非常简略。近年来,开始有文章就毛奇龄与某一个人物的交游进行研究了,标志着毛奇龄的交游研究已经走向精细化。

研究毛奇龄经学思想及其经学史地位的文章,包括陈德述1987年8月在《社会科学研究》上发表的《试论毛奇龄的经学思想》、陈德述1987年10月在《社会科学辑刊》上发表的《试论毛奇龄的反宋学思想》、1996年11月黄爱平在《清史研究》上发表的《毛奇龄与明末清初的学术》、陈居渊2002年6月在《浙江学刊》上发表的《毛奇龄与乾嘉经学典范的重塑》、程二奇2006年在《学习与探索》上发表的《毛奇龄〈推易始末〉与清代汉学之复兴——清学史源流的一个新认识》、张佩2010年9月在《大众文艺》上发表的《毛奇龄的反传统思想》、周怀文2010年6月在《图书馆工作与研究》上发表的《〈经义考〉毛奇龄序驳谊》、2014年1月於梅舫在《中山大学学报(社会科学版)》上发表《从王学护法到汉学开山——毛奇龄学说形象递变与近代学术演进》、胡春丽2014年1月在《玉溪师范学院学报》上发表的《三百年来毛奇龄研究评述》。这一部分文章数量较多,表现出当代学者努力给毛奇龄在清代学术史中找到正确定位的迫切愿望。

研究毛奇龄之易学的文章，包括2001年11月郑万耕在《中国哲学史》上发表的《毛奇龄对河图洛书的驳斥》、田智忠2009年6月在《周易研究》上发表的《毛奇龄〈太极图遗议〉考辨》、林忠军2012年3月在《陕西师范大学学报（哲学社会科学版）》上发表的《毛奇龄"推移"说与清代汉易复兴》、辛源俸2014年9月在《周易研究》上发表的《朱熹、毛奇龄和丁若镛的〈周易〉占筮观比较研究》、田智忠2015年3月在《周易研究》上发表的《再论〈太极图〉与〈周易参同契〉"三五至精"思想之关系》、张鑫2016年6月在《德州学院学报》上发表的《论毛奇龄"移易"说视域下的子母聚卦》。可以看出，对毛奇龄易学的研究主要集中在两方面，一是推易说，二是他对《图》《书》学的批评。

二、针对其他学者的研究现状

对于李塨的研究，主要集中在他的哲学思想和实学思想上，对他生平、交游及经学的研究较少。硕士学位论文主要是三篇，包括2011年湖南师范大学孔春杰的《李塨的易学思想研究》、2012年山东大学董春的《李塨易学思想研究》、2014年湖南大学朱纯的《李塨思想流变考论》。期刊论文则包括：陈山榜2007年5月在《河北师范大学学报（教育科学报）》上发表的《李塨年表》、李伟波2009年4月在《周易研究》上发表的《李塨易学的经世精神》、王春阳2009年8月在《郧阳师范高等专科学校学报》上发表的《略论李塨经学转向之动因》。另外有两篇研究李塨与方苞交往的文章，亦与本书的一些篇章关系密切，即余秉颐2014年11月在《中国哲学史》上发表的《颜李学派与方苞的学术公案——〈李刚主墓志铭〉略考》与任雪山2017年5月在《保定学院学报》上发表的《李塨与方苞之交游及其学术意义》。另外，还有张炎2014年12月在《现代商贸工业》上发表的《四存学会主要活动论述》，介绍了四存学会刊印李塨和程廷祚著作的情况。

至于程廷祚、晏斯盛和牛运震三人，对他们的研究本就很少，与其经学有关的更是寥寥无几。研究程廷祚最重要的著作，也是最值得参考的著作，就是胡适为程廷祚所作的年谱——《颜李学派的程廷祚》，这不仅是一部详细的年谱，而且是对程廷祚思想流变与学术观点的确切研究。另外，本人拙作、硕士学位论文《程廷祚易学思想研究》，是构思本书第四章的第一步。现代学者对晏斯盛的关注，主要集中在他的政治和水利方面，对他的经学却没有什么研究。至于牛运震，2007年兰州大学井东燕的硕士学位论文《牛运震传略》和侯江波2014年7月在《德州学院学报》上发表的《牛运震学术渊源考述》，对了解牛运震的生平帮助很大。但对牛运震学术方面的研究，主要集中于《史记评注》《诗志》《金石图》《孟子论文》四部著作，对《周易解》则很少有人关注。

三、针对清代学术史及易学的研究现状

对于清代易学的整体研究，因为往往篇幅较大，所以产生了几部专著形式的作品。朱伯崑《易学哲学史》第四卷重点讲述王夫之及其他义理派易学家，对于毛奇龄的介绍比较简略。汪学群的《清初易学》《清代中期易学》，是全面研究清代易学的专著，对毛奇龄、程廷祚、晏斯盛都有所介绍。

至于研究清代学术史的一些专著，除了经典书籍如梁启超《清代学术概论》、漆永祥《乾嘉考据学研究》、江藩《汉学师承记》《宋学渊源记》、方东树《汉学商兑》等书之外，杨峰、张伟2015年出版的《清代经学学术编年》是十分重要的工具书。大陆之外，王汎森在他的近著《权利的毛细管作用——清代的思想、学术与心态》中，对颜李学派与程廷祚思想的研究很有见地。同时林庆彰《清代经学研究论集》中，有一篇题为《毛奇龄、李塨与清初的经书辨伪活动》的专论。

也有一些针对清代经学具体问题的期刊论文，与本书有些关系。杨效雷2012年11月在《理论学刊》上发表的《学术史视野下的清代易学》，讲到了李塨象数义理兼采的易学。汪学群《试论清代中期易学诸流派的特色》，即他《清代中期易学》的极简版本，其中提到程廷祚、晏斯盛，将他们归类于"构建易学的新尝试"。景海峰2016年6月在《学术月刊》上发表的《论"以传解经"与"以经解经"——现代诠释学视域下的儒家解经方法》，针对"以传解经"与"以经解经"进行研究，虽然并未涉及经学"以传解经"的特殊情况，但已经指出了这个重要概念。陈居渊2012年6月在《孔子研究》上发表的《清代乾嘉学人论宋儒"图书"易学》，零星字句提到了毛奇龄、晏斯盛在这方面的成果。

从上面的文献综述即可看出，前人对毛奇龄的研究很多，但大多集中在毛奇龄专人专书及同代交游的研究上，对受他影响的学者，很少涉及，偶有研究，也非常简略。如《清代经学研究论集》中的《毛奇龄、李塨与清初的经书辨伪活动》一文，终于一改单独研究毛奇龄及将李塨与颜元绑在一起的常态，将注意力转移到毛奇龄与李塨的师生关系及毛奇龄对李塨的影响上，但它在研究毛奇龄易学流派的方面，还只走出了第一步。至于程廷祚、晏斯盛和牛运震的易学，本就少有人专门研究，更没有人将他们的易学上溯到毛奇龄。

　　本书旨在对前人关于毛奇龄易学的研究力求突破,包括阐明毛奇龄"以经解经"的真正含义,厘清他的理论渊源以及他与汉学、宋学的正确关系,并且将毛奇龄与胡渭、惠栋等人的易说进行比较,确立他在清代学术史中的地位;同时梳理出接受毛奇龄易学影响的学者及其易说。

第一章 毛奇龄及其经学思想

第一节 毛奇龄的生平与著述

一、毛奇龄生平事迹与时人的评价

(一)毛奇龄的生平争议

毛奇龄(1623—1713),其卒年略有争议,现以《清史稿》所记录的"(康熙)五十二年,卒于家,年九十一"①为准。毛奇龄原名甡,又名初晴,字大可,浙江萧山人,学者称西河先生。早年参与抗清活动,三十五岁因抗清事业牵连出的一些纠纷,不得不出家避祸,又得罪同乡,被诬告杀人,离家逃亡多年,因此前半生都颠沛流离,无法安定。康熙十七年被荐举博学鸿词科,授检讨,充明史馆纂修官。七年后,因其反对程朱理学的立场,与馆臣们多有不合,寻假归不复出。即使是在叛逆辈出的清代学术界,毛奇龄也算得上一位奇人,尤其以恃才自傲著名。晚年,毛氏自作一篇《自为墓志铭》,讲述生平之余尚且不忘处处自夸,如宴饮东湖,"予倚醉扣盘,赋明河篇凡六百余言,及旦,则淮上诸家传写殆遍"②等,可见其自负之心。

在毛奇龄的生平中,有两个重要事件,是后人聚讼的重点。其一,毛奇龄自述明亡之后,与其兄依附保定伯毛有伦抗清始末,"保定至萧山访同族之居萧山者,移檄购大小毛生,出予于土室,启之监国,授予为监军推官,予力辞之"③。若是按照毛奇龄自己的说法,毛有伦不但亲自访求,而且要授予他"监军推官"的职位,可见他所受到的重视。后来毛有伦要迎奉方国安、马士英,向毛奇龄咨询意见,毛奇龄建议说:"方、马,国贼也。明公为东南建义旗,何可与二贼共事? 请绝之。"后来方、马果然都兵败,并且后世风评不佳。毛奇龄还举出其他种种事例,证明自己对毛有伦贡献很大。

---

① 赵尔巽等:《清史稿》,北京:中华书局,1977年,第13176页。
② 详见[清]毛奇龄:《西河集》,《影印文渊阁四库全书》,台北:台湾商务印书馆,1986年,1321—128页。
③ [清]毛奇龄:《西河集》,《影印文渊阁四库全书》,台北:台湾商务印书馆,1986年,第1321册,第125—126页。

　　其二，毛有伦失败之后，毛奇龄逃回家乡，出家避祸，却又因得罪人被诬告。毛奇龄说："（他得罪之人）拥予至西陵渡口，（邻人）篡之还，（他得罪之人）次日购道殣横所篡处指为营兵，毛生聚人杀营兵，宜重典。"①也就是说，仇家伪造营兵尸体，诬告其为毛奇龄所杀，毛奇龄才不得不逃跑。

　　毛奇龄自述的这两件事，都被全祖望（1705—1755）极力反驳。全祖望对毛奇龄十分反感，特地作《萧山毛检讨别传》一文揭露毛奇龄的生平污点。在《萧山毛检讨别传》中，全祖望记录了从祖父全吾骐处听来的一些毛氏阴私，如他"雅好殴人"，动不动就殴打别人，另外"其妇因于杭者三年，其子瘝死"，连累妻子被囚、儿子饿死，他又"与歌童辈为长夜之乐"而"其妇恨之如仇，及归不敢家居"，因与歌童宴乐而与妻子闹翻，不敢回家等。②

　　更加重要的是，全祖望认为毛奇龄自述的抗清义举，属于夸大其词，并非实情：

　　　　国难，画江而守，保定伯毛有伦方贵，西河兄弟以鼓琴进托末族。保定将官之，而江上事去，遂亡匿，乃妄自谓曾预义师。辞监军之命、又得罪方、马二将几至杀身、又将应漳浦黄公召者，皆乌有也。③

全祖望不但否定了毛奇龄所自述的各种抗清活动，甚至将毛氏依附毛有伦的过程总结为"以鼓琴进托末族"，只靠弹琴进托，如倡优一般，亦不乏夸大嫌疑。至于诬告之事，全祖望则表述为"江上之人有怨于保定者，其事连及西河，而西河平日亦不持士节，多仇家，乃相与共发其杀人事于官"④，虽然大致意思相同，但全祖望强调毛奇龄结仇的原因在于个人品行有缺，同时一个"发"字，暗示着毛奇龄杀人之事为真有，并非仇人伪造。

　　毛奇龄的《自为墓志铭》与全祖望的《别传》，都是个人主观性比较强烈的作品，均有偏颇之处，使事情的真相更加扑朔迷离。

　　施闰章（1619—1683）又有《毛子传》一文，讲述的是毛奇龄四十来岁之前的大致事迹，内容比较简单，态度上则大致均为褒词。其中将毛奇龄参与抗清的全过程都省略不录，至于得罪仇人之事，也只说"欲借他人事构之

---

①　[清]毛奇龄：《西河集》，《影印文渊阁四库全书》，台北：台湾商务印书馆，1986年，第1321册，第127页。

②　详见[清]全祖望著、朱铸禹汇校集注：《全祖望集汇校集注》，上海：上海古籍出版社，2000年，第987页。

③④　[清]全祖望著、朱铸禹汇校集注：《全祖望集汇校集注》，上海：上海古籍出版社，2000年，第986页。

死"①而已,完全没有提供细节,因此对毛奇龄与全祖望最重要的分歧,无法提供有用的旁证。文末称毛氏"年四十余尚无子"②,与全祖望儿子瘐死之说有些矛盾。不过施闰章也提到毛奇龄的风流做派,说他"颇不自惜"③,看来全祖望所谓的爱好歌童,大概是实情。

至于毛奇龄与妻子不合之事,《全浙诗话》中有一条记录可为佐证,"先生构思诗文,手不停笔,质问之士环坐于旁,随问随答,井井无一误。夫人在室中更詈骂不绝口,先生复还诟之,殆五官并用者,聪明之资,一时无两"④。这一条虽然主要目的是为证明毛奇龄才思敏捷,但是亦可表现出毛氏夫妻不和的程度。有客人在场时二人尚且互相詈骂,更何况其他时候。

但毛、全二文以外的这些资料,都只能够证明一些私生活中的细枝末节。毛、全二文仍然是了解毛奇龄生平重大事件的唯二依据。

(二)对毛奇龄学术的评价与回护

全祖望的父亲曾经总结了毛奇龄在学术方面的一些问题,包括"有造为典故以欺人者,有造为师承以示人有本者,有前人之误已经辨正而尚袭其误而不知者,有信口臆说者,有不考古而妄言者,有前人之言本有出而妄斥为无稽者,有因一言之误而诬其终身者,有贸然引证而不知其非者,有改古书以就己者"⑤,并通过口授——引证,作《萧山毛氏纠谬》十卷。这里概括出的问题,集中在毛奇龄引证前人说法这一方面,如不够严谨、不做辨析,甚至伪造或信口妄言。

在《萧山毛检讨别传》的最后,全祖望又做出了自己对毛奇龄的总体评价。他说:"虽然,西河之才,要非流辈所易几,使其平心易气以立言,其足以附翼儒苑无疑也。乃以狡猾行其暴横,虽未尝无发明可采者,而败阙繁多,得罪圣教,惜夫。"⑥稍稍肯定了毛奇龄的才华,但仍然着重强调他性格和品德上的缺陷,如暴躁、狡猾以及批判理学的立场问题,而"败阙繁多,得罪圣教"这样的批判,可以说是非常严厉的。

"得罪圣教"之说,源自毛奇龄对理学,尤其是程朱二人,极尽讽刺挖苦

---

①　[清]施闰章:《学余堂文集》,《影印文渊阁四库全书》,台北:台湾商务印书馆,1986年,第1313册,第212页。

②③　[清]施闰章:《学余堂文集》,《影印文渊阁四库全书》,台北:台湾商务印书馆,1986年,第1313册,第213页。

④　[清]陶元藻编:《全浙诗话》,北京:中华书局,2013年,第1205页。

⑤　[清]全祖望著、朱铸禹汇校集注:《全祖望集汇校集注》,上海:上海古籍出版社,2000年,第987—988页。

⑥　[清]全祖望著、朱铸禹汇校集注:《全祖望集汇校集注》,上海:上海古籍出版社,2000年,第989页。

之能事的批评行为。毛奇龄的批判，无孔不入，稍有机会就要借题发挥，而且语气上往往违背了学术讨论的专业态度，带有强烈的感情色彩。如毛奇龄评论朱熹改动《系辞》的文字顺序，将"天一地二"一段移到"大衍之数"前时，用"真妄甚矣"①四字作评，理学的拥护者看后，自然会感到非常气愤。可以说，全祖望的评论虽然出于激愤，语气和态度都不够客观，但是其所针对的毛氏之失，也是他确实具有的问题。

全祖望对毛奇龄的不满，转述祖父、父亲之意，再加上自己的感受，不满之情延续三代，却遭到了李慈铭的讽刺。他在《书鲒琦亭集外编萧山毛检讨别传后》说："所云先赠公者，乃谢山之祖父，一邨老农耳，何由而知西河学问之底蕴，其言岂可据哉。"②以全祖望祖父为乡村老农而不足据，是感情相当激烈的针锋相对。

李慈铭认为，毛奇龄虽然在史学方面并不出色，因为偏见而不读宋后之史，其经学却足可称为"天下之杰"：

> 尝谓西河史学实疎，又因恶宋儒性理空疎之学，不读其书，遂并宋以后之史俱似未读，此所以来后人之讥弹。要其经学文章，不特吾郡之冠，亦天下之杰也。善乎阮文达之序《西河全集》曰："议者以检讨好辨善詈，且以所引证索之本书，间有不合。予谓善论人者略其短而著其功，表其长而正其误，若苛论之，虽孟、荀无完书矣。……其推溯太极《河》《洛》在胡朏明之先，发明荀、虞、干、侯之易在惠定宇之先，于《诗》驳申氏之伪，于《春秋》指胡氏之偏，三礼四书所辨正尤博。至于古文诗词，后人得其一已足以自立于千古，而检讨犹不欲以留于世，则其长固不可以一端尽矣。其引证间有讹误，则以检讨强记博闻，不事翻检之故。恐后人欲订其误，毕世不能也。"云云，可谓先得我心者。平情论之，谢山乙部之学固精于西河，至甲部则中可容数十人焉。公是公非，自在天壤，如其论定，以俟后贤。③

这一段文字主要引用了阮元为《西河全集》所作的序文，阮元显然仔细研读过毛奇龄的著作。他在《易》《诗》《春秋》这三经方面对毛奇龄成就的总结，比较到位。

---

① ［清］毛奇龄：《易小帖》，《毛奇龄易著四种》，北京：中华书局，2010年，第185页。

②③ ［清］李慈铭：《越缦堂文集》，《清代诗文集汇编》，上海：上海古籍出版社，2010年，第713册，第288页。

阮元也提到了毛奇龄在引文方面失检的问题。出于回护的态度，他用瑕不掩瑜，来将他的失误一笔带过，而李慈铭也对此表示赞同。同时，又对毛奇龄有时口出恶语、不够客观的情况，也只用人人都有缺点来予以回护。对比全祖望对毛奇龄的口诛笔伐，可见先入为主的倾向性对人之判断，有多么显著的影响。

除阮元、李慈铭，焦循、李塨、邵廷采等人都对毛奇龄进行过回护。李塨、邵廷采是毛奇龄的后学，回护老师自然是情理之中的。在焦循、阮元、李慈铭中，时代最早的阮元，乾隆五十四年才中进士，主要活跃在嘉、道时期，另两位则更晚。可见学界对于毛奇龄的影响力的种种争议，以及对他在学术史上的不同定位，延续多年仍然没有结束。直到今日，对毛奇龄的研究著作与论文如雨后春笋般出现，仍然在努力为其学与行思想找到合适的表述与评价。

二、毛奇龄的著作

（一）毛奇龄主要经学著作

1.《四库全书》所收毛奇龄著作

上面介绍了毛奇龄经学的总体情况，下面则需要对毛奇龄的具体著作与易解进行介绍。毛奇龄著述颇丰，且尤为四库馆臣所青睐，根据林久贵的统计，《四库全书》全文收录了毛奇龄的27种著作，是收录著作数量最多的学者，比排名第二的朱熹还多了5种。再加上存目中的36种，《四库全书》著录的毛奇龄著作，总量达到了惊人的63种。①这些书籍涉猎很广，除经学、史学外，他对音韵、舆地、音乐、方言等都有所涉猎。

参考中华书局1965年影印的《四库全书总目》，通过《四库全书》对毛奇龄著作的收录与否、全文收录或是存目，以及分类情况，可以较为有条理地整理出毛奇龄的著作，并判断他们的大致水平。《四库全书》所收录的毛奇龄著作有：诗文相关著作《西河集》与《西河诗话》，均被正文收录。《尚书》学著作《尚书广听录》《古文尚书冤词》《舜典补亡》，前两种被正文收录。诗学著作《毛诗写官记》《诗札》《续诗传鸟名》《诗传诗说驳义》《白鹭洲主客说诗》《国风省篇》，前四种被正文收录。礼学著作《郊社禘祫问》《辨定祭礼通俗谱》《周礼问》《丧礼吾说》《曾子问讲录》《昏礼辨正》《庙制折衷》《大小宗通绎》《学校问》《明堂问》，前二种被正文收录。《春秋》学著作《春秋毛氏传》

① 详见林久贵：《〈四库全书〉收录个人著述最多的人——毛奇龄》，《文史知识》，1997年第07期，第83页。

《春秋简书刊误》《春秋属辞比事记》《春秋条贯篇》，前三种都被正文收录。四书学著作《四书剩言》《论语稽求篇》《大学证文》《四书索解》《大学知本图说》《大学问》《逸讲笺》《中庸说》，前三种被正文收录，另外还有《孝经问》和以问答形式杂论群经的《经问》，均被收于正文。乐类著作《圣谕乐本解说》《皇言定声录》《竟山乐录》，均被正文收录。音韵学著作《古今通韵》《易韵》《韵学要指》，均被正文收录。训诂类书《越语肯綮录》则被收于存目。史部著作《北郊配位议》《武宗外纪》《后鉴录》《王文成集传本》《胜朝彤史拾遗记》《何御史孝子祠主复位录》《杭志三诘三误辨》《萧山县志刊误》《湘湖水利志》《蛮司合志》《辨定嘉靖大礼议》《制科杂录》，只有第一种被收入正文。子部著作《观石后录》、集部《楚辞》类著作《天问补注》都被收于存目。

至于毛奇龄的易学著作，《仲氏易》《推易始末》《春秋占筮书》《易小帖》被收入易类正文，《河图洛书原舛编》被收入易类存目，《太极图说遗议》被收入子部儒家类存目。

综上所述，毛奇龄被《四库全书》全文收录的著作实为29种，比林久贵先生的统计多2种，加上存目则是62种，比林久贵少1种，可惜林久贵先生统计时并未列出书目，因此不知具体出入在哪里。

从数目上来说，四库馆臣对毛奇龄的偏爱有目共睹，并且对他的经学著作评价更加肯定，收入正文的比例更高。相比之下，毛奇龄的诸多史部著作只有《北郊配位议》一种被收入正文，这与时人对毛奇龄"经优于史"的总体看法一致。

从提要的内容来看，大部分著作的提要都比较克制，且持保留态度，回避了他的立场问题，主要针对其他问题提出否定，最后的定性均为"可备一说""不可废"之类。如《西河集》的提要就说："奇龄之文，纵横博辨，傲睨一世，与其经说相表里，不古不今，自成一格，不可以绳尺求之。然议论多所发明，亦不可废。"[1]再如《推易始末》的提要："朱子谓卦变乃易中之一义，而奇龄则以为演画系辞之本旨，未免主持太过。然易义广大，触类旁通，见知见仁，各明一理，亦足与所撰《仲氏易》互相发明也。"[2]又如《孝经问》的提要："奇龄此书，负气叫嚣，诚不免失之过当。而意主谨守旧文，不欲启变乱古经之习，其持论则不能谓之不正也。"[3]三篇提要都先表露出不赞同的意思，批评的重点则在于他桀骜的态度及尤异他人的观点，但仍然决定将其

---

① ［清］毛奇龄：《西河集》，《影印文渊阁四库全书》，台北：台湾商务印书馆，1986年，第1320册，第2页。

② ［清］永瑢等：《四库全书总目》，北京：中华书局，1965年，第37页。

③ ［清］永瑢等：《四库全书总目》，北京：中华书局，1965年，第266页。

收录。

《四库全书》所收录的毛奇龄著作,令人难以置信的全面,对比毛奇龄的全部著作,《四库全书》只少收了《四书改错》与《圣门释非录》两部书。

2.《西河合集》的编纂与《四书改错》的漏编

毛奇龄在四书学领域最著名的著作,其实是《四书改错》,他也可以算得上是抨击朱熹最为激烈的一部书,开篇即说"四书无一不错"①,批评的目标则直指朱熹编成的《四书章句集注》,从中挑出错误四百多处,毫不留情。这部书《四库全书》未收,只看《四库全书》的情况,会使人误以为它过于离经叛道而被四库馆臣排除在外,其实情却并不一定是这样。

要厘清这个问题,需要先介绍一下毛奇龄的全集——《西河合集》的情况。这部书是后世流传毛奇龄绝大部分著作的来历,由毛奇龄之子毛远宗与门人弟子编成,后又经过蒋枢的重编。阮元对这部庞然巨著的成书有所记载:

> 朱文藻曰:《西河合集》为门人子侄所编,分经集、史集、文集、杂著四部,凡四百余卷。康熙庚子,门人蒋枢别分经集、文集二部为一编,其编于集部者古文诗词统计一百七十九卷。②

康熙庚子即康熙五十九年(1720)。毛奇龄数量巨大的著作能够保存完整,全赖子侄与门人的努力,尽快将其编纂成书。毛奇龄在世时《西河合集》初编即已成书,并于康熙三十八年镂板刊行,而毛奇龄死后的第七年,《西河合集》的重编也已经完成,后世所见《西河合集》,以重编本为主。

对比《西河合集》经集书目与《四库全书总目》经部、集部所收录的毛奇龄著作,就会发现,除一部《圣门释非录》,其他书目都一模一样。这部书也被《四库全书总目》收录进四书类存目,但四库馆臣认为它是毛奇龄门人陆邦烈的作品,"此本刻《西河合集》中,旧题奇龄自撰。今考究始末,实邦烈所为"③。《四库全书总目》的著录与提要,揭示了两点问题:其一,四库馆臣正是根据《西河合集》来选录毛奇龄著作的;其二,毛奇龄《西河合集》中的所有著作都被《四库全书总目》收入,甚至包括同样以排诋理学为主要目的,且被认为并非毛氏作品的《圣门释非录》。

---

① [清]毛奇龄:《四书改错》,《续修四库全书》,上海:上海古籍出版社,2002年,第165册,第6页。
② [清]阮元:《两浙輶轩录》,嘉庆刻本,卷六。
③ [清]永瑢等:《四库全书总目》,北京:中华书局,1965年,第316页。

按照这个思路，《四库全书总目》如果见到了《四书改错》，也许会将其列入四书类存目，不收的主要原因，还是由于《西河合集》内不收，因此四库馆臣没有见到这部书。

至于《西河合集》居然漏收毛奇龄如此重要的一部书，全祖望《萧山毛检讨别传》中的一句话提供了原因，"抑闻西河晚年雕《四书改错》，摹印未百部，闻朱子升祀殿上，遂斧其板"①。这虽然是为了讽刺毛奇龄胆小而提出的例证，但是于情于理，毛奇龄自毁《四书改错》之版的记载应该不错。专门研究《四书改错》的两部硕士论文，即2009年北京大学徐到稳的《毛奇龄四书学研究——以〈四书改错〉为中心》与2012年鲁东大学孙蕴的《毛奇龄〈四书改错〉研究》，对这一问题都有更加仔细的辨析，本书则不再详细展开，回到与毛奇龄易学有关的问题上来。

（二）毛奇龄易学著作简介与《太极图说遗议》主旨辨析

毛奇龄在易学方面用功颇深，共有七部易学著作:《仲氏易》全篇疏解《周易》经文，《推易始末》则专讲推易说，《河图洛书原舛编》与《太极图说遗议》是分别针对《图》《书》学中的《河图》《洛书》与《太极图》进行辨析的专门文章，《易小帖》则记录了毛奇龄说易中不成篇的琐言碎语，以及一些与《周易》有关的问答。

《四库全书总目》将《春秋占筮书》归于易类而非春秋类，是非常正确的处理，这部书虽然书名中含有《春秋》，但主旨是利用易学理论解释《左传》中所见的一些筮例，因此与易学的关系更大。《易韵》虽然以"易"为名，但是别出心裁地分析了《周易》正文的押韵问题，在音韵学方面成就很高，但对于研究毛奇龄的易学，却参考价值较低。

但在《四库全书总目》中，《太极图说遗议》被归于儒家类，并不合理。馆臣给出的理由是:

> 周子《太极图说》，本"易有太极"一语。特以"无极"二字，启朱陆之争。奇龄又以其图与《参同契》合，并引《唐元宗御制上方大洞真元妙经序》"无极"二字为证。因及于篇中阴阳动静互根等语，谓皆非儒书所有，立议原不为无因。②

---

① ［清］全祖望著、朱铸禹汇校集注:《全祖望集汇校集注》，上海:上海古籍出版社，2000年，第988页。

② ［清］永瑢等:《四库全书总目》，北京:中华书局，1965年，第827页。

四库馆臣认为《太极图说遗议》的立足点是指出《太极图说》中的哲学思想并非儒家思想,因此将其归于儒家类,但这并非《太极图说遗议》的根本目的。

要判断《太极图说遗议》的根本目的,只需找出其中的内容,是纯易学研究的内容更多,还是卫道的内容更多。这部书中,比较分析周敦颐《太极图》与《周易参同契》、唐《真元品》《太极先天合一图》的关系,占了接近一半的篇幅,在这部分的最后,毛奇龄说:"其在当时传《太极》者,颇知所自,悉不以其图为然。故宋、元间人,凡言易家辄自为一图,而勾深抉隐,穿凿变怪之害生也。"①他所痛心疾首者,显然并非将释道异端窜入儒学,而是后人继承周敦颐《太极图》,穿凿言易,可见毛奇龄批判《太极图》,是站在维护易学,而非维护儒学的立场上进行的。

《太极图说遗议》后半部分解释《太极图说》的内容,也多本于《周易》,不涉儒学,如解释《太极图说》中的"阳变阴合而生水火木金土,五气顺布,四时行焉。五行一阴阳也,阴阳一太极也,太极本无极也",毛奇龄说:

> 太极、五行出二氏书,以太极无五行也。夫有阴阳即有五行,彼皇极不言五行乎? 曰:皇极有五行,太极无五行。皇极以畴,此以卦也。"大衍"之注无五行乎? 曰:大衍有五行,太极无五行。大衍以著数,此以卦象也。②

这段话的意思有些复杂,又牵涉到一些别的概念。首先中华书局版《毛奇龄易著四种》的点校者将"皇极"一词加上了书名号,大概以为它就是邵雍的《皇极经世》,这种理解是错误的。其实这里的"皇极"是《尚书·洪范》中所说的洪范九畴之一,一些学者对"皇极"采用偏向义理的解读,将其解读为行为、思想的极致,如《书集传》中说:"一事一物之接,一言一动之发,无不极其义理之当然,然无一毫过不及之差,则极建矣。"③但在《新唐书·五行志》中,所谓的"皇极"被与"五行"相提并论,并强调天人之际的问题,即"九畴名数十五,其要五行、皇极之说,前贤所以穷治乱之变,谈天人之际,盖本于斯"④。这说明如同九畴本身被演化成玄奥的数学与天文问题一样,皇极也有方术化的倾向。

① ［清］毛奇龄:《太极图说遗议》,《毛奇龄易著四种》,北京:中华书局,2010年,第104页。
② ［清］毛奇龄:《太极图说遗议》,《毛奇龄易著四种》,北京:中华书局,2010年,第115页。
③ ［宋］蔡沉:《书集传》,北京:中华书局,2017年,第126页。
④ ［后晋］刘昫等:《新唐书》,北京:中华书局,1975年,第1346页。

毛奇龄的这段文字,即将九畴与皇极都理解为用算畴推算的方术理论,可以与五行联系在一起。而纯易学领域中的太极无五行,是因为毛奇龄认为《周易》中"太极生两仪,两仪生四象,四象生八卦"一段,讲的是生卦过程,这过程中没有五行参与。但同样出自《周易》本书的"大衍之数五十,其用四十有九"一段之注中又可以有五行,是因为毛奇龄认为,这一段讲的是用蓍草卜筮算数的过程,与皇极同样是推算过程,涉及方术领域,与讲生卦成象的"太极"一段完全不同。

毛奇龄在这里将皇极与太极对比,强调后人附会之方术与《周易》经典的区别,将"大衍"与太极对比,更进一步强调《周易》文本之间所指的区别。这一段辨析根柢于毛奇龄自己对《周易》文本的理解,只探讨与经书相关内容本身是否有五行的内容,完全是经学研究的做法。所以说,《太极图说遗议》主要是一部研究周敦颐《太极图》与《太极图说》是否符合《周易》本义的易学著作,指出其内容牵涉释道,只是论据而已,并非毛奇龄真正想要解决的问题。

另外还有《经问》一书,其中记录了毛奇龄与人往复探讨经学问题的书信,有关易学的内容不少,也是研究毛奇龄易学的重要参考。

第二节　毛奇龄的王学立场及其影响下的经学思想

一、毛奇龄的王学立场

(一)明末清初的王学困境与转型

王艮(泰州人)、王畿(字龙溪)二人,是将王学发扬光大的首功,也是将王学带入泥淖的始作俑者。《明儒学案》中说:

> 阳明先生之学,有泰州、龙溪而风行天下,亦因泰州、龙溪而渐失其传。泰州、龙溪时时不满其师说,益启瞿昙之秘而归之师,盖跻阳明而为禅矣。然龙溪之后,力量无过於龙溪者,又得江右为之救正,故不至十分决裂。泰州之后,其人多能以赤手搏龙蛇,传至颜山农、何心隐一派,遂复非名教之所能羁络矣。①

他们将王学与佛教禅宗思想混为一谈,形成了所谓的"狂禅派"。好在王学

---

① [清]黄宗羲:《明儒学案》,北京:中华书局,2008年,第703页。

还有江右王门之邹守益等人的弥补救护，没有因这两支而造成王学和儒学决裂的可怕结局。但在王艮、王畿之下，还有颜山农、何心隐等人，越来越入狂境，完全脱离了儒家宗法名教的束缚，这一流派也被称作"王学左派"。

其中更有李贽借助其人格魅力与影响力，多有惊人之语，为王学左派的思想附加了特殊的吸引力。如他认为，孔子游历四方，是求出世，和佛祖出家无异，即"以求出世知己，是虽名为在家，实终身出家者矣"①。这当然并非孔子的本意，孔子亲口承认自己乃是待价而沽者，只是可惜没有遇到明君贤主，他的游历各国，也是以入世的前提而非出世的前提。其实质，正如嵇文甫先生所说，是出于逃避宗法和名教的个人目的，可以说已失去了王学根本。"左派诸人，是不拘守儒家门户的，是不顾士大夫体貌规格的，他们冲破宗法制度的藩篱，作一个江湖侠客、游方道人。"②

针对学习与思考，王畿曾说：

> 良知不学不虑。终日学，只是复他不学之体；终日虑，只是复他不虑之体。无工夫中真工夫，非有所加也。工夫只求日减，不求日增，减得尽便是圣人。后世学术，正是添的勾当，所以终日勤劳，更益其病。果能一念惺惺，冷然自会，穷其用处，了不可得，此便是究竟话。③

他认为勤劳学习和努力思考都是缘木求鱼，必须日减工夫，靠一念之顿悟，才能致良知。这种否定读书学习的态度，随着王学左派的蔓延，也造就了当时空疏的学术风气。

但全面反思也来得很快，如东林学者就已从思想、政治、学术三方面来辩驳王学左派，甚至波及王阳明本人。

> 阳明先生曰："求诸心而得，虽其言之非出于孔子者，亦不敢以为非也；求诸心而不得，虽其言之出于孔子者，亦不敢以为是也。"此两言者，某窃疑之。……圣人之心虽千百载而上下冥合符契，可以考不谬，俟不惑，无有求之而不得者。……学者之去圣人远矣，其求之或得或不得宜也。于此正应沈潜玩味，虚衷以俟，更为质诸先觉，考诸古训，退而益加培养，洗心宥密，俾其浑然者果无愧于圣人，如是而犹不得，

---

① ［明］李贽：《书黄安二上人手册》，《焚书》，北京：中华书局，2009年，第132页。

② 嵇文甫：《左派王学》，上海：上海三联书店，2014年，第100页。

③ ［明］王畿：《答徐存斋》，《明儒学案》，北京：中华书局，2008年，第248页。

然后徐断其是非未晚也。苟不能然,而徒以两言横于胸中,得则是,不得则非,其势必至自专自用,凭恃聪明,轻侮先圣,注脚六经,无复忌惮,不亦误乎?①

空疏学风,王阳明实启其端,从这一段引文即可看出。王氏原文虽作"夫学贵得之心,求之于心而非也,虽其言之出于孔子,不敢以为是也,而况其未及孔子者乎?求之于心而是也,虽其言之出于庸常,不敢以为非也,而况其出于孔子者乎?"②与这段的引文在意思上有出入,但并不影响顾宪成辩驳的立论。王阳明说,如果对某一看法,自己内心不认可,即使它出自孔子,也不能违背内心来接受,更何况是那些出自不如孔子者的看法。如果自己内心认可,即使出自平常人,也不可能否定,更何况是出自孔子的。他这段议论其实重点在于后半句,是为批评朱熹仅依个人理解就变乱《大学》章序一事而发,朱熹不如孔子,他自己又更赞成孔子,因此在二人间,应当选择孔子,恢复《大学》原来的章序。但前半句确实有可以遵从内心而否定孔子的意思,因此成了顾宪成的靶子。

顾宪成从两方面进行反驳,其一是圣人不可能错误,这一点价值不大,第二点却很重要。圣人思想被记录在六经之中,如果自己的想法和圣人不同,首先应该虚心考究,回到经书及其古训,确定自己的想法有没有问题,或者自己对圣人的理解有没有问题,在这之后,如果还有不同,再判断是非也不晚。如果贸然自作聪明,侮辱圣人,并且曲解六经,才是错误的。顾宪成已经开始强调,如有疑惑应回到经书寻求解释。

明代中晚期的文坛,也同时掀起复古运动,林庆彰的《明代考据学研究》,在总结考据学兴起的原因时,就列出"复古运动之影响"一条③。比如文坛领袖王世贞,就极力倡导读书,他有一部《读书后》,专门收录读书感想,于经史子集、佛书道书均有涉猎。他所作的应酬诗文,也多赞扬对方好读书的优点。

因此在东林党、古文运动等各个领域力量的一齐推动之下,明末束书不观的风气为之一振。明晚期已经开始涌现出一系列以读书博闻著称的学者,如胡应麟、焦竑、陈第、方以智等,他们是清代考据学的滥觞,被称作明代考据学。林庆彰在《明代考据学研究》中列举了八位学者,杨慎和梅鹭

① [明]顾宪成:《与李见罗》,《明儒学案》,北京:中华书局,2008年,第1395页。
② [明]王守仁:《答罗整庵少宰书》,《传习录译注》,北京:中华书局,2018年,第314页。
③ 林庆彰:《明代考据学研究》,上海:华东师范大学出版社,2015年,第25—26页。

是正德时人,陈耀文是嘉靖时人,其余五位都在万历及以后,可见明晚期正是学术倾向开始转向考据学的范式变革时期。

其中焦竑实为阳明泰州学派后学,他是耿定向的门人,且师事罗汝芳,又与李贽为友。但焦竑看法与他们不同,虽仍然强调"尊德性",但认为"问学"是尊德性的前提,且是达到尊德性唯一的途径,即"君子尊德性而道问学,道,由也,言君子尊德性而由问学,问学所以尊德性也,非问学之外别有尊德性之功"①。

> 孔子之言曰"我非生而知之者,好古,敏以求之者也"故"兴于诗,立于礼,成于乐"。迨晚而学《易》,韦编三绝,曰若是我于易,则彬彬矣。盖经之于学……字字皆法,言言皆理,有欲益损之而不能者。孔子以绝类离伦之圣,亦不能释经以言学,他可知己。②

以孔子之能,尚且认真学习各类经学,别人就更应该如此了。而经书一字不易,正是学问的基础。

在明代覆灭后的反思阶段,王学成了众矢之的,其空疏之弊被当成明代覆灭的根本原因之一。如开启清代学术的顾炎武就认为:"以明心见性之空言,代修己治人之实学,股肱惰而万事荒,爪牙亡而四国乱,神州荡覆,宗社丘墟。"③他还对王学之弊与学问真谛进行了沉痛的反思,即"樊迟问仁,子曰'居处恭,执事敬,与人忠'。司马牛问仁,子曰'仁者,其言也讱',由是而充之,一曰'克己复礼'。有异道乎? 今之君子学未及乎樊迟、司马牛,而欲其说之高于颜、曾二子,是以终日言性与天道,而不自知其堕于禅学也"④。樊迟和司马牛向孔子问"仁"时,孔子均对以日用可行的具体行为,明代的"清谈家"们水平比不上孔子的弟子,却整天说性与天道,这是缘木求鱼的做法,不但不能领悟这些概念的真谛,而且背离儒家堕入了禅学。

顾炎武还说:"古之所谓理学,经学也,非数十年不能通也。……今之

---

① [明]焦竑:《尊德性而道问学》,《焦氏笔乘》,北京:中华书局,2008年,第188页。

② [明]焦竑:《邓潜谷先生经纬序》,《焦氏澹园续集》,明万历三十九年朱汝鳌刻本,卷一。

③ [清]顾炎武:《夫子之言性与天道》,《日知录集释》,上海:上海古籍出版社,2013年,第402页。

④ [清]顾炎武:《夫子之言性与天道》,《日知录集释》,上海:上海古籍出版社,2013年,第401页。

所谓理学,禅学也,不取之五经而但资之语录,校诸帖括之文尤易也"①,一方面仍然谴责引禅入儒的明代理学传统,说他们把个人语录奉为圭臬,比帖括之文还要容易。而真正的理学,其基础是经学,需要花费数十年工夫才能学好。

黄宗羲是心学大师刘宗周的学生,他和焦竑类似,也在心学内部进行调整。为了扭转学术风气,他在宁波开办甬上证人书院,传播阳明学。他并不讳言阳明学束书不观、流入禅学的弊病,强调读书的重要性,并认为治学需以经学为前提,然后再以史书为证。全祖望《甬上证人书院记》认为,黄宗羲此举有改变明代讲学风气之功:"自明中叶以后,讲学之风已为极敝。高谈性命,直入禅障,束书不观。其稍平者则为学究,皆无根之徒耳。先生始谓学必原本于经术,而后不为蹈虚。必证明于史籍,而后足以应务。元元本本,可据可依,前此讲堂锢疾为之一变。"②黄宗羲的讲学,也是清代浙东学派名家辈出的最初动力。

因此,不论是明末还是清初,不论是心学的反对者还是继承者,都有学者同时在努力反思明代主流学术空疏之弊,且都试图将学术引回经学,毕竟拨乱反正,必须重回永恒不变的真理——经书,新的理论才能名正言顺地获得广泛接受。

(二)毛奇龄的王学立场

1.毛奇龄的王学渊源

毛奇龄并非王学某派的正式门人,但他服膺王学这一点毋庸置疑。在《大学知本图说》中,他提到自己年幼时曾赴蕺山听刘宗周讲学,非常虔诚认真,"必斋宿以往,归而废然者累日"。然而他紧接着就对当时的讲学风气有些微词,且含糊其词,并未说清这微词是针对刘宗周而发,还是针对其他人。毛奇龄认为,讲学应当专注传授行圣学的实际法门,使人听后马上就可以施行起来,修养自己,然而当时的讲学者更重视尊德性、道问学之间的学派之争。即

　　夫圣学不行久矣!能行圣学,曾何藉于讲!而乃不能行,而因而讲之,则必讲所以行之之法,使学者就做言之,起坐即可行。而顾说说讼辩,动辄以德性问学区别争胜,且必究极此两家同异以树门帜,而至

① [清]顾炎武:《与施愚山》,《亭林文集》,《顾亭林诗文集》,北京:中华书局,2008年,第59页。

② [清]全祖望:《甬上证人书院记》,《鲒埼亭集外编》,《全祖望集汇校集注》,上海:上海古籍出版社,2000年,第1059页。

于反躬自问,则茫然无归著。

然后他从一位"高笠先生"受《大学古本》,借其口说出大学之本在诚意而不在格物,即"《大学》以修身为本,修身以诚意为本,而谓圣功在格物,可乎"。而且后面又说诚意和正心没有先后之分,"亦谓用功从诚意始耳,非心、意有次第也。是以用功者,当其既发也而即诚意,及发已而即正心"。这是在强调正心仍然处于最先,这一语足以证明毛奇龄的心学倾向。

当然,毛奇龄的心学也是修正后的心学,并非顿悟一派,所以后面又说:"人有数日不读六经者乎?日读六经,即日讲治平之学,而亦即日行其诚、正之功"①,读六经就是正心诚意,而且他把正心和诚意联系在一起,正心就不再是虚无缥缈的大道理,而是做人及治国平天下的方法。他对《大学》的这种回归个人道德修养的实用主义解读,也是修正心学空疏之弊的有效方法。李塨曾说:"先生自言,学圣之功宜行不宜说"②,说明毛奇龄还尤其强调躬行。毛奇龄自己在另一篇《辨圣学非道学文》,又以《论语》"夫子之道,忠恕而已矣"为依据,认为所谓道,并没有什么高深的,就是"忠"和"恕",并且把"允执厥中"之"中"与"忠"结合起来,解释为"全在去人心,尽摒其自私自利之心"③,这也是在回归孔子,借其朴实的日用修身哲理来消解后来的层层覆障。虽然二者目的不同,一为心学而发,一为道学而发,但是最终目的都是回归人伦日用,所用方法也都是回归经书。

因此,这经世的关键,就被毛奇龄归结到经学上。"特予登朝后无所建明,而归田以来,备举六经之晦蚀者而剖析之,此亦经世大业一领要也。"由于在朝中没有施展能力的空间,毛奇龄归田后,就将整理六经作为另一种经世的途径。他甚至说:"予尝谓讲堂之设,不宜讲诚正之学,而宜讲治平之学《诗》《书》《礼》《乐》即治平所有事也。"讲堂干脆连正心诚意也不要讲,讲治国平天下之道就好,而且治国平天下之道就在于六经之中。④

在其心学立场及回归经学主张的前提下,毛奇龄作《古文尚书冤词》为古文《尚书》翻案的行为也可以解释得通了。一方面,心学主要立论依据之一的十六字心传"人心惟危,道心惟微,惟精惟一,允执厥中",就出自伪古文中的《大禹谟》,毛奇龄本人也多次利用这句话来进行阐释,古文《尚书》被论定为伪书,对心学的打击如釜底抽薪一样。另一方面,如果神圣的经

---

① [清]毛奇龄:《大学知本图说》,《清儒学案》,北京:中华书局,2008年,第968页。

② [清]李塨:《孝经诸问序目》,《清儒学案》,北京:中华书局,2008年,第1035页。

③ [清]毛奇龄:《辨圣学非道学文》,《清儒学案》,北京:中华书局,2008年,第999页。

④ 详见[清]毛奇龄:《大学知本图说》,《清儒学案》,北京:中华书局,2008年,第968页。

典也有可能是假的，那么在思想和学术误入歧途后，又该回到哪里去重新开始呢？这就如在迷宫中断掉的引路绳，使试图回到起点重新探索的毛奇龄无所适从。李塨说，毛奇龄把那些辨伪学者视为"世道人心之患害"，认为他们破坏了整个儒家社会平稳运行的基础，还担心他们遍及群经，造成更多破坏，即"势不至灭一经以及群经不止"①。毛奇龄完全被《尚书》辨伪事件激发出了危机感，所以不得不成为"卫道士"。

2.明史馆中坚守王学

虽然有种种修正和不满，但是毛奇龄仍然尊崇王学，批判道学，即使是身处程朱思想占绝对主流的明史馆中，仍然敢于倡言维护王学，好辩不辍。这桩公案被记录在他自己的《折客辨学文》中，是他人生经历的重要转折点，也是他转向著述的契机。

起因是"往在史馆时，同官尤悔庵阅得《王文成传》，总裁恶传中多讲学语，驳令删去。同官张武承遂希意极诋阳明"②。在明史馆中纂修王阳明传时，收录了很多他的讲学之语，就被总裁要求删去，更有张武承为了讨好上官，极诋阳明，这使得毛奇龄非常不满，不惜得罪总裁，出言辩驳说："知行合一有二说，皆紫阳之言。然紫阳不自践其言，而文成践之。"③具体是何二说，此处可暂不论。毛奇龄说朱熹提出知行合一的理论而未践行，王阳明能够践行，因此比朱熹更高，这激起了张武承更激烈的反驳：

> 武承大怒，诉之总裁，归即作讦阳明一书，将进之。乃连具三札，一曰孝宗非令主，二曰东林非君子，三曰阳明非道学。三札齐进，同馆官并起而哗之。会徐健庵庶子方入都，总裁咨之，健庵大惊曰："阳明已耳，孝宗、东林岂可令史馆是非颠倒至此？傥在明代，京朝内外共得以逐之矣。"总裁遽毁札而罢。④

张武承重新作书攻讦王阳明，毛奇龄则一口气写了三篇回击札子，都是些惊世骇俗的观点，二人之龃龉引起明史馆内大轰动。恰好徐乾学在，总裁官就毛奇龄的三篇札子向徐乾学咨询，徐乾学对讨论阳明学术的一篇没有太多评论，但对毛奇龄批判弘治皇帝与东林党的两篇很不满，因此这三篇

---

① ［清］李塨：《古文尚书冤词序》，《清儒学案》，北京：中华书局，2008年，第1034页。
② ［清］毛奇龄：《折客辨学文》，《西河集》，《影印文渊阁四库全书》，台北：台湾商务印书馆，1986年，第1321册，第305—306页。
③④ ［清］毛奇龄：《折客辨学文》，《西河集》，《影印文渊阁四库全书》，台北：台湾商务印书馆，1986年，第1321册，第306页。

札子都被总裁官销毁,这场争议以毛奇龄的失败而告终。

个人间的争辩还不算什么,在后面《王守仁传》在《明史》中的归类问题上,程朱学派更是取得了最终的胜利:

> 既而文成一传,馆中纷纷,有言宜道学者,有言宜儒林者,有言宜勋臣者。总裁断曰:"勋臣而已。"又曰:"前史无道学传,惟宋有之,今何必然?请无立道学名,但立儒林而屏阳明之徒于其中,何如?"众皆唯唯,独予不谓然,然而不能挽也。①

最后的结果是,《明史》不设《道学传》,因此王守仁被归入勋臣。这看似公允,其实是最坏的结果。《明史》不设《道学传》,即在暗示明代没有能够与宋代之道学比肩的学派,因为宋代理学的主要人物已经被列入《宋史》的道学传,对于这件事的价值,毛奇龄看得很清楚。他说:"而周、程诸子,则又倡《道学》总传于《宋史》中,使道学变作儒学"②,道学等同于儒学,甚至高于儒学,成为地位超然的绝对真理。王守仁不入《明史》道学,就失去了与他们同列而论的地位。不仅如此,王阳明和心学众人,甚至连《儒林》都未入,这是全面否定了他们对儒家学术的贡献。同时《王守仁传》既列《勋臣》,自然要以讲述他的事功为主要内容,就可以顺理成章地删去大量介绍他学术思想的内容。

从上一节文字也可以看出,毛奇龄本人其实并不欣赏学派之争。奈何不好辩而不得已,毛奇龄深入敌阵,在明史馆中孤立无援,他不站出来,成书的《明史》就会极力抹黑阳明学,因此毛奇龄受到两次挫折,仍然不打算偃旗息鼓,他甚至在面对总裁时也尽力回护王学:

> 总裁尝召予曰:"闻子说知行,右阳明而左紫阳,有之乎?"曰:"无之。从来论文成者皆谓其不合紫阳,而予独曰否。……知行合一,实朱子言之,而王子述。且朱子不自践其言,而王子践之,是右朱学者莫如予,而反曰左之,何也?"总裁推案起,曰:"此事非吾辈所能定也。"

毛奇龄的主要观点是,王阳明与朱熹的思想其实并非对立,知行合一是二

① [清]毛奇龄:《折客辨学文》,《西河集》,《影印文渊阁四库全书》,台北:台湾商务印书馆,1986年,第1321册,第306页。
② [清]毛奇龄:《西河集》,《影印文渊阁四库全书》,台北:台湾商务印书馆,1986年,第1321册,第322页。

人都有的理念,可惜朱熹提出了知行合一但未能践行,王阳明却能够践行,这和他前面回应张武承所用的观点一致。在这里毛奇龄虽然说自己"右朱子",其实只是借机说出王阳明比朱熹更优。他还狡辩说,自己支持阳明学才是真正的抬高朱熹,因为正是王阳明坚守了朱熹提出的知行合一说,并将其发挥到了极致。总裁官虽然并未入毛奇龄彀中,但也无法将他怎么样,只好搁置争议。

其中还说道:

> 万历十二年,诏申时行等定论新建从祀,时行上言守仁致知出《大学》,良知本《孟子》,未尝禅也。或者谓崇守仁则废朱子,不知道固有互相发者。且朱与陆并祀矣,朱学不闻以陆废,今独以王废乎?①

万历十二年又有王阳明是否应该从祀孔子的议论,申时行认为王阳明之学出自《大学》和《孟子》,是儒家正统,并非出自禅学。很多人担心王阳明和朱熹共同从祀孔子后,朱熹的地位会受到影响,但宋代朱熹和陆九渊同祀,也并没有受到影响,明代与王阳明同祀就不行了吗?讲述这一事件与申时行的论调,毛奇龄是想强调抬高王阳明并不会影响朱熹,王学的目的也并非废除程朱,因此程朱一派不需要感到惊慌。

这一段的说服力极其有限,因为毛奇龄本身就正在为了支持王阳明而力抵朱熹。与总裁的辩论中,毛奇龄所引的三个例子,都在暗暗指出朱熹的失误和王守仁的正确:

> 郑端简作《今言》,云人但知阳明《大学》不合紫阳,然平情以观,恐不可便以宋儒改本为是,以汉儒旧本为非。王弇州《题正学元勋卷》云阳明直指心诀,以上合周程之说,所未合者朱子耳。嘉靖中曾以新建②从祀策山西乡试,其议有云朱子训诂章句为不失圣人之统而已,未必尽得圣人之心,新建致良知简切痛快,实有接乎孟子性善之说。即其他训诂章句,小不尽合朱子耳,非不尽合圣人。③

---

① [清]毛奇龄:《折客辨学文》,《西河集》,《影印文渊阁四库全书》,台北:台湾商务印书馆,1986年,第1321册,第306—307页。
② 即王守仁。
③ [清]毛奇龄:《折客辨学文》,《西河集》,《影印文渊阁四库全书》,台北:台湾商务印书馆,1986年,第1321册,第306—307页。

先说郑晓论王阳明恢复"《大学》古本"的问题，指出汉儒旧本《大学》为是，宋儒改编本实为非。再说王世贞论阳明，以为他更合于周敦颐与二程，反而是朱熹不合周、程。第三条引王世贞论以王守仁从祀，认为朱熹的章句训诂并未尽得圣人之心，而王守仁的章句训诂，有些不合于朱熹的，其实反而与圣人之意相合，全都在说王守仁之正确、朱熹之错误。

这里提出的三条例证，第一、第三条所说的都是经学问题，可见即使是王学，其基础也在于经学领域，更不用说毛奇龄本人所关注的重点也在于此。第二、第三条则都以是否合于圣人之意为判断标准，这就涉及了毛奇龄本人的学术理念——以经解经。这种学术理念，使他在经学研究上更加理性与克制，超越了一般心学派解经时强调心之重要性且超越文本进行哲学发挥的倾向。而他的王学倾向，又使他从思想和经学两方面都极力驳斥宋代理学。

二、毛奇龄的总体经学观与解经原则

(一)经学晦蚀，宋学祸经

毛奇龄成果最突出、最受推崇的领域即在于经学，这也是他尤其关心的领域。毛奇龄认为，经学正处于非常危险的一个时期。他在文章和经学著作中，多次说到"经学晦蚀"，且唐以后尤甚。在《复蒋杜陵书》中，毛奇龄就"某遍游宇内，恨无一真读书人。经学既已响绝，而礼乐二字，开口便错"①。这是在当代语境下提出经学之没落。

《自为墓志铭》则将经学没落之始，上推至孔子以后。毛奇龄在其中讲述自己颠沛流离时，躲藏在嵩山道士的土屋中，夜不能寐，彷徨思考：

> 少读经，稍长读史。史自唐以后，无可问者。而经则六籍皆晦蚀，《易》《春秋》为尤甚。二千年来，谁则起而考正之？青春白日，销亡尽矣。……且念生平无建立，事功既无可期，而乃德不修而学不讲，假寐而泣……②

他认为，史学没落于唐之后，而经学，尤其是《易》与《春秋》，都变得意义不明而且日渐消亡了，而自己却在颠沛流离中浪费时光，事功、德行、学

① ［清］毛奇龄：《西河集》，《影印文渊阁四库全书》，台北：台湾商务印书馆，1986年，第1320册，第164页。
② ［清］毛奇龄：《西河集》，《影印文渊阁四库全书》，台北：台湾商务印书馆，1986年，第1321册，第128页。

业都没能专心经营,不能考正经史真意,因此感到非常焦躁沮丧。从这一段叙述可以看出毛奇龄对当时学术发展形势的看法。他即使是在年轻颠沛流离时,仍然念念不忘,冀其克复。

其中"二千年来,谁则起而考正之"这句反问语的时间定位十分重要,这句话带有疑问语气,因此表示出了怀疑与反问的意思,而毛奇龄之前二千年,大致上是孔子活动的年代,毛奇龄怀疑孔子之后的历代学者,没有谁算得上是能够考正经学的人物。正是这种看法,催生了毛奇龄以经解经、直承孔子的经学原则。

毛奇龄以"克复经学"为己任,认为自己应当做到定是非、黜异说,因此他积极地与人辩论,并希望受到别人的主动批判,这样既能完善自我,且能使别人接受其说法。如胡渭在《易图明辨》中曾引毛奇龄《河图洛书原舛编》批驳《河图》《洛书》时提出的"数不得为图、术不得为画",认为这句话真是千古格言,评价极高。但胡渭也认为其中也有不尽然之处,因此稍作辨证,并在最后说道:"毛公恶宋太过,故其立言往往刻于宋而宽于汉,夫岂平心之论与。"①说毛奇龄有过于恶宋宽汉,有失公允之嫌。毛奇龄读了《易图明辨》之后,又在《经问》中予以回应,并借机强调了自己的追求。他说:

> 予说经之书,行世颇久,从无有起而相驳难者。初以为幸,继而疑之,又既而惴惴不能已。天下无日说诸经日进退儒说而其中无一非者,此可疑也。特予痛六艺晦蚀,不惮取儒说之祸经者,力为考辨其间,开罪诸儒不知何等。虽此时是非未定,万一予死之后同异顿起,异者执无何之说,乘间以入,而同者急不能决,则经祸烈矣,此可惧也。所望世之有学者责我未备,一趁予尚在,可以改过,一则徐理其说,令彼我各邑,或不致冤诬出入,庶得泯他日同异之见,而引领无有。②

毛奇龄甚至担心自己死后,没人能像他一样定是非,异端就会趁机反扑,又将经学引向错误的道路,因此他才希望在活着的时候反对意见就趁早出现,使他有机会亲自将其驳倒,保护后世经学的发展。在这种想法的影响下,毛奇龄总会在前人的基础上大幅度改编甚至自创体例,这种做法也就不足为奇了。

---

① [清]胡渭:《易图明辨》,北京:中华书局,2008年,第10页。
② [清]毛奇龄:《经问》,《影印文渊阁四库全书》,台北:台湾商务印书馆,1986年,第191册,第164—165页。

　　在《自为墓志铭》中,毛奇龄将经学没落的起点定于孔子之后,而在其他很多地方,他又多次强调了宋学对经学的"危害",特别是在讨论具体经学问题,或者回答别人提问的时候,他往往会见缝插针,对宋学下全盘否定的论断。

　　如某人提问,辩及蔡沈和金履祥对《西伯戡黎》的观点,毛奇龄在回答时第一句便说:"此予所谓自宋人书出而六经子史俱遭焚毁,正谓此也"[①],认为宋人的解读,对六经、诸子、史书都造成了恶劣影响,程度如同火焚一样严重;再如他告诫钱丙说:"自今以后,请细心体究,毋徒袭宋人余唾,为经学祸,则某亦且有厚望焉"[②],要求他千万不可蹈袭宋人的错误,不然则是经学的灾祸;又如姜兆雄问某一具体的礼学问题,毛奇龄回答说:"此等沿革,古皆无明文。……吾亦安敢效宋人恶习,凭臆言礼"[③],此事古书中没有说清楚,因此我不敢妄言,不然就是在效法宋人的恶习了。相似的例子数不胜数,语气中充满了不屑。

　　而在毛奇龄看来,宋代道学产生的根源,即宋儒将道教之书引入易学,使儒家学术变质。因此,毛奇龄恶道学、恶宋代经学,且尤恶宋儒易学,他在《辨圣学非道学文》中说:

> 　　逮至北宋,而陈抟以华山道士自号希夷,与种放、李溉辈张大其学,竟搜道书《无极尊经》及张角《九宫》,倡《太极》《河》《洛》诸教,作道学纲宗,而周敦颐、邵雍与程颢兄弟师之,遂篡道教于儒书之间。至南宋,朱熹直丐史官洪迈,为陈抟特立一名臣大传。[④]

这段话简略勾勒出宋代道学的发展脉络及其与道教的牵扯,毛奇龄认为,陈抟本人就是一个道士,朱熹等人却传习他的学问,甚至在史书中对其大书特书,十分可笑。而易学中的《太极图说》《河图》《洛书》,也都是源自道教的理论,对此下文还将详细论述。

---

①　[清]毛奇龄:《经问》,《影印文渊阁四库全书》,台北:台湾商务印书馆,1986年,第191册,第248页。

②　[清]毛奇龄:《经问》,《影印文渊阁四库全书》,台北:台湾商务印书馆,1986年,第191册,第29页。

③　[清]毛奇龄:《经问》,《影印文渊阁四库全书》,台北:台湾商务印书馆,1986年,第191册,第14页。

④　[清]毛奇龄:《西河集》,《影印文渊阁四库全书》,台北:台湾商务印书馆,1986年,第1321册,第322页。

(二)以经解经的含义与历史发展

1.始于《春秋》学的以经解经及其发展

既然学术已经走入歧途,毛奇龄就想借助"以经解经"来扭转局面。这一解经方法,并非毛奇龄所发明,很早就在《春秋》学领域中被提出。毕竟《春秋》中所记录的事件,上下文关系密切,并且类型相似的事件之间,也可互相参照,因此以经解经的做法一直十分普遍。

而"以经解经"还不止如此,其实包含着三重内涵,即以本经解经、以传解经和以他经解经,以本经解经和以他经解经都无须赘言。"以传解经"虽然看似与"以经解经"相矛盾,但是有两种不同的情况,有的"传"已经升级为经,如《春秋》之三传,有的"传"还只是普通的经解,而前者同样可以符合"以经解经"。

《春秋》的三传正是如此,它们很早就升级成经。因此,研究《春秋》的学者,或则各守公、谷、左一门,或则三家贯通互参。但是唐代陆淳的《春秋集传辨疑》与卢仝的《春秋摘微》,开始探索《春秋》学舍传言经的新思路。《四库提要》评价前书说:"盖舍传求经,实导宋人之先路,生臆断之弊,其过不可掩;破附会之失,其功亦不可没也。"[①]一方面,《春秋》叙事过于简略,如不参考三传,就只好凭空猜测,因此一味强调以经解经开启了宋人臆断的毛病;另一方面,《春秋》与三传出自不同人之手,三传对《春秋》的解读也不一定完全准确,辨析经、传区别有助于破附会之弊。四库馆臣对于《春秋》学"以经解经"的态度有褒有贬,对其利与弊均看在眼里,较为准确。

宋代晁公武在《郡斋读书志》中记载了一部《黎氏春秋经解》,晁公武评论说:"右皇朝黎錞希声撰。錞,蜀人,欧阳公之客。名其书为经解者,言以经解经也。其后又为统论附焉。"[②]可惜该书已佚,不知黎錞的以经解经具体如何操作。

毛奇龄在《春秋毛氏传》中也说:"先仲氏曰善解经者当以传解经,不当以经解传,予谓善解经者当以经解经,并不当以传解经"[③],即以三传为传而非经。所以说,《春秋》学语境下的"以经解经",是排除三传、只用《春秋》上下文互证的狭义"以经解经"。

明代诸人,为扭转空疏之弊,有意识地提出过"以经解经"观点的学者

---

① [清]永瑢等:《四库全书总目》,北京:中华书局,1965年,第213页。

② [宋]晁公武:《郡斋读书志》,《影印文渊阁四库全书》,台北:台湾商务印书馆,1986年,第674册,第176页。

③ [清]毛奇龄:《春秋毛氏传》,《影印文渊阁四库全书》,台北:台北商务印书馆,1986年,第176册,第75页。

颇多,他们的思考也已经达到相当的深度。如明末理学家吕维祺(1587—
1641)在他的《孝经大全》中,甚至总结出"以意解经""以理解经"和"以传解
经""以经解经"四个层次,并将其分为两组:

> 或问凡经文有疑者作何解?曰:于理不可通者意见也,于经不可
> 通者信传之过也。是故以意见解经不如以理解经,以传解经不如以经
> 解经。圣人之言千变万化,一以贯之,只是个理,要虚心体认始得。①

以意解经,就会使解释于理不可通,信传而解经,就使解释于经文不可通。
所以吕维祺总结出两组解经方式的对比,即以意解经不如以理解经,以传
解经不如以经解经。这里的理却不仅是一般意义上的逻辑、道理,而是理
学之理,包含着圣人所体会的自然与社会规律,所以身为理学家的吕维祺
最后会强调,圣人之言,一以贯之,就是个理而已。

虽然吕维祺的重点在于以理解经,但是他已经开始注意到以经解经与
以传解经的区别,这是超出前人的一大步。但是《孝经》这部经典,毕竟经
与传的分界十分明显,人尽皆知《孝经》之传非圣人作,且不论哪家之传,都
不与经文混同在一起,吕维祺能在《孝经》领域入手,简单地意识到以传解
经的问题,并且进一步扩展到经学整体的以经解经,却很难从《春秋》《周
易》等特殊领域出发来意识到这个问题。

又如陈懿典《陈学士先生初集》中收录的其为周彦云《中庸发覆编》所
作的一篇序,不仅辨析了以经解经与以传解经,而且表达了对自汉以来经
学研究常态的反思:

> 则读书者信乎当以我见印圣贤之言而以经解经,不必以圣贤之言
> 盖我心而以传解经明矣。仲尼没而微言绝,秦人一炬,经籍残阙,汉人
> 从而尊崇之,为之注疏,自以为不可易,而宋人且以为加之覆也。训诂
> 于汉唐,宋人从而表章之,为之传注,自以为不可易,而陆子静、王伯安
> 之流,且以为加之覆也。后之视今,亦犹今之视昔也,则又何重讶。②

《中庸发覆编》之"发覆",即"从前所覆者,自今发之"③。加覆,指增加内容

---

① [明]吕维祺:《孝经大全》,《续修四库全书》,上海:上海古籍出版社,2002年,第151册,第
401页。
②③ [明]陈懿典:《中庸发覆编序》,明万历刻本,卷二。

掩盖了经文的本义,发覆则是相反的意思,要将这些增加的覆盖内容除去。汉人作注疏,自以为不可易,宋人却只当他们是为经文加了一层掩盖,而宋人根据汉唐训诂作传注,同样自以为不可易,而陆九渊、王守仁等心学家,又只当他们是为经文加了一层掩盖。可见各家注疏,各觉自满,以前人为覆,而不知自己也只是覆。既然如此,不如以经文为根据,以经解经,即以我所见,从圣贤之言中找到印证,而非以我所想即圣贤之言,那就成了以传解经。

陈懿典的思想倾向于心学,强调以个人见解出发来印证经文,但他又可以同时提倡以经解经而不觉得矛盾。可见"以经解经"并非一种完全客观的经学理念,其中难免混杂着对经书的主观解读,可以被各种学术倾向化用成自己的理论。但不同流派间运用以经解经的目的却不同,大致说来,理学家提出"以经解经",多以理学内部的自我反思为主;心学家提出"以经解经",又将它与强调以我见印经的心学理念联系到一起;毛奇龄作为反理学的代表学者,强调"以经解经",却正与理学家们相反,旨在推翻理学架构、重新建立新的经学阐释规范。即使是在反理学阵营内部,也同样可以有不同的"以经解经",如后面将要研究的程廷祚,就发明了与众不同的"以经解经"。

明人论以经解经,已经到了能够明确区分以经解经和以传解经的程度。但是不同经书的成书、流传、经传离合各自不同,其"以经解经"所代表的含义也不同。

十三经除《尔雅》之外,《周易》《尚书》《诗经》《论语》《孟子》《孝经》这几部相对而言较为独立。而《左传》《公羊传》《谷梁传》都是《春秋》之传,《周礼》《仪礼》《礼记》都是广义的礼仪书,所以三传、三礼内部间能够互相参看借鉴的地方很多,但在《春秋》与礼书两个领域,"以经解经"的观念却截然相反。

在《春秋》学领域中,虽然三传的地位很早就已经由传上升为经,以致十三经中只有附经的三传,反而没有了《春秋》经本身。但在"以经解经"语境下的《春秋》研究,却又强调抛弃三传而只用《春秋》经上下文互相解释,且尤其强调"以传解经"与"以经解经"的区别。

至于三礼语境下的"以经解经",则恰好相反,将三礼看作一个整体,认为它们都是经书,互相印证,延续着郑玄注三礼的思路。例如,清末民初的学者曹元弼的《礼经学》,即将三礼看作一个整体来进行研究。曹元弼在书前举出了郑玄注礼的义例,如"凡郑注,制度职官必据《周礼》,说谊理必本

《礼记》"，"凡制度无正文者以群经推约之"①等等，并且据此总结了郑玄注礼的根本原则，也叫作"以经解经"，"以上诸例，以两言蔽之，曰以经解经，以经校经而已"②。这里的"以经解经"其实蕴含着"以传解经"的意思。《礼记》原本甚至连"传"都算不上，是戴德、戴胜将《礼古记》《明堂阴阳记》《孔子三朝记》《王史氏记》《乐记》五种"记"类文献纂集而成的书籍，直到西汉末才成书，直到唐代形成"九经"体系后才名正言顺变成经书，但在礼学领域的"以经解经"范畴，就毫无芥蒂地将它也包括在内。

《尚书》《诗经》《孝经》《孟子》四部经书范畴下的"以经解经"较为简单，用"以本经解经"为主，偶尔可以用"以他经解经"。《尚书》《诗经》的情况比较单纯，《孝经》《孟子》虽然汉代已经出现，但是唐代才被升格为经书，这却并没有引起后人对称它们为经的合理性产生怀疑。如前面说到的吕维祺，在《孝经大全》解释"先之以博爱而民莫遗其亲"之"博爱"时，有一段说解：

> 或问近儒解博爱作博爱其民，子独言博爱其亲，何以知其然也？曰：以理揆之，则知之耳。君子亲亲而仁民，仁民而爱物，若谓博爱其民，是不先之以亲亲而先之以仁民也，于理通不去。又曰以经文证之，则知之耳。本句经文先之以博爱，若谓博爱其民是后一层事，不应言先，于本句经文通不去。前章经文爱敬尽于事亲，德教加于百姓，刑于四海，若谓博爱其民，是爱敬先加于百姓，而遂刑于四海，于前章经文通不去。后章经文不爱其亲而爱他人者，谓之悖德，若谓博爱其民，经不应自相矛盾，而一则曰先之，一则曰悖德也，于后章经文通不去。③

这就是上下文互证的一个例子。《孝经》先说"爱敬尽于事亲"，这比较符合儒家的逻辑，先爱自己的亲人，然后扩展而至于爱天下百姓，但下文又说以博爱为先，人民就不会遗忘自己的亲人了。看上去似乎有矛盾，其实只是主语不同而已。君子先爱亲，然后仁及万民，人民感受到君子博爱的榜样，也会随之而行，爱自己的亲人，"先之以博爱"虽然说"先"，但是属于这一流程的最后两个环节。吕维祺并未想明白这一点，又不得不践行"以经解经"的原则，所以强行将"博爱"曲解为博爱亲人。

---

①② ［清］曹元弼：《礼经学》，清宣统元年刻本，明例第一。
③ ［明］吕维祺：《孝经大全》，《续修四库全书》，上海：上海古籍出版社，2002年，第151册，第401页。

2.费直易学的以《传》解经传统与"拆《传》附经"

至于易学领域的"以经解经",情况最为复杂,实际上是利用升格为经后的《易传》解经,属于"以传解经"的范畴,却又与《春秋》三传、三礼不同。

早至费直,就已经开创了以《传》解经的易学传统,《汉书·儒林传》说他"长于卦筮,亡章句,徒以《彖》《象》《系辞》十篇文言解说上下经"①。其中所说的"《彖》《象》《系辞》十篇文言"是否与现在所说的十翼完全一致,尚不敢断定,但是仅从表述来看,完全可以认为它们是十翼的一部分,或者说大部分内容与现在的十翼一致。费直易没有章句,只根据十翼来解释《周易》上下经。

一般来说,费直被认为是古文易学的开创者,这是因为刘向校书时曾用中秘所藏古文《易经》校对诸家文本,今文三家施、孟、梁丘的经文,都有脱去"无咎""悔亡"这样的小问题,只有费氏所传经文与古文完全相同。②

但费氏易传承不明。根据《汉书》记载,田何是传易的第一人,丁宽受学于田何,《汉书》说他"作《易说》三万言"③,然后丁宽授田王孙,田王孙授施雠、孟喜、梁丘贺,接着孟喜授焦延寿,焦延寿授京房,最终《汉书》说"至成帝时,刘向校书,考易说,以为诸易家说皆祖田何、杨叔〔元〕、丁将军,大谊略同,唯京氏为异,党焦延寿独得隐士之说,托之孟氏,不相与同"④。可见当时易学的概况,诸家易说均来自今文一派,大致意思上都相同,只有京房与各家有异,但他的师承也来自今文。

只有费直古文易独树一帜,不知直接师承,不见确切传人。又因为没有章句,所以具体易说也早已不可考,他既可以倾向于义理,也可以倾向于象数,全看他如何解读十翼。东汉初争立古文学,费氏易和《左传》一起被韩钦提出立学官之议,可见那时习费氏者不少,其中对立古文持反对意见的范升曾说:"费、左二学,无有本师,而多反异。"⑤由此可知,费氏易的具体内容,同今文易学,包括当时已经被立学官的京房易,都区别很大。

其实范升所学为孟氏易,反对立费氏也在情理之中。至于费直的弟子,班固在《汉书》中只列出一个人——王璜,而且记载极其简洁,只说"琅邪王璜平中能传之"⑥。《后汉书》甚至将"璜"记录为"横",说"东莱费直传

①　[汉]班固:《汉书·儒林传》,北京:中华书局,1962年,第3602页。
②　详见[汉]班固:《汉书·艺文志》,北京:中华书局,1962年,第1704页。
③　[汉]班固:《汉书·儒林传》,北京:中华书局,1962年,第3597页。
④　[汉]班固:《汉书·儒林传》,北京:中华书局,1962年,第3601页。
⑤　[南北朝]范晔:《后汉书》,北京:中华书局,1965年,第1228页。
⑥　[汉]班固:《汉书·儒林传》,北京:中华书局,1962年,第3602页。

易,授琅邪王璜,为费氏学"①。王璜之后,传人不明,但没过多久,费史易已经非常兴盛,《后汉书·儒林传》记载:"陈元、郑众皆传费氏易,其后马融亦为其传。融授郑玄,玄作易注,荀爽又作易传,自是费氏兴,而京氏遂衰。"②《隋书》转引《后汉书》后,补充了一条"魏代王肃、王弼,并为之注"③。

可见后汉与三国的多位重要易学家,包括陈元、郑众、马融、郑玄、荀爽、王肃、王弼,都传习费氏易,但他们的思想并不一致,其中有象数派,也有义理派,有以取象为主者,也有以爻位为主者,有的信用纬书,有的掺杂今文,易说区别很大。可以说,在他们身上时代性的烙印比传承的影响深得多,所以通过他们,也无法推知费直原初的观点。他们所谓的"皆传费氏易",除师承关系之外,就只剩以十翼解经这一点了。

虽然对费直的具体易说毫无了解,但是批评《周易》如今本所见《象传》《象传》那样拆开《易传》分别附入《易经》正文者,往往都将之归因于费直④,他们认为这种做法破坏了经书的神圣性和独立性。这股批判风潮的起因是朱熹在《记嵩山晁氏卦爻象象说》中说:"古经始变于费氏,而卒大乱于王弼,惜哉"⑤,以费直为变乱《周易》经文的根源,而王弼只是使之定型的人。后世尊崇朱熹的学者们,同持此说。至清代,如顾炎武、皮锡瑞等都是如此,皮锡瑞甚至在《经学通论》中专辟一篇"论以传附经始于费直不始于王弼,亦非本于郑君"⑥,顾名思义,即证明费直不仅开启了拆传附经的趋势,而且已经开始如此操作了。

毛奇龄对费直的看法,与宋学不同,他在《仲氏易》中说:

> 第汉田何易原离二经与十翼为十二篇,至东莱费直始合十翼附之经以代章句,今本乾卦是也。其后郑玄仿马融《周礼注》例,就经列注,于是复分《象》《象》诸传附之经下,今本坤后六十三卦是也。⑦

① [南北朝]范晔:《后汉书》,北京:中华书局,1965年,第2548页。
② [南北朝]范晔:《后汉书》,北京:中华书局,1965年,第2554页。
③ [唐]魏征、令狐德棻:《隋书·经籍志》,北京:中华书局,1973年,第912页。
④ 为了区别《易传》整体附录在最后和拆分附录《易经》正文内两种附经形式,文中将前者称为"以《传》附经",后者称为"拆《传》附经"。
⑤ [宋]朱熹:《晦庵集》,《影印文渊阁四库全书》,台北:台湾商务印书馆,1986年,第1145册,第284页。
⑥ 详见[清]皮锡瑞:《经学通论》,北京:中华书局,1954年,第25—27页。
⑦ [清]毛奇龄:《仲氏易》,《影印文渊阁四库全书》,台北:台湾商务印书馆,1986年,第41册,第208—209页。

毛奇龄首先同意朱熹等人的判断,认为汉代田何最初传易时,将《易传》整体附于经文的最后,所以最初版本的《周易》都是十二篇,费直就开始将十翼拆分附于经中,且如乾卦那样的附经法,先列乾卦彖辞与六爻之爻辞全文,然后把十翼与乾卦相关的内容摘出,附在这一卦最后面。但他很赞成这种处理,一个"始"字,表现出他的态度,即认为以传附经才是正途,终于到费直时得以实现了。东汉郑玄则更进一步将《彖传》《象传》完全割裂,按照说解的内容插入彖辞与爻辞中间,即如现在坤以下六十三卦那样一句爻辞、一句《象传》的状态。毛奇龄加了一个步骤,可以更好地解释今本乾卦形制与别卦不同的原因。他同意朱熹等人将拆传附经的年代定位于如此之早,正是为了使自己实为以传解经的"以经解经"说更加具有合理性,且更便于经、传的对照解读。

其实,认为费直已经开始拆传附经,尚缺乏直接证据,不足为信。《汉书·艺文志》所记载的施雠、孟喜、梁丘贺三家通行本十二篇《易经》,其卷数正合上下经加十翼之数。后面又记载三家的章句为两篇①,可见他们传承的《易经》仍保持着上下二篇的结构,章句只对经文进行了整理。那么显而易见,多出来的十篇就是附经的《易传》,证明此时《易传》还未拆分,整体附在《易经》的最后。而费氏易在当时完全处于"失语"状态,没有章句,经文的篇数也不可知,对他仅存的"徒以《彖》《象》《系辞》十篇文言解说上下经"②这一句简单描述中,并没有任何拆传附经的意思,甚至更像是未拆传附经的状态,因为经仍分上下,传仍为十篇。

3.《易传》升经

我们可以找到证据,证明早在西汉中晚期,《易传》已经基本完成了"升经"的过程,即在人们的观念中已被认定为经了。首先需要辨析"以《传》附经"与"《易传》升经"这两个非常相似的概念。前者强调《周易》成书进程中《易传》成为《易经》附录并一同流传这一点,此时的《易传》,在人们的观念中,可能仍然属于"传",也可能已经被当成了"经"。"《易传》附经"只是《周易》文本形式上的演进,而"《易传》升经",则更关注易学观方面的问题,即《易传》何时且如何在人们心目中完全获得了和《易经》同等的、"经"的地位。

在易学史上,即使明知《易传》与《易经》作者不同,大多数学者仍然坚持"四圣同揆"的想法,认为《易传》的作者是孔子,孔子也是圣人,因此《易

---

① 详见[汉]班固:《汉书·艺文志》,北京:中华书局,1962年,第1703册,第1704页。
② [汉]班固:《汉书·儒林传》,北京:中华书局,1962年,第3602页。

传》理应有经的地位，其思想也应与分别画卦、重卦、发明象爻辞的伏羲、文王、周公完全一致。所以他们会在引用时不加区别地将《易传》与《易经》一同称为"易"，这是在其他经学门类中绝对不会出现的情况，就如同将《毛诗故训传》直接称作"诗"一样。即使是同样很早就升格为经的《春秋》三传，人们也仍然强调它们各自的独立性，以及《春秋》相对更"崇高"的地位，不可能将《左传》称作《春秋》。

再将时间拉回到更早的时期就会发现，《易传》本身的引易方式还能明显体现出《易传》成书时"经—传"二分的观念，以及对自身"传"的定位。如在《系辞下》中，有一段文字举十一爻为例阐发道理，结构较为一致，大多先用"《易》曰"来引一句《易经》的原文，如"《易》曰憧憧往来，朋从尔思"，接着用"子曰"来引出对这一句话的阐释，如"子曰天下何思何虑"云云。或者反过来，先"子曰"后"《易》曰"。其中"《易》曰"的引文全部属于《易经》，它用来作为经文的标志使用，"子曰"则带有提示传文起始的目的，表明以下是孔子之言。这说明《易传》在成书之时，自我定义为"传"，所以采用这样的引《易》方式，但渐渐地，直接称《易传》为"易"的情况就出现了。

中国古代还没有著作权意识，书籍中引用一段文字时是否标明其出处，往往随心所欲，但侥幸标明出处的引文，也足够用来总结出一些规律了。如果一部书籍在引用《易经》时以"《易》曰"开头的频次较高，但在引用《易传》时完全不会称其为"《易》曰"，那就有理由怀疑，在作者眼中《易传》还不可称"易"，《易传》和《易经》之间的壁垒仍然存在。相反地，如果在引用《易经》和《易传》时不加区别地均称其为"《易》曰"，那就可以证明，在他们眼中，《易传》与《易经》都可称作"易"，地位上已经非常平等，那么《易传》地位在这部书籍作者的观念中，相当于就已经升格为经。

《史记》对《周易》的引用就完全符合第一种情况。首先，《史记》引用《易经》时称"易"的情况如下表[①]：

表1　《史记》引《易经》称"易"表

引文	是否称易	备注
乾称蜚龙，鸿渐于般。	否	《孝武本纪》《封禅书》两出
飞龙在天，利见大人。	否	

---

① 因逐书翻检工作量巨大，无法实现，本小节的引易资料主要来自于陈雄根、何志华编，香港中文大学出版社2007年出版的《先秦两汉典籍引〈周易〉〈论语〉〈孟子〉资料汇编》，并一一核对了原书。

续表

引文	是否称易	备注
亢龙有悔。	是	
井渫不食,为我心恻,可以汲,王明,并受其福。	是	
狐涉水,濡其尾。	是	
观国之光,利用宾于王。	否	转引《左传》

一共七条,其中第一条两出,算作两条,但最后一条是对《左传》占卜故事中所用爻辞的转引,自然会以《左传》的表述方式为准,不算司马迁个人引用,也不能体现司马迁个人处理文字的倾向性,在本书中没有参考价值,因此不考虑这一条,只在另外六条中进行分析。这六条里有三条称"易曰",频率达到了50%。

接着,《史记》引用《易传》时称"易"的情况如下表:

表2　《史记》引《易传》称"易"表

引文	是否称易	传名	备注
原始察终,见盛观衰。	否	《系辞》	
天下之文,变而不善矣。	否	《系辞》	
仰则观象于天,俯则法类于地。	否	《系辞》	
使民不倦。	否	《系辞》	
《易大传》:天下一致而百虑,同归而殊途。	否	《系辞》	
同明相照,同类相求,云从龙,风从虎,圣人作而万物睹。	否	《文言》	
《易》曰:失之毫厘,差以千里。故曰:臣弑君,子弑父,非一旦一夕之故也,其渐久矣。	否	《文言》	"易"应仅包括前段佚文,不包括"故曰"之后的文字。

对于这一统计表,需要先作出两点说明:

首先《乐书》中另有六条《系辞》引文,实际上是转引自《礼记·乐记》,因其文字和《系辞》出入较大,却和《乐记》几乎全同,如"礼乐顺天地之诚,达神明之德,降兴上下之神"之类。出于和上面《左传》引文相同的原因,转引文字本书不与参考,同时因数量较多,为表达简洁考虑,选择不在表格中体现出这一系列的引文。

其次，还有两条似是而非的"引用"。《礼书》中说"盖受命而王，各有所由兴，殊路而同归"，似乎出自《系辞传》"天下同归而殊途，一致而百虑"，但与其说这是引用，不如说已是化用，作为化用，不标明出处也十分正常，所以这句话在本书的语境中失去了参考价值，它甚至还有可能并非化用自《系辞》。再如《司马相如列传》中说："故驰骛乎兼容并包，而勤思乎叁天贰地"，似有对《说卦传》"叁天两地而倚数"的借鉴，但同样已是化用而非引用，况且这是转录司马相如《难蜀父老》的文字，也不可算在司马迁头上。因此，本书决定将这两条也排除在统计之外，并不在表格中显示。

最终确定的这七条引文，集中出自《系辞》《文言》二传。其中的最后一条以"易曰"引用一句《周易》佚文"失之毫厘，差以千里"，又接着用"故曰"引用《文言》，两个"曰"应属并列关系，前面"易曰"不包括后面的内容，因此这一条也并未称"易"。所以引用《易传》的时候，司马迁全都不会称其为"易"。引《周易》称"易"的50%和引《易传》称"易"的0%，差距如此明显，绝不能简单地以随手为之来解释。而且0%虽然只比1%少一个百分点，但其意义要大得多，证明了司马迁全面否定《易传》升经的态度。特别是第五条，还特地标明其出处为"《易大传》"，更加体现出司马迁在将《系辞》《文言》二传与《易经》分别看待。

《史记》显示出一种不接受《易传》升经的态度，但比它稍早的两部著作，却反而显露出蛛丝马迹，说明《易传》升经进程的开始，比想象中更早，且更早于《易传》附经。只是在司马迁的时代还未被普遍接受，尤其是未被学术中心普遍接受。

陆贾生活在高祖刘邦的汉初时代，可以算作汉代书籍的开山之作，他的引易情况也能体现汉代肇始时人们对《易传》的态度。书中用"易曰"引用了《周易》中的三句话，其中一句出自《易经》丰卦上六爻辞"丰其屋，蔀其家，窥其户，阒其无人"，另外两句都出自《系辞传》，即"二人同心其利断金"和"天垂象，见吉凶，圣人则之"。

因此可以说，在陆贾看来，《系辞传》已经获得了与《易经》一同称"易"的地位，《系辞传》升经的进程实自汉初即开始了。廖名春甚至根据马王堆出土的、抄写时间也在汉初的帛书《衷》以"《易》曰"来转引《系辞》的情况，推测《系辞》早在战国时期即有升经的迹象。①

《序卦》也有一条被引资料，原文是"物不可以终尽剥，穷上反下，故受之以复"，《淮南子·缪称训》引作"故《易》曰剥之不可遂尽也，故受之以

---

① 廖名春:《〈周易〉经传十五讲》，北京：北京大学出版社，2012年，第198页。

复"①,文字并不完全相同,但意思完全一致,且目前没有找到《序卦》之外其他可能的引文出处,因此这里暂且认可。

另外,稍早于司马迁的董仲舒,在《春秋繁露》中写下了"《易》曰履霜坚冰,盖言逊也"②,这句引文出自《文言传》的"履霜坚冰至,盖言顺也",但也有和前面相同的问题,即"《易》曰"是否包含后半句"盖言逊也",如果不包含,标点作"《易》曰'履霜坚冰',盖言逊也",也完全成立。

如果排除《春秋繁露》这一条有争议的引文,仅以《新语》和《淮南子》两例来看,《新语》的作者陆贾是楚人,《淮南子》的编写者多是淮南国(以今安徽寿春为都)及其周边地区的人,他们恰好都生活在中原以南的地区。也就是说,早于《史记》的《易传》升经有效证据,均出自南方人之手。至于司马迁,他生长、求学、为官均在三辅地区,虽曾南北漫游,也不过数年时间,他的父亲以及老师、师祖,如杨何、孔安国等人,也都是身处西汉政治与学术中心的学者,因此能够在一定程度上代表西汉官方的学术倾向。这使人产生一种印象,即在西汉建立至武帝时期,南方、民间更早地开始接受《易传》附经,北方、官方则呈现更加保守的趋势。

这可能并非偶然现象。与儒家思想主要占领黄河沿线的中原地区与山东半岛不同,道家思想的摇篮位于南方,且在中原以南的地区更加流行。首先,道家书籍中体现出的神话色彩与想象力,与浪漫而信巫鬼的南方楚文化相合,却恰是中原文化所缺乏的。其次,道家的代表人物,老子是楚国(一说陈国)人,庄子是宋国人,无论是春秋时的陈国还是战国中期的宋国,均位于黄河以南,甚至都与更南方的楚国接壤。那么是否可以结合上文引《易》的情况推测出,明显带有道家影响的《易传》(此处并非否认《易传》具有儒家倾向的意思。)也产生于南方,且在南方更早走上"升经"的道路呢?

这些例子还可以说明,《易传》升经的肇始稍早于《易传》附经,这其实是非常符合逻辑的情况,只有先在观念上认可《易传》超绝的地位,才会产生整合《周易》经传的意识。这两个进程在互相影响的同时,也分别具有一定的独立性,发展进程和时间不尽相同。

今传为京房所作的《京氏易传》是相当珍贵的西汉易学著作,其中引《易》资料非常丰富,而以"《易》曰"来引用的《易传》引文多达三十条,且七种《易传》全都有所涉及。包括《彖传》十四条,《象传》六条,《序卦》四条,

---

① [汉]刘安编:《卷十缪称训》,《淮南子集释》,北京:中华书局,1998年,第725页。

② [汉]董仲舒著,[清]苏舆撰,钟哲点校:《卷第十二基义》,《春秋繁露义证》,北京:中华书局,1992年,第352页。

《说卦》三条,《系辞》一条,《文言》一条,《杂卦》一条。从使用"《易》曰"称《易传》的数量和涉及《易传》范围这两方面来看,京房都已经全面接受了《易传》升经。

一般认为,作为《京氏易传》作者的京房生活于汉元帝时,受学于焦延寿,据《汉书》记载,焦延寿自称学《易》于孟喜,但孟喜的其他弟子不太接受这一说法。既然如此宣称,说明焦延寿必定在一定程度上接受了孟喜所传的经书和思想,那么他的弟子京房在欣然接受《易传》附经之后,也就更容易接受《易传》升经。

《京氏易传》的引文证明了《易传》升经的全面性,而《说苑》的引文,则能证明其程度。刘向是西汉宗室,并领校中秘书籍,是西汉晚期官方学术的代表人物。他所编的《说苑》,成书于成帝鸿嘉四年(前17年),书中引用《周易》的频率很高,使用"《易》曰"的概率则发人深省。

《说苑》引用《易传》的条目非常多,这首先体现出《易传》的广泛流行,排除间接引用及化用,如"是故玄象著明莫大于日月,察变之动莫著于五星"①之类后,引用《易经》的情况如下表:

表3　《说苑》引《易经》称"易"表

引文	是否称易	备注
无首,吉。	是	
谦,亨,君子有终,吉。	是	
王臣蹇蹇,匪躬之故。	是	
困,亨,贞,大人吉,无咎,有言不信。	是	
涣其群,元吉	是	
东邻杀牛,不如西邻之禴祭。	是	

六条直接引用中,全部称为"《易》曰",比例达到了100%。引用《易传》的情况则如下表:

---

① 〔汉〕刘向撰,向宗鲁校证:《说苑校证》第十八卷《辨物》,北京:中华书局,1987年,第443页。

表4　《说苑》引《易传》称"易"表

引文	称易	传名	备注
积善之家,必有余庆;积恶之家,必有余殃。	否	《文言》	
以贵下贱,大得民也。	是	《象》	句式为"易曰……又曰……"
天道毁满而益谦,地道变满而流谦,鬼神害满而福谦,人道恶满而好谦。	否	《彖》	
天道亏满而益谦,地道变满而流谦,鬼神害满而福谦,人道恶满而好谦。	是	《彖》	同篇两出
自上下下,其道大光。	是	《彖》	
君子以除戎器,戒不虞。	是	《象》	
日中则昃,月盈则食,天地盈虚,与时消息。	否	《彖》	
仰以观于天文,俯以察于地理,是故知幽明之故。	是	《系辞》	
一阴一阳之谓道。	是	《系辞》	
夫君子居其室……可不慎乎。	是	《系辞》	
二人同心,其利断金。	是	《系辞》	
劳而不怨,有功而不德,厚之至也。	是	《系辞》	
谦也者,致恭以存其位者也。	否	《系辞》	以"吾故曰"引起。
天垂象,见吉凶,圣人则之。	是	《系辞》	
不威小,不惩大,此小人之福也。	是	《系辞》	
安不忘危,故能终而成霸功焉。	否	《系辞》	
《易》曰存不忘亡,是以身安而国家可保也。	是	《系辞》	与上一例句式相似,同出一句原典,故一起保留。

　　在十七条直接引用中,十二条称为"《易》曰",比例较高,约为70%,可见《说苑》对于《易传》升经的接受度非常高。但换个角度来说,70%单独看来已经很高,对比《易经》引文100%的称《易》比例,却显出稍逊之意,毕竟100%体现出一种绝对性,即引用《易经》必定称《易》,这是作者对《易经》异常明确的态度。而面对《易传》时作者却失去了这种绝对性。其中显露出恐怕作者也没有意识到的、对《易传》的一丝怠慢态度。虽然在整理引文时,可能有一二条的取舍需要商榷,如"谦也者"一条,既然以"吾故曰"引起了,自然不会再累赘地说"《易》曰",但稍有出入,也不至推翻这两个数字间

的明显差距。

《易传》并非一个整体,其中各篇的成书时间与对时人的影响力均不相同,因此分别地考察被引情况很有必要。但它们是否被引,本身即有一定的偶然性。十翼不同的形式和性质,影响着它们的被引概率。《易传》七种中,《彖》《象》直释经文,《说卦》《序卦》《杂卦》专释卦名,其专研易学的内容决定了它们被易学以外书籍引用的机会更少。而《系辞》和《文言》的探讨常常超出易学范畴,更抽象、更形而上,因此更有普适性,被引用的机会就更多。另外,秦汉典籍散佚较多,以现存书籍来考察汉代的整体情况,有产生偏差的可能性。但即使冒着这样的风险,研究仍然需要进行,毕竟保证有几分证据说几分话的同时,也不能因为缺乏可能方向相反的新证就无视现有的证据导向。

总之,与上文类似的思路仍然可以成立。现有资料中对各传分别以"《易》曰"进行的引用,可以体现出它们分别开始产生《易传》升经现象的时间下限。即使在已经散佚的汉代文献中存在更早的引用情况,也不会妨碍时间下限的认定。

前面已经提到,《系辞》最早被引作"《易》曰",是在汉初陆贾的《新语》中,也是所有十翼中能够确证的最早的一条。再加上《史记》等书对它的频繁征引,《系辞》在被引的时间和频率上都可称作《易传》第一。其次就是《序卦》,最早被引作"《易》曰"是在武帝初期成书的《淮南子》中。排除掉似是而非的引文,《文言》被引作"《易》曰"的最早出处就是《史记》。至于《象传》《说卦》《杂卦》的这一时间点,还需要进行单独的辨析。

《象传》最早被直称为"《易》曰"的引文,是《礼记·深衣》中的《易》曰坤六二之动,直以方也"①。其实,现在已被重新当作先秦典籍的《孔子家语·好生》中也有一句,即"在《周易》,山下有火谓之贲"②,但这句话很可能并非对"山下有火,贲"的引用,而是仅就贲卦上下体的特征来进行的描述,即认可《象传》对贲卦"山下有火,贲"的解读正确,但不一定认可"山下有火,贲"这句话来自于《周易》。就像认同《毛诗序》说《关雎》的内容是"后妃之德也",可以用类似的表述说"在《关雎》,后妃之德也",但绝不等于认为"后妃之德也"是《关雎》中的文字。所以严谨起见,本书不将它当作《象传》升经的证据。

---

① [清]孙希旦撰,沈啸寰、王星贤点校:《卷五十六深衣》,《礼记集解》,北京:中华书局,1989年,第1381页。

② 杨朝明、宋立林主编:《卷第二好生》,《孔子家语通解》,济南:齐鲁书社,2013年,第110页。

　　至于《礼记·深衣》成书的时间,有效信息几乎为零,只能通过其内容来进行推测。通行看法认为这一篇成书于战国晚期至汉代早期,因其有"古者深衣,盖有制度,以应规、矩、绳、权、衡""五法已施,故圣人服之"等强行凑成五数的做法,深受当时流行之五行思想的影响。

　　但王梦欧又以同样的理由断定《深衣》成书不早于生当宣帝的魏相时代。①诚然,魏相很可能是最早将五行系统吸纳进易学体系中的人物,但《深衣》虽然深受五行说影响,它所引的那一句《象传》却和五行说毫无关系,不能推导出《深衣》之五行说因素来自结合了五行说之易学的结论,自然也没必要将其上限定在五行说渗入《周易》之后,所以王梦欧的看法不能成立。

　　所以《象传》最早被引作"《易》曰"的时间点,只好宽泛地同《深衣》一致,定在战国晚期至汉代早期之间。

　　至于《说卦》和《杂卦》,王充在《论衡·正说》中说:"至孝宣皇帝之时,河内女子发老屋,得逸《易》《礼》《尚书》各一篇,奏之。宣帝下示博士,然后《易》《礼》《尚书》各益一篇"②,没有说出一篇《易》的名字。结合前面的引文分析可以知道,《象传》《文言》《系辞》《序卦》均在宣帝之前就已被引用过。至于《象传》和《说卦》的内容,也均在马王堆帛书出土的《二三子》《衷》《缪和》等篇中出现过,即使其结构与篇名均与今传《象传》《说卦》不同,仅就内容上说,也不至在宣帝时再被看作新出的《周易》逸文。再者,司马迁说孔子"序《象》《系》《象》《说卦》《文言》",其中已经提到了《说卦》,司马迁没有见到的只有《序卦》《杂卦》二传。所以《隋书·经籍志》认为这一篇逸文是《说卦》的看法并不可靠③,《杂卦》才是唯一符合逸《易》条件的《易传》。《杂卦》直到宣帝时才出现,升经的最早证据却已出现在元帝时成书的《京氏易传》中,它之所以能够如此快速地升经,体现出以传附经对《易传》升经的加速推动作用。值得一提的是,王充作为东汉人,已将《易传》直接称作《易》,可见在他的观念里"《易传》升经"已经完成。

　　《说卦》的文字虽然在西汉初的马王堆帛书中已经出现,但它升经的最早证据也只有《京氏易传》,无怪乎古代学者一直认为,《说卦》才是宣帝时新出的那一篇。与《说卦》一样,《象传》最早的升经证据也在《京氏易传》中

---

　　①　详见王梦欧:《礼记今注今译》,台北:台湾商务印书馆,1979年,第763页。
　　②　[汉]王充著,黄晖撰:《卷第二十八正说篇》,《论衡校释》,北京:京中华书局,1990年,第1124页。
　　③　详见[唐]魏征、[唐]令狐德棻撰,中华书局编辑部点校:《卷三十二志第二十七经籍一》,《隋书》,北京:中华书局,1973年,第912页。

出现,同时,它在马王堆帛书中呈现出支离破碎的结构,且各部分归属于不同篇目,这也与《说卦》一样。由此可见,这两篇《易传》从成篇,到附经,再到升经,每一步的步调都异常一致。这种一致性的成因值得专门进行更深层次的探索,同时也可利用起来,将这两篇作为共同对象进行研究。

总之,以《京氏易传》和《说苑》为代表的西汉晚期,《易传》各篇的升经进程都已基本完成,经、传间天然的鸿沟还是在人们的潜意识中起到了一些作用,作为暗线埋伏于易学史中,偶尔被特立独行者揪出蛛丝马迹。而更多的时候,《易传》已经成为《易经》的一部分。所以在《周易》的语境下,以经解经与以《传》解经早已混为一谈。

总结在不同经书范畴下学者对"以经解经"的看法之后,我们可以发现古人对经、传分野最通行也最直观的判断依据,即经由孔子及其他圣人(如文王、周公)所作,传由孔子之后的非圣人所作。《孝经》虽然很晚才升格为经,但多被认定是孔子所作,所以人们论及"以经解经",并不认为孝经有什么问题。《易传》本是《周易》之传,从未升格,但由于被认为是孔子所作,照样在"以经解经"的语境下被当作经来看待,《春秋》三传均非圣人所作,因此都被排除在"以经解经"范围之外。这种普遍观点是我们研究经学时一直能够隐约感受到的情况,在"以经解经"问题中,最直观也最深刻地得到了体现。

本书所论述的毛奇龄、李塨、程廷祚、晏斯盛、牛运震,他们均自称"以经解经",但从具体做法看来,实际上都是以《传》解经,即根据《易传》的内容来解释上下经的象爻辞,并提炼解易理论。为了尊重研究对象,下文仍然简单沿袭了他们自己的说法,将他们的解易理念概括为"以经解经",在证明他们确实是"以《传》解经"之外的行文中也只说"以经解经",不再到处强调"以传解经"这一点。

(三)毛奇龄的"以经解经"

1.毛奇龄提出"以经解经"

毛奇龄对经学及经学史的总体看法,使他注定会选择以经解经的原则。

《经义考序》是一篇非常重要的文章,毛奇龄在其中详细讲述了在他眼中汉宋的区别、他对汉人的看法、以经解经的原则,以及在此原则下他对汉宋的取舍:

> 古经定于六,春秋以前惟有易、书、诗、礼、乐、春秋六名见于经解,
> 而其时夫子传《易》,子夏序《诗》,虞卿论《春秋》,各有经说行乎其间。

即至燔书以后，尚有《古五子》十八篇、《周官传》四篇列《汉志》中，而嗣此诸儒之说经者遂纷纷焉。自宋人倡为论曰"秦人焚经而经存，汉人穷经而经亡"，而后之伪为"文中子"者，直伸其语曰"九师兴而易道微，三传作而《春秋》衰"。于是谈经之徒各大扫儒说，而经学不可问矣。①

实际上，《通志》中的原文是"秦人焚书而书存，诸儒穷经而经绝"②，本有特定的语境和意思，主旨在于说明秦朝焚书所造成的危害并不如后世所宣扬的那样大，只是"后世不明经者，皆归之秦火使学者不睹全书，未免乎疑以传疑"③，后世对经书解释不通的地方，就归罪于秦火为自己开脱。郑樵还举例说："《易》固为全书矣，何尝见后世有明全易之人哉？"④《易》并未受到秦火影响，但仍然没有人能够通解。可见这里郑樵所针对的，乃是秦代以后学术的整体情况，恐怕宋学也包括在内，并非专指汉学。这句话，却被毛奇龄改造成"秦人焚经而经存，汉人穷经而经亡"，当作宋人污蔑汉学的证据加以批判。其中，"书"改作"经"影响不大，但"诸儒"改作"汉人"，意思就完全变了。毛奇龄在《四书剩言》《古文尚书冤词》和《经义考序》三书中都引这句改造后的话来批判宋儒，而《古文尚书冤词》中还指明其为郑樵所说，不知他所见的《通志》版本有误，还是他有意无意地曲解了郑樵的意思。

至于他下文引用的文中子《中说》，虽然意思和原文的"九师兴而易道微，三传作而春秋散"⑤一致，确实是在诋毁汉代学术，但文中子乃是隋代人王通，他的说法自然不能算是宋人之说，更不可能是继承自宋人郑樵的。这也不算毛奇龄的错误，盖因他认定《中说》是宋人伪造之书，所以才如此说。

在《经义考序》中不够审慎地批判过宋儒之后，毛奇龄就开始表达自己的解经观点，提出了"以经解经"这个概念，"独是予之为经，必以经解经而不自为说，苟说经而坐与经忤，则虽合汉唐宋诸儒并为其说，而予所不许"⑥。解释经文的时候应该紧扣本书的意思来进行理解，不能自己创造与经文不符的说法，甚至于，即使某个说法汉、唐、宋诸儒都同意，但与经不

<hr>

① ［清］毛奇龄：《西河集》，《影印文渊阁四库全书》，台北：台湾商务印书馆，1986年，第1320册，第453页。
②③④ ［宋］郑樵：《通志》，北京：中华书局，1987年，第831页。
⑤ ［隋］王通著、张沛校注：《中说校注》，北京：中华书局，2013年，第63页。
⑥ ［清］毛奇龄：《西河集》，《影印文渊阁四库全书》，台北：台湾商务印书馆，1986年，第1320册，第453页。

符,他也不会采用。

毛奇龄继续说:

> 是必以此经质彼经而两无可解,夫然后旁及儒说。然且儒说之中汉取十三而宋取十一,此非左汉而右宋也。汉儒信经,必以经为义,凡所立说,惟恐其义之稍违乎经。而宋人则不然,往往空凭胸臆,强就己说。虽名为经义,而不以经为义。①

特别需要注意的是,"以此经质彼经"的说法。说明毛奇龄的"以经解经"说不仅包括从本经的内容来解经,而且包括经书之间的互证。只有在经书中都找不到解释依据的时候,才能有选择地参考后世儒说,而且汉取十分之三,宋取十分之一,剩下的十分之六,显然就是完全以经解经的部分。毛奇龄还辩解说,弃宋取汉并非他主观的选择,而是由客观现实决定的。因为汉人信经,解经时以经义为出发点,每提出一个说法,都担心有违经义,反复确认,因此说法更合理,而宋人则不然,他们先定下想说的意思,然后曲解经文以附会于己说,因此总是不合经文本义。

除《经义考序》之外,毛奇龄对以经解经的表述还有很多。如在《春秋毛氏传》中,毛奇龄说:"先仲氏曰善解经者,当以传解经,不当以经解传,予谓善解经者,当以经解经,并不当以传解经。夫传尚不可解经,而况于儒说?"②在《春秋》学领域,"以经解经"概念不包括"以传解经",这一点上文已经言明。所以在《春秋》学中,才会出现辨析以经解传和以传解经的问题。而毛奇龄甚至认为应当以《春秋》解《春秋》,尽量不依靠三传解《春秋》,自然就更不能反过来依靠《春秋》来解三传了。这里还可以证明,毛奇龄的以经解经说,始自兄长毛锡龄的影响。毛奇龄在下文又说:"吾故曰不以经解经而以传解经,则虽左氏尚有误,况其他也。"③即使是《左传》,也多有错误,更何况其他二家今文之传,毛奇龄对三传的可信度有所区分,认为《左传》优于另外二家。

又如在《论语稽求篇》中,毛奇龄论以礼解《论语》,这是用它经来解本

① [清]毛奇龄:《西河集》,《影印文渊阁四库全书》,台北:台湾商务印书馆,1986年,第1320册,第453页。
② [清]毛奇龄:《春秋毛氏传》,《影印文渊阁四库全书》,台北:台北商务印书馆,1986年,第176册,第75页。
③ [清]毛奇龄:《春秋毛氏传》,《影印文渊阁四库全书》,台北:台北商务印书馆,1986年,第176册,第180页。

经意义上的"以经解经"。在解释《论语·乡党第十》中的"不时不食"时,毛奇龄说:"予谓此节以经解经,当如《礼运》曰'饮食必时',指春秋朝暮之节。"①这样看来,"不时不食"与《礼记·礼运》"饮食必时"两句话,在意思上十分相近,表示应该在吃某物的正确时候(包括时令季节与一日中的时辰)才吃它,只不过修辞方式不同,一个是双重否定,另一个是直接肯定。毛奇龄将两部经书联系在一起,坚持"以经解经"的同时,又扩展了解释经文的途径,形成广义的"以经解经",即"以它经解本经"。这种解经方式十分普遍,自郑玄以降,稍有贯通能力的学者都会有意无意地运用这样的解经方法,但作为毛奇龄"以经解经"语境下的一种解经形式,它又具有了特殊的意义,是毛奇龄"以经解经"经学观的重要组成部分。

毛奇龄在各门经学中对"以经解经"的具体处理,都未脱离经学史关于"以经解经"的普遍认同。在易学领域中也是如此,他所运用的主要是"以本经解经"和"以《易传》解经"两个范畴下的"以经解经",尤其是"以《易传》解经"。

2.易学范畴的以经解经

毛奇龄解易,也会引用其他经书作为旁证。如解释蛊卦之义,他举出两种解释,其一说"蛊,坏也。器不用则坏",以坏来解释蛊,并引《左传》"皿虫为蛊"为证②。再如姤卦九二"包有鱼"之"包",他认为是古代士大夫相见时用来包裹礼物的工具,因此包有鱼就是包裹中有鱼之意,并引《诗经·野有死麕》篇之"白茅包之"为证。原文如下:"古士大夫相见各有贽献,即民庶相遇亦必有包苴之物,彼此馈饷,此国风之所以有包麕也。(《国风·野有死麕》白茅包之,此证包字耳。"③这是很有道理的观点,《诗经》旁证的使用也恰到好处。毛奇龄在训诂具体字义时最常引用别的经书以及其他文献,盖因语言具有时代性,时代相近,词汇的含义也相近,因此可以互训。

但这一例还有下文,证明这里只将《诗经》作为旁证使用,而且保留有余地。虞翻曾在此基础上,进一步将"包"限定为"白茅",并从巽卦取象中来找寻依据。毛奇龄对这种过度阐释叫了停,他说"若虞仲翔谓巽为白茅,则直以周诗解易,大无理矣",认为《周易》爻辞的成文比《野有死麕》要早得

---

① [清]毛奇龄:《论语稽求篇》,《影印文渊阁四库全书》,台北:台北商务印书馆,1986年,第210册,第172页。

② [清]毛奇龄:《仲氏易》,《影印文渊阁四库全书》,台北:台湾商务印书馆,1986年,第41册,第268页。

③ 详见[清]毛奇龄:《仲氏易》,《影印文渊阁四库全书》,台北:台湾商务印书馆,1986年,第41册,第365页。

多,《野有死麕》中用白茅包物,不代表《周易》的时代也用白茅包物,因此将"包"理解为包裹已经足够,在《周易》原文中毫无依据的情况下,就根据《野有死麕》而限定包裹的材质是"白茅",属于过度阐释了。可见毛奇龄解易时使用其他经书,非常审慎,且一般需在《周易》中有根据。

有时毛奇龄还会刻意排除其他经书造成的干扰。如解释观卦六四之"利用宾于王"时,《左传》中有一条著名的卜筮记录中曾经用到这一爻,说"庭实旅百,奉之以玉帛,天地之美具焉,故曰利用宾于王",似乎是对"利用宾于王"的解释。但毛奇龄强调这一段不可用,因为"盖筮法随象取义,与解易不同"①。这是很有道理的,《左传》这一段是在利用爻辞来联系现实,推断吉凶和应对方法的,因此所谓"庭实旅百"云云,都有所发散,针对现实而发,很可能并非是对爻辞本义的正确解读,因此毛奇龄在这里就不予采用。

至于"以本经解经"和"以《易传》解经"两方面,则是毛奇龄易学以经解经的主力。尤其是后者,这样的例子举不胜举。如解释既济六四之"终日戒"的成因,就只引用了《系辞》与《象传》来作为依据,说"《系》曰四多惧,惧即戒也,《象传》曰有所疑也,疑亦有惧意。盖离为日,四处互离中而又当下离之尽,故曰终日,其又曰疑,则以四居咸互巽之三,巽固有疑象耳"②。《系辞》中说四爻多惧,和"戒"意思相近,而这一爻的《象传》也说终日戒备的原因是心中有怀疑,与惧意思相近。在这之后以离为日,巽为疑等等,也来自《说卦》中的八卦取象。这段文字利用《易传》的三部分共同完成解释而没有引用其他书籍,是"以《易传》解经"的完美体现。

此例与前面单纯的文字训释有明显的不同,涉及易学理解论体系的建设。易学与其他经学不同,读懂文字是理解《周易》的第一步,却又只是易学的冰山一角,庞大而系统的易学理论才是水下的部分。这一部分内容,就只有靠《周易》中的经传文字才能解决了,从其他经书中无法找到依据,试想其他经书之中,怎么可能提到为何四爻多惧,又为何离为日呢?因此可以说,"以他经解经"和"以本经解经"在《周易》阐释方面,功能是不同的,而后者的功能是易学的核心与研究重点。

毛奇龄的解易理论体系,就完全是在《周易》经传的基础上建立起来的,他严守"以经解经"原则,利用《周易》经传推理出解易理论,如提出推易

---

① 详见[清]毛奇龄:《仲氏易》,《影印文渊阁四库全书》,台北:台湾商务印书馆,1986年,第41册,第278页。

② [清]毛奇龄:《仲氏易》,《影印文渊阁四库全书》,台北:台湾商务印书馆,1986年,第41册,第430页。

说、爻位说、取象说后,就将它们像数学公式一样直接使用在具体场合,不会再一一说明其依据。"以经解经"的这种隐藏作用贯穿整个毛奇龄的易学,在下文具体分析毛奇龄解易法时,也会不断有所体现。

第三节 毛奇龄的解易法

一、《推易始末》与《仲氏易》的推易法

(一)《仲氏易》的成书及归属

《仲氏易》据毛氏自序,所记录的是其仲兄毛锡龄的易学思想,毛锡龄在世时并未成书,于是毛奇龄"就兄子口授诸说《易》大旨,暨各卦诂义,而扩大之,为《仲氏易》"①。也就是说,毛奇龄自称以毛锡龄之子转述的毛锡龄易说为基础,包括解易的整体理论及各卦的意思,加以扩展,编成了《仲氏易》。

《四库全书总目》则怀疑此书虽然托名毛锡龄,但实际上是毛奇龄自作,"或传奇龄假归之后,僦居杭州,一日著一卦,凡六十四日而卦成。虽以其兄为辞,实即奇龄所自解。以理断之,或当然也"②。这种看法,应可成立。

毛奇龄自序中,"就兄子口授诸说《易》大旨,暨各卦诂义,而扩大之"这句话十分重要,说明《仲氏易》在内容上,分毛锡龄之子口授的大旨和各卦诂义,及毛奇龄自己扩大的内容这两部分。大旨与卦之诂义,并不占《仲氏易》的很多篇幅,只是前两卷的内容,后一部分才是《仲氏易》的正文,也是毛奇龄自身的成果。通过词频统计可知,《仲氏易》三十卷,他在正文中(第三章以后)提到仲氏具体说法的次数,只有二十次左右,一卷不到一次,且仅有他提及《说卦》次数的三分之一、《周礼》的三分之二。因此认为《仲氏易》正文的内容绝大多数都是毛奇龄的观点,并无不妥。此为《仲氏易》可以定性为毛奇龄著作的第一点。

至于"说《易》大旨"这一部分与毛奇龄的关系,要先看《推易始末》与《仲氏易》的关系。通过后文分析可知,《推易始末》对《仲氏易》推易说的改动微乎其微,或者说明毛奇龄对毛锡龄推易说已经完全认可并接受了,那么推易说也是毛奇龄的解易理论。至于"各卦诂义"的内容,也是同样的道

---

① [清]毛奇龄:《仲氏易》,《影印文渊阁四库全书》,台北:台湾商务印书馆,1986年,第41册,第184页。

② [清]毛奇龄:《仲氏易》,《影印文渊阁四库全书》,台北:台湾商务印书馆,1986年,第41册,第183页。

理。毛奇龄必定要在确定了每卦之基本卦义的前提下,才能进一步补充具体的说解,那么他所用的各卦诘义,既是毛锡龄提出的,也是毛奇龄的观点。此为《仲氏易》可以定性为毛奇龄著作的第二点。

毛奇龄虽然崇拜毛锡龄,但是对自己的易学造诣,也非常自负。他很早就对朱熹的《周易本义》产生了不满,认为里面曲解了圣人之学。接着他马上讲述自己利用卜卦结果的指导,成功逃离了危险,以证明自己易学水平的高超:

> 先是出门时,仲兄与三泣送予,谓曰:古贤处忧患者必知《易》,汝知之乎?予跪而受言。及过吴,丐朱子《易义》一本于顾有孝家,每窃读,茫然曰:三圣之学如是乎?于是筮所之,遇节之需,乃以己意自断曰:节者,止也,需者,有待也,节与需皆坎险在前而不可行。然而节三当互震之中,已将震动,而乃动而得乾,三则出险矣。刚能出险,故不败。非然则需矣,致寇至矣。乃行,而蹑者果至,遂匿海陵。越一月,曰:可出险矣。《经》曰利涉大川往有功,大川,淮也,淮可往。过淮,淮守备张君与予旧,一见即邀予过饮……予念需《象》云:君子以饮食宴乐,今出险已宴乐矣,过此将失位,急舍之去。①

但毛奇龄直到六十余岁结束编修的工作回到家乡,才真正开始编纂《仲氏易》和其他大部分经学著作,这带来的好处是,毛奇龄的著作思想都比较一致,而且互相有照应,没有很多学者晚年悔其少作的情况,也没有前期不成熟的作品。

《仲氏易》是一部通篇疏解《周易》经文的作品,因此比毛奇龄的其他易学著作价值更大,从中可以看出毛奇龄"以经解经"易学观在具体实践中的体现。至于十翼,是毛奇龄思想的主要来源,所以从十翼的疏解文字里也可以找到他思想形成的蛛丝马迹,这对我们了解毛奇龄无疑非常有用。

(二)推易说概况

推易说是毛奇龄最自信却也是最受质疑的解易理论,他得名于《系辞上》中"刚柔相推而生变化"这一句话,也正是因为这句话,毛奇龄才对推易说深信不疑,认为它符合《周易》的本义。

毛奇龄在《周易》正文的其他地方,也会尽量寻找推易说的根据。如他

---

① ［清］毛奇龄:《西河集》,《影印文渊阁四库全书》,台北:台湾商务印书馆,1986年,第1321册,第127—128页。

解释《系辞传》中蕴含幽魂归魂说的"仰以观于天文,俯以察于地理,是故知幽明之故。原始反终,故知死生之说。精气为物,游魂为变,是故知鬼神之情状"这一段,就趁机将原本毫无关系的文字与自己的推易说联系在一起。他认为聚卦是其中的"原始",也即"精气为物",分卦是"反终",也即"游魂为变",旨在为推易说增加一条根据:

> 易本乾坤,而天地之道皆弥纶其中焉。故仰观俯察,则乾坤成列,而阴阳以分。及推其阴阳之初聚者曰原始,阴阳之既分者曰反终。原始则阴精阳气聚而为物,反终则魂升魄降散而为变。(原注:游散即推易,皆指卦言。)①

毛奇龄还专门作《推易始末》一书来讲述推易法,可见他对此法的重视。据他本人所述,推易说的思想根源是他的仲兄毛锡龄,毛奇龄在《仲氏易》卷首所描述的推易说,就更接近毛锡龄的原始面貌。但"推易之法虽发自仲氏,而诸儒实先启之"②。事实上也是如此,推易法是综合了汉儒各种卦变理论,引入新概念后系统化的成果,多有和前人理论的类似之处。于是毛奇龄在《推易始末》中先充分罗列了先儒的各种卦变说,包括干宝、何妥、荀爽、虞翻、蜀才、侯果、李挺之、朱熹、朱升、来知德、何楷等。然后将《仲氏易》中的《推易图》放在诸家之后,称"见《仲氏易》卷首,兹不再述"③,并且进行了更进一步的阐述。接着毛奇龄作"推易折衷图",根据自己的理解,修订了《仲氏易》卷首毛锡龄的推易说。

推易说作为毛奇龄的核心观点,必须认真钻研。首先,可以从中看出毛奇龄对汉儒理论的取舍,这一点将在下文研究毛奇龄与汉易关系时详细论述。其次,可以看出毛奇龄本人的易学思想与他在《仲氏易》中记录的毛锡龄思想的继承和发展关系,这是此处打算解决的问题。

推易系统的第一层,即乾坤二卦,它们被毛奇龄称作"不易卦",因为它们纯阳纯阴,无所变异。推易说坚持乾坤的独立地位,认为乾坤之外的十辟卦为一组,而乾坤则是超脱的、不变的一组,故被单独称为"不易卦",因其无可移易。

聚卦是推易系统的第二层,共十卦(见图1),就相当于别家"十二辟

---

① [清]毛奇龄:《仲氏易》,《影印文渊阁四库全书》,台北:台湾商务印书馆,1986年,第41册,第441页。

②③ [清]毛奇龄:《推易始末》,《毛奇龄易著四种》,北京:中华书局,2010年,第54页。

卦"去除乾、坤后的十卦。它们的特点是不论阴阳爻数量多少,总是分别聚集在一卦的两端,阴阳之间没有交错的情形,因此毛奇龄根据《系辞上》中的"方以类聚,物以群分",称它们为聚卦。在推易说的系统中,聚卦是推易的开始,正因其阴阳分聚的特点,毛奇龄认为,"(聚卦)谓阴阳各聚于一方,以待移易"[1],正是卦变开始前的状态,移易之后,阴阳就混杂在一起了。

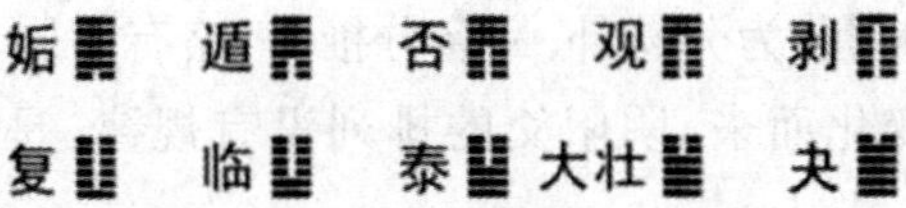

姤 遁 否 观 剥

复 临 泰 大壮 夬

图1 聚卦

接着又有"半聚卦(又称环聚卦)"和"子母聚卦(又称子母易卦)",它们虽然被分为两类,但主要特点是一样的。半聚卦为小过和中孚两卦,子母聚卦较多,有颐、萃、升、咸、恒、损、益、大过、无妄、大畜十卦,如图2:

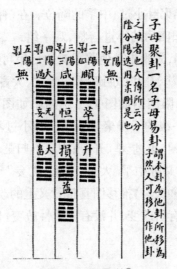

图2 子母聚卦[2]

这两类卦的特点是,虽然阴阳爻有交错出现的情况,但都是阴、阳、阴或者阳、阴、阳的排布,同聚卦相比,稍有交错,但分布仍然较为集中,存在与聚卦类似的特点,所以叫半聚卦和子母聚卦。相比之下,两个半聚卦更为特

---

① [清]毛奇龄:《仲氏易》,《影印文渊阁四库全书》,台北:台湾商务印书馆,1986年,第41册,第196页。

② [清]毛奇龄:《仲氏易》,《影印文渊阁四库全书》,台北:台湾商务印书馆,1986年,第41册,第197页。

殊一点，阴阳爻整齐地以二阴、二阳、二阴和二阳、二阴、二阳形式分布，毛奇龄认为它们也具有同十辟卦一样的特性，是卦变的源头。半聚卦可以变为它卦，但没有卦会变成半聚卦。子母聚卦则地位稍低，既可以由它卦变来，又可以变为它卦。半聚卦和子母聚卦是推易系统的第三层。

　　既然各类聚卦之得名来源于"方以类聚，物以群分"，那么聚卦变化而形成的卦，就自然而然地以"分"为名，被毛奇龄称作"分卦"。《推易始末》称分卦，《仲氏易》中则称为分易卦，又名分推卦，略有不同。分卦由聚卦、半聚卦、子母聚卦变化而来，阴阳爻的排列没有规律，是推易系统的最后一层。

　　(三)《推易始末》与《仲氏易》推易法之异同

　　以上关于聚卦和分卦的归类和判定原则，《推易始末》和《仲氏易》两部书完全一致，但《仲氏易》前的推易图源自仲兄毛锡龄，毛奇龄在《推易始末》中有一些改进，又在《仲氏易》正文的具体解易实践中进一步修订，致使后二者在一些细节问题上有一些调整。

　　第一项调整，是半聚卦小过、中孚的降位。在《仲氏易》的推易图中，半聚卦与聚卦一组，二阳四阴的小过与临、观一组，二阴四阳的中孚与遁、大壮一组，由这三卦为纲，先生出其他阴阳爻数目相同的卦，接着再由子母聚卦，即二阳四阴的颐、萃、升和二阴四阳的大过、大畜、无妄，为一组分别再一次生出其他卦。二阳四阴如图3，二阴四阳如图四。而在推易折衷图中，半聚卦转而与下一级的子母聚卦一组。即小过不归临、观而归颐、萃、升，写作"临、观，又推颐、小过、萃、升"[1]；中孚不归遁、大壮而归大过、大畜、无妄，写作"遁、大壮，又推中孚、大过、大畜、无妄"[2]。折衷图的所有调整中，只有这一项是对《仲氏易》推移图真正意义上的改动，下面的其他调整，都只在编排与表述上有所改变，并没有实质性改变《仲氏易》的理论。

---

①　[清]毛奇龄:《推易始末》,《毛奇龄易著四种》,北京:中华书局,2010年,第59页。

②　[清]毛奇龄:《推易始末》,《毛奇龄易著四种》,北京:中华书局,2010年,第63页。

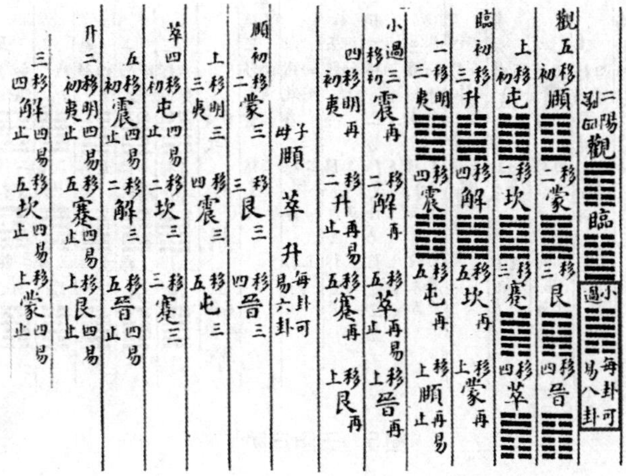

图3　二阳四阴①

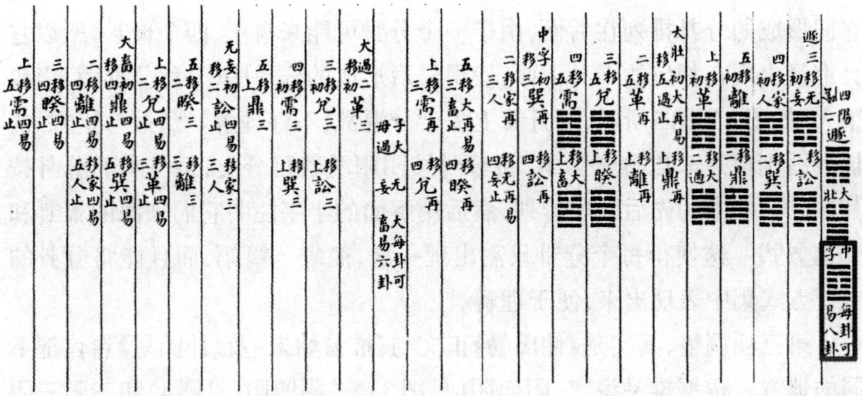

图4　二阴四阳②

---

① [清]毛奇龄:《仲氏易》,《影印文渊阁四库全书》,台北:台湾商务印书馆,1986年,第41
　册,第197—198页。

② [清]毛奇龄:《仲氏易》,《影印文渊阁四库全书》,台北:台湾商务印书馆,1986年,第41
　册,第198—199页。

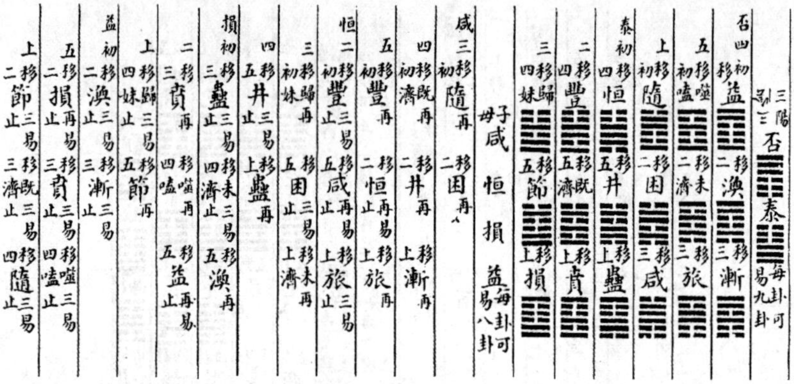

图5　三阳三阴①

第二，在编排体例上，《仲氏易》略显烦琐，《推易始末》进行了一些改进。《仲氏易》以半聚卦、子母聚卦为纲，将其按照阴阳爻数目分类，然后把它们形成的分卦排列在后面，由于一个分卦可能来自三、四个聚卦，所以它会重复出现在相应的聚卦下面，使得最后形成的分易图（又称分推图）篇幅很大，如图3到图5所示，而且看上去十分混乱，不好理解。②《推易始末》的折衷图则反过来以分卦为纲，将分卦按阴阳爻数目分类，每一类的分卦按其在《周易》中的先后顺序排列，然后用下面的小字注明它们来源的聚卦和变化方式。这使得每个分卦只需出现一次，简省了篇幅，而且能将分卦的卦变方式集中表现出来，便于理解。

第三项调整，其实是《仲氏易》正文与《推易始末》及《仲氏易》卷首都不同的地方。根据推易说，二阳四阴（见图3）、二阴四阳（见图4）和三阳三阴（见图5）三种卦，其各种可能的各类聚卦来源都是六种，分别是，二阳四阴临、观、颐、小过、萃、升，三阳三阴泰、否、咸、恒、损、益，二阴四阳遯、大壮、中孚、大过、大畜、无妄，因此变化的形式，从理论上来说也应该有六种。

但二阳四阴和二阴四阳两组的每一个分卦，只有其中四种变化是移位一次就能实现的，两种变化需要移位两次，因此毛奇龄只选取移位一次的四种变化，并称它们为"四易卦"。例如屯卦二阳四阴，被称作"四易卦"，毛奇龄解释说："此两阳四阴之卦，大抵两阳所分约有六卦。而此卦所分，一自观、萃，以上、二两阳易之坤初，以为震；一自临、颐，以上、二两阳易之

① ［清］毛奇龄：《仲氏易》，《影印文渊阁四库全书》，台北：台湾商务印书馆，1986年，第41册，第198—199页。
② 详见［清］毛奇龄：《仲氏易》，《影印文渊阁四库全书》，台北：台湾商务印书馆，1986年，第41册，第197—199页。

坤五,以为坎。"①虽然有六种可能的情况,但只保留了四种只需推易一次的聚卦。

而三阳三阴组分卦因为同样的原因,只取三种,因此被称作"三易卦"。至于一阳五阴和一阴五阳这两组的分卦,一共指有两种可能的变化来源,分别为剥、复与姤、夬,都能由一次移位解决,毛奇龄就二者均取,称这两组为"二易卦"。虽然《仲氏易》卷首推易图、《推易始末》折衷图,与《仲氏易》正文选取的卦变数量相同,但是在《仲氏易》正文中解释卦爻辞时,才开始使用"二易卦""三易卦""四易卦"的分类命名,这是为了在分散解释一卦时能够突出该卦归属而进行的强调。

第四,是具体用字的变化,《仲氏易》前载毛锡龄推易法用的是"移"字,作"某卦某爻移某爻",毛奇龄在《推易始末》中则改为"易"字,作"某卦某爻、某爻易"。这是因为毛锡龄使用的"移"会使人误会为一爻移动位置后,其他爻都顺移,而其实际上是二爻互换,其他爻位置不变,用"易"更准确。因此,推易折衷图的改动能使推易说的意思更加明晰。

后来在《仲氏易》的正文中,毛奇龄又用"往来"代替"易",作"某卦某爻往某爻来",下至上曰往,上至下曰来,更加强调上下位置。如蒙卦☷,《仲氏易》说它是"临初往上来,观五来二往"和"升三往上来,颐初往二来"②,《推易始末》则说它是"临初、上易,观二、五易"和"升三、上易,颐初、二易"③。以"往来"代"易",可以看作是毛奇龄试图以经解经,同时参考汉易的进一步改进,因为《系辞上》中即有"往来不穷谓之通"之语,象辞、爻辞和《象传》中也有很多与往来有关的内容,所以"往来"更贴近经书原文。

综上所述,推易说根源于毛锡龄,并经过了毛奇龄极其细微的修正。身为《仲氏易》一书的解易基础,只有完全理解了推易说,才能真正理解《仲氏易》的易解,以及毛奇龄与《仲氏易》的真正关系。

二、五易说与毛奇龄解易法概说

(一)五易说概况

1.变易与交易

推易说作为毛奇龄最重要的思想,其实还只是"五易"系统之一,即变

---

① [清]毛奇龄:《仲氏易》,《影印文渊阁四库全书》,台北:台湾商务印书馆,1986年,第41册,第220页。

② [清]毛奇龄:《仲氏易》,《影印文渊阁四库全书》,台北:台湾商务印书馆,1986年,第41册,第226页。

③ [清]毛奇龄:《推易始末》,《毛奇龄易著四种》,北京:中华书局,2010年,第59页。

易、交易、反易、对易、移易,最后的移易,毛奇龄说"盖推即移也"①,推就是移。其他四易,据毛奇龄所说,与移易一样来自仲兄毛锡龄,即"仲兄之言曰:《易》有五易,世第知两易而不知三易,但可言易而不可以言《周易》"②,毛锡龄说五易中有三易都具有独创性。

"变易,谓阳变阴,阴变阳也(如乾变坤,坎变离类)"③,且在下文,毛奇龄又说"画卦用变易"④。变易不是成卦的卦变,因此不是必须一卦所有爻都要变,可以只有一爻、两爻的单独变化。事实上,毛奇龄的变易,更强调八卦形成过程中乾坤生六子的变化:

> 故伏羲画卦,先画三阳,参天也,参天之谓乾,故始乎乾也。然后以三而两之,两地也,两地而得坤,所谓效法乎坤也。此阳之变阴者也。于是以三坤而变一阳,谓之震,所谓"震一索而得男"也。以三乾而变一阴,谓之巽,所谓"巽一索而得女"也。夫然后二阳二阴,再变三变,而于是再索三索之坎离艮兑以次成焉。此阴阳互易,乾坤之变为八卦者也,此变易也。⑤

对于交易,毛奇龄描述说:"谓阴交乎阳,阳交乎阴也"⑥,似乎也很像对乾坤生六子之类的描述,但从他下面所举的两个例子,"如乾坤交为泰否、坎离交为既未济类"⑦看来,交易应该指的是两个三画卦上下相交形成六画卦,即一般所谓的"重卦",毛奇龄也说:"画卦用变易,重卦用交易。"⑧他的交易重卦法,与一般意义上的重卦法并没有什么特殊区别:

---

① [清]毛奇龄:《仲氏易》,《影印文渊阁四库全书》,台北:台湾商务印书馆,1986年,第41册,第193页。

②③ [清]毛奇龄:《仲氏易》,《影印文渊阁四库全书》,台北:台湾商务印书馆,1986年,第41册,第184页。

④ [清]毛奇龄:《仲氏易》,《影印文渊阁四库全书》,台北:台湾商务印书馆,1986年,第41册,第185页。

⑤ [清]毛奇龄:《仲氏易》,《影印文渊阁四库全书》,台北:台湾商务印书馆,1986年,第41册,第186—187页。

⑥ [清]毛奇龄:《仲氏易》,《影印文渊阁四库全书》,台北:台湾商务印书馆,1986年,第41册,第184页。

⑦ [清]毛奇龄:《仲氏易》,《影印文渊阁四库全书》,台北:台湾商务印书馆,1986年,第41册,第184—185页。

⑧ [清]毛奇龄:《仲氏易》,《影印文渊阁四库全书》,台北:台湾商务印书馆,1986年,第41册,第185页。

　　至于八之乘八,则因而重之,谓之交易。以乾交乾则为乾,以乾交坤则为否,以坤交坤则为坤,以坤交乾则为泰,而于是以乾坤二卦遍交之六子之卦,而随以六子之卦反交之乾坤,而六十四卦成焉。

　　由于画卦、重卦都是传说中由伏羲所完成的工作,所以变易、交易是伏羲之易。但它们又被毛奇龄赋予了卦变的因素,归于文王之易,而并非伏羲之易简单意义上的画卦与重卦,这一点由毛奇龄所画《文王序卦图》中所标注的变易、交易即可看出(见图6)。

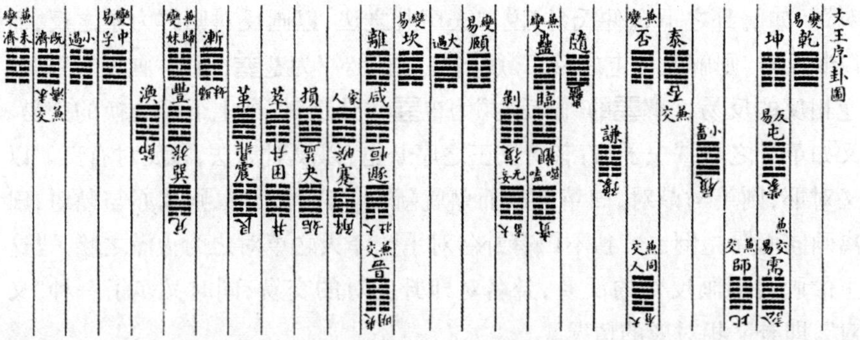

图6　《文王序卦图》①

　　图中标注六画卦的乾、坤为变易,是阴阳全部互变,否、泰为变易,也是六画卦的变化,令上下体互换等等,意思十分明确。标注否、泰变易兼交易,需、讼兼交易等等,因为这两组恰好既是阴阳互变,又是上下体互换。所以说,只就画卦、重卦立论的变易和交易,其实质仍然是卦变理论,强调画卦、重卦,只是在为卦变增加可信度。

　　毛奇龄的变易虽然在理论描述时,强调并不一定是六爻均变,但他在实践中仍然坚持六爻皆变的变易,例如他并不标注由坤到屯为变易、由否到大有是变易。交易也是如此,虽然重卦交易在理论上来说,两个三画卦的任意组合均可,但从实践上,毛奇龄仍然认为上下卦互换才是真正的交易,如复卦下震上坤,无妄卦下震上乾,两卦之间只有上卦变了,下卦不变,毛奇龄尚且并不认为这两卦之间有交易的关系,更不用说其他两卦均变的情况。

---

①　[清]毛奇龄:《仲氏易》,《影印文渊阁四库全书》,台北:台湾商务印书馆,1986年,第41页,第189页。

2.反易与对易

毛奇龄称第三易之反易（又名转易、倒易）为"相其顺逆，审其向背，而反见之（如屯之转为蒙，咸之转为恒类，然此与重卦交易不同。若交，则'水雷屯'反之为'雷水解'，'泽山咸'反之为'山泽损'矣。此专取爻画，不取卦象者）"[①]。顺逆相反属于反易，简单地语言描述很容易使其与变易、交易混淆，于是毛奇龄举出屯䷂和蒙䷃、咸䷞和恒䷟这两个例子，能够比较直观地表现出反易的意思，就是一卦的上下顺序颠倒，初爻变为六爻、二爻变为五爻……六爻变为初爻，形成另一卦。

毛奇龄《仲氏易》的正文中，有时会将反易与交易相提并论，统称为"反对"。如解卦之下，《仲氏易》说："夫序卦之法，以画反对则解为蹇之反，而以卦反对，则解又为屯之反。"[②]解䷧的"画反对"为蹇䷦，所谓"画反对"即顺逆相反的反易，[③]解䷧的"画反对"为屯䷂，"卦反对"即上下卦交换的交易。又如革卦之下："夫子曰：昔者文王之序卦也，以反对为法，顾反对有三。以义对耶，则革与鼎对，曰革去故而鼎就新也。以画对耶，则革亦与鼎对，曰离画同而巽兑倒也。独不曰有卦名对乎？泽火之革对之为火泽之睽。"[④]这里的画对即画反对的反易，卦名对即卦反对的交易，同时又多了一种"义对"，即卦义相对应的情况。

第四易为对易，"谓比其阴阳，絜其刚柔，而对观之。（如上经需䷄、讼䷅与下经晋䷢、明夷䷣对，以地对天，以火对水。上经同人䷌、大有䷍与下经夬䷪、姤䷫对，以五阳对五阳，一阴对一阴类。然此与后儒正变占对不同，若正变占对，则需、讼自对，不对晋、明夷，夬、姤自对，不对同人、大有矣。此兼取象数，不专取形次者。）"[⑤]对易是五易说中尤其令人迷惑的一易，从描述到举例都十分奇怪。需与讼、晋与明夷、同人与大有、夬与姤，这四组互相都是交易的关系，需与晋、讼与明夷之间是反易的关系，但同人、大有与夬、姤之间却只是阴阳爻数量相同而已，最多可以说它们有推易关系，后一组是前一组的推易来源卦，但毛奇龄就此给出的解释又与推易无关。

① ［清］毛奇龄：《仲氏易》，《影印文渊阁四库全书》，台北：台湾商务印书馆，1986年，第41页，第185页。

②③ ［清］毛奇龄：《仲氏易》，《影印文渊阁四库全书》，台北：台湾商务印书馆，1986年，第41册，第349页。

④⑤ ［清］毛奇龄：《仲氏易》，《影印文渊阁四库全书》，台北：台湾商务印书馆，1986年，第41册，第379页。

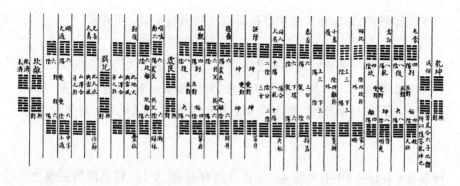

图7 《文王分上下篇图》①

　　好在毛奇龄又说："分经用对易(谓上下经)"②,因此结合毛奇龄所列的《文王分上下篇图》(图7),可以看出对易的真正意思。他是在试图给上下经的划分找到规律,但这规律并不存在。毛奇龄只好从阴阳爻的数目下手,曲为之说。图中屯、蒙与遯、大壮之间,小字注有"四阳八阴"字样,屯与蒙阴阳爻加起来正是四阳八阴,遯与大壮阴阳爻加起来也是四阳八阴,因此这四卦互对。需、讼下注"八阳四阴",晋、明夷上注"八阴四阳",阴阳数目相反,所以就是变易。但还有师、比与家人、睽一组,阴阳爻数目并不相同,但毛奇龄发现,师、比分别去掉下、上的坎卦是三阴,家人、睽分别去掉中间的坎卦是三阳,即所谓"除四坎外上三阴下三阳"。

　　这样一来,对易的意思就比较明白了,上下二经,除八纯卦与咸恒、既济未济之外的卦,按照顺序分别对应,对应关系可以推到阴阳爻数目的相同或相反,剥、复、丰、旅与无妄、大畜、涣、节两组实在无法附会,只好再另找方法解释,说他们分别是"此地火与雷风山泽合并之卦""此天水与雷风山泽合并之卦"。剥,坤地配艮山;复,坤地配震雷,都有坤地。丰,离火配震雷;旅,离火配艮山,都有离火。无妄一组则以乾天、坎水配其他四卦,与上一组类似,却又更加缺乏规律性。毛奇龄忽略了这两组的不同,一律用乾坤、坎离的自然取象作解,认为这四卦更基础、更接近世界的本源,因此分别统摄其余卦,可以说已经到了牵强附会的极致。

　　第五易移易,即上节详细介绍过的推易。五易说中,反易、对易与移易是比较复杂的理论,尤其是后两种,但毛奇龄仍然笃信它们。这是由于他

① [清]毛奇龄:《仲氏易》,《影印文渊阁四库全书》,台北:台湾商务印书馆,1986年,第41册,第191—192页。
② [清]毛奇龄:《仲氏易》,《影印文渊阁四库全书》,台北:台湾商务印书馆,1986年,第41册,第185页。

出于以经解经,认定在十翼中存在后三易的明确证据。毛奇龄说:

> 大抵(《系辞》)二传并发明推易分聚,以属之为卦辞、爻辞之例,虽重言象、爻大义,并著筮布揲诸法,而大旨在属辞,则系辞名焉。若转易之义,则《杂卦》言之,对易则《序卦》旁及之,至《说卦》,则籍以释经,与《尔雅》释诗同一义例。①

推易在《系辞传》中有所发明,并以此解释卦辞、爻辞;转易即第三易之反易,其证据在《杂卦》中;对易则在《序卦》中有所提及,《说卦》更是主要用它来解经。

(二)毛奇龄解易法概说

1.“演易属辞十例”

《推易始末》一开篇,又重申了反易、对易与推易的关系,即“《周易》者,移易之书也。虽易例有三:一曰倒易,叙卦用之;一曰对易,分篇者用之;而必以移易一例为演易属辞之用”②。倒易即反易,编排卦序所用的方法,对易则是上下经分篇的方法,而推易则是演易系辞时所用的理论,也就是说,五易中只有它是与解释卦爻象与卦爻辞有关的内容。

除了推易之外,毛奇龄还有一些其他的“演易属辞”理论,《推易始末》在详细辨析推易说之前,先对它们进行了总结,即所谓“演易属辞十例”。

前三例名、义、象,其实可以归为一类,算是广义的取象说:

> 曰名(如“天行”“地势”“云雷屯”“山风蛊”诸词,皆乾、坤八卦别名)。

> 曰义(乾健坤顺,坎险震动,皆义也。词有“顺以动”“险而健”类)。

> 曰象(一恒象,如乾首坤腹,乾马坤牛,乾圆坤方,乾金玉坤布釜类,皆《说卦》所有者,辞悉用之;一偶象,如震偶象缶,巽偶象床,剥、艮偶象庐,益、坤偶象龟类,他并无象矣)。③

名即《象传》中八经卦所对应的自然意象,天、地、风、雷、水、火、山、泽之类;义即《象传》中八经卦所对应的义理化意象,健、顺、动、入、离、丽、止、说之

---

① [清]毛奇龄:《仲氏易》,《影印文渊阁四库全书》,台北:台湾商务印书馆,1986年,第41册,第436—437页。

②③ [清]毛奇龄:《推易始末》,《毛奇龄易著四种》,北京:中华书局,2010年,第3页。

类；象则分为恒象与偶象，恒象即《说卦》中提到过的八卦取象，乾为马、坤为牛之类，偶象则是《易传》记录之外偶然使用的取象。

第四例方位，则包含八卦方位与爻位说两种理论：

> 曰方位（坤卦以西南为离、兑，东北为艮、震；蹇、解以西南为坤，东北为艮，复以离为南国；随以兑为西山，皆以《说卦》定方位词，并无乾南坤北，离东坎西，如陈氏《先天图》者。①

方即八卦方位，毛奇龄根据《说卦》中所有的记载，规定了八卦的方位。如坤、蹇、解三卦均有"利西南，不利东北"之语，毛奇龄认为他们分别代表不同的卦，另外还有"南国""西山"这类带有方位的词语，也能用来找出对应的卦，而《周易》中没有提到的，就一概不予认可。毛奇龄同时批评了陈抟《先天图》中的方位。

> 若位则单卦以二五为中，蒙之"刚中"，需之"正中"是也；重卦以三四为中，复之"中行独复"，益之"中行告公用圭"是也。又单卦以初为地，二为人，三为天；重卦以初、二为地，三、四为人，上、五为天，乾之"上不在天""下不在田""中不在人"，谦之"天道""地道"，贲之"天文""人文"，皆是也。又五为君，二为臣，初为民，临五"大君之宜"，蹇二"王臣蹇蹇"，屯初"大得民"也。一二三即阳阴阳为离位，四五六即阴阳阴为坎位。凡遇纯爻则两位见，如坤三为光，以纯坤而下离见，离为光，同人之象曰"涉川"，以纯乾而上坎见，坎为川也。若汉儒有初震位，二离位，三艮位，四巽位，五坎位，上兑位，则辞中亦未之及；至于乾一、兑二、离三、震四、巽五、坎六、艮七、坤八，则从无此位，非易义也。②

位就是几种爻位说。爻位说本是王弼以至程颐这一系列义理派易学家常用的理论，但毛奇龄并未因此对爻位说产生偏见，仍然出于"以经解经"，认可在经文中能够找到根据的爻位说理论。包括二五与三四的中位说（二爻、五爻是上下三画卦之中，三爻、四爻是六画卦之中）、天地人位说（三画卦中初爻为地，二爻为人，三爻为天，六画卦中初爻二爻为地，三爻、

---

① ［清］毛奇龄：《推易始末》，《毛奇龄易著四种》，北京：中华书局，2010年，第3页。

② ［清］毛奇龄：《推易始末》，《毛奇龄易著四种》，北京：中华书局，2010年，第3—4页。

四爻为人，五爻、上爻位天）、君臣民位说（五爻为君，二爻为臣，初爻为民）、离位坎位说（下三爻为离位，上三爻为坎位，但只有三画卦是乾卦和坤卦时，才能分别利用离卦坎卦进行解释）四种。同时提出了两种他所不同意的爻位说，六爻位对应六卦以及八卦之数，都是《周易》中没有提及的。

第五次第顺逆与第十承乘敌应，可以算是爻位说的辅助理论。前者规定了六爻的顺序方向及其意义，由初爻往上走为顺，从上爻往下走为逆，而象辞爻辞中的左右、贵贱、本末、首足，都和顺逆有关系。后者规定了上下爻之间的关系、与上下卦对应爻之间的关系，相邻的两爻间，上乘下，下承上，初爻、四爻、二爻五爻、三爻上爻间，阴阳相同为敌，阴阳相反为应，而后儒所谓"比"是错误的：

> 曰次第顺逆（自初至上为往为顺，自上至初为来为逆，凡卦皆然。往前为右，来后为左，师卦"左次"，丰卦"右肱"皆是；顺上为贵，逆下为贱，鼎之"从贵"，屯之"下贱"皆是；顺往则初为本，上为末，咸之"志末"，大过之"本末弱"皆是；逆来则上为首，初为足，乾之"无首"，比之"无首"，"咸其拇"，"贲其趾"皆是）……

> 曰乘承敌应（上爻乘下爻曰乘，屯六二之"难乘刚也"；下爻承上爻曰承，归妹初九"吉相承也"；初与四、二与五、三与上其阴阳相抗者曰敌，艮"上下敌应，不相与也"；其阴阳相配者曰应，比"上下应"，恒"刚柔皆应也"。若后儒有乘承比应四义，则在易爻例并无所谓比者）。①

第六大小体与第七互体，又可以算是取象说的辅助。大小体即根据一卦中四个爻、五个爻，甚至六个爻整体的爻画结构，取与之相似的卦体之象。如阳-阴-阴-阳的样式，与离☲相似，即为大离。不仅是三画卦，六画卦也可以，如豫卦如果不看上六，初爻至五爻类似比卦，也可取比卦之象。互体则取六画卦的二三四或三四五爻分别组成的两个三画卦之体。然后再参考所取该体之象，辅助上下卦取象，一起解释象爻辞：

> 曰大小体（益六爻体大离，曰"大光"；大过六爻体大坎，曰"过涉"；豫自初至五五爻体小比，曰"利建侯"；大壮自三至上四爻体小兑，曰"丧羊于易"，曰"羝羊触藩"，以此类推可见）。

> 曰互体（谦互坎，曰"利涉大川"；豫互艮，曰"介于石"；师互震，曰

---

① ［清］毛奇龄：《推易始末》，《毛奇龄易著四种》，北京：中华书局，2010年，第4页。

"长子帅师";随互艮,曰"系小子"。若泰之"帝乙归妹",以互震、兑也;震、兑者,归妹卦也。履之名履,以互离、巽也;离巽东南卦主礼,履者,礼也)。①

第八时气与第九数目,都是引申附会比较多的解易理论。毛奇龄虽然承认在《周易》中有相关内容,但着重强调以经解经,认为经传偶一及之,总结成理论的都应予以否定:

> 曰时,曰气(临"至于八月",复"七日来复",丰"虽旬无咎",革"巳日乃孚",蛊"先甲""后甲",巽"先庚""后庚",皆时也。"甘临"土气,"苦节"火气,"噬黄金"金气,"涣乘木有功"木气,以及震、巽木甲乙,乾、兑金庚辛,坤、艮土戊己,离火丙丁,坎水壬癸,皆气也。若值日卦气、纳甲、纳音诸说,虽易亦有之,然词未尝一及,则何必矣)。
>
> 曰数目(用九老阳,用六老阴,三驱七复,长阳少阳,十朋二簋,中阴少阴,其他大衍五十,天地之数五十五,二篇之策万一千五百二十,其为数止此而已。俗儒谬增倍数,妄甚)。②

时指时间,包括月份、日期、干支等,气指五行,并与干支配合。毛奇龄列出了《周易》经传中几条与时和气有关的记录,但对值日卦气、纳甲、纳音等成体系的时气理论,都表现出保留的态度。数目方面也是如此,毛奇龄只罗列出《周易》中出现过的数目,包括用九用六、大衍之数等等,并且表示,数目仅此而已,其他有关数目的说法都是后人妄增。

这十条演易属辞之例,概括了毛奇龄所信用的解易理论。时气与数目两条之外,其他条例均可归于取象和爻位说的两大类中,而毛奇龄对前一类的采用要更加频繁。

2.取象说、爻位说与推易说并用

取象说主要是为了解释象爻辞所出现的意象,如牛马、男女而设计的,解释象辞时,就通过某卦及其变卦的上下体、互体、大小体等卦对应的物象,组合出象辞的意象及其意思,解释爻辞时,同样通过该爻所处的上下体、互体、大小体之卦的取象,组合出爻辞的意象及其意思。爻位说则不专注于爻辞的意象,而更重视其中蕴含的吉凶悔吝判断之原因,与爻辞态度的解释。解释的办法是,通过该爻之位的特殊性,如当位与否、是否主位,

---

① ② ［清］毛奇龄:《推易始末》,《毛奇龄易著四种》,北京:中华书局,2010年,第4页。

以及它与其他爻的关系,如是否有承乘敌应之爻,再结合爻辞内容,找到爻辞给出判断的理由。

取象说是汉易象数学的重要部分,王弼就开始有意识地弃之不用,更加侧重爻位说,被后人称作"扫象",即皮锡瑞所谓的"王弼尽扫象数。而独标卦爻承应之义"①。宋代以后的义理派主流学者又继承了王弼侧重爻位说的传统,以至于时至今日,取象说已成为汉易的标志,爻位说则成了宋易的标志。其实并非如此泾渭分明,汉易取象爻位兼用,宋易也只有少数几家完全排斥取象说。

如荀爽解释同人六二"同人于宗,吝"时,说"三据二阴,'二与四同功',五相应,初相近。上下众阳皆欲与二同,故曰'同人于宗'也。阴道贞静,从一而终,今宗同之,故吝也"②,就二爻的位置和阴爻,推出上下阳爻均与其同,所以"同人于宗",而阴爻本应安静驯顺,在这里反而成了主人,因此有吝,这完全就是爻位说。而朱熹在解释贲卦时,又说它来自损卦和既济卦,即"卦自损来者,柔自三来而文二,刚自二上而文三。自既济而来者,柔自上来而文五,刚自五上而文上"③,这又完全是与象数说配套使用的卦变说。

毛奇龄解易,排除汉学、宋学的倾向,取象爻位兼用,如对贲卦六五"贲于丘园,束帛戋戋。吝终吉。《象》曰:六五之吉,有喜也",他这样解释:

> 五为君位,而以阴居之,且下又无应,则第如处士之可自饰者,其所饰丘园而已。艮为山、为菓蓏,而五当山半,而填菓蓏于其中,半山为丘,蔬圃为园,处士所居也。乃泰本上坤,益本上巽,坤为帛,而巽绳束之,此聘币之礼,张衡《东京赋》所云"聘丘园之耿介,旅束帛之戋戋"者。而规模减小,草野羞涩,不其吝乎。然而聘币到门,究亦可喜。盖帛者,白也,以白缯为束,故谓之帛。此又以礼为饰者,而何勿吉?④

第一句说六五是阴爻居君位,下面又无应爻,就只好做一个隐士,隐居起来装饰丘园,这是通过爻位说解释了爻辞的对象和整体意思。然后再利用取象说解释丘园、束帛的来历,艮为山为果蔬,就是丘园,坤为帛巽为绳,就是束帛。种种元素具备,接着顺利导出因有人来用束帛作礼物,聘请贤人出

---

①　[清]皮锡瑞:《经学通论》,北京:中华书局,1954年,第23页。

②　[清]李道平:《周易集解纂疏》,北京:中华书局,1994年,第183页。

③　[宋]朱熹撰、廖名春点校:《周易本义》,北京:中华书局,2009年,第104页。

④　[清]毛奇龄:《仲氏易》,《影印文渊阁四库全书》,台北:台湾商务印书馆,1986年,第41册,第285页。

山,所以吉且有喜的结论。

如前所述,毛奇龄虽然创造了五易说,但他认为前四易主要是画卦、重卦、序卦、分上下经的过程,只有最后一易之推易,才是演易属辞的理论,因此在后文真正解易时,唯有推易说使用得较为频繁,而且可以说,推易说是取象说与爻位说最重要的辅助手段。

在上一条例子中,毛奇龄还并未引入推易说,解释困卦䷮九二之"困于酒食,朱绂方来"时,就采用了推易说与取象说相结合的方式:

> 此真阳之受困者。然其困与阴不同,二固士位,而又以阳刚居之,当君子而为大人之际,其困也,醉饱之过也。夫坎,酒也,兑者,口食也。酒食矕尤,不无或失。二从否来,以坤裳之饰而蔽以离朱(否下为坤,为裳,绂者,裳也,互离朱色),方且来而加诸互巽之股间(二正承互巽之股,绂,所以蔽股者。《诗》曰"赤芾在股",芾、绂同),此其困于衣冠,为何如者?①

这一段中,虽然使用了一些爻位说,以阳爻居士位立论,但爻位说并没有解决什么问题,主要的办法还在于取象说。所谓"二从否来",即推易说的理论,否卦下坤上乾,六二与上九互换就成了困卦,所以这里可以把否卦之坤用于取象,坤为裳,坤卦互体有离卦,为红色,"朱绂"就得到了。困卦本身的坎卦为酒,兑卦为口、食物,"酒食"很容易就能得到。

以上是解释一爻之辞的情况,以取象、爻位二说为主,推易说为辅。解释彖辞之时,情况也是类似的,如《仲氏易》对大有卦䷍彖辞:"大有,元亨"与《彖传》"大有,柔得尊位,大中而上下应之,曰大有。其德刚健而文明,应乎天而时行,是以元亨"的解释为:

> 大有者,多也(《春秋传》丰年多黍多稌为大有)。夫以一阴踞五中,而诸阳之大皆为所有(易以阳为大,阴为小,故凡称大壮、大畜、大过,皆以阳多为名),不既多乎?况上离互兑(三至五为互兑),以乾之天行当夏秋成物之候,长养矣(夏为离,五月卦,为长养),稔矣(秋为兑,七八月卦,为稔),不又多乎?故曰大有者,多也。第是卦所推,以姤之下柔与夬之上柔同易五刚,是上下两柔俱得尊位,居诸大之中(大

---

① [清]毛奇龄:《仲氏易》,《影印文渊阁四库全书》,台北:台湾商务印书馆,1986年,第41册,第373页。

中者,诸阳之中也),而夬上与姤下皆应之(上下应),则夫内为刚健(下乾),外为文明(上离),刚柔相应(应乎天即柔应刚),而乘时以行(时行),凡四德之所谓元善而亨通者,亦皆于天火见之(元亨)。而何勿多之有。①

"一阴踞五中"是爻位方面的理解,大有除六五阴爻居主位外,全是阳爻,六五拥有诸阳,因此卦名为大有。"上离互兑"到"多也",是取象说的内容,离卦为夏,因此为长养,三四五互体有兑卦,为秋,为成熟,因此这一卦又有丰收之意,是大有的另一重寓意。"第是卦所推"之后则结合推易说与取象说、爻位说一起来解释《彖传》。大有由姤卦和夬卦阴爻推易而来,阴爻换到五爻之尊位,正符合"柔得尊位"之意。又回到爻位说,五是中位,阴爻又和上下相应,符合"大中而上下应之",且"应乎天而时行"。"刚健而文明"则又回到取象说,下卦乾为刚健,上卦离为文明。这是非常完美的取象、爻位、推易结合,哪一种理论能够说得通,就用哪一种理论。

　　从上面的几个例子还可以看出,毛奇龄虽然取象、爻位均用,但爻位说的内容居于辅助地位,取象说才是主要的,篇幅更长,且能够说明的问题也更多。另外,虽然解释象辞、爻辞时可以混用三种理论,但是若要解释一卦之卦名的总体意思,毛奇龄特地指出,应当优先考虑采用取象说,而非推易说,因为伏羲画卦重卦时只有上下卦的取象说,推易说乃是后来文王系辞时所创。毛奇龄在损卦之下对此有所说明:

　　　　夫艮与兑而何以谓之损哉?原推易之法,文王有之,伏羲未尝有之也。其因重命名,或取卦义(如山在地下得谦义类),或取卦象(如山与雷合得颐象类),未尝移卦画而上下之也。惟此损、益两卦,则于象、于义俱无所取,而独取卦画上下移易焉,而为之定明。一若伏羲画卦,早于名六十四卦时示移易之意,而文王演辞,则始从而尽发之。②

伏羲画卦、文王系辞,这是对《周易》形成过程的一般看法,毛奇龄在说明五易说之时即已指出,变易、交易是伏羲之易,另外三易为文王之易。因此解释一卦之大意时,也应当只在变易、交易的范畴之内解释。但损、益两卦又

①　[清]毛奇龄:《仲氏易》,《影印文渊阁四库全书》,台北:台湾商务印书馆,1986年,第41册,第256—257页。
②　[清]毛奇龄:《仲氏易》,《影印文渊阁四库全书》,台北:台湾商务印书馆,1986年,第41册,第351页。

属于特殊情况，因为损卦兑下艮上、益卦震下巽上，单纯采用八卦取象说，如何变通都没办法推出这两卦卦名所表现出来的意思。从推易说来看，却是非常明确的，损卦来源于乾下坤上之泰卦，三爻与上爻互换，以阳爻换阴爻，正是《象传》所谓的"损下益上"，益卦来自否卦，"损上益下"，和损卦是同样的道理。既然只有推易说能够解释，毛奇龄也不刻意避免使用推易说，只是想办法进行辩解，认为伏羲画卦虽然并没有使用移易说作为根据，但其中已经蕴含了移易的道理，文王系辞只是也把这道理说了出来，并非创新。

　　这就是毛奇龄解易体系的大致情况，以取象说及其衍生理论为主，爻位说及其衍生理论为次，推易说也是取象说的重要辅助理论。

第二章　毛奇龄与汉、宋易学

　　仅仅独立地介绍毛奇龄的易学理论与解易方法,对于了解毛奇龄易学来说还不够。下一步需要把他放到汉宋易学的历史大框架中进行研究,并将他与同时代的清代易学家们进行比较,才能完整体地现出毛奇龄易学的定位及其意义。

第一节　对汉易的提炼

　　狭义的汉易学,指汉代的易学,西汉时孟喜、京房、焦延寿的易说,今日还能见到一些,东汉则以马融、荀爽、郑玄等人为代表。他们各自的易说并不相同,但总的来说,汉易讲训诂、讲象数,并将卦气、纳甲、卦变、五行等理论引入易学。其实后来宋易主要采用的爻位说,也是汉易学的发明。但汉易并非纯粹由时间来界定,魏晋南北朝时期讲象数的易学家,如三国时期的虞翻、晋代的蜀才范长生等人,往往也会被算在汉易之中,如惠栋辑佚汉易各家所编成的《易汉学》中,就包括虞翻易一卷,他在编写《周易述》时,又选择虞翻而非汉代易学家的思想为主。

　　与汉易相对的宋易,也不仅是宋代易学这么简单,主要指与象数派易学相对的义理派易学,滥觞自三国时的王弼。王弼尽扫象数,开辟了只讲义理的新易学派别。他所采用的解易方法也随之而变为爻位说。这一方式被朱熹《周易本义》、程颐《周易程氏传》继承,进而发扬光大,成了宋代易学的主流,在理学思想的加持下,由元至清,如《周易折中》等书,仍然在践行这种方法。以至于汉学没落,经说缺佚,岌岌可危。

　　其实象数义理专注不同的方面,一个解释经文细节,一个阐释祸福吉凶,完全可以共存,宋人朱震在他的《汉上易传》中已经证明了这件事。毛奇龄虽然不讲义理,但他吸收义理派的爻位说以为己用而不曾芥蒂。毛奇龄曾明确说过“汉取十三而宋取十一”①,自己的易学有十分之三的内容继承自汉学,实际上他对汉学的利用要远超于十分之三。他的取象说来源于

---

　　①　[清]毛奇龄:《西河集》,《影印文渊阁四库全书》,台北:台湾商务印书馆,1986年,第1320册,第453页。

汉易,推易说脱胎自汉易,而在文字考订、训释及引文资料这些方面,也大量吸收了汉易的成果。

一、继承汉易小学成果

(一)文字考订与句读

1.文字考订

毛奇龄生当清初,此时自王弼本《周易》统治学术界,已有一千余年,单一的文本来源致使文字考订工作事倍功半,仅存的异文资料也处在不断散佚的进程中。毛奇龄已经意识到这一点,他在文字考订方面,尤其有意识地根据存世古书校对《周易》经传文字。在参考的范围和引用的数量两方面,毛奇龄在清代学者中都数一数二,相比后来的考据学者也毫不逊色。

据统计,毛奇龄《仲氏易》校对异文时所采用的古书及旧注种类颇多,也十分全面,可以大致分为四类:第一类包括《子夏传》、京房、孟喜、马融、宋衷、干宝、郑玄、荀爽、九家易、虞翻、王肃、陆绩、董遇、蜀才、王弼、韩康伯等汉魏易注中直接出现的异文;第二类参考了《周易正义》、郭京《周易举正》、何楷《古周易订诂》、李鼎祚《周易集解》等各种《周易》集解书记载的异文情况及该书作者的看法;第三类即《经典释文》《说文解字》《尔雅》《释名》《字林》等字书中的引用和辨正;第四类则是《左传》《汉书》《后汉书》《魏志》、荀悦《汉纪》《韩诗外传》、汉碑等资料引文中的异文。其中第一类资料单行者较少,基本都借助第二类、第三类的转引才得以保存。第四类资料太过零散,也多靠第二类和第三类获得。

毛奇龄一般会将文字考订的内容随文以小字附在该字之下,如果有比较仔细的辨析,则此处略说,在下文注释中详细写出。从丰卦上六爻辞与《象传》中所收录的异文情况,即可见毛奇龄对文字考订的重视与用功:

> 上六,丰(《说文》作豐,云大屋也)其屋,蔀其家,闚(《说文》作窥。)其户,阒(姚信本作阅,孟喜本作窒)其无人,三岁不觌,凶。《象》曰:丰其屋,天际翔(郑玄、王肃、孟喜、李鼎祚本俱作祥,孟云:天降下恶祥也)也。窥其户阒其无人,自藏(郑、王本俱作戕)也。①

在这短短一爻的爻辞及其《象传》中,毛奇龄就收录了丰、窥、阒、翔、藏五个

---

① [清]毛奇龄:《仲氏易》,《影印文渊阁四库全书》,台北:台湾商务印书馆,1986年,第41册,第403页。

字的异文,引用书籍和人物包括《说文解字》、姚信、孟喜、郑玄、王肃、李鼎祚,其全面与仔细可见一斑。经过对比可知,这里的异文资料主要来自《经典释文》,"窥"字参考了《说文解字》。"翔"字则结合了《释文》与《周易集解》。"戕"字下其实还漏掉一位马融。[①]相比之下,惠栋《九经古义》也只收录"祥"一条异文[②],翟均《周易章句证异》中没有收录"窥"字异文,而误把"孟喜作室"放在"屋"字下[③],但多一条"天际,郑玄云当为瘵"的异文,出自《周易郑注》[④]。仅从《周易》异文考订来说,《仲氏易》对比清代专事此学的著作也毫不逊色。

但从这一例还可以看出来,毛奇龄的异文来历,以转引何楷《古周易订诂》为主。"丰""窥""阒""翔"字四条,文字与《古周易订诂》完全一样,特别是"翔"字,因为组合了两方资料,如非直接挪用,不可能文字一致。而"藏"字一条《古周易订诂》作"王肃、郑玄诸家俱作戕也",也与《仲氏易》非常接近。[⑤]

虽然毛奇龄在反宋学及宣传自己的观点时多有偏颇,但是他对异文的处理倒是常常显露出审慎客观的一面。毛奇龄尤其反对擅改,追究其根源,正在于他认为圣人经文崇高无比,一字一句都有深意,而后人不解,因此按照自己的误读擅自改动,反而有侮辱圣人言之嫌,正所谓"俗儒浅薄,安陋就简,经文稍艰,便不能解。因不能解,反欲改经,圣言受侮已极矣"[⑥]。

此论即就唐人郭京《周易举正》中对经文的一个改动而发。旅卦初六"旅琐琐,斯其所"中的"斯"字,《举正》根据王弼注的解释,擅自将其改为"傂"字。毛奇龄在经文中的小注里,详细讲述了改字的经过与意思"《举正》据王本作傂,谓傂贱之役。按王注斯贱之役仍是斯字,以斯与傂、厮本通字也,改傂则易字矣"[⑦]。《举正》根据王注的意思而改字,但王注原文与注文的用字都未改,只是就斯与傂相通的关系立论而已,并不是在说明异文,

① 详见[唐]陆德明:《经典释文》,上海:上海古籍出版社影印北京图书馆藏宋本,1985年,第116页。
② [清]惠栋:《九经古义》,皇清经解本,《周易》下。
③ 详见[清]翟均廉:《周易章句证异》,《影印文渊阁四库全书》,台北:台湾商务印书馆,1986年,第53册,第769页。
④ 详见[清]翟均廉:《周易章句证异》,《影印文渊阁四库全书》,台北:台湾商务印书馆,1986年,第53册第728页。[宋]王应麟辑:《周易郑注》,清湖海楼丛书本,卷五。
⑤ 详见[明]何楷:《古周易订诂》,《影印文渊阁四库全书》,台北:台湾商务印书馆,1986年,第36册,第248—249页。
⑥⑦ [清]毛奇龄:《仲氏易》,《影印文渊阁四库全书》,台北:台湾商务印书馆,1986年,第41册,第405页。

所以《周易举正》不应改字。

接着在下文的正式注解中，毛奇龄又引经据典，仔细辨析这个问题：

> 斯本作分析解，其又作语词者，借焉耳。故《说文》以斯为分，《尔雅》以斯为离，《毛诗》"斧以斯之"，以斯为析薪之义。且傍通厮、儩，正以析薪为儩贱厮养所有事，故王辅嗣注此爻，以寄旅不得所安，而为斯贱之役所取灾[①]，而应劭《风俗通·怪神篇》引此云：凡变怪皆妇人下贱，愚而善畏，斯自取灾，此皆稍辨斯字，颇知易义与他解作语词者，极为卓越。第斯必改儩，且其所二字无着耳。考易例，凡其字不下百十，俱有实指，并无凭虚作转词者，如屯之"屯其膏"，贲之"贲其趾"类，此明明卦名，固无足论。他如大有之"匪其彭"，同人之"乘其墉"，大过之"过其祖"，既济之"曳其轮"类，上下二字皆有实义，此易例也。况丰、旅二卦合十六其字，其指住止者凡六，如其家、其屋、其户、其所、其次、其巢类，此云斯其所，正与"蔀其家""焚其次"同。盖云析其所在也，且所之为义，世亦不解久矣。所者，旅寓也。又曰行居之名，故《郑诗》献于公所谓"菱舍之所"。而汉制车驾所在曰行在所，蔡邕《独断》云"天子以四海为家，故指行在为所"，是也。是明明一斯字、一所字，字义、易义无不一辙，而俗儒浅薄，安陋就简，经文稍艰，便不能解。因不能解，反欲改经，圣言受侮已极矣。[②]

毛奇龄这段解释的基础，无疑是何楷的《古周易订诂》，但《古周易订诂》中只提供了《举正》《风俗通》两条引文，并说："斯者此也，放利而行，多怨之道，此其所以致灾。庆封奔吴，致富君子，知其及于殃，斯之谓欤。一说斯，分析也，即诗斧以斯之之斯。"[③]何楷只是简单提供了"斯"的两种解释，一为分析，一通"厮"或"儩"，表示地位低贱者的工作，但并未做出定论。毛奇龄在此基础上，不但将斯字各种义项的来历都梳理清楚，而且进一步结合易例、上下文及其他古籍中的文字，认为取析之解更为合理。若是取析之意，那么王弼以"斯贱之役"解"斯"本就不对，郭京改字则错上加错。

毛奇龄对王弼与己之理解不同，并没有着力批评，反而指出他并未改

---

① 按《周易注》原文"灾"前有致字。
② ［清］毛奇龄：《仲氏易》，《影印文渊阁四库全书》，台北：台湾商务印书馆，1986年，第41册，第405页。
③ ［明］何楷：《古周易订诂》，《影印文渊阁四库全书》，台北：台湾商务印书馆，1986年，第36册，第250页。

字,对这一点颇有肯定之意,而对于郭京,批评的重点也主要在于他改字的行为,而非按照王弼的意思来理解。最后一句话的评论,毛奇龄把不能理解经文作为俗儒问题的第一点,妄改则是更加严重的第二点,最后语气严厉地说圣人之言也因此受到侮辱,对擅改一事,痛恨已极。

由此可见,宋人疑经改经之风会受到毛奇龄怎样的严厉批评。毛奇龄对宋人的整体风气,多有不满,如在《系辞》"天一地二"一句之下,谈到程、朱将此句移到"大衍之数"前,毛奇龄评论说:"汉、晋、唐儒力卫圣经,必不敢移易一字,而宋人必毛举而曲辟之,何也?"①具体到个人,元人吴澄之《易纂言》,一向以擅改经文著称,毛奇龄尤其注意吴澄改经的问题,在《仲氏易》中不厌其烦地指出近二十处吴澄的改动,一一驳斥。如鼎卦之卦辞"鼎元吉亨",毛奇龄注云:"程颐本以吉字作羡文,《本义》作衍文,皆无据。而元吴澄本明季本本,竟从而删之,何其妄也"②,朱熹和程颐毫无根据地推测"吉"是衍文,但并未擅改,而吴澄居然真的删掉,多么荒谬。不满之意,跃然纸上。

明人何楷的《古周易订诂》,使用考据的方法,收集了大量前人的文字考据说法与异文信息,很值得毛奇龄着重参考。通过对比可以看出,毛奇龄对《古周易订诂》的转引文字很多,并且总是直接使用其考据结果,而不注明出处,这也是清人间很容易出现的一个问题。关于这点,上文的两段引文,已经提供了证据。

从毛奇龄的引文中还可以发现,他对《古周易订诂》的重视程度,有时候超过了对《周易集解》的重视程度,这显然属于本末倒置,毕竟《周易集解》更早,收录的异文资料也更可靠。如在解卦《象传》中"雷雨作而百果草木皆甲坼"下,毛奇龄注曰:"马融、郑玄、陆绩本俱作宅,郑注:皮曰甲,根曰宅,宅,居也。"③《古周易订诂》则说:"古本作坼,马、郑、陆本俱作宅,郑云:皮曰甲,根曰宅,宅,居也。马、陆亦云根也。"④虽然删减了《古周易订诂》中的一些信息,但是《仲氏易》马、郑、陆三家之总结,十有八九来自此。但

---

① [清]毛奇龄:《仲氏易》,《影印文渊阁四库全书》,台北:台湾商务印书馆,1986年,第41册,第451页。

② [清]毛奇龄:《仲氏易》,《影印文渊阁四库全书》,台北:台湾商务印书馆,1986年,第41册,第382页。

③ [清]毛奇龄:《仲氏易》,《影印文渊阁四库全书》,台北:台湾商务印书馆,1986年,第41册,第348页。

④ [明]何楷:《古周易订诂》,《影印文渊阁四库全书》,台北:台湾商务印书馆,1986年,第36册,第287页。

是，《周易集解》中还保存着荀爽以"坼"作"宅"的证据①，何楷没有发现，毛奇龄也随之忽略了。也就是说，毛奇龄只以《古周易订诂》为参考，就认为自己已经得到全部的异文信息，以致没有去进一步参看对于了解汉易说最为重要的《周易集解》。

虽然毛奇龄常常连表述都不稍改就引用《古周易订诂》，但是他也不会毫不确认就完全信任《古周易订诂》。如蹇卦《象传》"山上有水，蹇，君子以反身修德"，《古周易订诂》在"反"字下注云："《举正》据王弼本作正。"②其实王弼原注为"除难莫若反身修德"，王弼注的经文中也作"反"字，并不作"正"字③。郭京《周易举正》的原话则是"谨按经注正字并误作反字"④，恰恰与何楷所理解的意思相反。郭京《举正》认为，应当作"正"，因此以作"反"的王弼注为误，于是将王弼注改成了"除难莫若正身修德"，而非《举正》以王弼注为根据改"正"为"反"。

然而毛奇龄意识到了王弼注与《古周易订诂》说法不一致的问题，却没有意识到错误根源在于何楷对郭京产生了错误理解，《仲氏易》中说："郭氏《举正》据王弼本作正，今考王注，明云除难莫若反身修德，仍是反字"⑤，这显然又是由对照了王弼《周易注》却又没有取对照郭京《周易举正》所造成的结果。这说明，毛奇龄引文终究还没有达到足够的严谨。

综上所述，毛奇龄在文字考订方面的成绩和问题很突出。成绩在于资料已经较为丰富，且审慎不擅改。问题在于常常直接挪用《古周易订诂》，不仅不做说明，而且不核实一手资料，造成一些错误。又因为较少参考其他书籍，无法发现错误的同时也有一些遗漏。

2.重视句读

句读，是理解文本内容的另一个基本手段，但正因此，反而受到轻视，殊不知只有读懂文义才能正确断句。经文的注疏家囿于轻视心理，一般并不专门讨论句读，但从他疏通文本时表达出的个人理解，也可以看出他眼中的句读点法。毛奇龄不同，他以讨论句读入手，来指出各家和自己对文

---

① 详见[清]李道平：《周易集解纂疏》，北京：中华书局，1994年，第368页。

② [明]何楷：《古周易订诂》，《影印文渊阁四库全书》，台北：台湾商务印书馆，1986年，第36册，第296页。

③ 详见[晋]王弼、韩康伯：《周易注》，北京：中华书局，2011年，第210页。

④ [宋]郭京：《周易举正》，《影印文渊阁四库全书》，台北：台湾商务印书馆，1986年，第8册，第114页。

⑤ [清]毛奇龄：《仲氏易》，《影印文渊阁四库全书》，台北：台湾商务印书馆，1986年，第41册，第345页。

本的不同理解。这种以句读立论的思路，表明了他对句读的特殊重视。毛奇龄所论及的句读问题，大多关乎《周易》的重要思想内容，且是学者们聚讼纷纷，莫衷一是之处。很多地方直到现代，整理者仍然难以决断，不得不为了免于出错或者引起争议，而进行模糊处理。

如坤卦象辞中的"先迷后得主利西南得朋"一句，就是现代标点干脆模糊点断的实例，毛奇龄在此处却不厌其烦地记录了三种不同理解之下的断句方式，并进行辨析：

> 据《九家》《虞氏》，汉后说易诸家皆以"先迷"断句，"后得主利"又句，惟《程传》《本义》俱以先迷后得断句，而以主利又句，此不惟与本书"得主""得朋"两得字比较相峙之文，一联一析，偏畸不合，且与《文言》"后得主而有常""得主"二字蝉援并出，为矛盾矣。及注《文言》亦以"得主"之文与前注有碍，又谓"得主"下脱一利字，竟欲增此一字，以曲全"主利"之说。至元时吴澄作《易纂言》，又谓"后得主"断句，利字连下读。夫三圣经文何容割裂？即谓有脱误处，当藉补救，亦必令其可安。毋论圣经义理定无差误，可勿烦补救。而即以辞例言之，古人行文首重辞句，况易本筮繇，有类赋颂，尤为辞句所最先者。《文言》"后得主而有常，含万物而化光"，读之有句，按之有辞，倘于主下增利字，其能读乎？至于"利西南得朋，东北丧朋"，则尤拗戾之甚者。若然，则《象传》何以不曰"利西南得朋，乃以类行"也？《易》不经秦火，幸无剥蚀，然不意训故家又复为割裂如此。[①]

《程传》和《本义》都断为"先迷后得，主利，（利）西南得朋"，《易纂言》则标为"先迷后得主，利西南得朋"，但毛奇龄认为这两种点断方法都不正确，正确的点断方法应该遵从"九家、虞氏、汉后说易诸家"，是"先迷，后得主利，西南得朋"。

这三种断法，所得的宾语及所利的主语和宾语都是不一样的：《程传》和《本义》只说有所得，并未指定所得之物，并且该卦利于"主"，又通过增加一个原文没有的利字，使"西南得朋"也有利。《易纂言》之所得则为"主"，而且所利的宾语也有所不同，是利于"西南得朋"。毛奇龄的断法，所得则为"主"，这一点与《易纂言》相同，但利的对象不同，《易纂言》认为利于西南得

---

① 详见［清］毛奇龄：《仲氏易》，《影印文渊阁四库全书》，台北：台湾商务印书馆，1986年，第41册，第214—215页。

朋,毛奇龄则以后得主即为利,至于利于何事何物则没有特指。毛奇龄既然能够举出上面他所不赞同的两个例子,就说明他已经厘清不同点断方法所带来的歧义。从毛奇龄后面的说解中,我们可以看出一些如此断句的根据。他认为坤由阴爻组成,阴不可为先,为先则迷,所以"先迷",如果阴为后,则意味着阴能够以阳为主,也就是"得主",因此阴有利。并且下文《文言》《象传》中的解释,也都支持这一种点断方法,这符合毛奇龄"以经解经"的原则,是他的必然选择。

探讨标点的同时,毛奇龄又再一次重申了处理"三圣经文"应当尤其尊重的态度,不能擅自改动,不可如程、朱一般,为了附会自己的理解就随意增加"利"字,并感慨易学衰落,知者寥寥的现状。这也是毛奇龄如此重视文字考订,且又尤其审慎的原因。神圣的经文不容篡改,同时也需要小心求证,把已经错误的文字订正,还其真相。至于正确断句并理解经文,自然也是对"圣经"的另一重尊重。

寻章断句,本是汉学以降的传统,甚至创造出了章句之学,《汉书·艺文志》中就收录了多部章句之书。毛奇龄在继承这种传统,并批评宋学错误的同时,没有盲目接受汉人的结论。最明显的例子即对讼卦九二"不克讼归而逋其邑人三百户无眚"的断句。毛奇龄在"逋"字后以小字注解说:"汉诸家易皆以此句,今不从。①从下文毛奇龄对这段话的解释,可以看出他强调不可在"逋"后点断的用意:

> 此健讼者也。二以刚爻居坎险之中,此真健而险且得位者,则其为讼主固也。但三刚在前,何能讼胜? 至讼之不胜而逃(坎为隐伏,故逃),逃而至尽破其诸家之产,一身逋负而不能偿,其亦至不幸矣。然而犹无大灾者,不终也。坤为邑(见诸家易),下二坤即"其邑"也。"三百户"者,合三爻言之,是通一邑之户也。凡逃亡而负人之物者曰逋,是人健讼,预敛诸邑之所有以讼,而不胜而逃,遂至逋负。眚,灾也,《书》曰"眚灾肆赦",谓以不幸致轻罪者,而今既已逃,则并其轻罪而无之。坎为眚(见《说卦》),二能以刚中出险,故无眚。②

汉人"不克讼,归而逋,其邑人三百户无眚"的点断方法,意思是说诉讼不成,回来后就逃走了,但他同邑的三百户人家没有灾祸。而按照毛奇龄的

①② [清]毛奇龄:《仲氏易》,《影印文渊阁四库全书》,台北:台湾商务印书馆,1986年,第41册,第232页。

理解,其人为了诉讼,预先支借了同邑之人的财产,结果诉讼不成,回来后就身背欠款逃走了,因此这段话的标点是"不克讼,归而逋其邑人三百户,无眚",以三百乎为逋欠的宾语。然而负债而逃为何反而无眚呢?毛奇龄引用《尚书》中的"眚灾肆赦"来进行解释,表示像欠债这种小过错,如果逃走,就可以被宽大为怀,免除罪罚。毛奇龄强调自己不从汉诸家之点断,即表示不同意汉诸家对爻辞的理解,所以说,句读问题和对经文的理解,是紧密联系在一起的,绝非无关紧要的小事。

《周易》的大多数文本,本就模棱两可,难以揣摩出正确的意思来,同时各种标点的理解思路,都有其可取之处,因此毛奇龄的贡献,不仅在于他所给出的解释是否正确,而且在他于指出句读的重要性,并且借助句读,使人明白各种不同的理解思路和含义,这种解经思路非常可贵。

(二)训诂与音韵

1.重视训诂

训诂一词始自《尔雅》,是解经的基础手段。《中国大百科全书·语言文字》将训诂与训诂学分别定义为:"训诂的原意是用通行的语言解释不易为人所懂的古字古义,目的在于疏通古书的文义,讲明字。后来就作为解释词语音义的泛称。……训诂学就是解释语词和研究语义的学问。"[1]训诂的最终目的,是用现代语言解释字词的古义,然后才能串联起对古文句子的理解,而正确的训诂是正确理解经文不可或缺的手段。训诂也难免带有一定的主观性,训诂者做出的选择能反映出他的思想倾向,读者通过阅读训诂选择,也会间接地被训诂者左右对经文的理解。

毛奇龄对训诂的重视除个别稍显偏僻的解释之外,大多数训诂选择都中规中矩,采用成说,偶然与众不同的异说,却都是具有毛奇龄强烈个性特征的奇思妙想。

上文所论"文字考订"部分中,毛奇龄通过将旅卦初六"旅琐琐,斯其所"中的"斯"字训作"析",反对王弼注以"斯"为"㒋",更进一步批判郭京改"斯"为"㒋"的擅改行为[2],就是利用训诂的一个例子。这个例子也说明,训诂作为一种基本手段,是其他各方面经学研究的前提,也能为之提供帮助。

毛奇龄解释一卦之义,往往训诂与易学知识并用。如他释豫卦䷏时先从训诂角度说:"豫有二义:早计也,(《尔雅》:豫,叙也,郭璞曰:事预备则有

---

①　《中国大百科全书·语言文字》,北京:中国大百科全书出版社,1988年,第167页。

②　详见[清]毛奇龄:《仲氏易》,《影印文渊阁四库全书》,台北:台湾商务印书馆,1986年,第41册,第405页。

叙①）乐也（即悦豫之义）。"②然后则结合卦体两义皆取："盖先物而动，则莫如雷之出地。而雷既出地，则物以生成而乐。"③先物而动，就是豫"早计"之义所表现的意思，而雷出地，是豫卦下坤上震之取象，雷声象征着春天的开始，又有土地，可以孕育万物，这也是豫卦《象传》中的内容。毛奇龄以为，万物早早生成，因此快乐，正符合豫的第二个意思。

接着解释初六之"鸣豫凶"，毛奇龄同样结合豫字的两种训诂义与卦体而立论，说"震鸣在四，而我故先之，是太早计也。计之太早，则似豫而实穷矣，穷则凶，凶又何乐"④？九四时春雷才开始出现，初六计划过早，似乐而实穷，先于九四之震而鸣，因此反而有凶。一卦的基本意思，对各爻的解释有很大影响，而确定一卦之基本意思，卦名的训诂义又是十分重要的参考，所以训诂决定了能否正确理解这整个卦。

有的时候，毛奇龄能够意识到字义演变的复杂情况，找出一字的本义，从而破除令人眼花缭乱的解释，如《易小帖》中有一段文字：

> "丰其沛"，沛者，水草之名。《公羊传》："草棘曰沛。"《礼记·王制》注有"草所生曰莱，水所生曰沛"语，应劭云"沛者，草木之蔽茂，齐侯田于沛是也。"自王辅嗣注作"幡幔"，而字书遂有以"旆"通"沛"者，然终是改字，非旧义矣。若虞仲翔注《易》有曰"日蔽云中称菩"，"日在云下称沛"，则不知所据。且一在云中，一在云下，何所分别？汉人有师承，或非杜撰。然何以谩诞乃尔。⑤

毛奇龄利用《公羊传》和《礼记》之注，发现沛可训为水草，简单明晰，又能解释得通，虞翻、王弼选择通假作"旆"，这种比较复杂的解释，并不恰当，而虞翻又说"日在云下称沛"，则完全没有什么根据，更显荒唐。由这段文字还可看出，毛奇龄将虞翻与王弼也算作是广义的汉学，因此在二人训诂有误的时候，感慨汉人本有师承，怎会如此谩诞，这种语气也表现出他对汉易学的认可。

毛奇龄的训诂，有时会自树新意，发前人所未发。如离卦九四"突如其

---

① 按此处毛奇龄的引用有误，"事预备则有叙"实为邢昺《尔雅疏》的内容，非郭璞注。

②③ ［清］毛奇龄：《仲氏易》，《影印文渊阁四库全书》，台北：台湾商务印书馆，1986年，第41册，第261页。

④ ［清］毛奇龄：《仲氏易》，《影印文渊阁四库全书》，台北：台湾商务印书馆，1986年，第41册，第263页。

⑤ ［清］毛奇龄：《易小帖》，《毛奇龄易著四种》，北京：中华书局，2010年，第131页。

来如,焚如,死如,弃如"之"突",《周易集解》所收录的异文作"厽",是突的异体字。先人多训作突然之义,荀爽说:"阳升居五,光炎宣扬,故厽如。"①李道平解释厽时则说:"《说文》曰:'厽,不顺忽出也。从倒子。或从厽,即古文易突字'。突犹冲也。"②即以冲突之义解释"突",惠栋也说"厽,不顺忽出也"③,都是较为抽象的意思。毛奇龄则选择了更加简单的解释,认为这里的突,只是烟囱而已:

> 四以火继火,厝火在下而通火于上,有如突然,突者,灶囱也(《广韵》灶、埃通,作突,诸字书皆然。近世《字汇》谓从大读森,大谬。囱,烟牕也,今俗呼烟囱,读葱,予别有辨证,兹不载)。④

所谓"辨证",即《越语肯綮录》中的"越人呼灶突曰烟囱,读作匆"⑤,与此处关系不大。毛奇龄结合离卦上下均为离火的特征,认为四爻正是两火相继之处,火上下相通,正如烟囱一样,而《广韵》也保存着突为烟囱的记载。这种解释,发前人所未发,且更加接近百姓日用,颇符合《周易》以日常生活作譬喻的特点,也与卦象相合,很有参考价值。

但毛奇龄有时也会被自己先入为主的想法左右而陷入偏颇的境地。如乾卦《象传》中有一句"飞龙在天,大人造也",陆德明《经典释文》记载:"刘歆父子作聚"⑥,毛奇龄因此将其看作自己聚卦之说的根据之一。他说:"造,聚也,陆氏《释文》云:刘歆父子作聚,以乾,聚卦也。"⑦在毛奇龄推易系统中,乾属于聚卦,恰好《释文》记载乾之九五主爻的《象传》曾被人写作"大人聚也",虽属孤证,但以毛奇龄先入为主、急需为自己的理论寻找根据的心情来看待这一句,自然就会以其为不易之论,这是训诂之主观性的鲜明体现。

训诂是一项颇为琐碎的工作,引文多而细,需要一一确认,而毛奇龄在引用文献时,也会因为不够审慎而出现一些问题,如他释蛊卦大意:

---

① ② [清]李道平:《周易集解纂疏》,北京:中华书局,1994年,第309页。

③ [清]惠栋:《周易述》,《周易述(附易汉学、易例)》,北京:中华书局,2007年,第87—88页。

④ [清]毛奇龄:《仲氏易》,《影印文渊阁四库全书》,台北:台湾商务印书馆,1986年,第41册,第313页。

⑤ [清]毛奇龄:《越语肯綮录》,《西河合集》本,第一页。

⑥ [唐]陆德明:《经典释文》,上海:上海古籍出版社影北京图书馆藏宋本,1985年,第74页。

⑦ [清]毛奇龄:《仲氏易》,《影印文渊阁四库全书》,台北:台湾商务印书馆,1986年,第41册,第210页。

蛊,坏也,器不用则坏,(《春秋传》曰:"皿虫为蛊。")人不事事则亦坏。(《说文》曰:"蛊,事也。"卢氏曰:"不事事也。"《尚书大传》云"乃命五史,以书五帝之蛊事",以太古之时无为无事也)①

这一段训释,所谓《春秋传》即《左传》,《说文》和《经典释文》对这条引文也都有转引,而《尚书大传》的引文则转引自《周易集解》,这两条都没有问题。但所谓的"卢氏",毛奇龄说,据胡震亨考证,即北魏卢景裕,传郑玄易②,《周易集解》《周易注疏》都引用了一些卢氏易说,其中却没有毛奇龄此处引用的一条,这是问题之一,这尚且有可能是他从今日不可见的书籍中真的看到了卢氏之说。

问题之二更为严重,是毛奇龄所谓"《说文》曰:蛊,事也",并非《说文》的原文,甚至亦非徐锴注的内容,《序卦》中倒是说"蛊者,事也"。其实曾说过"蛊,事也"的其他学者亦不少,用"不事事"解蛊卦也不少见。如苏轼即持此说③,而《仲氏易》对苏轼易说也有所引用,这说明毛奇龄能够见到《东坡易传》。结果毛奇龄却用了来历不明的"卢氏"说和错误的《说文》说。这起码可以证明,这两条有问题的引文并非毛奇龄为证明自己而假造的证据,而是引用失误,因为可以引用的其他证据还有很多,所以只能是引文失检造成的问题。

总的来说,《仲氏易》在训诂方面较为成功,不仅参考资料丰富,而且颇有一些创见可备一说。

2.重视音韵

毛奇龄有两部音韵学有关的著作,一部为《古今通韵》,一部为《易韵》,后者被《四库全书》归入小学类,这种处理比较合理,盖因其书研究《周易》的押韵问题,并通过韵字研究韵的分部等音韵问题,而非对《周易》的解读。福建师范大学胡红的硕士论文《毛奇龄〈古今通韵〉研究》,对毛奇龄在音韵学领域的得失总结得比较清楚。因此,这里首先简要说明毛奇龄的音韵学,然后主要把论述重点放在毛奇龄运用自己的音韵学知识解易的问题上,这类内容主要出现在《仲氏易》的随文附释中。

毛奇龄《易韵》中的音韵体系,与他《古今通韵》中的音韵体系完全相

①　[清]毛奇龄:《仲氏易》,《影印文渊阁四库全书》,台北:台湾商务印书馆,1986年,第41册,第268页。
②　[清]毛奇龄:《仲氏易》,《影印文渊阁四库全书》,台北:台湾商务印书馆,1986年,第41册,第414页。
③　[宋]苏轼:《东坡易传》,明刻朱墨套印本,卷二。

同,以宋韵为基础,总结为五部分类与四个条例:

> 易韵门部即予《通韵》中四门并叶韵例也:
>
> 一曰五部,谓宫商角徵羽也。古韵已亡,今就宋韵(今所行韵为南渡理宗朝韵)三十部中(平上去各三十部,入声十七部不在内)分作五部:以东冬江阳庚青蒸七韵相通为第一部,为宫音;(又曰喉音,以宫商角徵羽即喉腭舌齿唇也)真文元寒删先六韵相通为第二部,为商音;(又曰腭音)鱼虞萧肴豪歌麻尤八韵相通为第三部,为角音;(又曰舌音)支微齐佳灰鱼虞歌麻尤十韵相通为第四部,为徵音;(自注又曰齿音)侵覃盐咸四韵相通为第五部,为羽音(又曰唇音)。
>
> 一曰三声,谓平上去也。古无四声,至齐梁间人始创为平上去入之分,(齐周颙、梁沈约始创为《四声类谱》)而古音尽亡。然古但以平上去三声通用,而不及入声,以宫声商声羽声共十七部有入声,(屋沃觉药陌锡职为宫部之入,质物月曷黠屑为商部之入,缉合叶洽为羽部之入)而角徵十三部无入声也。凡此前后门部皆自《周易》《毛诗》《楚辞》,后以及汉魏六朝隋唐五代诗文赋颂,无不然者。
>
> 一曰两界,谓有入无入也。有入声者十七部,又自相通用。无入声者十三部,又自相通用。若堪舆之分界者然。
>
> 一曰两合。乃即此无入十三部之去声,与十七部入声合,是三声无入而有入,入声不通三声而亦有通也,此皆韵学之至精至神者。嗟乎! 非三古圣人何以有此。
>
> 一曰叶,又即此三声之不通入声者而偶有一字阑及之,又必其字原可作三声读者,则谓之叶,又即此两界中有入之不通无入者而偶阑一字,且其字又素可通读,不必转合者,则谓之叶,舍此无叶矣。[1]

以现代形成的音韵学结论来看,毛奇龄的音韵学体系有不少问题,但是其先进之处也很明显。

毛奇龄的韵部,按照宫商角徵羽五声(或喉颚唇齿舌)给韵母分组,如果按照王力的韵部列表来对照[2],他的宫部包括冬、江、阳、庚、青、蒸七韵,韵尾均为后鼻音-ng;商部包括真、文、元、寒、删、先六韵,韵尾均为前鼻音

---

① [清]毛奇龄:《易韵》,《影印文渊阁四库全书》,台北:台湾商务印书馆,1986年,第249册,第299—300页。

② 王力:《汉语语音史》,北京:商务印书馆,2008年,第32页。

-n;角部包括鱼、虞、萧、肴、豪、歌、麻、尤八韵,均无韵尾;羽部包括侵、覃、监、咸四韵,韵尾均为-m,归类十分整齐准确。只有徽部的支、微、齐、佳、灰、鱼、虞、歌、麻、尤十韵,既有无韵尾者,又有韵尾为-i者,符合王力的阴声韵体系,但终究混杂,且鱼、虞、歌、麻、尤在徽部和角部重复出现,显得烦琐,这是体系阐释的问题。因此总体上来说,毛奇龄除了对徽部的阐释略有烦琐不整齐之外,对韵部的分类能够做到同类同组,这与王力的分组非常类似,参考价值较大。

毛奇龄对韵部分类的缺陷,有三点最为关键:首先,毛奇龄的韵部以中古韵为基础,还不能总结出上古韵部,所以很多在上古属同一韵部的中古韵部,都被毛奇龄并列出来,如江韵上古属东部、青韵上古属耕部、覃韵盐韵上古均属侵部等等。毛奇龄将这一中古音体系套用在《周易》中,就会产生各种问题,无法正确描述《周易》中的上古音。

其次,即最后的体例"叶"所暴露出的问题。实际上,毛奇龄对某些字的韵部或通押关系还没有正确认识,以至于某些字韵在他看来不能归入自己的解释体系中,于是将其归入特例的"叶"。但这里的"叶"与毛奇龄所极力批评的宋人叶韵说不同,主要区别在于,毛奇龄只将经书中个别实在无法解释的韵字被归为"叶",而非宋人流于泛滥且毫无根据的叶韵。但这也说明,毛奇龄本人,显然还并未完全摆脱叶韵说的影响,遇到自己体系不能解决的问题,仍然倾向于将其归入特例,而非调整自己的音韵学理论。

第三,毛奇龄相信上古无入声,沈约等人创造四声使上古音失去其原貌,这是一种不科学的看法,入声不可能凭空创造出来。这亦是时代局限,比毛奇龄晚了三四十年的孔广森,仍然坚持此论:"盖入声创自江左,非中原旧读。"[1]毛奇龄在创造他的中古音体系时,就干脆全部排除掉了入声韵,将其归入角部、徽部的阴声韵中。

但毛奇龄又无法还原他想象中那种无入声的上古音体系,致使他在"三声""两界""两合"这三部分在制定韵部间的通押规则时,仍然把入声字单独作为一类来分析,阴错阳差地得出一些正确结论。如他的两界理论发现了阴声韵、阳声韵各自内部的旁转现象,但认为是因有无入声的区别造成的。他的两合理论又发现了一定的对转关系,将入声列入分析中。所以这一观念对他的具体易学阐释反倒影响不大。

至于对《周易》用韵的分析,以文本押韵为前提,《周易》文字并非全部入韵,所以毛奇龄首先对此作出说明:

---

① ［清］孔广森撰、张谂三点校:《诗声类》,北京:中华书局,2017年,第236页。

顾《周易》非尽用韵者,其彖象原辞亦偶然及之,惟夫子上下《象传》并《杂卦传》,则无一不韵,……至《象传》即用韵十九,《说卦》则偶有一二语阑入韵间,而《序卦》阒然焉。①

先交代了《周易》经传各部分用韵的频率,《杂卦》《象传》全有韵,《象传》有百分之九十,而经文与《说卦》偶尔才有韵,《序卦》则完全没有。因此在《易韵》正文中,毛奇龄也只挑出有韵的内容进行分析,并举其他使用相关字韵的韵文为证,其中一些内容颇能发人深省。

如需卦各爻《小象传》:"需于郊,不犯难行也,利用恒无咎,未失常也。(初九)需于沙,衍在中也,虽小有言,以吉终也。(九二)需于泥,灾在外也,自我致寇,敬慎不败也。(九三)需于血,顺以听也。(六四)酒食贞吉,以中正也。(九五)不速之客来,敬之终吉,虽不当位,未大失也。(上六)。"毛奇龄将其看作一个整体进行分析,并发现隔句合韵的情形。"正"下注"与前节'行''常''中''终'合",九五与初九、九二《象传》合韵,"失"下注"与前节'外''败'合",上六与九三《象传》合韵。他评论说:

此又隔合一法,与《诗·大雅·桑柔》《周颂·烈文》例同,始知夫子为文纵恣变幻,无所不有也。"失"在质韵,与"外""败"在泰、队韵为去入两合之例。夫子《去鲁歌》韵亦如是,他如《说苑·谈丛篇》《左传》姜氏赋、孔稚圭《北山移文》皆是。②

这段文字仍然暴露出毛奇龄不能正确区分上古韵与中古韵的问题,但他对需卦《小象传》用韵情况的总结是正确的,并且能够将《小象传》韵例与《诗经》《去鲁歌》《说苑》《北山移文》等联系在一起。这说明,一卦之中,《大象传》与《小象传》可以分别成书,而各爻的《小象传》可以作为一个整体编纂成书,这对正确理解《象传》的形制与成书过程都至关重要。

在《易韵》中,毛奇龄也会采用音韵学的根据,进行文字考订上的判断,这些内容主要集中在有韵的《彖传》《象传》中。如比卦九五《象传》为"显比之吉,位正中也。舍逆取顺,失前禽也。邑人不诫,上使中也",郭京《周易举正》认为"舍逆取顺"应在"失前禽也"下,毛奇龄根据这句话与上下文的

① [清]毛奇龄:《易韵》,《影印文渊阁四库全书》,台北:台湾商务印书馆,1986年,第249册,第298页。

② [清]毛奇龄:《易韵》,《影印文渊阁四库全书》,台北:台湾商务印书馆,1986年,第249册,第308页。

用韵,就此问题辨析说:

> 郭氏《举正》以"舍逆取顺"在"失前禽也"下,以"顺"作韵,虽亦有
> 入两界之三声,亦可以押,但夫子两界多以东冬七韵与侵覃四韵合,此
> 恐非夫子用韵例也。①

这里的"顺"字上古为文部,"禽"字上古属侵部,上文的韵脚"中"字为终部,
也被王力归于侵部,"顺"和"中"也可通压,但"禽"毕竟同韵,因此显然用
"禽"为韵脚更为合适。虽然毛奇龄的音韵学体系与王力不同,但也利用自
己的两界理论得出了正确的结论。

再如噬嗑卦九四《象传》"利艰贞吉,未光也",《易韵》在下注曰"陆德明
《释文》'未光也'作'未光大也',则此句无韵矣,作伪之不能检点类如此"②,
利用衍"大"字则无韵作为依据,判断这里不可能有衍文,简洁明了。

毛奇龄的《易韵》在进行音韵学研究的同时,遇到可以借此进行文字考
订的地方,也会随手说明。同时在《仲氏易》的易解中,毛奇龄有意识地利
用他的音韵学知识,顺利解决了不少问题。

如观卦六三之"观我生进退"之"进",毛奇龄利用"进"与"荐"的音韵关
系,以礼之荐释进,恰好符合观卦象辞"盥而不荐"与六四爻辞"观国之光,
利用宾于王"所表现出来的礼仪之意:

> 三与五同功,既已升阶,当飨荐之位,所谓"盥而不荐"者,此则其
> 当荐时也。盖生者,进也,即"荐"也。《说文》谓草出土上,以渐进长曰
> 生,而《集韵》《广韵》皆以"荐""进"同字,如《列子》"王进而问之"作"荐
> 而问之"之类。③

"荐"和"进"不仅在韵书中同字,而且在《列子》中有实际通用的实例,有二
重证据来证明他们的联系。这一条中,毛奇龄虽然通过中古韵书而意识到
"荐"与"进"的密切关系,得出了比较合理的解释,但其音韵学局限也是很

---

① [清]毛奇龄:《易韵》,《影印文渊阁四库全书》,台北:台湾商务印书馆,1986年,第249册,
第310页。
② [清]毛奇龄:《易韵》,《影印文渊阁四库全书》,台北:台湾商务印书馆,1986年,第249册,
第313页。
③ [清]毛奇龄:《仲氏易》,《影印文渊阁四库全书》,台北:台湾商务印书馆,1986年,第41
册,第277页。

明显的,因他并未意识到二字上古音关系密切的真正原因。王力的《同源字典》以"进"与"荐"分属真部与元部断定二者为"真元旁转"①,才真正理清了它们之间的关系。

再如艮卦六五《象传》中的"艮其辅,以中正也",朱熹《周易本义》说:"'正'字羡文,叶韵可见"②,以正字与六四《象传》"艮其身,止诸躬也"、上九《象传》"敦艮之吉,以厚终也"不叶韵为由怀疑"正"字是衍文,后来者甚至把"中正"改为"正中",毛奇龄运用音韵学知识,进行了长篇辩驳:

> 朱氏《本义》云"'正'字羡文,叶韵可见",意谓"正"字与前后'躬''终'字不叶故也,至姚小彭本竟改作"正中"以就韵。不知古韵东冬庚青蒸俱通,"正"者三声字也。如《周礼·小司徒》"施其职而平其政",读征;《楚辞·九歌》"荃独宜兮为民正",叶星类。故讼卦《象传》"刚来而得中也",与"尚中正也"叶,正与此同例。况经史歌诵如此,叶者甚多,见予《古今通韵》一书。因己不识韵而欲妄改圣经,恐不可也。③

在王力的韵部系统里,东冬庚青蒸均为阳声韵,为旁转,在毛奇龄的韵部系统里,东冬庚青蒸则均属宫部,也是可以直接通押的,韵上并无问题。所以朱熹的不叶之论,错误非常明显。

毛奇龄有时会利用音韵判断异文正误,如既济《象传》曰:"既济亨,小者亨也,利贞。刚柔正而位当也。初吉,柔得中也。终止则乱,其道穷也",在"位当"之下,毛奇龄注曰:"李鼎祚本作'当位',则与亨终穷韵不协矣,非是。"④"当"是阳部字,可以与"亨""终""穷"等旁转叶韵,而"位"字,虽然直到现在,学者对它是否从立得声还有所疑惑,但它无论如何也不会以-ng为韵尾,因此不能合韵,毛奇龄如此判断是十分合理的。

但毛奇龄在音韵学上的错误,也难免会造成其解易的错误,如井卦九二《象传》曰"井谷射鲋,无与也",《经典释文》"无与也"作"无与之也",毛奇

---

① 详见王力:《同源字典》,北京:中华书局,2014年,第570—571页。
② [宋]朱熹:《周易本义》,北京:中华书局,2009年,第188页。
③ [清]毛奇龄:《仲氏易》,《影印文渊阁四库全书》,台北:台湾商务印书馆,1986年,第41册,第392页。
④ [清]毛奇龄:《仲氏易》,《影印文渊阁四库全书》,台北:台湾商务印书馆,1986年,第41册,第426页。

龄小字注:"陆德明本此下有之字,误,与字是韵,增之则失韵矣"①,同样用失韵来判断异文取舍。然而按照《同源字典》中的记载,"鲋"为侯部,"与"为鱼部,为旁转,之部与侯部亦为旁转,加上"之"字也并不失韵,所以毛奇龄的说法并不成立。

总体说来,毛奇龄有意识地运用自己的音韵学知识解易,提供了解易的一种新思路,虽然受到不通上古音这一点的局限,但终究功大于过,正确的说法远多于错误的说法,因此利用音韵知识解易,仍然可算是毛奇龄在考据方面的重要成果。

(三)翟均廉《周易章句证异》利用《仲氏易》成果

翟均廉(1736—1796),生活于乾隆年间。他的《周易章句证异》,是一部专心于文字考证与章句的易学著作,尤其注重对各家异文的搜集与考辨,其对《周易》资料搜集之全面,甚至不输著名的乾嘉考据学者。

经过对《周易章句证异》引文频率的粗略统计可以发现,虞翻因为保存易说较多,所以受到翟均廉最多的引用,有300余条。陆德明《经典释文》也因同样的原因有340条左右,剩下的汉易学者,郑玄250条左右,李鼎祚近230条,王肃不到130条,马融不到110条,许慎不到60条。这些都是早期异文资料的主力来源,每一条信息都很重要,即使有些无关异文,只是训诂的资料,也应该全部保留,因此其被引频率主要受到资料数量的影响,与翟均廉的倾向性无关。

至于其他后世学者的辨析、训释、章句、考证成果,可以有所选择地引用,因此能体现出翟均廉的取舍倾向。其中被引用最多的就是就是惠栋,有260多条。毛奇龄和朱熹紧随其后,被引约230条左右。其他学者如程颐不到170条,郭京近80条。而孔颖达在训诂考证之外,也保留了一些异文资料,所以被引有150多条。吕祖谦也有类似情况,被引120条左右。

翟均廉的学术风格属胪列易说、不下断语一派,而且从他的汉易宋易皆引,且引用频率接近的做法来看,他确实毫不偏倚任何一家一派,所以他引用毛奇龄,不能证明他接受毛奇龄的说法,但是从被引数量的对比起码可以看出翟均廉对毛奇龄的重视。他引用的毛奇龄文字,主要在于两方面,一是对异文的选择判断,二是句读判断。

有时只是简单的判断,毛奇龄也并未说明原因,翟均廉就直接照搬而来,这样的例子很多,如在姤卦象辞"女壮,勿用取女"下说"郭京曰'取下误

---

① [清]毛奇龄:《仲氏易》,《影印文渊阁四库全书》,台北:台湾商务印书馆,1986年,第41册,第377页。

增女字',毛奇龄云谬"①,郭京认为"女"是衍文,毛奇龄直接予以否定。再如遯卦六二爻辞"执之用黄牛之革,莫之胜说"的"说"字,有三种解读,程颐等人解释为言说之"说",杨时解释为喜悦之"悦"。更主流的意见,包括虞翻、王弼、朱熹等人,均解释为逃脱之"脱",因为遯卦本身就有隐退、逃避之意,爻辞解作逃脱,更符合卦意,毛奇龄也持第三种意见。翟均廉在列举了作"脱"的所有学者之后,以"廉按"的形式在最后引用了毛奇龄的解释:

> 说,虞翻、王弼、徐邈读解说(音脱)之说(孔颖达、朱震、吕大临、沈该、朱子、郑刚中、郑汝谐、王宗传、俞琰、王申子、胡炳文、吴澄、熊朋来诸儒同。……廉按,毛奇龄谓"莫之胜说"犹言不胜其脱)②。

意思是说,虽然六爻之阴爻用黄牛之革拘系逃遁的阳爻,但仍然禁不住阳爻之遯,令其成功摆脱桎梏逃走了。翟均廉选择引用毛奇龄的具体解释,证明起码在"脱"这一派中,他认为毛奇龄的具体解释最为明晰。

翟均廉之书名为"章句",自然很重视分章断句的问题,基本囊括了《周易》易生歧义的文字,而毛奇龄对句读的重视,上文已经详细分析过,涉及不少关键问题,所以翟均廉在这些地方也常常引用毛奇龄的断句。如讼卦彖辞"讼有孚窒惕中吉终凶利见大人不利涉大川"下,翟均廉总结了各家断句:

> 李鼎祚依荀爽本有孚(句)窒惕中吉(句)。陆德明有孚窒(句)惕中吉(句),朱震、苏轼、朱子、王宗传同。陆希声有孚(句)窒惕(句)中吉(句),程子、郭雍、张浚、项安世、赵汝楳、吴澄、黄宗炎同。毛奇龄惕中(句)。③

他找到了这句话的四种不同断法,搜集得非常全面。毛奇龄的断句方式尤其与众不同,认为应该断作"有孚窒,惕中,吉,终凶",即"《九家》诸易皆以'中吉'作句,今以'中'句",因为"孚以窒之,惕中以息之,而后讼不成而不

---

① [清]翟均廉:《周易章句证异》,《影印文渊阁四库全书》,台北:台湾商务印书馆,1986年,第53册,第716页。

② [清]翟均廉:《周易章句证异》,《影印文渊阁四库全书》,台北:台湾商务印书馆,1986年,第53册,第706页。

③ [清]翟均廉:《周易章句证异》,《影印文渊阁四库全书》,台北:台湾商务印书馆,1986年,第53册,第678页。

至于凶"①,保持心中警惕,才可以避开诉讼失败造成的凶咎。毛奇龄之说虽然言之成理,却标新立异,但翟均廉仍然将其收录进来,聊备一说。

毛奇龄没有提到断句方式,但能从其解读中看出来,翟均廉也加以引用。如小过九三爻辞"弗过防之从或戕之凶"和九四爻辞"无咎勿过遇之往厉必戒勿用永贞",毛奇龄只在"往厉必戒"和"勿用"后标明断句。而从他对九三的解读"惟恐防之太密,反致以猜嫌而起隐祸,故曰勿过防之也,过防恐或有戕之者,戕则凶矣"可以看出,怕防御太过,以致产生戕害,戕害即为凶,从其解释可以看出他的理解为"弗过防之,从或戕之,凶"。而在九四爻下毛奇龄又说:"傥过为礼遇,而由是而往,则不正之厉,反从此生,故又戒之曰勿过遇之也",不要过于礼遇,以此前往就会生出厉,所以说出了告诫的话,可见断句为在"勿过遇之"后。翟均廉就在充分理解毛奇龄的注解后,将他的断句方式总结出来,罗列在自己的书中。②

翟均廉也发现了毛奇龄的一些错误,如小畜上九"月几望"之"几"字有异文,《周易章句证异》说:"《子夏传》作近,晁说之曰'京、刘、一行作近'",并用小字注"毛奇龄谓一行作既,误,未知何"③,特地指出了毛奇龄的错误。晁说之之说最早在《周易会通》④中可以找到依据,与翟均廉的引文一致。而毛奇龄的错误,又源自他的老毛病,即错信《古周易订诂》。何楷说:"孟、荀、一行本作既"⑤,但遍翻《周易集解》《经典释文》《说文解字》等书,在此处均无孟喜、荀爽的异文。毛奇龄也许曾经求证过,所以没有采用《古周易订诂》对孟喜、荀爽的说法,但仍然被一行这一条骗过了。连惠栋的《易汉学》,都受了《古周易订诂》的迷惑,不但原封不动地予以引用,还杂糅《周易会通》《古周易订诂》二说,将其重又安在晁说之头上,说"晁氏说之曰孟、荀、一行几作既"⑥。

翟均廉《周易章句证异》作为清代最为全面精审的易学考据成果之一,

---

① [清]毛奇龄:《仲氏易》,《影印文渊阁四库全书》,台北:台湾商务印书馆,1986年,第41册,第232页。

② 详见[清]毛奇龄:《仲氏易》,《影印文渊阁四库全书》,台北:台湾商务印书馆,1986年,第41册,第424页;与[清]翟均廉:《周易章句证异》,《影印文渊阁四库全书》,台北:台湾商务印书馆,1986年,第53册,第732—733页。

③ [清]翟均廉:《周易章句证异》,《影印文渊阁四库全书》,台北:台湾商务印书馆,1986年,第53册,第682页。

④ 详见[元]董真卿:《周易会通》,元刻本,卷三。

⑤ [明]何楷:《古周易订诂》,《影印文渊阁四库全书》,台北:台湾商务印书馆,1986年,第36册,第64页。

⑥ [清]惠栋:《易汉学》,《周易述(附易汉学、易例)》,北京:中华书局,2007年,第557页。

大量引用并借鉴毛奇龄的说法,毛奇龄在考据方面的成绩,由此可见一斑。

二、脱胎汉易的解易理论——五易说

毛奇龄不仅在小学方面继承汉易理念颇多,而且在具体的解易理论上,也多有对汉易之说的整合与发挥。取象说、爻位说这些从汉代以来一直沿用至今的普遍理论自不用说,即使是毛奇龄的五易说,也多与汉儒卦变说相合。而虞翻作为易说存世最多的汉易学代表人物,更是毛奇龄学习效法的重中之重。

(一)五易说与虞翻卦变说

毛奇龄认为自己的五易说颇能发前人所未发,他在介绍完前二易之变易、交易之后说,这两易是前儒都能懂得的,甚至是朱熹《周易本义》这种水平,都有所记载,后三易则知者寥寥"此两易者,前儒能言之。(朱子《本义》首犹载其说。)"①毛奇龄的未尽之意自然就是,后三易少有人能知。这样说有些夸张了,其实五易说除反易之外,其他四易均在虞翻卦变说中有徵。

五易说的概况已见前文,这里只重点分析五易说与虞翻的关系。清人李锐的《周易虞氏略例》,对虞翻的卦变说总结非常详尽,也很有系统性,这里以之为最重要的虞氏易参照对象,并用张惠言《周易虞氏义》与李道平《周易集解纂疏》等书同勘。

1.前三易与虞翻卦变说

第一易变易,上文已经辨析清楚,毛氏口中所谓变易,即一卦中的阴爻变阳、阳爻变阴,本为伏羲首创,是乾坤生其他八经卦的变化规律,因此并非一定要求所有的爻均变,可以有单独爻的变化,如必须三爻一起变化,就不能通过变易形成所有八经卦。但文王将其进一步发挥,在毛奇龄的《文王序卦图》中,已经以六画卦的六爻同变解释六十四卦关系,可见这也属于变易的领域。

而虞翻的"旁通"说,也是六画卦全爻阴阳互变的理论,据李锐统计,虞翻在二十卦下都注明与某卦"旁通",接近六十四卦的三分之一,如小畜与豫互为旁通、离与坎互为旁通、同人与师旁通、大有与比互为旁通②、颐与大

---

① ［清］毛奇龄:《仲氏易》,《影印文渊阁四库全书》,台北:台湾商务印书馆,1986年,第41册,第185页。

② 大有,《周易虞氏略例》引用为与夬旁通,显误,以《周易虞氏义》正之。详见［清］李锐:《周易虞氏略例》,《续修四库全书》,上海:上海古籍出版社,2002年,第28册,第259页,及［清］张惠言:《周易虞氏易》,《续修四库全书》,上海:上海古籍出版社,2002年,第26册,第447页。

过旁通、恒与益旁通等等。另有师卦，虽然并未明确说明旁通同人，但是李锐根据师卦下注多以同人卦体为据，按断在虞翻的认知中，二者确实存在旁通关系，即"按注云同人离为戈兵，又云同人乾为大君，是旁通同人也"①。

虞翻所注明的旁通二卦，无一不是六爻阴阳完全相反的情况，正与毛奇龄眼中的文王变易相同。当然，被毛奇龄看作生卦理论的变易，和被虞翻看作卦变理论的旁通，在出发点上存在区别，不可完全混为一谈。如在遯卦☶☰之下，毛奇龄说："此聚卦无所分者。自侯果谓本乾卦来既已非例，而朱子作变卦，又以为变自大壮，则变易，非推易矣。"②遯卦在毛奇龄的推易系统里是聚卦，可以变成别的卦，但本身已经是最高级的，没有来源，而朱熹说其来自大壮☳☰，是变易，受到了毛奇龄的反驳。其实朱熹这里更符合毛奇龄的反易理论，遯和大壮上下颠倒，但说是变易也未尝不可，初、二、五、上这四爻变即可，毕竟毛奇龄本人也强调不必六爻同变。由此可见，毛奇龄从不把变易用到象爻辞的阐释中，而虞翻则屡用旁通作解。但是二者变化方式一样，很可能存在借鉴关系。

至于第二易交易，同样是生卦理论。毛奇龄认为在伏羲的系统里，交易只是在说两个三画卦形成六画卦的过程，是《周易》六十四卦形成的根本，并不属于卦变理论。但在文王的系统里，认为两个六画卦间的存在交易关系，即指他们上下体恰好相反。在虞翻对上下经各卦的注释中，也没有使用交易相关的理论。但《系辞下》原文的一些内容，被虞翻认定是在利用交易关系立论。在注释"上古穴居而野处，后世圣人易之以宫室，上栋下宇，以待风雨，盖取诸大壮"时，虞翻说：

> 无妄两象易也。无妄乾在上，故称"上古"。艮为穴居，乾为野，巽为处，无妄乾人在路，故"穴居野处"。震为"后世"，乾为"圣人"。"后世圣人"，谓黄帝也。艮为"宫室"，变成大壮，乾人入宫，故"易以宫室"。艮为待，巽为风，兑为雨。乾为高。巽为长木，反在上为栋。震阳动起为"上栋"。宇，谓屋边也。兑泽动下为"下宇"。无妄之大壮，巽风不见，兑雨隔震，与乾绝体，故"上栋下宇，以待风雨，盖取诸大壮"者也。③

① [清]李锐：《周易虞氏略例》，《续修四库全书》，上海：上海古籍出版社，2002年，第28册，第259页。
② [清]毛奇龄：《仲氏易》，《影印文渊阁四库全书》，台北：台湾商务印书馆，1986年，第41册，第322页。
③ [清]李道平：《周易集解纂疏》，北京：中华书局，1994年，第630—631页。

无妄☶上乾下震,利用互体可以得到巽卦(三四五)和艮卦(二三四),大壮☳上震下乾,互体得到兑卦(三四五)。无妄和大壮间的关系即所谓"两象易",上下两卦互易之意,也就是"交易"。《系辞下》的这一段只提到大壮,但虞翻解释时引入无妄和它的互体卦,结合大壮及其互体卦发论。终于凑齐了"上古""宫室""风""雨"等等意象,来解释《系辞下》这一段的意思。

《系辞下》的令一段"古之葬者,厚衣之以薪,葬之中野,不封不树,丧期无数。后世圣人,易之以棺椁,盖取诸大过",同样只说大过☱而未说其交易卦中孚☵,但虞翻仍然认为这是在说中孚与大过的关系:

> 中孚上下易象也。本无乾象,故不言"上古"。大过乾在中,故但言古者。巽为薪,艮为厚,乾为衣、为野。乾象在中,故"厚衣之以薪,葬之中野"。穿土称封,"封"古"窆"字也。聚土为树。中孚无坤坎象,故"不封不树"。坤为丧。期,谓从斩衰至缌麻,日月之期数。无坎离日月坤象,故"丧期无数"。巽为木、为入处,兑为口,乾为人。木而有口,乾人入处,棺敛之象。中孚艮为山丘,巽木在里,棺藏山陵,椁之象也。故取诸大过。①

"上下易象"与上面"两易象"的说法略有不同,但意思是一样的。大过下巽上兑,互体乾卦,中孚下兑上巽,互体艮(三四五)、震(二三四)。虞翻同样利用这些卦的取象解释这一段话中出现的意象,但其中多了中孚与大过中都找不出的坤卦取象,并没有解释其来历。从这两卦来看,坤只有两种可能,或者由大过互体的乾卦变成,或者由中孚中间相连的两个阴爻认定而成。

接着的下一段"上古结绳而治。后世圣人,易之以书契。百官以治,万民以察,盖取诸夬",也只说夬卦☱而未说履卦☰,虞翻同样说"履上下象易也":

> 履上下象易也。乾象在上,故复言"上古"。巽为绳,离为罟,乾为治,故"结绳以治"。"后世圣人",谓黄帝尧舜也。夬旁通剥,剥坤为书,兑为契,故"易之以书契"。乾为百,剥艮为官。坤为众臣、为万民、为迷暗。乾为治。夬反剥,以乾照坤,故"百官以治,万民以察"。故取诸夬。

---

① [清]李道平:《周易集解纂疏》,北京:中华书局,1994年,第631—632页。

大壮大过夬此三"盖取"，直两象上下相易，故俱言"易之"。大壮本无妄，夬本履卦，乾象俱在上，故言"上古"。中孚本无乾象，大过乾不在上，故但言"古者"。大过亦言"后世圣人易之"，明上古时也。①

"上下象易"与"上下易象"，意思并没有什么不同。这一段不仅使用了履、夬的上下体与互体卦，还利用了夬旁通卦（即变易）剥▤的上下体，才终于凑齐了所需要的意象，是虞翻卦变说的大集合。

虞翻还在这三段的最后做出了总结，强调《系辞》此处用的全是上下相易之法，可见他已有这种卦变的概念，这也绝非虞翻为了合于经文的一时权宜。李锐也发现了这一点，在《周易虞氏略例》中将其命名为"两象易"，并总结为虞氏易的条例之一，认为虞翻之说来自于荀爽：

> 需乾下坎上，荀爽曰"乾虽在下，终当升上"，又曰"云须时欲降，乾须时当升"，又曰"乾升在上，居位以定，坎降居下，当循臣职"，此即上下易象也，虞氏《系》注盖本于荀。②

平心而论，荀爽的这三句话较为模糊，又在需卦下，与虞翻所论三卦无关，不足以推论出继承关系，但把交易当作虞翻易学体系的一部分并无不妥。

毛奇龄的第三易反易，指一卦六爻的上下顺序相反，初爻变为六爻，二爻变为五爻，三爻变为四爻，虞翻也称其为"反"。据李锐统计，虞翻在泰下注"反否也"，否下注"反泰也"，观▤下注"反临▤也"，明夷▤下注"反晋▤也"，渐下注"反成归妹"，全是卦序相反的情况。虞翻还在《系辞》"万物化生"下注云："损反成益，万物出震，故万物化生也"，利用损、益二卦之反易作解。《序卦》"有男女然后有夫妇"下又注："咸反成恒，震为夫，巽为妇，故有夫妇也"，利用咸、恒二卦之反易作解。③

可见虞翻在经传注解中都有与"反"有关的内容，且为数不少，意思也非常明确。李锐将其表述为："反者，以上为下，以下为上，六爻俱到也"④，上下交换，且六爻同时变化，正是毛奇龄的反易说。

反易与变易、交易不同，在毛奇龄的五易系统中属成卦间的关系，因此

---

① ［清］李道平：《周易集解纂疏》，北京：中华书局，1994年，第633页。

② 详见［清］李锐：《周易虞氏略例》，《续修四库全书》，上海：上海古籍出版社，2002年，第28册，第262页。

③④ 详见［清］李锐：《周易虞氏略例》，《续修四库全书》，上海：上海古籍出版社，2002年，第28册，第261页。

偶尔也被利用来解释彖辞和爻辞。如姤卦䷫九三爻辞为“臀无肤，其行次且。厉，无大咎”，夬卦䷪九四爻辞为“臀无肤，其行次且；牵羊悔亡，闻言不信”，这两卦是反易关系，这两爻恰好在反易中属于同一卦，爻辞的前半句又恰好完全相同，正是使用反易说的完美机会。毛奇龄果然就以反易来立论：“然而夬之四爻即姤之三爻，（反对。）故姤之三爻词亦即夬之四爻词，但彼厌其迟，此喜其缓耳。”①但这只是少数情况，绝大多数时间，毛奇龄还是就推易说来解卦的。

总之，反易与虞翻之“反”，从理论出发点到卦变方式，甚至是名字，全都相同。

2. 推易说与虞翻卦变说

毛奇龄的五易说中，最独特且最与前人不同的一易，并非第五易推易，而是第四易的对易。它是毛奇龄为了找出上经与下经中各卦对应关系而创造的理论，为了达到这样的目的，他不得不设计了一套复杂而略显牵强的说法，包括交易、反易、阴阳爻的数目，甚至排除特定三画卦之后再找规律，完全可以说是失败了，详情见前文相关章节。也正因此，对易并没有具体使用的可能，也没必要寻找对应的汉易理论。

至于五易说最后之移易，或被称作推易，实际上是虞翻消息卦与之卦说的结合。

虞翻创造了十二辟卦的概念，并由他们出发推演卦变。十二辟卦如图8所示，按照阴阳消长的顺序排列，分别以乾坤为首，分为两组。乾所引领的一组为消卦，因为阳爻在此组中渐渐消亡，坤卦一组则为息卦，因为阴爻渐渐息止。但是剥又可连上坤、夬又可连上乾，十二卦共同组成了一个循环往复的系统。

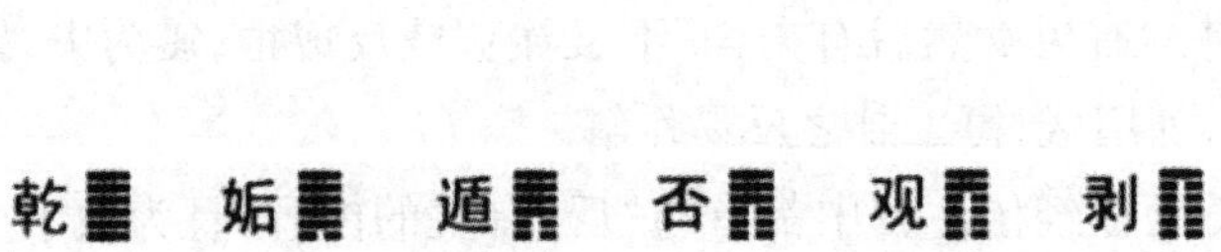
乾
姤
遁
否
观
剥
坤
复
临
泰
大壮
夬

图8 十二辟卦

李锐《周易虞氏略例》将十二辟卦称作十二消息卦，并且发现，除乾坤

① [清]毛奇龄：《仲氏易》，《影印文渊阁四库全书》，台北：台湾商务印书馆，1986年，第41册，第365页。

和观卦之外,其他消息卦的虞翻注中都有与消息有关的内容(见图9),可见虞翻对消息理论的重视。

图9 《周易虞氏略例》中搜集到的消息卦说①

但在张惠言的《周易虞氏消息》看来,十二消息卦并不是全部的消息卦:

> 注中凡云自某之旁通某卦者,皆是卦变消息。盖孟氏之传也,荀氏亦言之而不能具,其他则多舛矣。其法由爻之有旁通,有消息卦,有消息所生之卦,注虽残缺,考约求之。盖乾坤十二辟卦,为消息卦之正。其自临、遁、否、泰、大壮、观生者,谓之爻例。自乾、坤生者,不从爻例,每二卦旁通,则皆消息卦也。②

张惠言认为,消息卦始自孟喜,荀爽也有涉及。然而在他看来,辟卦和消息卦不同,除十二辟卦之外,消息卦还包括辟卦所变之卦,即下文将要详述的虞翻之卦说理论中最终形成的卦,以及虞翻旁通卦所变之卦,包含的范围非常广泛。

张、李二人中,李锐所说才是实情。不但现存虞翻易注中,只在十二辟卦的注解中有与消息有关的表述,甚至于别家汉易说,也都以十二辟卦等同于十二消息卦。《汉书》记载京房曾上封事说:"辛酉以来,蒙气衰去,太阳

① [清]李锐:《周易虞氏略例》,《续修四库全书》,上海:上海古籍出版社,2002年,第28册,第256页。按此为书中原图,卦画阴阳模糊,似有错误,但十二辟卦卦名均正确,卦画问题应为雕版或影印错误所致。

② [清]张惠言:《周易虞氏消息》,《续修四库全书》,上海:上海古籍出版社,第26册,第542页。

精明,臣独欣然,以为陛下有所定也。然少阴倍力而乘消息",颜师古注:"孟康曰:'房以消息卦为辟。辟,君也。息卦曰太阴,消卦曰太阳,其余卦曰少阴少阳,谓臣下也。并力杂卦气干消息也。'"[1]京房这里也讲"消息",并且也从阴阳竞争的角度入手,但"太""少"二字的具体指向不明。若按颜师古的解释,则息卦是太阴,息卦所变之卦则为少阴,消卦是太阳,消卦所变之卦为少阳。这段颜师古注最重要的一点在于,明确说出京房口中的消息卦就是辟卦。

惠栋在《易汉学》中介绍孟喜卦气图时的说法,也认为在孟氏易中,十二辟卦同样就是十二消息卦:

> 孟氏卦气图以坎、离、震、兑为四正卦,余六十卦卦主六日七分,合周天之数。内辟卦十二谓之消息卦,乾益为息,坤虚为消,其实乾坤十二画也。《系辞》云:"乾之策二百一十有六,坤之策一百四十有四,凡三百有六十,当期之日。"夫以二卦之策当一期之数,则知二卦之爻周一岁之用矣。四卦主四时,爻主二十四气;十二卦主十二辰,爻主七十二候;六十卦主六日七分,爻主三百六十五日四分日之一。辟卦为君,杂卦为臣,四正为方伯。二至二分,寒温风雨,总以应卦为节。[2]

其中"内辟卦十二谓之消息卦"一句,很明确地表明消息卦即十二辟卦。这一段还说明,早在孟喜之时,消息卦就已经对应于十二个月,并与卦气说、分卦值日说结合在一起,包括上文京房也是如此,而《参同契》《乾凿度》等易纬更是将这一点发挥到极致。但这是毛奇龄所坚决反对的做法,(详见上章之"毛奇龄解易法概说"。)这里不再详述,只要明确十二辟卦就是消息卦即可。

虽然毛奇龄所谓的聚卦恰好就是十二辟卦除乾坤之外的十卦,但二者的阐发角度却完全不同。十二辟卦是按照阴阳爻之逐爻变化而形成的,所以必须包括乾坤二卦,乾卦六爻全阳,姤卦开始初爻变阴,遁卦在姤卦的基础上二爻也变阴,否卦三爻变阴,到最后剥卦只有六爻为阳,再变即为全阴的坤卦,然后由坤开始,同样由初爻开始,逐爻变阳,经历五卦之后,又能变回全阳的乾卦。而聚卦,则着眼于阴爻阳爻各自相聚,不相混杂的特点,即

① [汉]班固:《汉书·眭两夏侯京翼李传》,北京:中华书局,1964年,第3164页。
② [清]惠栋:《易汉学》,《周易述(附易汉学、易例)》,北京:中华书局,2007年,第515页。

"(聚卦)谓阴阳各聚于一方,以待移易"①,乾坤是纯阳、纯阴之卦,没有这种阴阳分开相聚的特色,所以被排除在推易法体系之外。

以上说明了虞翻十二辟卦与毛奇龄聚卦间似是而非的关系,下面则要说明毛奇龄推易说中由聚卦变成分卦的推易过程,与虞翻之卦说的异同。

"之"表示到、去的意思。虞翻易注中常有某卦某爻之某爻的说法,实际上指这一爻与所之的爻交换位置,而非仅仅这一爻到之爻的位置上去而之爻不动。如随卦☳,虞翻说"否上之初"②,否卦下坤上乾,如果只是上爻动,否上之初就成了益卦☴,只有否之初与上互换,才能形成随卦,所以虞翻所谓"否上之初",实际上是"否上之初、初之上"的意思。这与毛奇龄的推易说完全相同,毛奇龄在随卦处也说"易否(上来初往)"③,正与虞翻的说法相同。

但毛奇龄的推易来源卦不止十二辟卦(聚卦),还包括他所谓的"半聚卦"和"子母聚卦"。仍举随卦为例,在否卦之外,还有两个来源卦,即"咸(三来初往)益(上来四往)"④,它们都属于半聚卦,即各爻按照阴-阳-阴或阳-阴-阳(阴阳数量不限)排列之卦,半聚卦则是阴阳爻恰好二-二-二排列的小过☳和中孚☴两卦。

在毛奇龄的推易体系中,聚卦、半聚卦和子母聚卦均可作为来源卦,且均有理由,而只要这三类中的某卦推易一次即可变为目标卦,就将其平等地列出来。而虞翻之卦的来源,以消息卦为主,非消息卦则是偶然现象,且并没有表现出任何的规律性。李锐在《周易虞氏略例》中已经总结出现存虞翻之卦说的来源卦,其中来自消息卦的有"从临来者四卦""从观来者五卦""从否来者八卦""从泰来者八卦""从遁来者六卦""从大壮来者六卦",特殊情况则有"坎、艮来之卦各一,晋来之卦二""噬嗑来之卦一""贲来之卦一""讼来之卦一"。⑤李锐的统计一共是四十四卦,原本正符合六十四卦除去八纯卦与十二辟卦的数量,但其中多了巽卦"遁二之四",而漏掉了比卦"师二上之五"⑥这一条。

① [清]毛奇龄:《仲氏易》,《影印文渊阁四库全书》,台北:台湾商务印书馆,1986年,第41册,第196页。

② [清]李道平:《周易集解纂疏》,北京:中华书局,1994年,第209页。

③④ [清]毛奇龄:《仲氏易》,《影印文渊阁四库全书》,台北:台湾商务印书馆,1986年,第41册,第264页。

⑤ 详见[清]李锐:《周易虞氏略例》,《续修四库全书》,上海:上海古籍出版社,2002年,第28册,第257—258页。

⑥ [清]李道平:《周易集解纂疏》,北京:中华书局,1994年,第139页。

除巽卦之外,李锐并未查找其他七个八纯卦的卦变情况,其实除乾、坤和巽之外,其他五卦在虞氏易中也是有来源卦的。坎卦䷜"乾二、五之坤"与离卦䷝"坤二、五之乾"①这一组很奇怪,由乾、坤两卦共同形成,坤卦六二、六五变阳就成了坎,乾卦九二、九五变阴就成了离,特地强调乾坤作为父母共同生坎离这一点。剩下的震卦"临二之四"、巽卦"遯而之四"、艮卦"观五之三"、兑卦"大壮五之三"②这四卦,来源卦则都是消息卦,符合虞翻的一贯看法。

这样才算全部囊括了虞翻所有之卦的情况,除乾、坤、坎、离和十二辟卦不参与外,四十卦的来源卦都是十二辟卦,只有八卦并非来自消息卦,而它们的坎、艮、晋(下坤上离)、噬嗑(下震上离)、贲(下离上艮)、讼(下坎上乾)、师(下坎上坤)这七种来源卦,在卦体和卦画上都找不到任何共同点。所以说,虞翻的之卦说,为了在释义上能更加符合卦意,在来源卦的选择上比较灵活,这一点与非常严整的推易说不同,可以算是虞翻易说的不够严谨之处。

虞翻是卦变说使用比较全面的学者,他解易时综合使用了多种卦爻变方式,有时用之卦(对于毛奇龄推易)、有时用旁通卦(对应毛奇龄变易),有时用反卦(对应毛奇龄反易),有时会同时选用其中两种、三种卦变理论。大致说来,旁通卦与之卦最常被虞翻使用,反卦出现的频率略低一些,两象易(对应毛奇龄交易)则只在《系辞下》部分段落的解释中使用过。

综上所述,毛奇龄的五易说看似特立独行,实际上其中的四种都脱不出虞翻易说的影响,第五种对易却又彻底失败。可以说,《周易》中的卦变、爻变之法,几乎已经被虞翻穷尽所有可能性,后人如何改换名目,本质都相去不远,毛奇龄的五易说也是如此。

(二)五易说与其他汉易卦变法

1.变易与八宫卦理论

京房有八宫卦理论,即以八纯卦为变卦的来源,称作八宫,分别生其他五十六卦。如艮卦䷳初六变成阳爻就成为贲卦䷔,保留初爻的变化,六二再变阳爻,就成为大畜䷙,同样保持前面的变化,九三变为阴爻,就成为损卦䷨,就这样一爻一爻逐一变动,遇阳则变为阴,遇阴则变为阳,四爻变为睽卦䷥,五爻变为履卦䷰,但六爻再变就会重新变成另一个八纯卦兑卦,因

---

① [清]李道平:《周易集解纂疏》,北京:中华书局,1994年,第296页、第305页。

② [清]李道平:《周易集解纂疏》,北京:中华书局,1994年,第453页、第495页、第460页、第502页。

此第六变必须改换方向，选择"四不变"，即在第五变的基础上，再把四爻变回来，艮的第六变就是中孚䷽，最后一变被称作"归本卦"，从艮的最后结果是渐䷴来看，应指在前一变的基础上，下卦（也即下三爻）全都变回来。

八宫卦的每一卦都可按此顺序变出互不重复的七卦，合在一起正好形成剩下的五十六卦。这变化过程还有特殊的名称，第一至第五变统称一世、二世以至五世，如睽卦就可被称作艮宫四世卦。而第六变被称作游魂，出自《系辞》中的"精气为物，游魂为变"，第七变被称作归魂，渐就是艮宫归魂卦。①

京房这一八宫卦理论，接受范围很广，如干宝就常有运用。为了解释《序卦》对需卦"饮食之道也"的解读，干宝说："需，坤之游魂也。云升在天而雨未降，翱翔东西，复之象也。王事未至，饮宴之日也。夫坤者，地也，妇人之职也。百谷果蔬之所生，禽兽鱼鳖之所托也。而在游魂变化之家，即烹爨腥实以为和味者也，故曰需者饮食之道也。"②需是坤的游魂卦，因此可以引入坤来解读需，坤是地，种种可供食用的动物植物都由之而生，而游魂需变化，就预示着将要把这些食材烹煮成食物，致使需有饮食之道。由此例可见，八宫卦也是象数说常用的辅助手段，借此来引用新的取象，以便解释目标卦之象的来历。

这一理论和毛奇龄的变易说有相似之处，都由爻之阴变阳、阳变阴来形成新卦，且变化的爻数可以随意。但毛奇龄的变易说强调由乾坤生六子，且聚焦于三画卦，而京房的八宫卦讲由八卦生六十四卦，是变易的下一步。

2.推易说与荀爽

毛奇龄解卦时的主力理论推易说，不仅与虞翻的之卦说相似，而且在很多汉魏旧说中都能见到，如荀爽和蜀才范长生。

现在还能见到的荀爽易说，一般比较简略，如在蒙卦䷃之下，荀爽只说"此本艮卦也"③，艮卦为䷳，上卦与蒙相同，下卦不同。荀爽所说应该是卦变之意，但如何由艮变蒙，荀爽没有交代，可能是初爻上移到三爻或者二爻上移到三爻，或者如推易说，即二爻与三爻互换，李鼎祚在荀爽说后加案语，选择了推易说"二进居三，三降居二，刚柔得中，故能通发蒙时，令得时中矣"④。二爻、三爻互换后，两爻的刚柔都恰到好处，符合时中之道。

---

① 详见［清］李道平：《周易集解纂疏》，北京：中华书局，1994年，第21—23页。
② ［清］李道平：《周易集解纂疏》，北京：中华书局，1994年，第112页。
③④ ［清］李道平：《周易集解纂疏》，北京：中华书局，1994年，第106—107页。

好在荀爽在贲卦☲☶中的说法,证明李鼎祚的理解是正确的。他说:"此本泰卦。谓阴从上来居乾之中,文饰刚道,交与中和,故亨也。"①泰卦下乾上坤,想要一步变为贲卦,只能二、上互换,如果只是上九移动到六二,原先的二、三、四、五爻上移,就会变成下坎上巽的涣卦☴☵而非贲卦。九二得到阴爻之后,可以中和过于刚强的下卦,因此亨。由此例还可看出,荀爽使用卦变说的方式与毛奇龄、虞翻截然相反,后二者用卦变产生的新卦取象来帮助解读象辞和爻辞中的物象,而荀爽却用爻的阴阳与上下变化来帮助爻位说立论,可见卦变只是一种手段,并不仅限象数理论使用,倘若配合爻位说,也能为义理学派服务。

另外还有讼卦☰☵,荀爽甚至没说其来源卦是什么,只说"阳来居二而孚于初"②,我们只能自己推测来源之卦。二爻变化之前肯定是阴爻,其次阳来孚于初,阳就不可能来自初爻,而应该是三、四、五、上四爻中的一个,万幸不论阳原本来自这四爻中的哪一个,变化之前的卦都只能是遁卦☰☶,而在九二《象传》之下,荀爽又说"三不克讼,故逋而归"③,可见九二之阳来自三爻的可能性更大。

荀爽说蒙由艮来,贲由泰来,讼由遁来,三个来源卦中,艮卦为八纯卦,泰卦和遁卦为消息卦,这一点与毛奇龄的推易说不同。毛奇龄认为各卦只由聚卦(消息卦)、半聚卦和子母聚卦而来。荀爽这里取聚卦作为卦变的来源,但不取半聚卦和子母聚卦。再如荀爽解释井卦☵☴时说:"此本泰卦,阳往居五",在解涣卦☴☵时说:"阳来居二""阴上至四"④,也均以聚卦泰、否而来。

荀爽还有一点和毛奇龄不同,即又取八纯卦作为卦变来源卦,这方面的资料,除蒙由艮来外,时至今日,只剩屯由坎来一条。⑤因此,其具体做法已经不得而知了,不考虑聚卦的卦变,单独看荀爽的八纯卦变,也并不符合上一节所讲的京房八宫卦理论,因八宫卦中的坎宫确实包括屯卦,但艮宫中不包含蒙卦,蒙卦属于离宫。更重要的是,二者的卦变方式区别很大,八宫卦是爻位不变,只有阴阳变化,相当于毛奇龄的变易,荀爽的卦变说是各爻阴阳不变,两爻位置交换,相当于毛奇龄的推易说。

3.推易说与蜀才范长生

另有一位因讲卦变而著名的学者是蜀才范长生。据《经典释文》介绍,

---

① ［清］李道平:《周易集解纂疏》,北京:中华书局,1994年,第245页。
②③ ［清］李道平:《周易集解纂疏》,北京:中华书局,1994年,第119页。
④ 详见［清］李道平:《周易集解纂疏》,北京:中华书局,1994年,第430页、第507页。
⑤ 详见［清］李道平:《周易集解纂疏》,北京:中华书局,1994年,第96页。

蜀才"姓范名长生,一名贤,隐居青城山,自号蜀才,李雄以为丞相"①,李雄是西晋末十六国之成汉的皇帝,由此可知蜀才生活的时代。而蜀才的易说,在《经典释文》中保留了一些异文记载,《周易集解》在异文信息外,还保留了寥寥几条卦变之说。

如同人卦☰☲,蜀才说:"此本夬卦,九二升上,上六降二,则柔得位得中而应乎乾,下奉上之象,义同于人,故曰同人。"②同人从夬而来,二爻柔位,阴爻居之才好,夬变为同人,二爻由阳变为阴,因此得位。二爻处于下卦之中,因此得中。上卦变为乾,因此又应乎乾。这个例子说明了两点问题:首先蜀才用"升降"解易,卦变方式也是两爻互换,与毛奇龄的推易说、虞翻的之卦、荀爽的来自卦一致;其次,蜀才的卦变说也为爻位服务,这与荀爽有些相似。

再参考蜀才对其他卦的解释:需卦本于大壮、讼卦本于遁卦、师卦本于剥卦、晋卦本于观卦③等等,都与同人本于夬一样,遵循着消息卦生它卦的原则。但在现存的蜀才注中有一个例外,即比卦☵☷,蜀才说"此本师卦"④,且没有解释原因。师卦☷☵既非消息卦,又非八宫卦系统中的八纯卦,也非毛奇龄推易系统中的聚卦、半聚卦,但虞翻也认为比卦来源于师卦。他说:"师二上之五得位,众阴颇从,比而辅之,故吉。"⑤虞翻为"二上之五",按照蜀才的体例,代为拟辞,则应是"九二升五,六五降二",表述不同而实质相同。

虽然只有比卦一个特例孤证,但如果不限定聚卦、八纯卦或半聚卦之类,比卦可以有多种来源卦的可能性。蜀才选择与虞翻相同的师卦,恐怕并非巧合,二人间或有继承学习关系。

京房、荀爽、蜀才,是虞翻之外,讲卦变最频繁的三位易学家。其中除京房的八宫卦理论与毛奇龄的变易说更接近外,虞翻、蜀才、荀爽所使用的主要卦变方法都与推易说相似。他们在名称上或许有所不同,或之卦、或往来、或消息,但本质都和推易说一致,用二爻互换来变化。但从来源卦的选择来说则区别较大。这几位汉易学者在消息卦(聚卦)之外,多选八纯卦作为来源卦,而且相互间有龃龉,有时还会选择毫无特殊性的卦作为卦变

① [唐]陆德明:《经典释文》,上海:上海古籍出版社影北京图书馆藏宋本,1985年,第23页。
② [清]李道平:《周易集解纂疏》,北京:中华书局,1994年,第180—181页。
③ 详见[清]李道平:《周易集解纂疏》,北京:中华书局,1994年,第114页、第120页、第129页、第338页。
④ 详见[清]李道平:《周易集解纂疏》,北京:中华书局,1994年,第141页。
⑤ [清]李道平:《周易集解纂疏》,北京:中华书局,1994年,第139页。

来源,显示出一定的随意性。而毛奇龄在聚卦之外又发明了子母聚卦和半聚卦,并将其原因和卦变方式自己解说清楚,从卦变系统的严密程度来看,要优于汉易卦变理论。

但是无可否认,毛氏的推易说,是对前代卦变理论继承后的创新,而非完全自创。他在《推易始末》中也不吝承认这一点,对前人的卦变理论都有非常详细的总结。

三、毛奇龄与惠栋易学异同考

至于清代的"汉学",是乾嘉时期的一批学者,为摆脱宋代以来的义理倾向,开始以推崇汉代学术为名回归文本考据方法。其在易学领域的代表人物是惠栋(1697—1758),字定宇,号松崖,也被称作小红豆先生,活动时间稍晚于毛奇龄。他在易学方面最重要的著作是《周易述》《易汉学》和《易例》,在《九经古义》中也保留了大量《周易》训诂资料,另外他还有《周易本义辨证》和增订的《增补郑氏周易》等书。

据郑朝晖在其博士论文《述者微言——惠栋易学研究》中的考证,《易汉学》成书于1744年(乾隆九年),《周易述》则至他1758年(乾隆二十三年)去世时仍未成书,只好作为残本刻印。[1]而毛奇龄易学著作的具体成书时间虽不可考,但他的《西河合集》初刻于1699年(康熙三十八年),其中已经收录了他所有的易学著作,因此这些书的成书时间必然早于1699年,几乎比惠栋的著作早了半个世纪。

惠栋是汉学,尤其是汉易领域公认的首倡之人,又是颇具清代汉学代表性的学者,所以将他与毛奇龄进行对比,可以更直观地表现出毛奇龄在易学方面,与汉代易学本身,以及与清代汉易学的异同,更准确地给毛奇龄在清代学术史中排出准确位置。

(一)立场异同

1.对易之本质的认识

在对易之本质问题的看法上,惠栋与毛奇龄就有很大的分歧。惠栋在《易例》中说:

> 八卦由纳甲而生,故《系辞》曰"在天成象""易者,象也;象也者,象也(通行版本最后一个象字作像)"。古只名象,《皋陶谟》"帝曰予欲观古人之象"是也。至周始有三易之名,然《春秋传》曰"见易象",则象之

---

① 详见郑朝晖:《述者微言——惠栋易学研究》,武汉:武汉大学,2005年,第120—121页。

名犹未亡也。夏建寅，象首艮，故谓之连山。商建丑，象首坤，故谓之坤乾。坤以藏之，又谓之归藏。夏商占七八，文王演易始用九六，以变者为占，故谓之易。①

这里引用了"在天成象"，而且参考《皋陶谟》（今属《益稷》）中的"帝曰予欲观古人之象"这一句。从这两段引文可以看出，惠栋以象为易之源头，尤其是天象，且又将天象与纳甲等同，同时认为，八卦也是参考天象纳甲而创的，所以笃信纳甲说。这种看法颇具汉易特点，认为天道主宰人事，故而将《周易》与玄奥的天象及其运行规律联系在一起。

也正是如此，惠栋对"日月为易"的说法非常赞同，认为这正是以易所参照之天象为其命名为"易"的证据：

> 《说文》据《秘书》曰："日月为易。"《参同契》曰："日月为易，刚柔相当。"虞仲翔注曰："字从日下月。"坎为月，离为日，故仲翔注《系辞》曰"易谓坎离，盖坎上离下，成既济定。六爻得位，利贞之义"，既济《彖》曰"利贞，刚柔正而位当也"，象之名易，其取诸此乎。②

在惠栋的表述中，似乎《说文解字》已经按照《秘书》的说法，用"日月为易"来解释易字了，其实《说文解字》的原文是"蜥易，蝘蜓，守宫也，象形。《秘书》说：日月为易，象阴阳也。一曰从勿"③。《秘书》之说只是许慎列出的一种参考说法而已。他自己认为易原本是象形字，表现一种动物之形，或为蜥蜴、或为蝘蜓、或为守宫，这三种动物长得都很相像。而惠栋又重点参考虞翻的说法，在"日月为易"的基础上联系坎、离二卦进一步发挥，并牵扯上坎离形成的既济卦，认为它是最完美的一卦，六爻全部当位。惠栋其实全在为虞翻等人的象数说张本，因此不惜把易的本质也解释为象。

毛奇龄在解释"易"字的时候，列出"日月为易"说作为参考，但其重点，更在于随之列出的易之其他义项：

> 易有日月相衔之文，其字形则上日下月，取其昭明；其字义则日往月来，取其变易。此《易纬》所云也。又易者生万物不难，所谓易也。

---

① ［清］惠栋：《易例》，《周易述（附易汉学、易例）》，北京：中华书局，2007年，第645页。
② ［清］惠栋：《易例》，《周易述（附易汉学、易例）》，北京：中华书局，2007年，第645—646页。
③ ［汉］许慎：《说文解字》，北京：中华书局，1963年，第198页。

此则难易之易,当读异,去声。又有不易之易,谓不更改天地名、君臣位、父子上下宜。此改易之易,读亦如字。见《乾凿度》。①

日月昭明之外,毛奇龄所列易之含义还有变易、容易、不易。接着毛奇龄又继续分析各种义项,尤其关注难易之易与变易之易在音义两个方面的区别,并最终将易的意思落实在读为入声的变易这一义项:

> 易有五易,虽去入两音,只是一义。古变易之易皆读去声,如班固《东都赋》"纷纶后辟"与"蹈一圣之险易"押可验。若谓汉、晋以前无变易之解,则《系辞》云"神无方而易无体",此夫子之解义也。若谓隋、唐以后始有入声之读,则《系辞》云"日新之谓盛德,生生之谓易",又云"乾坤毁则无以见易。无以见易则乾坤或几乎息",此夫子之读音也。竖儒但观一隙,不觏大通,偶闻易可读异,便妄生议论,可鄙极矣。至若《说文》以蜥蜴为蜥易,此重傍省文之字;而杨升庵遂谓易是守宫之名,则《汉书·食货志》以疆埸为疆易,得毋易又是疆畔名乎?②

毛奇龄坚信古无去声,因此认为易字在上古只有一个意思,就是变易之易,因此易最核心的本质就是变易。虽然毛奇龄选择了和惠栋不同的说法,但是说到底,其目的也和惠栋一样,全都是为了给自己的五易说,尤其是推易说寻找证据。毛奇龄倒是认识到《许慎》的本意了,因此特地解释"重傍省文",基本认识到了汉字分化字义后加上偏旁以便区分的发展趋势。

至于惠栋"八卦由纳甲而生"的说法,毛奇龄则绝对不会接受。首先毛奇龄对易之本质的看法就要朴素得多。在上经的开始,他说:"凡卜筮书皆称易,《周礼》太卜掌三易之法是也。"③不论是《周易》还是《连山》《归藏》,都只是卜筮之书而已。而对于象,毛奇龄则这样说:"象者,即《易》书已然之画,'八卦成列,象在其中'是也。"但毛奇龄这里所说的象,与惠栋的象内涵不同,毛奇龄的"象"强调八卦形成之后,才在其中蕴含着的卦象,惠栋所说的象则是先天的物象,甚至是其中所蕴含的天道,八卦是参照自然物象创造出来的。

那么在毛奇龄看来,画卦时的参照对象为何? 毛奇龄说:

---

① [清]毛奇龄:《易小帖》,《毛奇龄易著四种》,北京:中华书局,2010年,第125页。
② [清]毛奇龄:《易小帖》,《毛奇龄易著四种》,北京:中华书局,2010年,第126页。
③ [清]毛奇龄:《仲氏易》,《影印文渊阁四库全书》,台北:台湾商务印书馆,1986年,第41册,第202页。

> 伏羲画卦,先画三阳,参天也,参天之谓乾,故始乎乾也。然后以三而两之,两地也,两地而得坤,所谓效法乎坤也。此阳之变阴者也。于是以三坤而变一阳,谓之震,所谓"震一索而得男"也。以三乾而变一阴,谓之巽,所谓"巽一索而得女"也。夫然后二阳二阴,再变三变,而于是再索三索之坎、离、艮、兑以次成焉。此阴阳互易,乾坤之变为八卦者也,此变易也。至于八之乘八,则因而重之,谓之交易。①

伏羲画卦时,先根据天的形象画了乾,然后根据地的形象画了坤,因此就有了阴阳的对立,剩下的八卦,都与乾坤的阴阳变易之法形成,六十四卦则是交易形成的,并没有参照任何自然之象,这无疑又是在强调他的五易说,尤其是前两易变易和交易。但相比惠栋的参照天象纳甲之说,毛奇龄的画卦说并未执着于汉代天人合一思想造成的各种玄而又玄的理论,也因为笃信"以经解经",所以没有被超出《周易》经传范畴的纳甲和取象迷惑。

归根究底,惠栋对易的看法,以及他所重视的取象、纳甲,都是虞翻等人的汉易成说,惠栋也因此深信不疑。而毛奇龄有自己的理论,也有自己的原则,所以按照自己的五易说体系和"以经解经"原则来建构整个易学系统。

2.对宋学态度的异同

除了对易之本质的认识不同之外,毛奇龄与惠栋对汉、宋在经学发展中,地位与影响的认识,也有明显区别。毛氏说已见前,概言之,他认为经学自孔子之后,就已经开始渐渐没落了。自唐代以后,则泯灭尤甚"少读经,稍长读史。史自唐以后,无可问者。而经则六籍皆晦蚀,《易》《春秋》为尤甚。二千年来,谁则起而考正之"②。"二千年"这个时间点,将经学没落之始上推至汉代以前,所以汉易也不能令毛奇龄满意,他是一定要上推到孔子,甚至更早的圣人时代才肯罢休。

而惠栋则不然,他说:"六经定于孔子,毁于秦,传于汉。"③以孔子作定六经的起点则与毛奇龄相同,以汉学能够传孔子之学则异。对于乱六经的根源,他也不像毛奇龄那样统统归咎于宋人,而是认为不同经书的情况也不同:

---

① [清]毛奇龄:《仲氏易》,《影印文渊阁四库全书》,台北:台湾商务印书馆,1986年,第41册,第186—187页。

② [清]毛奇龄:《西河集》,《影印文渊阁四库全书》,台北:台湾商务印书馆,1986年,第1321册,第128页。

③ [清]惠栋:《易汉学》,《周易述(附易汉学、易例)》,北京:中华书局,2007年,第513页。

汉学之亡久矣，独诗、礼二经犹存；毛、郑两家《春秋》为杜氏（预）所乱；《尚书》为伪孔氏所乱；《易经》为王氏（弼）所乱。①

颇为有趣的是，毛奇龄所论为"经学之亡"，惠栋所论则为"汉学之亡"，仅从这一细节，即可见毛奇龄与惠栋在对汉学看法上的本质区别。这也表明了二人心目中克复对象的区别，毛奇龄以克复圣人之经为己任，惠栋则以克复汉学为己任。

惠栋在上面引文中所列亡汉学的三家——《左传》杜预注、《尚书》伪孔传和《周易》王弼注，杜预和王弼是魏晋时人，《尚书》伪孔氏也是东晋人梅赜所献，所以惠栋将汉学之不传、学术之败坏归咎于魏晋时人，而毛奇龄在归咎于汉学的同时，又以宋代学术为祸经的元凶，尤甚于汉学。

单就《周易》来说，惠栋首先归咎于王弼。王弼以义理说易，基本出发点倒是与宋学类似，但惠栋归咎于王弼《周易注》，又并非因为他讲义理，而是"以假象说易，根本黄、老"②，即以黄、老为根本，偏离儒学，又在取象方面用假的象来说易，与汉学取象不同。惠栋易学强调象数，且以汉代之取象为标杆，因此就取象不合汉学来批判王弼。

当然惠栋也说，宋人对于经学的亡逸，是难辞其咎的。他认为宋人最根本的问题在于不好古，因此致使古书亡逸，即"唐时所存东汉六朝之书，皆亡于北宋。北宋人已不好古，故使诸书皆亡，所亡经义犹可惜也"③。而毛奇龄对于宋学的批判，则着眼于对他们经解本身的不满，认为他们不尊重经书，以经书证己说，所以偏离了经书本意，即"往往空凭胸臆，强就己说。虽名为经义，而不以经为义"④。

惠栋并不反对义理，他肯定了宋人理学在解经过程中的重要性，并在此前提下辨析宋人义理说。他明确地说："汉人经术、宋人理学，兼之者乃为大儒"⑤，认为经术和义理应当兼得，于是在《周易述》之后，专门辟出了两章讲"易微言"，其中大部分是义理内容，自然会涉及宋人义理，其中有不少辨析之语。

但在肯定义理学的态度下，惠栋对自己不赞同的宋人理学之说会进行仔细辨析。如他说到"道""理"之辨："道者，万物之所然也，万理之所稽也。

①② ［清］惠栋：《易汉学》，《周易述（附易汉学、易例）》，北京：中华书局，2007年，第513页。

③ ［清］惠栋：《松崖笔记》，《丛书集成续编》，上海：上海书店，1994年，第92册，第489页。

④ ［清］毛奇龄：《西河集》，《影印文渊阁四库全书》，台北：台湾商务印书馆，1986年，第1320册，第453页。

⑤ ［清］惠栋：《九曜斋笔记》，《丛书集成续编》，上海：上海书店，1994年，第92册，第515页。

理者,成物之文也。道者,万物之所以成也,万物各异理"①,道应在理前,而万物各自有各自的理,并没有一个能够统摄万物的真理。然后惠栋评论宋人的道、理论说:"道理二字说得分明。宋人说理与道同,而谓道为路,只见得一偏。"②这是典型的形而上讨论,惠栋站在与宋人平等的义理角度上,来讨论宋人的得失。他认为宋人过于抬高"理",使其超过了"道",这不符合先秦、两汉对这两个概念的定位,道才是一切的本原。虽然不吝言义理,但这段话完全否定了理学立论的基础,颇显示出对理学的不以为然。

又如他论"一贯"的含义:

> 一贯之道,三尺童子皆知之,百岁老人行不得。宋儒谓唯颜子、曾子、子贡得闻一贯,非也。"吾道一以贯之",自本达末,原始及终。老子所谓"甚易知,甚易行,天下莫能知,莫能行也"。下云言有宗,事有君,即一也。忠即也。恕而行之,即一以贯之也。韦昭注周语"帅意能忠"曰:"循己之意,恕而行之为忠。"③

宋人以为一贯之道连听闻都难,只有颜子、曾子与子贡曾经学习过,惠栋却说,一贯之道小孩子都懂得,只是真正实行起来才难,百岁老人也做不到,所以它并不高深,不需要夸夸其谈,只在于坚持躬行忠恕之道而已。这也显示出,惠栋哲学也和毛奇龄一样,偏向躬行实用一派,这也符合清代的学术潮流。

惠栋论宋理学,往往就事论事,举出自己所不赞成的具体义理之说发论,很少泛泛而论地进行否定。而毛奇龄对宋理学的批判,却不屑于计较具体义理问题,而专注于他们的经解,但探讨经解问题的同时,总要连带着笼统地批判讲义理,以其为宋人经解有误的直接根源。

如《经问》中,论及《尚书》之《康诰》《酒诰》《梓材》的成书,毛奇龄说他们是周成王时期的文本,而"宋人"却以为是武王④。毛奇龄总是笼统称宋人如何,其实持此观点的人只是朱熹。他说:"《书小序》又可考,但如《康诰》等篇,决是武王时书,却因'周公初基'以下错出数简,遂误以为成王时

① [清]惠栋:《周易述》,《周易述(附易汉学、易例)》,北京:中华书局,2007年,第506页。
② [清]惠栋:《周易述》,《周易述(附易汉学、易例)》,北京:中华书局,2007年,第507页。
③ [清]惠栋:《周易述》,《周易述(附易汉学、易例)》,北京:中华书局,2007年,第446页。
④ [清]毛奇龄:《经问》,《影印文渊阁四库全书》,台北:台湾商务印书馆,1986年,第191册,第228页。

书"①,《书序》里面也已经明确说是成王了,朱熹为了证明自己的观点,就认定《书序》中有错简。虽然朱熹的观点确实站不住脚,但这终究是纯经学领域的讨论,与理学无关。毛奇龄却一定要加上一句:"衹执一理见,不耐考索,而武断之弊遂至如此,吾故曰宋人只理字误世不浅,可不慎哉"②,把朱熹错误的原因都归咎于理学,认为都是理学造成宋代学术风气大坏,使学者不能认真考索经书的本义,偏信自己的主观看法,才造成武断之弊。

再如在《仲氏易》井卦象辞"改邑不改井。无丧无得,往来井井。汔至亦未繘井,羸其瓶,凶"下,毛奇龄也将矛头指向了宋学。他说:"汉儒说易犹顾义理,至宋则专务铺张,并无实义。如不改井,则谓所性分定,无得无丧,则谓大行不加,穷居不损。然试问何谓不改井,则茫然矣。若汔至是进锐,羸瓶是退速,非不整齐,然已错认一别字矣。有谓古人立邑必相水泉所在,不得水泉则当改邑以就之,亦杜撰无据,且于易义改邑不改井何干涉耶?"③

毛奇龄一连举出四种自己不同意的看法,又将矛头一起指向宋儒整体。其实用"性分定"来解释不改井的学者不少,但用"穷居不损,大行不加"解释"无得无丧"的则只有朱震一人④。不管得志还是失意,都能保持原则品性,这种义理阐释确实和《周易》简单直接的判词相去甚远。至于利用《孟子》的"其进锐者其退速"来解易,宋人多有,如程颐在未济《象传》"濡其尾,无攸利,不续终也"下⑤、郭雍在恒卦初六下⑥,但并没有在井卦此处注解的。而"古人立邑必相水泉"的解释,实出自明人何楷的《古周易订诂》,毛奇龄将此接在对宋儒的批判之后,很容易使人误以为这也是宋儒的错误。虽然有点以偏概全的嫌疑,但这一系列例子,除最后一条外,确实都是宋儒使用义理过度阐释的例子。

总之,惠栋与毛奇龄虽然都针对宋学有所辩驳,但在批评宋学的出发点与批评方式上,有着细微的区别。惠栋尊汉学,也认为宋学加速了经学的灭亡,但探讨宋学的整体态度都平和客观,而且并不全盘否定义理,就具

---

① [宋]朱熹:《晦庵别集》,四部丛刊景明嘉靖本,卷三。

② [清]毛奇龄:《经问》,《影印文渊阁四库全书》,台北:台湾商务印书馆,1986年,第191册,第228页。

③ [清]毛奇龄:《仲氏易》,《影印文渊阁四库全书》,台北:台湾商务印书馆,1986年,第41册,第376页。

④ [宋]朱震撰、种方点校:《汉上易传》,北京:中华书局,2020年,第286页。

⑤ [宋]程颐:《周易程氏传》,北京:中华书局,2011年,第358页。

⑥ [宋]方闻一:《大易粹言》,《影印文渊阁四库全书》,台北:台湾商务印书馆,1986年,第15册,第378页。

体义理内容而论宋人义理。毛奇龄则以尊经为出发点,认为宋学是经学之祸,且在经学讨论中专注于批评整个宋代学术的治学态度,将其根源全都归结于义理。

3.对汉学态度的异同

惠栋与毛奇龄对汉学看法的异同问题,则更加复杂一点。首先,不论是《仲氏易》还是《周易述》,他们成书的基础都是汉易,上文已经考证了《仲氏易》的文字考订内容及解易基础理论——五易说与汉易的密切关系,而惠栋更不用说,继承汉学,已是公论。但是他们在取法汉学的程度与目的上,并不相同。

"凡古必真,凡汉皆好"①,这是梁启超对惠派经学的评价,这恐怕也正是实情,惠栋之佞汉,曾造成一系列的错误。

屯卦《象传》中的"云雷屯,君子以经纶"这一句,创造了重要的汉语词汇"经纶"。同时《中庸》中也有这个词:"唯天下至诚,为能经纶天下之大经,立天下之大本,知天地之化育。"其中"大经"之"经"字,有两种解释,一为经典、经书;二为常,类似于三纲五常之常,指亘古不变的社会规范。郑玄《礼记注》更倾向于前一种解释:"至诚,性至诚,谓孔子也。大经,谓六艺,而指《春秋》也。大本,《孝经》也。"②

《经典释文》在《周易》《中庸》该词下都有注文,出文"纶"均做"论"。在《周易》该条下注曰"音伦,郑如字,谓论选书礼乐,施政事,黄颖云:经论,匡济也。本亦作纶"③。"音伦"说明陆德明虽然所见文本作"论",但他对其意思还是按照"纶"来理解。而郑玄用"论"字,且读为去声之"论",则按照"论"来理解。后面黄颖虽然用"论"字,但说作"匡济",即作"纶"字来解释。《释文》最后指出,"论"亦有写作"纶"的情况,不能完全确定这是黄颖之语,还是陆德明之语,后者的可能性更大一点,因为在《礼记》该条下,《释文》注曰:"本又作纶,同,音伦。"④所以在《周易》中,陆德明、郑玄、黄颖将其写作"经论",但陆德明和黄颖都按照"经纶"来理解。《中庸》之"经论"仍旧写作

---

① [清]梁启超:《清代学术概论》,上海:上海古籍出版社,1998年,第31页。

② [汉]郑玄注、[唐]孔颖达疏:《礼记正义》,《十三经注疏》,北京:北京大学出版社,2007年,第1705页。

③ [唐]陆德明:《经典释文》,上海古籍出版社影北京图书馆藏宋本,1985年,第77页。另外,宋本《释文》"音论",通志堂本《释文》与卢文弨《经典释文考证》作"音伦",从文意来看,"音伦"更加合理,与下文对《礼记》的解释一致,因此改作"音伦"。好在这一异文出在陆德明注音处,不影响对陆德明和郑玄用字的讨论。

④ [唐]陆德明:《经典释文》,上海古籍出版社影北京图书馆藏宋本,1985年,第823页。

"论"，意思又被陆德明解读为"纶"。另外，这两个"本"字说明陆德明所见的两处原本虽然就都作"论"，但他认为"纶"才是本字，"论"是借字。郑玄曾经学习过京氏易，然后才从马融学习，他的这一独特异文，可能出自京房流传下来的《易传》文本。

"纶"与"论"的声符相同，意符不同，这样的字在各自意思还未固定的时期，常有通用的情况。如《论语》之"论"就被读作平声，刘熙《释名·释典艺》说："论，伦也，有伦理也"①，是同伦理之"伦"。邢昺《论语集解序·疏》说："郑玄云'……论者，纶也，轮也，理也，次也，撰也。'以此书可以经纶世务，故曰纶也，圆转无穷，故曰轮也……"②郑玄用同经纶之"纶"及轮转之"轮"来解释，并被邢昺接受。这里还可以证明，郑玄完全了解"论"与"纶"的不同意思，并且认为二者可通用。《论语》用"论"字而以"纶"作解，《周易》用"论"字而解作"论"。而如果郑玄所见《周易》是"纶"，他也完全可以直接用"论"来解释。因此郑玄在《周易》中用的"论"，很有可能是他见到的真正异文，而非以个人解读而改字，或因不知二字字义不同而混淆使用。

但《周易正义》中对郑玄所用之字有不同的说法，在"君子以经纶"下，疏曰："刘表、郑玄云以纶为沦"③，与《释文》说郑玄作"论"不同。这种不同并非某一本《释文》或《正义》的刊刻错误所致，上海古籍出版社影宋本、《四部丛刊》初编影印通志堂本《释文》，甚至《抱经堂丛书》所收的《经典释文考证》，都说郑玄作"论"字。而《四部丛刊》影印经注本之宋版抚本《周易》、中华再造善本影印宋单疏本《周易正义》、日本足利学校遗迹图书馆后援会影印的南宋初年刊八行本《周易注疏》、美国加州大学伯克利分校所藏的元刻明修十行本《周易兼义》、文物局所藏十行本《周易兼义》、永乐二年本、殿本和阮刻本，涵盖了《周易注疏》的各种版本系统，其中六本孔疏均作"沦"，只有殿本最后的"沦"字作"论"。殿本作为孤证且写作时间又非常晚，作"论"应是校勘时从《释文》改后所致。因此，可以先认定孔疏以郑玄本作"沦"，与《释文》不一致，这应该并非版本问题造成的孔疏异文。

明显是以《释文》的说法为根据，明人姚士粦在补《周易郑注》时，也干脆直接就在经文中使用了"论"字，并称"《释文》：论，音伦，郑如字。《正义》云：郑玄云：以纶为论字。今文讹沦"④，认为孔颖达也以"论"为本字，"沦"

---

① ［汉］刘熙：《释名》，北京：中华书局，2016年，第92页。
② ［魏］何晏注、［宋］邢昺疏：《论语注疏》，《十三经注疏》，北京：北京大学出版社，2000年，第2页。
③ ［唐］孔颖达：《周易正义》，《十三经注疏》，北京：中华书局，1980年，第19页。
④ ［宋］王应麟辑：《周易郑注》，清湖海楼丛书本，卷一。

字实为后面传抄造成的讹误。这也并非毫无可能，因为各种宋单疏本、宋八行本、元十行本中，"沦"均写作諭，不约而同地，三点水的下面两点连笔写成，很像是行书的言字旁。或许是出于同样的原因，孔颖达见到的文本中"论"使用了简写的言字旁，因此错误地将其认作三点水，又或者孔颖达所见的文本已经是"论"，误为"沦"之后的样子。

但这都只是毫无根据的猜测，现实是《周易正义》与《释文》记载不同，本不应该改字。但是接下来，惠栋整理《增补郑氏周易》时，引完《经典释文》之后，引用孔疏，将原作"沦"的文本也改成了"论"，说"《周易正义》曰：刘表、郑玄以纶为论字"①。惠栋这样处理，不知是因为他所见的《周易正义》版本恰好是殿本，还是受了《经典释文》与姚士粦补《郑注》的影响，干脆改字。而且惠栋并未说明自己改字的前因后果，仿佛孔疏本就作"论"字。

不仅如此，惠栋在他整理、校订和写作的所有书中，都将"君子以经纶"写作"君子以经论"，甚至是《古文尚书考》的都是如此，②而他的易学著作中除《增补郑氏周易》之外，还有他校订的《雅雨堂丛书》本《周易集解》，与他写作的《周易述》，后面两种书则造成了比《增补郑氏周易》更加恶劣的影响。首先是作为通篇注释《周易》的《周易述》，不但改"纶"为"论"，而且只就"经论"之义进行解释，一字不及"经纶"，仿佛异文的情况并不存在。③当然，也有一种可能，惠栋所见的《周易正义》版本为殿本，那么可能他结合《周易正义》与《经典释文》，认为没有"经纶"之异文。但是下文将要说到的惠栋对于《周易集解》的处理，恰好证明，他并非完全没有接触过"经论"作"经纶"的情况。

李道平《周易集解纂疏》中的对应位置，使用的是"论"字，这也与惠栋脱不开关系。首先考国家图书馆藏明嘉靖三十六年（1557年）聚乐堂刊本、万历年间胡震亨《秘册汇函》本及四库本《周易集解》，《象传》原文均作"君子以经纶"，且下文引用的荀爽、姚信，"荀爽曰：屯难之代，万事失正。经者，常也。纶者，理也。君子以经纶，不失常道也。姚信曰：经，纬也。时在屯难，是天地经纶之日，故君子法之，须经纶艰难也。"④二人之说中，不仅所有"纶"字都未曾作"论"，而且他们所理解的意思，也是"经纶"而非"经

---

①　[清]惠栋：《增补郑氏周易》，《影印文渊阁四库全书》，台北：台湾商务印书馆，1986年，第7册，第150页。

②　[清]惠栋：《古文尚书考》，清乾隆宋廷弼刻本，卷上。

③　详见[清]惠栋：《周易述》，北京：中华书局，2007年，第188页。

④　[唐]李鼎祚：《周易集解》，《影印文渊阁四库全书》，台北：台湾商务印书馆，1986年，第7册，第632页。

论"。从时间顺序上来说,最早改"纶"为"论"的《周易集解》版本,恰好就是惠栋所校的《雅雨堂丛书》本,该本之擅改经文,谷继明先生在他的《论李鼎祚〈周易集解〉的流传》一文中已经指出,并且举了一些"经论"之外的例子①。接着清嘉庆姑苏喜墨斋刻本以《雅雨堂丛书》本为底本,因此也以讹传讹而作"论",而据谷继明先生考证,喜墨斋本正是《周易集解纂疏》编纂时使用的周氏枕经楼本。②所以李道平之改字,还是因袭了惠栋的擅改。

李道平虽然受到了他所见《周易集解》版本的误导,但他自称校对了毛氏《津逮秘书》本和胡震亨《秘册汇函》本③,这两本其实均与底本不同,用了"纶"字,但他在此处并未注明"纶"字的异文,校勘不精之过难以推辞④。

至于惠栋,在《雅雨堂丛书》本《周易集解》中的改字,几乎是难以理喻的。如果说从《释文》所引郑玄注改动经文,尚且算是有所依据,那么干脆将《周易集解》所引的荀爽说、姚信说二处,也直接改"纶"为"论",相当于是在用郑玄的观点改变荀、姚二人的观点,毫无版本根据,也实在不合理。

李道平《周易集解纂疏》因此继承了惠栋,将所有的"纶"字都改作"论"。而后人见了《周易集解纂疏》的情况,会自然而然地认为,李鼎祚的《周易集解》即全作"经论"。而《周易集解纂疏》将荀、姚说中的用字均改为"经论",又会使人进一步误会,以为他们二人也和郑玄一样,认为应当做"经论"。惠栋考订的《周易集解》与李道平《周易集解纂疏》这二本书,其影响之大是不言而喻的,因此造成了广泛的误解。

如陈澧,在他的《汉儒通义》中,就引《周易集解》中的荀爽注,作"屯难之代,万事失正。经者,常也。论者,理也。君子以经论,不失常道也"⑤。又如王闿运在《周易说》中,经文作"论",并同时引用了《周易集解》中的郑、荀、姚三家说,其中所有的"纶"都作"论",接着引陆绩说才回归"纶"字,后面自己阐发的时候,同样也说"论,议也",用"论"字,作"论"解。⑥

"经论"的风波还并未到《周易集解纂疏》为止,紧接着张惠言的《周易虞氏义》又紧紧追随惠栋的脚步,也将屯卦《象传》写作"君子以经论",并注

---

① 详见谷继明:《论李鼎祚〈周易集解〉的流传》,《周易研究》2012年第3期,第48页。
② 详见谷继明:《论李鼎祚〈周易集解〉的流传》,《周易研究》2012年第3期,第49页。
③ [清]李道平:《周易集解纂疏》,北京:中华书局,1994年,第10页。
④ 详见[清]李道平:《周易集解纂疏》,北京:中华书局,1994年,第98—99页。
⑤ [清]陈澧:《汉儒通义》,《续修四库全书》,上海:上海古籍出版社,2002年,第952册,第424页。
⑥ 详见[清]王闿运:《周易说》,《续修四库全书》,上海:上海古籍出版社,2002年,第40册,第17页。

云:"君子谓乾初,坎为经,震为讲论,万物冥昧,当论经法以正之,如雷雨之动物。"①这相当于是继荀爽、姚信之后,进一步将虞翻的用字和理解也毫无根据地同化了。

而实际上,《周易虞氏义》的这一条解释,根本就不是对虞翻易解的直接辑佚,虞翻的真正批注已不可见,张惠言根据他所理解之虞翻义,进行了自己的发挥。"君子谓乾初"来自虞翻大过《象传》之注②,"坎为经"来自蒙卦象辞之注③,"震为讲论"来自乾《文言》中"君子学以聚之,问以辩之"一句的注④,张惠言将三说结合在一起,凑成了对"君子以经论"的解释。

然而问题在于,张惠言其实并没有根据可以确定虞翻在此处是作"经论"解还是做"经纶"解,那么在《周易虞氏义》这种书里,将经文用字作"经论",并以讲论经书的意思来解释,具有相当强的误导性。

张惠言《周易虞氏义》既已如此,曾钊的《周易虞氏义笺》自然难免于继续因袭,但该书并未有更进一步的展开和借用,为免烦琐,这里不再进行引证。

与张惠言时代相似的段玉裁,同样因袭了惠栋的改动,在他嘉庆二十年成书的《说文解字注》中,"论"字小注引《周易》《中庸》中的"经纶"两句,用字均做"论",并解释为"言之有伦有脊者"⑤。因为"论"以"仑"会意,而《说文解字》解释"仑"为"理也",所以论兼有议论和理的意思,合起来就是有条理的议论。⑥

不但《说文解字》如此,段玉裁的其他书也是如此。如《诗经小学》,解释《大雅·灵台》"于论鼓钟"之处,也同时引了《周易》《中庸》作"论",且说"汉以前论字皆读为伦"⑦,可以说是误上加误,因为《释文》中明明说郑玄读如字,则并非汉以前"论"均读"伦"。

即使是王念孙《读书杂志》,也未能避免因袭。他在《荀子》中谈及"人论"还是"人伦"时,引荀爽解屯卦《象传》说:"屯《象传》君子以经论,荀爽曰:论者,理也。"⑧这应该是参考《周易集解纂疏》的结果。可见清代考据

---

① [清]张惠言:《周易虞氏易》,《续修四库全书》,上海:上海古籍出版社,2002年,第26册,第436页。

② 详见[清]李道平:《周易集解纂疏》,北京:中华书局,1994年,第291页。

③ 详见[清]李道平:《周易集解纂疏》,北京:中华书局,1994年,第106页。

④ 详见[清]李道平:《周易集解纂疏》,北京:中华书局,1994年,第62页。

⑤ [清]段玉裁:《说文解字注》,上海:上海古籍出版社,1981年,第92页。

⑥ 详见[清]段玉裁:《说文解字注》,上海:上海古籍出版社,1981年,第91—92页。

⑦ [清]段玉裁:《诗经小学》,清嘉庆二年(1797)武进臧氏拜经堂刻本,卷三。

⑧ [清]王念孙:《读书杂志》,清道光十二年(1832)刻本,荀子第二。

学,即使一向秉承着审慎的态度,以讹传讹之后,也很难摆脱惠栋改字造成的影响。

为了便于比较,下文将上面所讲到的书籍以及版本情况整理为下表。为了稍微节省空间,表中各本名称稍作简化,并合并了一些无异文的版本。另外需要说明的是,后出书所用的各家之说,均为对《经典释文》《周易集解》与《周易正义》三书的引文(《周易虞氏义》除外),表中不再注明:

表5　诸本用字表

书籍	出文	郑玄	黄颖	刘表	荀爽	姚信	虞翻
《四部丛刊》影经注本《周易》	纶						
再造善本影宋单疏本《周易正义》	纶	沦		沦			
足利影印的南宋八行本《周易正义》	纶	沦		沦			
伯克利藏元印十行本《周易正义》	纶	沦		沦			
文物局藏十行本《周易正义》	纶	沦		沦			
永乐本《周易正义》	纶	沦		沦			
阮刻本《周易正义》	纶	沦		沦			
殿本《周易正义》	纶	论		论			
《经典释文》	论	论	论				
姚士粦补《周易郑注》	论	论					
惠栋《增补郑氏周易》	论	论		论			
惠栋《仲氏易》	论						
惠栋《古文尚书考》	论						
聚乐堂本《周易集解》	纶				纶	纶	
《秘册汇函》本《周易集解》	纶				纶	纶	
四库本《周易集解》	纶				纶	纶	
惠栋校雅雨堂本《周易集解》	论				论	论	
喜墨斋本(枕经楼本)《周易集解》	论				论	论	
李道平《周易集解纂疏》	论				论	论	
陈澧《汉儒通义》	论				论		
王闿运《周易说》	论				论	论	
张惠言《周易虞氏义》	论						论
段玉裁《说文解字注》	论						
段玉裁《诗经小学》	论						
王念孙《读书杂志》	论				论		

由此我们可以更加直观地看到，一开始《周易正义》出文用"纶"，郑玄、刘表注用"沦"，《经典释文》郑玄、黄颖注用"论"。而姚士粦、惠栋以《释文》改郑注；惠栋又改《周易集解》出文、荀爽、姚信注；《周易集解纂疏》等书因袭；张惠言又附会虞翻注为"论"。因此，从经文原字"纶"，到郑玄、黄颖、刘表、荀爽、姚信、虞翻注全都变成了"论"。

总之，经过清代考据学者一代代的改字与转引，最终的结果是，似乎郑玄、荀爽、姚信、虞翻都认为屯卦《象传》为"云雷屯，君子以经论"。而实际上，梳理源流之后可以发现，惠栋改"经纶"为"经论"，依据只有《经典释文》分别解释《周易》与《中庸》的两条古籍证据，且只说郑玄、黄颖作"论"，又有《周易正义》说郑玄作"沦"的反证，出校则可，但远远达不到可以改字的程度，更不用说不出校径改。或者单独改郑注亦可，一并改荀爽、姚信说之用字则毫无道理。但通过姚补《周易郑注》，惠栋对《周易集解》《周易述》等书张惠言对《周易虞氏义》的径改，加上其他人的袭用，而使"经论"的证据人为地增加了。擅改字所造成的危害，可见一斑。

诚然，"论"字和"纶"字，古代音义相通。但字义既然已经分化，作为后人，亦不可以此为由随意混用。另外，起码在许慎、郑玄的时代，"君子以经纶"与"君子以经论"的意思就已经完全不同了。所以为了保存古籍原貌，以及更进一步，理解古籍的意思，校勘时理应进行辨析，综合种种证据做出合理抉择。

在现代先进检索工具的帮助之下可以发现，在宋代还有一部字作"经论"且解作"经论"的易书，它其实是《经典释文》之外，"经论"的第二条真正证据，即宋人冯椅的《厚斋易学》。冯椅是朱熹的弟子，因此被只专注于汉学的乾嘉学者们全部忽略了。他在解释"君子以经纶"时，别出心裁地用解丝来解释经纶："云雷屯君子以经论，取象于结而未解。经论，治丝之事。经，引之；论，理之。所以解其结也。论，今转注作纶。"[1]冯椅与取"纶"之意，作"论"之字。实际上，这一条易说立意过于独特，没有什么影响，后世甚至没有任何一部易学著作进行过引用，但它对本书要探讨的问题十分重要。鉴于冯椅作"经纶"解，却还选取"经论"作经文之字，他作为一个宋代学者，所见全是唐、宋古籍，其处理很可能有一些文本依据，但这也只能是猜测。冯椅是在宋代曾经见过作"经论"的《周易》版本，还是只是根据《释文》而改了字，这一问题的答案已经不得而知。

---

① [宋]冯椅：《厚斋易学》，《影印文渊阁四库全书》，台北：台湾商务印书馆，1986年，第16册，第631页。

况且如果拥有《厚斋易学》与《经典释文》这两部书作"经论"的证据,相比与之相比多十倍、二十倍的"经论"之证,直接改字仍然不妥当。比较审慎的做法是,保留"经纶",但注明出现"经论"的情况,即使是改作了"经论",也应当说明"经纶"之异文的存在与选用"经论"的缘由。更不用说惠栋在只有《释文》一条证据,且《周易集解》之底本肯定作"经纶"的情况下,直接改荀爽、姚信用字而不加以说明。张惠言之改字,属于虞翻说已不存,而用郑玄的"经论"直接附会虞翻说,更加失之轻率。

季磊在《〈周易·象传〉"君子以经论"校释》中,认为作"经纶"或"经论"都可以说得通,但因为汉人与乾嘉学者多作"论",所以选择"论"为正字①。然而作"论"其实只有《经典释文》和《厚斋易学》唯二根据,反而是作"纶"的根据更多,其中就包括许多汉代学者,因此本应得出正好相反的结论。

作为带有无意识倾向的汉学拥趸,看到汉人易解中出现了通行本的异文,惠栋等人的心情完全可以想见。可惜的是,他们改字不仅不能突出汉学的重要性,反而使汉学的真相被歪曲了,造成南辕北辙的效果。反倒是一贯极端地反宋学,被认为不够客观的毛奇龄,在处理"经纶"问题上的做法,更加合理。他在文本中选择不做改动,保留"君子以经纶"的通行说法,并在小字中进行解释:"郑玄本以经纶作经论,谓撰书、礼乐、政事,此系别解。"②这一句说明了异文的出处及其解释,并且说明可备参考的异文及其意思。当然,他的表达也过于简略,而且似乎并没有发现《周易正义》收录之郑玄注用字的不一致。可以说,他对经纶异文情况的了解,可能并不比惠栋多,但因为不径改,所以能避免造成更严重的恶果。

漆永祥先生在《乾嘉考据学研究》中,专门列表统计了惠栋对《周易》卦爻辞的直接改字情况,共二十五条之多③,几乎与宋人借口脱简而擅改经文无异,其产生原因,正是惠栋之佞汉。

惠栋笃信汉学还表现在,不但采用了汉易常见的消息、旁通、应爻等等卦变说,而且纳甲、八宫、世应、卦气等流于过度阐释的理论都有所参考,且每卦之下必注明某宫某世、消息月份,很多卦之卦名,也刻意选择《说文解字》记录的古字体。举晋卦为例,首先惠栋在卦画之下注明"乾宫游魂卦,消息二月"④;接着因为《说文解字》"晋"作"瞽",从日从臸,并且引《象传》说

① 季磊:《〈周易·象传〉"君子以经论"校释》,《现代儒学》,2021年第2期,第191—192页。
② [清]毛奇龄:《仲氏易》,《影印文渊阁四库全书》,台北:台湾商务印书馆,1986年,第41册,第221页。
③ 详见漆永祥:《乾嘉考据学研究》,北京:中国社会科学出版社,1998年,第144—145页。
④ [清]惠栋:《周易述》,《周易述(附易汉学、易例)》,北京:中华书局,2007年,第97页。

"《易》曰：明出地上，晋"①，惠栋就据此将《周易》所有的晋字改为晋。既然仅仅根据《说文解字》，就连卦名也可以改，那么上一段所说的改《象传》"经纶"为"经论"，就实在是不值一提了。

另外，惠栋之佞汉，又表现在对《参同契》一类纬书，亦毫不犹豫地引用。《参同契》虽然与《周易》有关，但终究属于丹道家的借题发挥，惠栋一面批评宋儒援释、道入儒，一面却自己大量采信《参同契》。原因有二。首先因《参同契》的作者据说是汉人魏伯阳，其次因《参同契》中有很多讲纳甲的内容，而惠栋又偏信纳甲说。如小畜卦上九爻辞"月近望，君子征凶"，惠栋认为这是纳甲说，因此在注文中说："坎为月，十五日乾象盈甲，十六日巽象退辛，故月近望"②，并在疏文中举《参同契》之"十五乾体就，盛满甲东方。蟾蜍与兔魄，日月炁双明。蟾蜍视卦节，兔者吐生光。七八道已讫，屈折低下降。十六转受统，巽辛见平明"为证明。有趣的是，他改"炁"为"气"，还特意删掉"蟾蜍视卦节，兔者吐生光"一句，似乎明知其思想倾向，但仍在尽力弱化《参同契》的丹道特质。反观《仲氏易》，唯一一次提到《参同契》，还是在辨析周敦颐《太极图》时。

惠栋佞汉的例子，举不胜举，同时毛奇龄却丝毫没有表现出偏信汉易的倾向。首先，在上文"经纶"问题上记录异文而不改经文，就是很直观的体现。再如明夷六五"箕子之明夷，利贞"，汉易在"箕子"二字上有不同的异文，毛奇龄一无所取，只在"箕子"下注明异文的情况，说"蜀才本作'其子'，汉儒赵宾解作'荄兹'，后遂有作'荄滋'者，不通"③。而惠栋却选择了蜀才之说，直接改"箕子"为"其子"，并参考赵宾说曲为之解，即"其读为亥。坤终于亥，乾出于子，故其子之明夷。三升五得正，故利贞。马君：俗儒读为箕子，涉《象传》而讹耳"④。其与亥都是很早就已定形的汉字，且意思上差别很大，并无通用的可能。由箕子至其、至亥，需要三步才能推出，又必须再推第四步，牵扯乾、坤之纳甲，其中每一步都缺乏根据，

甚至在毛奇龄看来已经证据十分确凿的情况下，他也并不轻易改字。屯卦六三之"即鹿无虞"，王肃本作"麓"，解释为"山足"。虞翻本虽然仍然做"鹿"，但也是就"麓"的意思来进行解释，说"艮为山，山足称鹿，鹿，林

---

① [汉]许慎：《说文解字》，北京：中华书局，1963年，第138页。
② 详见[清]惠栋：《周易述》，《周易述(附易汉学、易例)》，北京：中华书局，2007年，第33页。
③ [清]毛奇龄：《仲氏易》，《影印文渊阁四库全书》，台北：台湾商务印书馆，1986年，第41册，第335页。
④ [清]惠栋：《周易述》，《周易述(附易汉学、易例)》，北京：中华书局，2007年，第100页。

也"①,张惠言《周易虞氏义》所说的"古鹿、蔍通"②,符合虞翻的本意。毛奇龄因此说:"虞翻、王肃本俱作蔍。"③他也认为,作蔍非常合理,因为"以下为倒艮,上为互艮,六三适两艮下爻之间,为山足,故曰蔍,此最巧合"。艮为山,屯卦的互卦恰好为艮,六三又是互艮的最下一爻,即山脚,也就是"蔍"的意思。而毛奇龄在认定作"蔍"正确的情况下,仍然坚持不改经文原字的原则。他说:"但须改经字,且于全文不太合,故不从",只把证据和观点一一摆出来。与此类似的、认定有错误却不改动本书的例子,在书中还有好几处。因此相比之下,还是毛奇龄的处理更加合理,对待汉易的态度也更加客观审慎。

(二)考据异同

1.稽考汉易与自求经解

采用汉易之说是否审慎,是一方面问题,对汉易的稽考与学习是否全面,又是另一个方面的问题。

惠氏易学的基础,建立在对汉易的整理上。他先整理了《周易郑注》与《周易集解》,并且纂成《易汉学》和《九经古义》,可以说已经穷尽了汉易。直到晚年,确切地说是1758年,惠栋才开始自著《周易述》《易微言》与《易例》,且不待三书完稿即已去世④,可见他前期充分的准备工作。而毛奇龄,在著书之前却并没有与之类似的准备阶段。

当然在《推易始末》之前,毛奇龄也曾专门整理了干宝、虞翻、荀爽、侯果、蜀才、姚信、卢氏等人与推易有关的说法,以卦为纲编排,统称为"汉魏晋南北朝唐儒推易遗文",与"宋李挺之变卦反对图""朱汉上《易传》六十四卦相生图""朱文公《本义》卦变图""元朱枫林十辟卦变图、六子卦变图""明瞿塘来氏卦综图""何氏(楷)乾坤主变图"一起,然后再说仲兄毛锡龄与自己的推易说。然而其出发点,却并不是保留前人易说。他说:"因于作《仲氏易》成,取卦变诸图汇前儒所已言者,而合之今说,以明千世一揆之意。"⑤也就是说,在推易说方面,千世同揆,历代均有合于己之推易说者,他在《推易始末》中整理出来,作为自己理论的证明,并且在此处只总结了与推易说

① 详见[清]李道平:《周易集解纂疏》,北京:中华书局,1994年,第101页。
② [清]张惠言:《周易虞氏易》,《续修四库全书》,上海:上海古籍出版社,2002年,第26册,第436页。
③ [清]毛奇龄:《仲氏易》,《影印文渊阁四库全书》,台北:台湾商务印书馆,1986年,第41册,第223页。
④ 详见郑朝晖:《述者微言——惠栋易学研究》,武汉:武汉大学,2005年,第121页。
⑤ [清]毛奇龄:《推易始末》,《毛奇龄易著四种》,北京:中华书局,2010年,第9页。

有关的资料。

毛奇龄、惠栋二人的这种区别，归根究底，是解易方式的区别。《仲氏易》解易，是先立自己的意，当然立意到时候也会参考汉宋各家，但终究以自己的意志为准，然后选择与己同者作为旁证，对与己异者进行反驳。惠栋作《周易述》，却是相反的过程，先看汉易各家有什么说法，然后大部分内容的注解，都在可见的汉易各家中选择一种自己认为更合理的说法作为注文，然后在疏文中根据自己的理解进行补充说明，因此《周易述》的疏文，每一段的开始往往都是"某某至某某，此虞（或荀、郑、九家等）义也……"这就造成，惠栋易说中，自己的观点很少，如果说毛奇龄是"汉取十三、宋取十一"，那么惠栋恐怕能够达到"汉取十八、九"的程度。

郑万耕在《周易述》的"点校说明"中，也认为惠栋极少创新，只有对汉易成说的疏解，"（惠栋）所撰《周易述》二十三卷，以荀爽、虞翻为主，而参以郑玄、宋咸、干宝诸家之说，自为注而疏之。一切唯汉易是从，不敢有所立异与创新"①。可能正是出于唯汉易是从、述而不作这一特点，惠栋才给自己最后集成汉易的易学著作起名为"述"。可惜因为惠栋生前《周易述》并未完稿，所以没有自序，使后人难以确知他作这部书的目的和理念。

这一倾向还是惠栋的"家学"。在《易汉学》的自序中，惠栋描述了家族中世代传承的汉易整理事业：

> 栋曾王父朴莽先生尝闵汉易之不存也，取李氏《易解》所载者②，参众说而为之传，天、崇之际遭乱散佚，以其说口授王父，王父授之先君。先君于是成《易说》六卷，又尝欲别撰汉经师说易之源流而未暇也。栋趋庭之际，习闻余论，左右采获，成书七卷，自孟长卿以下五家之易，异流同源，其说略备。呜呼！先君无禄，即世三年矣。以栋之不才，何敢辄议著述？然以四世之学，上承先汉，存什一于千百，庶后之思汉学者犹知取证，且使吾子孙无忘旧业云。③

惠氏家族从惠栋的曾祖父起，就以整理汉易为己任，传至惠栋，四世之学不可不慎，而《易汉学》分纂汉易各家源流的整理思路，又属惠栋之父惠士奇的遗愿，无怪惠栋毕生致力于整理汉易，最终的著述也只敢述而不作，并且

---

① ［清］惠栋：《周易述》，《周易述（附易汉学、易例）》，北京：中华书局，2007年，第1页。

② 按中华书局点校本"李"作"季"，显误，此处所指，只能是李鼎祚《周易集解》。

③ ［清］惠栋：《易汉学》，《周易述（附易汉学、易例）》，北京：中华书局，2007年，第513页。

还要子孙坚守旧业。

毛奇龄则正相反,在他看来,克复易学的重要途径,恰恰正是排除历代易说的迷障,找到圣人在经书中蕴含的根本意思,也即他的"以经解经"原则。在《诗问》中,毛奇龄回答了学生关于笙诗的问题之后,不由得感叹说:

> 予年老不能口授,而著书又无力,后有学者当亦因此而憬然省、惕然惧。凡说诗论礼,必寻求至当而后已,庶于经学少有裨乎? 予望之矣。①

解经务须极端谨慎,寻求最准确的解释。在一篇《淮安袁监州七十寿序》中,毛奇龄又表示:

> 自六十归田后,悔经学未撼,(种按:撼即抒发之义。)杜门阐《书》《易》《论语》《大学》,及三礼、《春秋》,曰:"晚矣!"惟惧不卒业。②

与惠栋整理汉易的紧迫感类似,毛奇龄一直有一种寻求经学正确解释的急迫感,希望自己尽可能地在有生之年,尽量多地阐释经书本意,有补于摇摇欲坠的经学。

毛奇龄和惠栋,无疑都致力于经学之复兴,但二人的思路和出发点不同。毛奇龄更加努力地进行经文的阐释工作,惠栋则继承了整理汉易的家学。在这种分别下,惠栋自然在整理利用汉易方面的成就超过了毛奇龄,而毛奇龄能立一家之言这一点,又是惠栋的不足之处。因此他们二人在引用汉易方面,侧重点和引文的体例也均有所不同。

2.引文重心与体例散整异同

惠栋《周易述》的易解,以虞翻说为主,同时折中并整合汉易之说,且在体例上非常严整,分为注和疏两部分,注解经、疏解注,一丝不乱。这部书注的内容都是继承和修订的汉易成说,下面以姤卦彖、爻辞为例,分析惠栋述而不作的程度。

惠栋在姤卦☰☰象辞"姤,女壮,勿用取女"时时采用了两位汉易家的解释。在"女壮"之下,惠栋注曰:"消卦也,与复旁通。巽长女,女壮,伤也。

---

① [清]毛奇龄:《经问》,《影印文渊阁四库全书》,台北:台湾商务印书馆,1986年,第191册,第193页。

② [清]毛奇龄:《西河集》,《影印文渊阁四库全书》,台北:台湾商务印书馆,1986年,第1320册,第451页。

阴伤阳,柔消刚,故女壮也",并在疏中说:"此虞义也",这段话与《周易集解》中记载的虞翻说一字不差,结合消息卦、旁通卦与取象说进行说解。

而在"勿用取女"之下,惠栋又注曰:"一阴承五阳,一女当五男,苟相遇耳,故勿用取女。妇人以婉娩为其德也",并在疏中说:"此郑义也"。这一段利用爻位说解卦,其实在《周易集解》中是郑玄解释《彖传》之"勿用取女"的原话,被惠栋挪用到此处,有所节选。[①]女壮与勿用取女,在意思上本就有所关联,其实可以用一种理论同时解释,但惠栋特地用了两家完全不同的说法,更加全面地囊括汉易说。

接着对初六爻辞:"系于金鑈,(通行本作柅。)贞吉。有攸往,见凶。羸豕孚蹢躅",(通行本作蹄躅。)惠栋分三句解释。

"贞吉"之下,惠栋说"鑈谓二。乾为金,巽木入金,鑈之象。阴系阳,故称系,言初宜系二也。初、四失位,易位乃吉,故贞吉"并于疏中注明"此虞、九家义也"。参照《周易集解》可知,"阴系阳"前为虞翻注的节录,采用虞翻一贯的取象说,以乾、巽取象解释鑈这一意象的来历,但有一个问题,"鑈"通行本作"柅",《周易集解》中的虞翻注也作"柅","鑈"是《子夏传》与《说文》记载的异文,但惠栋如此径改经文与虞翻注,仿佛通行本与虞翻注均做"鑈"了,很有误导性,这也是惠栋径改之一例。"阴系阳"之下,其实是《九家易》对"有攸往,见凶"的解释,初爻失位因此凶,但可与四爻易位,易后则吉,这又属于爻位说一派,与虞翻的阐释方法完全不同,却被惠栋移到此处,连接在虞翻说之后。[②]

"见凶"之下,惠栋说"以阴消阳,往谓成坤,遂子弑父,否臣弑君,夬时三动,离为见,故有攸往,见凶",并在疏中注明"此虞义也",这段话在《周易集解》中是虞翻对"羸豕孚蹢躅"注解的前一半,略有删减[③],又回到了虞翻的取象说系统,利用姤阴长阳消后形成的否卦,以及它的反卦夬卦来解释意象。

"羸豕孚蹢躅"之下,惠栋说:"三夬之四,在夬动而体坎,坎为豕、为孚,巽绳操之,故称羸。巽为舞、为进退,操而舞,故羸豕孚蹢躅。以喻遘女望于五阳,如豕蹢躅也",并在疏中注明"此虞义也",这段话在《周易集解》中

<hr />

① 惠栋注疏见[清]惠栋:《周易述》,《周易述(附易学、易例)》,北京:中华书局,2007年,第124页、《集解》见[清]李道平:《周易集解纂疏》,北京:中华书局,1994年,第401页。

②③ 惠栋注疏见[清]惠栋:《周易述》,《周易述(附易学、易例)》,北京:中华书局,2007年,第124—125页、《集解》见[清]李道平:《周易集解纂疏》,北京:中华书局,1994年,第403页。

是虞翻对"羸豕孚蹢躅"注解的后一半①,继续利用夬卦解释意象。

九二"苞(通行本作包。)有鱼,无咎,不利宾"的注解情况稍微有些复杂,惠栋之注为,"巽为鱼,二下苞之,故苞有鱼。二虽失位,阴阳相承,故无咎。一阴在下,五阳为宾,遘阴消阳,故不利宾"。虞翻"苞"作"包",且注曰:"巽为白茅,在中称包,《诗》云白茅包之。鱼谓初阴,巽为鱼。二虽失位,阴阳相承,故包有鱼,无咎。宾谓四,乾尊称宾。二据四应,故不利宾。或以包为庖厨也"。两相对比,以巽为鱼和用二的爻位来解释"无咎"这两点是虞翻注的内容,惠栋在疏中也对此有所说明。针对"不利宾"的解释则是惠栋不认可虞翻说而做出的个人调整②,虞翻以四与初应,但受二阻挠作解,虞翻则以姤卦阴长阳消作解,这是惠栋很难得的自我发挥。

九三爻辞:"臀无肤,其行次且,厉,无大咎。"惠栋注曰:"夬时三在四为臀,艮为肤,二折艮体,故臀无肤。复震为行,其象不正,故其行次且。三得正位,虽则危厉,无大咎也",并在疏中注明"此虞义也",在《周易集解》中这正是虞翻对九三爻辞的注解③,略显牵强,必须利用九二变阴才能有艮卦和随之再变而来的震卦,但惠栋对此并无异议。

九四"苞(通行本作包。)无鱼,起凶。"惠栋注:"鱼谓初,四欲应初,为二所苞,故无鱼。复震为起,四失位,故起凶。"④这一条由于并无现存汉易的注解,惠栋只好自作说解,但其来源仍然是虞翻。在九二爻下,虞翻曾利用九二阻挠初、四之应来作解,惠栋没有采纳,但这爻之下,他却又重新利用了这条虞翻说。

九五"以杞苞(通行本作包)瓜,含章,有陨自天,"惠栋注:"巽为杞,在中称苞,乾圜为瓜,四变体巽,故以杞苞瓜。含章谓五,五欲使初四易位,以阴含阳,已得据之,故曰含章。初之四体兑口,故称含。陨,落也。乾为天,谓四陨之初,初上承五,故有陨自天",并在疏中注明"此虞义也"。《集解》所收的虞注分为两条,惠栋将其合为一条,没有其他调整。⑤

①② 惠栋注疏见[清]惠栋:《周易述》,《周易述(附易汉学、易例)》,北京:中华书局,2007年,第124—125页、《集解》见[清]李道平:《周易集解纂疏》,北京:中华书局,1994年,第404页。

③ 惠栋注疏见[清]惠栋:《周易述》,《周易述(附易汉学、易例)》,北京:中华书局,2007年,第125—126页、《集解》见[清]李道平:《周易集解纂疏》,北京:中华书局,1994年,第405页。

④ [清]惠栋:《周易述》,《周易述(附易汉学、易例)》,北京:中华书局,2007年,第125页。

⑤ 惠栋注疏见[清]惠栋:《周易述》,《周易述(附易汉学、易例)》,北京:中华书局,2007年,第125—126页、《集解》见[清]李道平:《周易集解纂疏》,北京:中华书局,1994年,第406—407页。

最后上九"遘其角,吝,无咎。"惠栋注:"上称角,失位无应,故吝。动得正,故无咎",虞翻注则是:"乾为首,位在首上,故称角。动而得正,故无咎",惠栋添加了"失位无应,故吝"的解释,并且补充乾卦取象,对"角"的来历进行了充实,算是对虞翻说的改进和补充。①

这样不厌其烦地将一卦之注逐条统计,是为了用完整一卦象爻辞中惠栋的情况,表明他谨守汉易说,不肯作个人阐释的程度。在姤卦象爻辞一共七条注解中,只有九二、上九两条注解,没有完全遵照汉易之说,但也是在虞翻说的基础上对一些细节说法进行调整,其他都是汉易说的直录与整合,就连原本没有汉易说而只能自作说解的九四,也仍然移植了虞翻在别处的说解。

若从注解的体例与严谨性来说,惠栋做得十分出色。注释简短直观,疏的部分则补充引文材料,并进一步解释注释之易,并且注意区分自己所采用易说的来历。若是完整采取了某家之说,惠栋在疏中就会直接说"此某义也",即使只是选取了某家的个别说法,也会注明。如对姤卦九二之注的疏解:

> 巽为鱼,虞义也。鱼谓初,二下苞之,故苞有鱼。初二失位,以阳苞阴,以阴承阳,阴阳相承,故无咎。此亦虞义也。一阴在下为主,故五阳为宾。乐本于易,五月之律名蕤宾。高氏注《月令》云:仲夏阴气萋萋,在下象主人,阳气在上象宾客。故《参同契》曰:遘始纪序,履霜最先,井底寒泉,午为蕤宾,宾服于阴,阴为主人。是其义也。遘阴消阳成坤遂,故不利宾。此初所以宜系于二也。②

注解中哪些地方采用了虞翻之义,均有注明,又补充《月令》注与《参同契》的资料,然后进一步注解,一丝不乱。

至于毛奇龄,首先在体例严整性这方面,就望尘莫及。《仲氏易》的体例一般如下:

首先,经文中遇到有异文的情况,就直接在该字下用双行小字注出,关于该异文的补充情况也会同时说明。如在解卦《象传》"草木皆甲坼"之

---

① 栋注疏见[清]惠栋:《周易述》,《周易述(附易汉学、易例)》,北京:中华书局,2007年,第125—126页、《集解》见[清]李道平:《周易集解纂疏》,北京:中华书局,1994年,第407页。
② [清]惠栋:《周易述》,《周易述(附易汉学、易例)》,北京:中华书局,2007年,第125—126页。

"坼"字下,毛氏注曰:"马融、郑玄、陆绩本俱作宅。郑注:皮曰甲,根曰宅。宅,居也。"①马、陆说来自《释文》②,郑玄说来自《周易郑注》③,而引用的郑玄说虽然属于解释字义的内容,但与异文有关,因此被毛奇龄安排在专门记载异文情况的地方。在这一部分,毛奇龄都会详细说明异文来自哪位学者。

其次,毛奇龄多在一段经文完整录出之后,再用大字来解释经文,其中穿插小字对一些细枝末节进行补充说明,这时的小字一般都在句末。解经时的引文一般也作大字。虽然同为随文附释,但毛奇龄注文的篇幅也比较随意,不像惠栋那样完全逐句讲解,而是有意阐发处,就长篇大论,无意阐发处,就草草引文了事,也不对引文进行解释。有时甚至直接在经文后不出大字注解,而直接出小字引文,也不会如异文信息那样注明观点出处。

如上文分析过的姤卦九五"以杞包瓜,含章,有陨自天",《仲氏易》的体例与解释角度与惠栋完全不同。首先在经文中小字穿插异文信息如下:

> 九五,以(《子夏传》作作,《举正》作似,俱谬)杞包瓜(《子夏传》作苞瓜,薛虞记云:杞,杞柳也,杞性柔刃,宜屈挠,似苞瓜。无理),含章,有陨自天。《象》曰:九五含章,中正也。有陨自天,志不舍命也。④

异文信息收录得比较全面。至于具体说解,这一爻的爻辞,对汉易取象来说,很难解释,因为"杞""瓜""包"这些概念,都非常见的八卦取象,只能较为牵强地进行对应。虞翻即以"巽为杞、为苞,乾圜为瓜",惠栋毫不怀疑地将虞翻说照录。至于毛奇龄,选择弃用虞翻的取象说法,转而用消息卦理论进行解释:

> 此则有所包而不必遇者。姤,五月之卦,五月瓜生,而五尤姤之当时者。水杨泽蒲(即杞柳泽草),裹以白瓟,不必艮之蓏、巽之杨而祇取应时之物,以之包之,比诸献瓜削谷(瓜肉也),有所掩覆,为贻赠之用,

① [清]毛奇龄:《仲氏易》,《影印文渊阁四库全书》,台北:台湾商务印书馆,1986年,第41册,第348页。

② 详见[唐]陆德明:《经典释文》,上海:上海古籍出版社影北京图书馆藏宋本,1985年,第103页。

③ [宋]王应麟辑:《周易郑注》,清湖海楼丛书本,卷四。

④ [清]毛奇龄:《仲氏易》,《影印文渊阁四库全书》,台北:台湾商务印书馆,1986年,第41册,第366页。

此其待遇为何如者。且五月南讹，夏离长养，《象传》所谓"品物咸章"者，于是乎在。故离火有章，而五以伏坎而为之含之，光大中正，此其乘遇之时，又何如者？而无如其不必遇也。阴渐进则阳渐陨，今所恃者，祇五上天道去初尚远耳。乃无几而有陨自天，观剥之至，岂所豫料？夫遇合升陨，各有天命，君子第抱此定命之志，以为升陨递行，不舍吾志，然亦何遇焉？[①]

消息卦可对应月份，姤卦为夏五月，正是瓜生之时，至于含章，亦与夏季有关，而有陨自天，则指姤卦阴进而阳损，这完全是毛奇龄自创的新解。而在这一段说解的最后，毛奇龄甚至抒发了自己的人生感慨，说人生均由天命控制，只能坚守志向、顺应天命云云。这一例尤其明显地体现了毛奇龄解经的独立性与灵活性，毛奇龄发现取象不适用，就可以干脆地放弃取象，转而自行适用消息卦之说，而不能违背汉学的惠栋，却仍然使用了虞翻牵强的取象说。

　　这一条例子，同时引出了下文，即毛奇龄与惠栋在取象范围与程度上的明显区别。

　　(三)易解异同

　　1.取象之程度异同

　　取象说始自《说卦传》，其中记载了八卦各自对应的一系列自然意象，如"乾为天、为圆、为君王、为父、为玉石、为金"之类，后来荀爽、九家易以及虞翻，又补充了大量的逸象，使后人即使仅用取象说，也能基本上解释《周易》经文中出现的物象。而取象说走入极端，也不免走入牵强无理，世间万物无穷，难免有对不上八卦的情况，但虞翻等人仍要强行对应。上面解姤卦九五"以杞包瓜"时虞翻所说的"巽为杞、为苞，乾圆为瓜"，就是一个典型例子，还被惠栋毫无保留地继承了。但毛奇龄却并没有继承汉易说，而是直接改用消息卦理论来解释这一爻。

　　再如噬嗑卦，下震上离，互体有坎，结果《周易述》在六爻之中，五爻都说到了坎卦取象，但利用了五种不同的象：初九"屦校灭趾"，虞翻曰"坎为校"[②]，惠栋解释说"校，械"且"坎为械"[③]，即将坎解释为束缚脚的刑拘；六二

①　[清]毛奇龄：《仲氏易》，《影印文渊阁四库全书》，台北：台湾商务印书馆，1986年，第41册，第366页。
②　[清]李道平：《周易集解纂疏》，北京：中华书局，1994年，第240页。
③　详见[清]惠栋：《周易述》，《周易述(附易汉学、易例)》，北京：中华书局，2007年，第64页。

"噬肤灭鼻",虞翻曰"鼻没坎水中",以坎为水,惠栋仍然予以采用①;六三"噬腊肉遇毒",虞翻以坎为毒,惠栋同样采用了虞翻说②;九四"噬乾胏得金矢利艰贞",《周易集解》的记载中并未用坎之取象说,但《周易述》用"坎为险"来解释"艰",这确实是坎卦的基础取象③;接着六五爻是唯一未用坎之取象说的爻;最后上九"何校灭耳"中的校仍然是刑具之意,但《周易集解》未收虞翻说,因此不用坎来解释校,反而收录了荀爽的解释"坎为耳",《周易述》也因之,以坎为耳④。在仅有互体为坎的噬嗑卦的六爻中,就出现了坎为械(校)、为水、为毒、为险、为耳五种取象,其中初九、六二、上九甚至并非互坎之爻,也用了互坎的取象。对比《说卦》中提到过的坎之取象,只有耳和水两条符合,三条均未提及。由此可见,惠栋的取象存在过于泛滥的情况,这是惠栋《周易述》继承汉易的一大问题。

　　毛奇龄对噬嗑卦的解释,提到坎之取象的有四条,初九"坎为刑律"⑤与"坎为械"相去无几;六三亦有"坎为隐伏为病"⑥之语;接着九四以"坎为弓"解释金矢⑦,用坎取象与《周易述》不同;接着上九,与荀爽同本《说卦》"坎为耳"⑧。对比《说卦》,绝大多数可以对上,包括"为病"可对应上"为心病、为耳痛",只有"坎为刑律"未被《说卦》直接提及。

　　毛奇龄从具体取象选择上来说,也表现出了更谨慎的特点。六三"噬腊肉遇毒",必须要解决"毒"的来源。惠栋继承虞翻说,直接以坎为毒,并未解释,虽然对应起爻辞来很容易,但是体现出汉易取象对应过于琐碎且无根据的倾向。而毛奇龄虽然也采用了坎卦的取象,却利用坎为隐伏、为病,这一《说卦》有记载的取象来曲折解释,说"三入互坎之内,坎为隐伏,为病,则厚味腊毒(见《五行志》),容亦有之"⑨,不肯直接以坎对应"毒"这个意

①② 详见[清]李道平:《周易集解纂疏》,北京:中华书局,1994年,第241页;与[清]惠栋:《周易述》,《周易述(附易汉学、易例)》,北京:中华书局,2007年,第64页。

③ [清]惠栋:《周易述》,《周易述(附易汉学、易例)》,北京:中华书局,2007年,第64页。

④ 详见[清]李道平:《周易集解纂疏》,北京:中华书局,1994年,第243页;与[清]惠栋:《周易述》,《周易述(附易汉学、易例)》,北京:中华书局,2007年,第64页。

⑤ [清]毛奇龄:《仲氏易》,《影印文渊阁四库全书》,台北:台湾商务印书馆,1986年,第41册,第280页。

⑥⑦ [清]毛奇龄:《仲氏易》,《影印文渊阁四库全书》,台北:台湾商务印书馆,1986年,第41册,第281页。

⑧ [清]毛奇龄:《仲氏易》,《影印文渊阁四库全书》,台北:台湾商务印书馆,1986年,第41册,第282页。

⑨ [清]毛奇龄:《仲氏易》,《影印文渊阁四库全书》,台北:台湾商务印书馆,1986年,第41册,第281页。

象,以隐伏之病将其推出。

毛奇龄在《仲氏易》中,针对汉人取象过密的问题,曾经记录了一件事。涣卦象辞"涣,亨,王假有庙,利涉大川,利贞",虞翻解释"王假有庙"说:"乾为王,假,至也。否体观,艮为宗庙。乾四之坤二,故王假有庙,王乃在中也",毛奇龄的仲兄毛锡龄对此曾与徐仲山有过讨论:

> 始宁徐仲山与仲氏论假庙,谓汉儒取象务尽。夫互艮为庙,下坎为豕、为牲,可谓当矣。虞仲翔必曰乾为先王享祭者也,震为帝,(互震)艮为庙,乾四之二杀坤大牲,(坤为牛、为大牲,四之二则变坤矣,变则如杀之然)何其密也。仲氏曰:未也,夫上爻,祖考之位也,(祇上爻为先王,若如虞氏说,则本卦已无乾矣,不合)有三男之卦在前(坎互震艮为三男),则侯之大小,官之崇卑,昭之长幼也。王与少男同体者(五为艮刚同体),昭穆愈繁,则王之世次愈卑也(礼嫡长分必卑小)。仲山为咋舌,书之去,见《传是斋日记》。①

一般观念认为,假即至,王假有庙即王至宗庙进行祭祀活动。但如何从下坎上巽的涣卦中通过取象说推出王与宗庙的意象,是一个大问题。徐仲山认为,以虞翻为代表的汉儒,取象说过于烦琐了,总是试图解释所有意象,如必以乾为王、震为帝、艮为庙、乾四之二杀坤大牲,(乾二之四或可为杀牲,震为帝虞翻却并没有说到)其实只说互艮为庙,下坎为豕、为牲也就够了。仲氏说"未也",是针对徐仲山"可谓当矣"之说而发,说明他肯定徐仲山对汉儒取象的批评,只是徐仲山自己的解释仍然不够准确,因此提出补充,以上爻为祖考,坎、震、艮为三男,五为王、即艮之少男,这样一来,虞翻费尽心思想要用取象说表现的王与祖考之意象,利用爻位也能够表现出来。

毛奇龄既然如此长篇地记叙这件事,显然是同意其中对汉人的批评。这也与他在实际操作中的做法一致。毛奇龄本人将"王假有庙"解释为:"彼夫互艮为宗庙,而陈坎豕以荐之,然且倒巽为兑,申以嘏祝,是格有庙也。"《说卦传》中艮"为门阙""为阍寺",因此可以算作有宗庙,坎为豕则是直接的记载,而兑"为巫",即嘏祝之类,取象完全没有超出《说卦传》,也与徐仲山一致,但并没有加入毛锡龄补充的部分。

---

① [清]毛奇龄:《仲氏易》,《影印文渊阁四库全书》,台北:台湾商务印书馆,1986年,第41册,第414页。

　　总的来说,取象说仍是毛奇龄解易的主要手段,只是相比取象务尽的汉易,毛奇龄的取象说坚持"以经解经",只取《说卦传》中有的,或是极其接近的意象,不强求对象爻辞所有意象的完美解释,这使他的取象相比汉易取象更加可靠,不至泛滥成灾。

　　2.承乘比应说之异同

　　分析过毛奇龄与惠栋在取象说的异同之后,我们还需分析他们在爻位说方面的异同。爻位说相关理论主要有当位说、承乘比应说、二五中位说等。当位说,即六爻之初三五为阳爻、二四上为阴爻,则当位,反之则失位,一般来说当位则吉,不当位则凶,但也有例外的情况。这是十分普遍的解爻理论,不但在《周易》中有大量的暗示,如否卦之九五,《象传》说:"大人之吉,位正当也"之类,而且也是易学著作中十分常见的理论。毛奇龄与惠栋也不例外,他们都频繁使用当位说解爻。二五中位说即二爻、五爻分别处于上下体的中位,因此被认为具有中位的特殊性质,且五多为君为主、二多为臣,这也是十分普遍的理论,毛奇龄与惠栋在易解中均有所应用。

　　而在承乘比应方面,二人间就出现了分歧。这四个概念,今人看来已经是绑定在一起的,但从意思上来说,它们其实无法完全并列。承指下爻承托紧邻在上的上爻,阴承阳则为吉。乘指上爻乘压紧邻在下的下爻,阴乘阳则为凶。应指初与四、二与五、三与上这三组爻位中的两两关系,阴阳相反则有应。

　　比这个概念则比较模糊,在《周易集解》中,崔觐认为"比"最多,如同人初九"同人无门",崔觐解《象传》说:"刚而无应,比二以柔,近同于人,出门之象,又谁咎矣"。贲卦初九"贲其趾",崔觐注曰:"刚柔相交,以成饰义者也。今近四,弃于二比,(种按:初爻抛弃所比之二。)故曰舍车……"咸卦九三"咸其股,执其随,往吝",崔觐曰"股,胫而次于髀上,三之象也。刚而得位,虽欲感上,以居艮极,止而不前。二随于己,志在所随,故执其随,下比二也。而遂感上,则失其正义,故往吝穷也。"升卦六四"王用亨于岐山,吉无咎",崔觐注《象传》曰:"为顺之初,在升当位,近比于五,乘刚于三……"①

　　在这些例子中,同人初九比上之六二,贲卦初九比上之六二,咸卦九三比下之六二,升卦六四比上之六五,可见比亦指相邻两爻的关系,有阴阳相同之比,也有阴阳相反之比,但这就与承、乘部分地重合了,而且看不出比之优劣的判断规则,似乎有比就好,但又怎么判断有比无比呢? 这些都已

────────────

① 分别见[清]李道平:《周易集解纂疏》,北京:中华书局,1994年,第181页、第248页、第317页、419页。

无从得知。

至于虞翻,就只讲承、乘、应而不讲比。其实讲比最多的,反而是专心使用爻位说解易的王弼。如注屯卦六四说:"二虽比初,执贞不从,不害己志者也。求与合好,往必见纳矣。故曰往,吉。无不利"、注大有九四"既失其位,而上近至尊之威,下比分权之臣,其为惧也可谓危矣……"、注贲卦六二"得其位而无应,三亦无应,俱无应而比焉……"等等①。王弼也以相邻两爻为比,屯六二比初九,大有九四比九三,贲六二比九三,和崔觐一样,不论上下、不论阴阳关系,无法看出其规律。

至于凡汉皆好的惠栋,既然汉学中曾经有人以比解爻,他自然也会采用。惠栋原本处理引文非常审慎,汉易说即使细节相同也会注明出处。但复卦六二是一个很有趣的例子,这表现出他对王弼易注抱持的相反态度。

复卦九二爻辞为"休复,吉",《象》曰:"休复之吉,以下仁也"。《周易集解》引王弼说作解释:"王弼曰:居位得中,比初之上,二附顺之,下仁之谓也。"②既然《象传》有"下仁"之语,那么以六二比初九,确实是比较合理的解释,惠栋在《周易述》中也用比来解释这一爻,说"休,美也。乾为美,比初为休复,得中下仁,故吉"③。这段话的意思实际上和王弼说一样,六二得中,比初九,即为"下仁",惠栋只增加了"乾为美"一句类似取象说的话,鉴于王弼说亦被收录在《周易集解》中,惠栋不可能没有见过。按照《周易述》的体例,此处应该直接引用王弼注作注,并在疏文中说"此王弼义也"。但惠栋一向不喜欢王弼,于是他改变往常的做法,尽量用自己的话将同样的意思表述一遍,却绝口不提王弼亦作此说之事。

虽然虞翻并不使用比爻的说法,但是惠栋有时会在采用虞翻注的同时,结合比爻说作为补充。如咸卦上六"咸其辅颊舌",虞翻之注为:"耳目之闲称辅颊。四变为目,坎为耳,兑为口舌,故曰咸其辅颊舌"④,仅用取象说对应意象,惠栋改良之后的注解则为:"辅颊舌,谓上也。兑为辅颊、为口舌,五与上比,上不之三,故咸其辅颊舌"⑤,采用了虞翻取象的同时加入比爻应爻理论。

至于毛奇龄,认可承、乘、应而不认可比,其理由也和他一贯的解易原

---

①　分别见[晋]王弼、韩康伯:《周易注》,北京:中华书局,2011年,第27页、第84页、第122页。

②　[清]李道平:《周易集解纂疏》,北京:中华书局,1994年,第265页。

③　[清]惠栋:《周易述》,《周易述(附赠汉学、易例)》,北京:中华书局,2007年,第72页。

④　[清]李道平:《周易集解纂疏》,北京:中华书局,1994年,第319页。

⑤　[清]惠栋:《周易述》,《周易述(附赠汉学、易例)》,北京:中华书局,2007年,第91页。

则"以经解经"一致，即在《周易》经文中，承、承、应都有线索可征，比却没有，而另一个概念"敌"则有线索可证，因此他去比取敌，统称四者为"承乘敌应"。

在演易属辞十例中，承乘敌应是其中的一例：

> 日乘承敌应（上爻乘下爻曰乘，屯六二之"难乘刚也"；下爻承上爻曰承，归妹初九"吉相承也"；初与四、二与五、三与上其阴阳相抗者曰敌，艮"上下敌应，不相与也"；其阴阳相配者曰应，比"上下应"，恒"刚柔皆应也"。若后儒有乘承比应四义，则在易爻例并无所谓比者）。①

敌与应相反，初与四、二与五、三与上，阴阳相反则为应，阴阳相同则为敌，其实就相当于前人所谓的"无应"。

在中孚六三的注解中，毛奇龄再一次分析了应与敌的关系。六三爻辞"得敌，或鼓或罢，或泣或歌"，其中已经有了敌字，是阐发敌应之说的好时机：

> 三以柔而应上刚，是得敌也（敌即应也，他又以阴阳相从为应，并阴并阳为敌，见艮卦），敌者，对也。然而间于五也，间则不决，故或之。张杉曰：鼓，震象，罢，艮象，或泣或歌，大离象。②

"敌即应也"，是在强调敌与应都算是广义范围的应，即初四、二五、三上的关系，而广义的应又分两种，阴阳相反即为应，阴阳相同即为敌。

虞翻用"无应"一词来表示，这与毛奇龄之敌是相同的意思。而惠栋《周易述》在注解的部分多用虞翻原话，到了疏文自行阐发时，又往往称"无应"为"敌应"。如困卦象辞中的"贞大人吉无咎"，下面注释为"大人谓五。在困无应，宜静则无咎，故贞大人吉，无咎"③，虞翻以九五和九二无应立论，因其无应，所以需静守本位方可吉无咎。惠栋在疏文中则说："此虞义也。乾五为大人，故大人谓五。五在困家，与二敌应，故无应。正居其所则吉，故云宜静则无咎也。"④不论是"敌应"还是"无应"，意思是一样的，且其意义与应同样重要，二爻不能呼应，因此不可动，或者得出不利的判词。

---

① ［清］毛奇龄：《推易始末》，《毛奇龄易著四种》，北京：中华书局，2010年，第4页。

② ［清］毛奇龄：《仲氏易》，《影印文渊阁四库全书》，台北：台湾商务印书馆，1986年，第41册，第422页。

③④ ［清］惠栋：《周易述》，《周易述（附易汉学、易例）》，北京：中华书局，2007年，第132页。

这种判断方法及其结论其实都和毛奇龄的"敌"一样。因此，惠栋的承乘比应与毛奇龄的承乘敌应相比，毛奇龄否决了惠栋的"比"，新创了"敌"，而这敌应说惠栋其实也赞同且多所采用。

3.纳甲、卦气等说之去取

纳甲（包括纳十二支）、卦气、八卦五行这些理论，在多数现代学者看来，已属于汉学解易时走向歪路的证明。纳甲即以八卦对应十干（甲乙丙丁等），纳十二支即以八卦对应十二支（子丑寅卯等）、八卦五行即以八卦分别对应五行。卦气与分卦值日都是以卦对应时日的理论，大体说来，十二辟卦分别对应十二个月，坎、离、震、兑对应四季，六十四卦除坎、离、震、兑之外的六十卦，对应一年三百六十五日，一卦分得六日七分。通过这些理论，就可将《周易》占筮结果导向更具体的日期和更详尽的解读，但他们常常超越了《周易》本书所记载的内容。

毛奇龄对于这些理论，所抱持的是承认但又比较克制的态度。承认是由于它们有一小部分于经有征，克制则由于《周易》中只有偶尔提及这些，且并未体现出规律性，所以将它们理论化的根据不足。

在《推易始末》的开篇，毛奇龄总结演易属辞十例时，亦有"时与气"一条，其中所说的内容即与纳甲、卦气有关：

> 临"至于八月"、复"七日来复"，丰"虽旬无咎"、革"巳日乃孚"、蛊"先甲……后甲"、巽"先庚……后庚"，皆时也。"甘临"土气、"苦节"火气、"噬黄金"金气、"涣乘木有功"木气，以及震巽木甲乙、乾兑金庚辛、坤艮土戊己、离火丙丁、坎水壬癸，皆气也。若值日、卦气、纳甲、纳音诸说，虽易亦有之，然词未尝一及，则何必矣。①

"易有之而词未及"的意思是说，在《周易》经传中，确实包含着与时日、干支、五行之气有关的内容，如"七日来复""先甲后甲""噬黄金"等等，所以算是有值日、卦气、纳甲相关的内容，但若将它们进一步阐发并概念化、理论化，形成值日、卦气、纳甲、纳音系统，这在《周易》的文字中并没有任何提示，就已经走得太远。这种观念反应在毛奇龄的解易实践中，即在《周易》中提到相关概念的文本下，可以用它来解易，但若是经传中本没有提到这些概念的地方，就不能主动使用。

毛奇龄正是如此操作的。如巽卦九五之"无初有终，先庚三日，后庚三

①　[清]毛奇龄：《推易始末》，《毛奇龄易著四种》，北京：中华书局，2010年，第4页。

日",纳甲与卦气说在意思上最合,毛奇龄即予以采用,并结合蛊卦进行解说:

> 巽木荏苒,故当以刚金胜之。大抵十干之周,始于甲而更于庚。……巽虑终萎,则以兑互于离而治以庚金。盖甲乙丙丁为十干之上,上者,始也;庚辛壬癸为十干之下,下者,终也。……以庚金为主,木为金所克,则去木之柔而用金之刚,则所谓"无初有终"也。故曰"先庚三日"者,丁戊己也,"后庚三日"者,辛壬癸也,所不用者独甲乙耳。甲乙为木,正巽方所属,行巽令者必去之。①

这段解释不仅使用了纳甲,还使用了八卦五行说。巽卦的互卦为兑和离,巽为木,兑为金,木易逝,要用恒久的金来胜过它,所以选择兑之金,庚亦为金,故而此爻以庚为言。庚为十干之终端,而甲乙为木,是十干开始的一端,兑之庚金胜巽之木,所以"无初有终"。"先庚三日后庚三日"很好理解,先庚三日即庚前的丁、戊、己,后庚三日即庚后的辛、壬、癸。

然而毛奇龄的说解,却与虞翻在此处的纳甲方式不同。虞翻说:"震,庚也。谓变初至二成离,至三成震,震主庚,离为日……"②意思是,巽☰的初爻二爻改变阴阳,下体就成了离卦☲,再变三爻,下体就成了震卦☳,离为日,震纳甲为庚,这两卦都要用上。但虞翻说先变初爻、二爻,再变三爻,这种卦变方式与五易说任何一易均不合,所以毛奇龄坚持自己的说解,不肯采用虞翻说。

至于惠栋,既然笃信汉易,那么他接受纳甲卦气等说也在情理之中。《周易述》中的情况是,若某处有汉易家用纳甲、卦气等说,即于某处引之,但有时候,若是确实并没有使用纳甲说的必要,惠栋对虞注的处理也显示出一些阳奉阴违的迹象。这里举蹇卦为例,比较惠栋、毛奇龄处理纳甲问题的不同方式。

蹇卦艮下坎上,象辞中有"利西南不利东北"之语,毛奇龄的解释很简单,根据艮坎二体立论。他说:"艮者,东北之卦也,东北不利则反西南以济之,语所谓治险必以夷是也。"③也就是说,艮卦为东北之卦,这是《说卦》中

---

① [清]毛奇龄:《仲氏易》,《影印文渊阁四库全书》,台北:台湾商务印书馆,1986年,第41册,第410页。

② [清]李道平:《周易集解纂疏》,北京:中华书局,1994年,第500页。

③ [清]毛奇龄:《仲氏易》,《影印文渊阁四库全书》,台北:台湾商务印书馆,1986年,第41册,第345页。

的明文记载，艮上为坎险，因此不利东北，就反向西南求济险，即利西南不利东北。这段解释非常简单，使用的说法也都不超过《周易》经传已有的内容。

相比之下，虞翻的注释采用纳甲并对应月亮的盈亏，超出《周易》的地方很多。首先在"利西南"之下，虞翻说："观上反三也。坤，西南卦，五在坤中，坎为月，月生西南，故利西南。"①虞翻认为蹇来自观卦䷓，观下为坤，西南卦，蹇之上坎为月，升于坤之西南，因此利西南，这一部分还并未牵扯到纳甲。接着在"不利东北"之下，虞翻说："谓三也。艮，东北之卦，月消于艮，丧乙灭癸，故不利东北，其道穷也，则東北丧朋矣。"②艮对应的月象是月消时的下弦月，所以说月消于艮，至于乙癸，则均是纳甲法中坤所对应的天干，既然观之坤变成了蹇之艮，那么坤就消失了，也就是丧乙灭癸。又因艮为东北之卦，所以才推导出不利东北的结论。

惠栋在"利西南不利东北"之下的注释，则颇有深意：

> 升二之五，或说观上反三，与睽旁通。西南谓坤，东北艮也。二往居坤，故利西南。卦有两坎，坎为险，下坎在前，直艮东北之地，故不利东北。虞氏谓：五在坤中，坎为月，月生西南，故利西南。往得中，谓西南得朋也。东北谓三也。月消于艮，丧乙灭癸，故不利东北，其道穷也。则东北丧朋矣。

前一半的说法与毛奇龄类似，只是多了西南为坤这一条。升卦䷭九二上居坤之六五，因此利于坤也就利于西南。蹇之下艮为东北，上坎为险，因此不利东北。这一段解释完全没有用到纳甲，但与虞翻的说法相悖，惠栋又不能完全抛开虞翻说，于是在说出了自己认为最合理的解释之后，又将虞翻说也引用上，并在疏文中仍然进行了详细的解释。这种处理方式证明：一方面，惠栋在此确实无法接受虞翻说，若将毛奇龄、惠栋与虞翻按照信用纳甲等说的程度由低到高排序的话，惠栋是属于介于毛奇龄与虞翻之间的程度；另一方面，他摆脱不掉自己述而不作的执着，必须把虞翻说摆出来。

以上就是毛奇龄与汉易，以及与继承发扬汉易之惠栋的异同情况，可以看出，他在拥有汉易解易倾向的同时，并不被汉易束缚，仍然以自己对《周易》经传的理解为出发点来解经。因此，从解易理论到具体易说，毛奇

---

① ［清］李道平：《周易集解纂疏》，北京：中华书局，1994年，第362—363页。
② ［清］李道平：《周易集解纂疏》，北京：中华书局，1994年，第363页。

龄都与汉易各家及不敢背离汉易的惠栋有着或多或少的区别。

第二节　对宋易的批判

相比汉易,毛奇龄对宋易的态度就十分明显了。在他的著作中,均是对宋易各个方面的批判,其《图》《书》之学首当其冲。

一、对图书之学的批判

在毛奇龄看来,《太极图》及《河图》《洛书》之说,是宋代道学立教的根本,也是道学援道入儒产生的最大错误,他在《辨圣学非道学文》中说:

> 逮至北宋,而陈传以华山道士自号希夷,与种放、李溉辈张大其学,竟搜道书《无极尊经》及张角《九宫》,倡太极、《河》《洛》诸教,作道学纲宗,而周敦颐、邵雍与程颖兄弟师之,遂纂道教于儒书之间。①

因此他专门写了《太极图说遗议》与《河图洛书原舛编》,来分别辨析批判《太极图》及《河图》《洛书》之说,其目的不仅仅在于研究易学,而是要对整个道学体系进行釜底抽薪。

(一)驳《图》《书》说

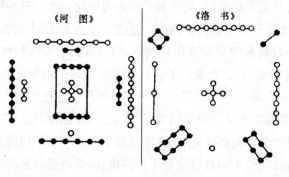

图10　《河图》《洛书》

本书说到《河图》《洛书》,所指分别如图10所示,以朱熹《周易本义图

---

① ［清］毛奇龄:《西河集》,《影印文渊阁四库全书》,台北:台湾商务印书馆,1986年,第1321册,第322页。

目》中的记载为准。河图洛书在《周易》中的根据，是《系辞上》中的"河出图，洛出书，圣人则之。"《论语》《淮南子》等书亦曾提及《河图》《洛书》，因此它们源头很早又真身不明，带有强烈的神秘色彩，很容易被人附会引申，汉代纬书和今文学家，早已开始了这种附会活动。

郑玄注"河出图，洛出书，圣人则之"一句时，说：

> 《春秋纬》云："河以通乾出天苞，洛以流坤吐地符。"河龙图发，洛龟书感。《河图》有九篇，《洛书》有六篇也。①

郑玄认为《河图》《洛书》都是文字记载，前者通乾，由龙献出，一共九篇，后者通坤，由龟献出，一共六篇，恰好符合阳爻、阴爻九、六之称，这是比较流行的看法。至于刘歆则说：

> 虑羲氏继天而王，受《河图》，则而画之，八卦是也；禹治洪水，赐《洛书》，法而陈之，《洪范》是也。②

这是另一种通行的解释，即以《河图》为伏羲画八卦的依据，《洛书》为禹治水之《洪范》的根据，均由天赐。这种语境下的《河图》可能是图画，或者某种物体，但不太可能是书籍。《洛书》则可能是地图或文字记载。

毛奇龄在《河图洛书原舛编》中，将自先秦古籍开始至宋代之前，各种提及《河》《洛》的资料收集殆尽，并且尤其研究了易学家们的说法。他总结说，宋代以前的说易者及其著作颇丰，但并未有人提起过《河图》《洛书》。即使是诞妄的易纬，也不过说它们是文字者，从没有说它们是图画的。

> 故自汉代说易家由施、孟、梁丘、京、焦、费、赵以至马、郑、虞、荀、何晏、陆绩、干宝、王肃，以及孔颖达、陆德明、李鼎祚诸家，各有论著，而其为图、书，则皆云无有。即易纬妄推其说，亦不过指之为文字之类，如《河图要元篇》可验也。③

接着毛奇龄总结了宋代《河图》《洛书》出现及传承的全过程，从华山道

---

① [宋]王应麟辑：《周易郑注》，清湖海楼丛书本，卷七。
② [汉]班固：《汉书·五行志上》，北京：中华书局，1964年，第1315页。
③ [清]毛奇龄：《河图洛书原舛编》，《毛奇龄易著四种》，北京：中华书局，2010年，第71页。

士陈抟开始,到宋人自乱阵脚,混淆《河》《洛》二图,这一段历史后代学者人人皆知,此处可从略。到最后,朱熹将改动了顺序,如图10所示的《河图》与《洛书》收录于《周易本义》卷首。因朱熹及程朱理学在后世以至明清二代的超强影响力,最终坐实了《河图》《洛书》这两张图,并使受理学统治的后世学者不敢非议:

> (朱熹)俨载其文于大《易》之首,岸然与三圣经书彼此分席。自此言《图》《书》者虽仍未信,但自明迄今,无敢议焉。①

梳理了《河图》《洛书》在各个时代的发展脉络之后,毛奇龄即开始就各种细节问题进行辨析,以证《图》《书》之伪。尤其需要特别强调的有两点:其一,毛奇龄根据郑玄《周易》注的内容,进行了一段精彩的推理,以致胡渭在《易图明辨》中征引了全文,并且叹服不已;其二,他的"以经解经"原则亦在书中有所体现。

郑玄在《系辞上》"大衍之数五十,其用四十有九"一句下注曰:

> 天地之数五十有五,以五行通气。凡五行减五,大衍又减一,故四十九也。衍,演也。天一生水于北,地二生火于南,天三生木于东,地四生金于西,天五生土于中。阳无耦,阴无配,未得相成。地六成水于北与天一并,天七成火于南与地二并,地八成土于中东与天三并,天九成金于西与地四并,地十成土于中与天五并也。②

这一段注解其实也连带解释了隔几句之后的"天一地二,天三地四,天五地六,天七地八,天九地十"。如果将这段郑玄注画成示意图,就会惊讶地发现,它和邵雍、朱熹等所谓包含十在内的《河图》一模一样。此事未免过于巧合,因此毛奇龄认为陈抟其实窃取了郑玄之注,画出图来,而归功于自己。

毛奇龄实际上是正确意识到这个现象之本质的第一人。自王弼之学兴盛,郑玄之学因之废弛,无人问津已久。特别是,李鼎祚《周易集解》作为人们了解汉易的重要中介,其中虽然收录了大量郑玄注,却并未辑佚出这

---

① [清]毛奇龄:《河图洛书原舛编》,《毛奇龄易著四种》,北京:中华书局,2010年,第74页。
② [宋]王应麟辑:《周易郑注》,清湖海楼丛书本,卷七。

一条，因为这一条只被转引收录在《礼记疏》中，难以被易学研究者发现。①
直到王应麟辑佚《周易郑注》，才自《礼记疏》中辑出此句，却也影响不大。
接着《书集传或问》中，记录着朱熹倒是曾引此句解释《洛书》，他却也并未
指明其始自郑玄，这更加使后世解易者引此句却不知来历，反而将其归功
到宋学头上，而解礼者知其来历却又从未联想到《洛书》的问题。

毛奇龄继续分析说，郑玄本人显然并不认为大衍之数与《洛书》有关，
因为他这一段解释大衍之数的话中，无一字提及《洛书》，如果郑玄认为《河
图》《洛书》就是这段大衍注之图，那肯定会直接说："这就是所谓的《河图》"
了。解释"河出图，洛出书"一句时，郑玄又只说："《春秋纬》云：'河以通乾
出天苞，洛以流坤吐地符。'河龙图发，洛龟书感。《河图》有九篇，《洛书》有
六篇也"②，无一字提及大衍之数，甚至把《河图》《洛书》看成了两部书籍。
这都足以证明在郑玄眼中二者毫无关系。毛奇龄用反问的方式，表达了以
上的意思：

> 浸假《河图》即此图，则此图固康成所注者也。其于《大传》"河出
> 图"下，何难直注之曰：所谓《河图》，即揲筮所称"大衍之数""天一地
> 二，天三地四，天五地六，天七地八，天九地十"者。而乃又曰："河龙图
> 发，其书九篇。"则岂非衍数、《河图》截然两分，数不得为图，衍不得为
> 画乎？③

而《洛书》的创造者张冠李戴，直取郑玄大衍注安在《洛书》头上，后人一叶
障目不见泰山，直到毛奇龄才发现问题，并做出了精彩的辩论。

至于《洛书》，毛奇龄这也找到了它的根源，即源于《易纬乾凿度》中的
"太乙下九宫法"：

> 今之《洛书》，则易纬家所谓"太乙下九宫法"也。易纬皆不传，而
> 惟《乾坤凿度》一书尚存人间。其在《乾凿度》下篇有以一阴一阳合为
> 十五之说，（六八为阴，七九为阳，七八十五，九六亦十五。）遂创为"太
> 乙下九宫法"，取阴阳卦数即十五数。以行九宫。④

---

① 笔者按：《周易集解》中并未收录这条郑注，毛氏却以为收录了，有所失考。
② ［宋］王应麟辑：《周易郑注》，清湖海楼丛书本，卷七。
③ ［清］毛奇龄：《河图洛书原舛编》，《毛奇龄易著四种》，北京：中华书局，2010年，第79页。
④ ［清］毛奇龄：《河图洛书原舛编》，《毛奇龄易著四种》，北京：中华书局，2010年，第81页。

《乾凿度》原文为："阳动而进,阴动而退,故阳以七、阴以八为象,易一阴一阳合而为十五之谓道。阳变七之九,阴变八之六,亦合于十五,则象变之数若之一也"①,少阳为七,少阴为八,加起来是十五,老阳为九,老阴为六,加起又是十五。其实《洛书》的实质,就是如数学游戏一样的九宫图,不论是横行、竖排还是斜线,三个数字相加都为十五。但《乾凿度》中是两个数相加,《洛书》中是三个数相加,还不完全相同,且《乾凿度》只说了两组为十五的结果,所以还只能算是《洛书》的灵感来源。

其实《大戴礼记》中所记载的明堂九室之数,更符合《洛书》的图像,是三个数相加为十五的情况,且数字排布已与《洛书》完全相同。即"《大戴·明堂篇》亦以二九四、七五三、六一八为明堂九室之制,而未尝曰此《洛书》之数"②。在与洛书如此相同的情况下,《大戴礼记》也未曾提到明堂之数符合《洛书》规则,亦可证明,在《大戴礼记》的时代,并不认为这种图式是《洛书》。

在《河图洛书原舛编》的最后,毛奇龄总结说:"儒者穷经,以经为主"③,并且从自身"以经解经"的解易理念出发,对《河图》《洛书》问题进行了总结。

在他看来,《河图》之图象本身,既然是大衍一章中曾经提到过的,所以符合经文本义,可以附在《周易》之末,但不可名为《河图》,应叫"大衍图"。他的原话是:"若夫'大衍之数',原出《易传》,则惟大衍一图可附之《周易》之末,曰《大衍图》。"④而《洛书》在经书中无丝毫根据,出自九宫明堂之说,渊源为汉代纬书,不能体现经文的本义,虽然汉儒也有所采用,但仍然不可信,故"勿纂入圣经可也"⑤,必须完全排除在神圣的经书之外。

但毛奇龄《大衍图》可附经的说法,在今人站在巨人肩膀上的眼光看来,仍有可商榷之处。大衍一章中只有"天数五,地数五,五位相得而各有合。天数二十有五,地数三十,凡天地之数五十有五",与后面"天一地二,天三地四,天五地六,天七地八,天九地十"这两段内容,只区分了天数、地数二组,并说其总和之数,离《河图》,也即毛奇龄所谓的"大衍图"还差得远。《河图》在经文之外还引入了五行、方位等外来概念,并非仅仅根据经文记载就能直接推测出的图像,毛奇龄并未意识到这一点。

---

① 《易纬乾凿度》,清武英殿聚珍版丛书本,卷上。
②③ ［清］毛奇龄:《河图洛书原舛编》,《毛奇龄易著四种》,北京:中华书局,2010年,第82页。
④⑤ ［清］毛奇龄:《河图洛书原舛编》,《毛奇龄易著四种》,北京:中华书局,2010年,第83页。

（二）驳《太极图》

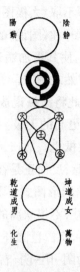

图11　周敦颐《太极图》

毛奇龄另一部专论《太极图说遗议》，针对的是周敦颐的《太极图说》及所载之《太极图》（见图11）：

> 无极而太极。太极动而生阳，动极而静，静而生阴，静极复动。一动一静，互为其根。分阴分阳，两仪立焉。阳变阴合，而生水火木金土。五气顺布，四时行焉。五行一阴阳也，阴阳一太极也，太极本无极也。五行之生也，各一其性。无极之真，二五之精，妙合而凝。乾道成男，坤道成女。二气交感，化生万物。万物生生而变化无穷焉。唯人也得其秀而最灵。形既生矣，神发知矣。五性感动而善恶分，万事出矣。圣人定之以中正仁义而主静，立人极焉。故圣人"与天地合其德，日月合其明，四时合其序，鬼神合其吉凶"，君子修之吉，小人悖之凶。故曰："立天之道曰阴与阳，立地之道曰柔与刚，立人之道曰仁与义。"又曰："原始反终，故知死生之说。"大哉易也，斯其至矣！①

这一幅图、二百四十来字，从宋代朱陆之争开始，就一直是道学的众矢之

---

①　［宋］周敦颐著、陈克明点校：《太极图说》，《周敦颐集》，北京：中华书局，1990年，第3—7页。

的，因其引入"无极"这一概念，显示出太明显的道家虚无倾向。而以朱熹为首的理学家囿于道统，即使内心对该图不以为然，也要坚持进行回护。

如从《周易本义》之《图目》不取《太极图》这一点，就可以看出朱熹对太极图的不认同。但是在《太极图》和《图说》的注解中，他仍然不敢驳斥周敦颐的说法，只是尽量曲为解说，使其更加贴近理学思想。如将太极等同于理，朱熹说"太极乃天地万物本然之理"①。并且要淡化无极的地位，不可让人以为世界的本原是虚无，因此将无极说成是在描述太极，也即理的无实体状态，并非说太极之外还有更高的无极。他原文说："上天之载，无声无臭，而实造化之枢纽，品汇之根柢也。故曰：'无极而太极。'非太极之外，复有无极也。"②恐怕周敦颐的原意，反而正是在说太极之外还有个无极。

对《太极图》中黑白相间的圆形图式，周敦颐解释为："太极动而生阳，动极而静，静而生阴，静极复动"，不提坎离的问题，这也使得后人难以联想到《参同契》。但如果转换思路，将白色圆环当作阴爻，黑色圆环当作阳爻，那么圆的左半边由左至右即为阴-阳-阴，右半边为阳-阴-阳，即为变形侧放的三画坎卦☵和离卦☲，以一个圆心为中心，拼在一起，和《参同契》所谓的"坎离匡廓，运毂正轴(种按：匡廓即轮廓，毂即车轮中心，轴亦为轮子旋转的中心。)"③相合。至于《太极图》中间五行互相联系的部分，将五行分为三组，还加入一个五行之外的"一"，恰好又与《参同契》中所说的"三五与一，天地至精"④相合。诚然，《参同契》中对这两点都只有一句的记载，过于简略，恰好与周敦颐《太极图》相合，却也完全可以有不同方向的解释，但《太极图》主体的两个部分都能在《参同契》中找到根据，未免过于巧合，很难让人相信《太极图》与《参同契》毫无关系。

毛奇龄以前，亦有零星数人，意识到了周敦颐《太极图》与《参同契》的密切关系，如元人熊朋来在他的《五经说》中，有论《先天后天图》一篇，其中说：

> 《太极图》上一截阳动阴静处，可以见先天四象生八卦之象；下一截乾道成男坤道成女处，可以见后天乾坤生六子之象。……先天乾南坤北，后天乾西北坤西南，先天震巽对，后天震东方巽东南，先天艮兑

① [宋]朱熹：《答陆子静》，《晦庵集》，《影印文渊阁四库全书》，台北：台湾商务印书馆，1986年，第1144册，第12页。
② [宋]周敦颐著、陈克明点校：《太极图说》，《周敦颐集》，北京：中华书局，1990年，第4页。
③ [汉]魏伯阳著、章伟文译注：《周易参同契》，北京：中华书局，2014年，第2页。
④ [汉]魏伯阳著、章伟文译注：《周易参同契》，北京：中华书局，2014年，第270页。

对，后天兑正西艮东北，此六卦不但变其方位，且变其对卦。独坎离二卦，先天为东西之门，后天守南北之极，尝相对立。坎离具四象之体，太极阳动阴静图即坎离二卦从揭之也。岂惟《太极图》哉？《参同契》曰：易谓坎离。又曰：日月为易乾坤门户。坎离匡郭，牝牡四卦，先天以乾坤坎离牝牡兑震巽艮四卦。又曰：坎离者，乾坤二用。老阳变阴用九，老阴变阳用六，其牝牡之体，九六之用，皆坎离也。姑就《参同契》言之，则先后天图已在其中。[①]

他看到了《太极图》变形的坎离，及其与《参同契》"坎离匡廓，运毂正轴"的相似，却没意识到二者相似的根本原因在于《太极图》的袭用，反而囿于对前人的盲目崇拜，以为二者恰好同时正确地揭示了易道，所以才十分相似。

毛奇龄则是能够转换思路，意识到《太极图》袭用《参同契》之真相的第一人，并且毫不避讳地指出了这一点，直接地说周敦颐《太极图》是窃取《参同契》中的两个部分合为一图，即"窃取魏伯阳《参同契》中水火匡廓与三五至精两图，而合为一图"[②]。

虽然毛奇龄的结论发人深省，但是他的说法有一点问题。在毛奇龄看来，《水火匡廓图》与《三五至精图》，都是《参同契》中曾经有记录的，与周敦颐太极图所袭用的图几乎一模一样，即"第其图自朱子注《参同契》后，则学者多删之，惟彭氏旧本，则或九或七，其图犹存"[③]。今本不见该图，是因为朱熹以后的学者将其删掉了，幸而彭晓旧本《参同契》仍然保留，且该本"今藏书家与道家多有之"[④]。然而考涵芬楼影印正统道藏中所收的彭晓《周易参同契分章通真义》《周易参同契鼎器歌明镜图》，甚至是正统道藏中所收的其他各种《周易参同契》注本，包括阴长生《金碧五相类参同契》和《周易参同契》《参同契五相类秘要》、两部无名氏《周易参同契注》、俞琰《周易参同契发挥》《周易参同契释疑》、陈显微《周易参同契解》、储泳（华谷）《周易参同契》等书，都并无毛奇龄口中"或九或七"的任何图，这一点也成为后代

①　[元]熊朋来：《五经说》，《影印文渊阁四库全书》，台北：台湾商务印书馆，1986年，第184册，第251页。

②　[清]毛奇龄：《太极图说遗议》，《毛奇龄易著四种》，北京：中华书局，2010年，第96页。

③　[清]毛奇龄：《太极图说遗议》，《毛奇龄易著四种》，北京：中华书局，2010年，第99—100页。

④　[清]毛奇龄：《太极图说遗议》，《毛奇龄易著四种》，北京：中华书局，2010年，第100页。

学者批评毛奇龄之说的根据。①

　　诚然,二图是否真的存在还需要再议,但周敦颐《太极图》主体的两个部分同时与《参同契》原文两处描述如此相似,其他部分又都只草草使用一个圆圈来表达意思,远不如这两个部分精妙,已经足以使人怀疑袭用的可能性。

　　同时,毛奇龄还发现正统道藏中《上方大洞真元妙经品》后之《妙经图》中有《太极先天之图》,与周敦颐《太极图》更为相似(如图12所示)。《妙经品》有唐玄宗之序,似于唐玄宗之前即已成书,但其中不避讳"世民",因此其成书时间有些疑点。另外,《妙经图》与《妙经品》内容关联不大,成书时间也并不一定同时,如李申《易图考》之考证,引用王卡之说并进行补充,认为《妙经品》的一部分及《妙经图》,很可能是金人时雍的弟子所作。若真如此,那么《妙经图》之《太极先天图》成书晚于周敦颐,其实也有可能反过来袭用了周敦颐之《太极图》。②

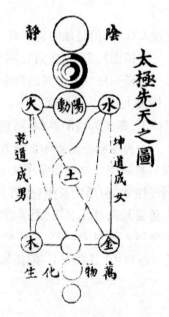

图12　《上方大洞真元妙经品》所收《太极先天之图》

---

①　如田智忠:《再论〈太极图〉与〈周易参同契〉"三五至精"思想之关系》[J],《周易研究》,
　　2015年第2期。

②　详见李申:《易图考》,北京:北京大学出版社,2001年,第30—36页。

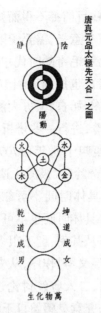

图13　《太极图说遗议》所收之《太极先天之图》①

　　但从其图式区别看来,本书认为周敦颐《太极图》袭用《妙经图》的可能性更高。正统道藏《上方大洞真元妙经品》所收的该图与周敦颐太极图不相同的地方在于,第二个黑白交错的圆环,前者左半部分全白,右半部分全黑,而非周敦颐《太极图》之白黑白、黑白黑,因此毛奇龄《太极图说遗议》中引用的《太极先天之图》却是图13,实际上引用有误,这又是毛奇龄处理引文不够仔细的一例。如果周敦颐太极图也是《上方大洞真元妙经品》的形式,就不符合《参同契》坎离匡廓之说了。

　　问题的关键是,如果《妙经图》之《先天太极图》晚于周敦颐之《太极图》,那么它肯定袭用了周敦颐之图,若是如此,又为什么会改变更对称、更精妙的黑白相间的形式呢?《妙经图》与《太极图》相比,从图式的复杂程度到其中表现出的思想深度,都不如后者,因此《妙经图》有可能出现得更早些。

　　或许是否有可能这两种《太极图》原本一致,但某一本在刊刻时出现了失误,那么究竟哪个图才是原图呢? 更何况,周敦颐之图及图说,又经过了朱熹的修订,这是众所周知的事实,所以原图如何,最初所要表达的究竟是《参同契》的坎离相合还是《太极图说》中的动静交错,抑或是《太极先天之

①　[清]毛奇龄:《太极图说遗议》,《毛奇龄易著四种》,北京:中华书局,2010年,第101页。

图》想要表达的其他意思，这些目前都不得而知。未解之谜还有很多，但毛奇龄所指出的袭用可能，却很有意义，需要予以参考。

还有一个问题需要说明，和毛奇龄时代相似的朱彝尊，在他的《曝书亭集》中，有一篇《太极图授受考》，也提到了《上方大洞真元妙经》的问题。因此，这里需要就周敦颐《太极图》始自《上方大洞真元妙经图》之说的最早提出者究竟是毛奇龄还是朱彝尊，进行一些辨析。

《曝书亭集》开雕于康熙四十八年(1709)，而成书于康熙三十八年(1699)的《经义考》中未收毛奇龄《太极图说遗议》①，可见《太极图说遗议》的写作时间在1699之后，但具体时间不可靠，我们能得出的结论仅止于此。《太极图收授受考》的写作具体时间也不可知。

另外，毛奇龄与朱彝尊过从甚密，留下很多聚会的记录，如康熙四十年共游杭州之类，毛奇龄又为《经义考》作序，从朱彝尊的著作中，还可以看出他们在学术方面的频繁交流，二人曾经讨论过《上方大洞真元妙经》的问题，亦不奇怪，这就更难说明，究竟灵感始自于谁。

但毛奇龄曾经仔细交代过自己真正见到并抄录《道藏》本《上方大洞真元妙经》的经过，而朱彝尊却并未有所说明。既然毛奇龄是见到《上方大洞真元妙经》的人，那么由他率先提出袭用的观点，可能性也更大一些。毛奇龄见到《上方大洞真元妙经》的过程见于《经问》，盖因李塨翻找《道藏》未见该书，秉着严谨的态度，向毛奇龄写信询问该书的由来。毛奇龄回答说："按此书在杭州吴山火德庙《道藏》中，系刻本，王草堂搜得之，只录其书名并图，与玄宗之序，而书仍付去。其图与宋朱内翰震绍兴间所进周子《太极图》并同。"②这部书在杭州某地收藏的《道藏》中，地名详细可靠。又是王草堂(即王复礼)搜得的，相关人物亦可考。而因毛奇龄只抄录了书名与《妙经图》，就将其交还给王草堂了，这证明毛奇龄见书抄书之仓促，如此看来，毛奇龄在抄录环节出现失误，造成他所记录之图式与《道藏》原图有所出入的可能性很大。这整个抄书的过程也很详细。后来李塨也在《道藏》中找到了此图，并给毛奇龄写信说明。③

总之，毛奇龄在《太极图说遗议》之考证中，被指出的问题不少，主要是

---

① 《经义考》与《曝书亭集》的成书时间，见雍琦:《朱彝尊年谱》，上海:复旦大学，2007年，第155—156页与第180页。

② [清]毛奇龄:《经问》，《影印文渊阁四库全书》，台北:台湾商务印书馆，1986年，第191册，第204页。

③ 详见[清]李塨:《周易传注》，《影印文渊阁四库全书》，台北:台湾商务印书馆，1986年，第47册，第166页。

两条。首先,目前所见的彭晓《参同契》注解中,并没有《三五至精图》和《坎离匡廓图》,毛奇龄却以为实有并引为证据;其次,他发现了《上方大洞真元妙经品》之《太极先天之图》与周敦颐《太极图》的雷同,以为后者袭用前者,却被现代学者怀疑可能是前者袭用了后者,对这后一个问题,孰是孰非尚且无法断定;最后,即毛奇龄对《妙经图》的抄录错误。

但即使如此,毛奇龄指出的周敦颐之太极图与《参同契》之文字记载的对应,确实有其道理。另外,《太极图》和《妙经图》的成书先后尚无定论,也使二者的极度相似仍然具有重要参考价值。

(三)驳《先天图》

毛奇龄还对"先天图"有所驳斥,《先天图》是一个较为混乱的概念,有"八卦方位图""伏羲六十四卦次序"等多种图式。而毛奇龄所驳斥的"先天图",首先是通常被称作"先天横图"的图式。毛奇龄描述说:"《先天图》凡六层,第一层一阳一阴为两仪,第二层二阳二阴为四象,第三层四阳四阴为乾、兑、离、震、巽、坎、艮、坤之八卦,第四层八阳八阴为十六,第五层十六阳十六阴为三十二,第六层三十二阳三十二阴为六十四卦。"①(如图14所示。)

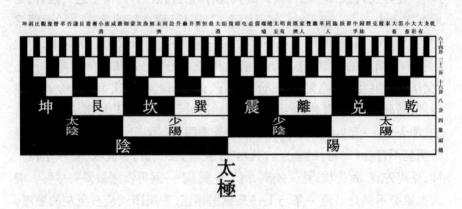

图14　《先天横图》,一称伏羲六十四卦次序②

此图根据邵雍的"加一倍法"画成,《观物外篇》中说:"太极既分,两仪立矣。阳下交于阴,阴上交于阳,四象生矣。阳交于阴,阴交于阳,而生天

---

① 〔清〕毛奇龄:《仲氏易》,《影印文渊阁四库全书》,台北:台湾商务印书馆,1986年,第41册,第185页。

② 〔宋〕朱熹:《周易本义》,北京:中华书局,2009年,第15页。

之四象。刚交于柔,柔交于刚,而生地之四象。于是八卦成矣。八卦相错,然后万物生焉。是故一分为二,二分为四,四分为八,八分为十六,十六分为三十二,三十二分为六十四。"①图式最下层即太极,然后先画或阴或阳的一爻,再分别加上或阴或阳的一爻,就形成太阴、太阳、少阴、少阳四种可能,再加上或阴或阳的一爻,即可形成三画的八纯卦。八卦以后,仍然采用这种每次加一爻的方式,四画、五画直至六画,就形成了六十四卦。

这一图示与《周易》原文极其不符,明眼人均可看出,毛奇龄毫不客气地举出八条依据,论证其伪。

其一是"画繁":"自一画为阳,二画为阴,三一为乾,三二为坤,而其画已毕,未有画至六十四卦者。"按照《周易》原文,八纯卦形成后,直接两两相重即可形成六十四卦,《先天横图》却要一爻一爻画下去,就不得不增加很多层、很多画。其二是"四、五无名",这一条很好理解,第四层和第五层的形成过程于《易》无征,因此也没有名称。其三是"三、六无住法":"惟只有三画,并无四画、五画之加,故三画而止,便可名之为八卦。如联翩加画,则何以三画有名,四画、五画祇空画,更无名也? 且何以见画之当止于三,当止于六也?"这种画法,显示不出第三层和第六层的特殊性。其四是"不因":"乾坤成列,始画八卦,八卦成列,始作重卦,故曰'因而重之',因者,因成列之卦也。若一连画去,何所因乎?"《周易》原文很明确,八卦"因而重之"变为六十四卦,即两个八卦重叠在一起,就直接形成六十四卦了,并无一步一步增加的意思,这是加一倍法和《先天横图》最核心的问题。其五"父子母女并生":"乾父坤母,合生六子,此《系词》明言次第也。今八卦并生。"《系辞传》明明以乾坤为万物的初始,然后"乾道成男,坤道成女",乾为父、坤为母,一起生成六子,但按照《先天横图》,乾坤和六子同时生成,这也是明显不符合《周易》的一点。其六"子先母,女先男,少先长":"六子俱先坤,兑离先震,巽先坎,兑又先离,离又先巽,于一索再索之叙俱失尽矣。羲画次第必不如是。"这一条与上一条意思相连,按照图式从右至左的顺序,坤最后才生成,而身为女的兑和离都在男之震前等等,都不符合乾坤生六子的顺序。②

而毛奇龄反驳"先天图"的第七和第八理由,从其内容来看,已经不再针对"先天横图",转而针对另一张"先天八卦方位图",或被称作"伏羲八卦

---

① [宋]邵雍:《观物外篇》,《皇极经世书》,北京:九州出版社,2013年,第494—495页。
② [清]毛奇龄:《仲氏易》,《影印文渊阁四库全书》,台北:台湾商务印书馆,1986年,第41册,第186页。

方位图"。《说卦》记载："天地定位,山泽通气,雷风相薄,水火不相射,八卦相错。数往者顺,知来者逆,是故《易》逆数也",以乾坤、艮兑、震巽、坎离两两相对立。宋代学者据此,并加入《周易》中没有的八卦方位对应,乾在上为南,坤在下为北,离在左为东,坎在右为西等等,画出了"先天八卦方位图",如图15。

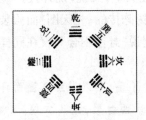

图15　《先天八卦方位图》,一称伏羲八卦方位[①]

《说卦传》中有一段话:

> 万物出乎震,震,东方也。齐乎巽,巽,东南也。齐也者,言万物之洁齐也。离也者,明也,万物皆相见,南方之卦也。圣人南面而听天下向明而治,盖取诸此也。坤也者,地也,万物皆致养焉,故曰致役乎坤。兑,正秋也,万物之所说也,故曰说言乎兑。战乎乾,乾,西北之卦也,言阴阳相薄也。坎者,水也,正北方之卦也,劳卦也,万物之所归也,故曰劳乎坎。艮,东北之卦也,万物之所成终而所成始也,故曰成言乎艮。

后来人们就根据这一段话中的八卦方位,画出了所谓文王的后天八卦图,与伏羲先天八卦相对而言。首先八卦中的五卦方位确实在这段《说卦传》中有根据,另有三卦方位没有明说,也可按照其提及的顺序推出,因此后天八卦图得到了毛奇龄的认可。但他对于毫无《易传》根据的先天后天之说,却不能不辨。因此毛奇龄说:

> 按震、巽、离、坤、乾、坎、艮,此夫子于此凡三复言之,朱子信陈、邵先天之说,妄指为伏羲所画,反以此文王孔子所传卦位注曰"未详何也",及后节仍如此序,又注曰"未详何也",岂真未详耶? 亦必如陈氏

---

①　[宋]朱熹:《周易本义》,北京:中华书局,2009年,第14页。

者而后能详耶？①

孔子在《说卦》中明明已经说清八卦方位，证明了《后天图》的正确性，而《先天图》的八卦方位与《后天图》不同，二者只能存一，明眼人也知道只能选择圣人所明言的《后天图》。而陈抟、邵雍、朱熹等人却创造了先天后天之说，将伪造的先天图安在伏羲头上，又说《说卦》这一段不详何意，他们哪里是真的看不懂，只是为了宣扬陈抟的《先天图》而假装不懂而已。

所以驳"先天图"第七说"卦位不合"，就在同样的问题：

> 《说卦》卦位千古不蔑，今以递加之画而环图之，乾一右转，巽五左旋，以乾南坤北离东坎西为象，此实本魏氏《参同契》"乾坤运轴，坎离匡郭"之图，而妄名先天，致邵子以"雷风相薄，水火不相射"为证。夫《说卦》上文既言"六画成卦"，则此时卦位已定。第言其参互为推卦之时，故曰"八卦相错"。若伏羲画卦，则焉有卦未成而早相错者？且相薄，相迫也，相对不可言相迫。况坎离正对，而曰不相射，则明是相反之语，而引以取证，可乎？

《说卦》中的记载与《先天八卦方位图》的方位不同，这是此图最明显的问题。至于其来源，毛奇龄认为也出自《周易参同契》，绝非伏羲先天所传。毛奇龄还认为，六画卦才有方位可言，八经卦并无方位。另外，说卦"天地定位"这段话的几组卦，有的互相协助，有的互相对立，如坎离间就是对立关系，有两种相反的关系存在，又怎么可以把它们同时都画成一样的关系？

其八是"卦数杜撰无据"：

> 卦原无数，但以大衍之数推之，则乾西北卦，正当地，六，相成之数，故曰乾六。坤西南卦，正当天，九，相成之数，故曰坤九。今无故而有乾一、兑二、离三、震四之数，此何据乎？②

"先天八卦方位图"中不仅有方位，还给每一卦都对应了数字，这数字也不符合《周易》的记载。毛奇龄认为乾应为六、坤应为九，这都与图中的数字

---

① ［清］毛奇龄：《仲氏易》，《影印文渊阁四库全书》，台北：台湾商务印书馆，1986年，第41册，第469页。

② ［清］毛奇龄：《仲氏易》，《影印文渊阁四库全书》，台北：台湾商务印书馆，1986年，第41册，第186页。

对不上,而其他六卦根本没有数字可言,所以卦数之说也属无稽之谈。

由此可见,对于整个伏羲先天理论体系,毛奇龄都予以否定,因此同时批评了"先天横图"和"先天八卦方位图"。

二、毛奇龄对胡渭的影响

毛奇龄与胡渭,时代相近,反《河洛》及《太极图》的思想亦相近。但《易图明辨》成书晚于毛氏的易书,从《易图明辨》对《河图洛书原舛编》《太极图说遗议》及《仲氏易》中的大段征引及讨论中可以看出,胡渭受到了毛奇龄相当大的影响。

(一)李塨的引介与太极两仪思想八卦对应问题

胡渭对毛奇龄学说的接触,首先出于李塨间接地引导。李塨(1659—1733)虽然是颜李学派中颜元之下第二人,但是并不像颜元那样不事经学,而且在易学、春秋学方面都很有研究。李塨自称受业于西河先生,同时对毛奇龄十分推崇,在自己的书中多次引用毛说,且与他频繁通信,请教经学问题。他与毛奇龄的师承关系还影响到了颜李学派后学们的经学走向,这一点详后,到李塨的相关章节再讲。

《易图明辨》中对宋易《图》《书》学各个问题的讨论,比之毛奇龄《河图洛书原舛编》《太极图说遗议》这两部专论篇幅更大,也更加细致,针对一个一个问题点,如"伏羲作易之本不专在《图》《书》""天地之数不得为《河图》"等,分别进行仔细地辨析。其中记录了一件他与李塨、毛奇龄两两互相交流而共同达成相对一致的事件。

讨论涉及《系辞上传》中的"是故易有太极,是生两仪,两仪生四象,四象生八卦"这一句,简而言之即太极、两仪、四象、八卦这一组概念与图、书的关系,胡渭说自己曾经比较信服苏轼和朱震的说法,认为这组概念表现的是六十四卦的形成过程,即四象为老阳、老阴、少阳、少阴,其中老阳指乾卦,老阴指坤卦,少阳指三男,即震坎艮,少阴指三女即巽离兑,合起来其实就已经是八卦了,于是四象下一级的八卦就只能代表八卦下一级的六十四卦。其中的不合理之处十分明显,因此胡渭也并不满意这种说法:

> 四象,余旧主东坡、汉上之说,乾坤为老阳、老阴,三男三女为少阳、少阴。盖以四象即八卦,八卦即六十四卦也。[①]

---

① 详见[清]胡渭:《易图明辨》,北京:中华书局,2008年,第13页。

　　直到胡渭与李塨结交，谈到这个问题时，李塨就将自己请教毛奇龄的书信和毛奇龄回信，还有毛奇龄的《仲氏易》，都拿给胡渭看，可见胡渭首次接触毛奇龄的易说，是在李塨的引导下进行的。这件事的全部过程，胡渭在《易图明辨》中都进行了说明：

　　　　岁庚辰客京师，因金素公得交于李君，晨夕过从，间以此说就正李君，曰：八卦原该六十四卦，但经明曰"四象生八卦"，今乃以四象即八卦，是八卦生八卦矣，似难通也。因出讯易书并仲氏易以示余，余参酌其说而为之解。[①]

　　其实毛奇龄最初也认为太极、两仪、四象、八卦这一组概念所指为六十四卦形成的过程，他的儿子毛远宗读过毛奇龄的说法之后，特地写信给毛奇龄，认为应当是揲蓍算卦的过程，毛奇龄于是改弦更张，以太极、两仪、四象、八卦指揲蓍算卦的过程。李塨当时不知毛奇龄已经改变想法，又写信质疑，表示应当指揲蓍算卦，毛奇龄于是回信给李塨，告知自己同意李塨的观点，且早已改变想法了。《易图明辨》只记录了李塨给毛奇龄的一封信，不及其余，《易小帖》有一篇"《仲氏易》改《系传》旧本一条始末"，则将毛远宗、毛奇龄和李塨的往复书信都记录在案。[②]

　　胡渭从此跟随毛、李二人的脚步，从大方向上改变了看法，即认为太极、两仪、四象、八卦这一组概念所指并非六十四卦的形成过程，而是揲蓍算卦的过程，但在具体的所指上又有所改动。李塨和毛奇龄同时认为，太极、两仪、四象、八卦与"大衍之数五十，其用四十有九。分而为二以象两，挂一以象三，揲之以四以象四时，归奇于扐以象闰，五岁再闰，故再扐而后挂……是故四营而成易，十有八变而成卦"这段话相配合，太极代表五十取出一来不用，两仪代表分而为二，四象代表揲之以四，也就是后面所说的"四营而成易"，八卦则代表"十有八变而成卦"，即揲蓍过程全部结束，形成完整卦象，也就是毛奇龄在《仲氏易》中所说的：

　　　　此为揲筮三致意也。夫祇一揲筮而本乾坤而全民用至于如是，是故未揲之先，合五十之数，聚而不分，有大中之道焉。《说文》极，中也，

---

① 详见［清］胡渭：《易图明辨》，北京：中华书局，2008年，第13页。
② 详见［清］毛奇龄：《易小帖》，《毛奇龄易著四种》，北京：中华书局，2010年，第184—189页。

屋极谓之中,言不分于一隅也,崔憬云舍一著为太极是也。而于是分之为二以象两,则是太极生两仪也,李氏《易解》云祇四十九数,而未分为太极,分之为阴阳是也。而于是揲之以四以象四时,则是两仪生四象也,虞翻谓四象即四时是也。而于是一扐再扐,再变三变,而八卦成焉,则是四象生八卦也,荀爽云四时通变为八卦之所由始是也。①

但胡渭不完全这样认为,在他眼中,开始筮卦之前,五十合为一,即为太极,然后直到四营成易,一爻形成,或四或五为奇、或八或九为偶,这奇偶就是两仪,接着三变成为三画卦,三奇为老阳、三偶为老阴、一奇二偶为少阳、一偶二奇为少阴,合起来正好与四象相对,接着十八变形成全卦,即八卦。他的原文是:

> 窃意所谓太极者,一而已矣。命筮之初,奇偶未形,即是太极。迨夫"四营而成易",合挂扐之策,置之于格,或五或四则为奇,或八或九则为偶,是谓"太极生两仪"。至于三变而成爻,画之于版,三奇为□曰老阳,三偶为×曰老阴,一奇二偶为—曰少阳,一偶二奇为– –曰少阴,是谓"两仪生四象"。至于九变而为三画之小成,十八变而得二体之贞悔,是谓"四象生八卦"。②

可以看出,胡渭受到自己最初看法的影响,虽然将太极、两仪、四象、八卦这组概念对应的整体观点从八卦生成改为八卦揲蓍,但其对应关系却相当于没有变化,奇偶仍然相当于阴阳二爻,阴阳老少即乾坤六子,所以仍然等同于八卦,同样的,两处的"八卦"也均为六十四卦。但胡渭在大方向上的改变,无疑受到了毛奇龄的深刻影响。

(二)《大衍图》问题与毛奇龄对胡渭的回应

在《易图明辨》中,先大段引用、旗帜鲜明地对毛奇龄的说法表示肯定,再对毛说进行一定程度上的修正,这种情况是胡渭的常态。再如前文讨论毛奇龄辨《河图》《洛书》一节,所引毛奇龄论大衍之数并非《河图》之论③,胡渭就对此评论说:"《原舜》云'数不得为图,衍不得为画',真千古格言",但

---

① [清]毛奇龄:《仲氏易》,《影印文渊阁四库全书》,台北:台湾商务印书馆,1986年,第41册,第452页。

② [清]胡渭:《易图明辨》,北京:中华书局,2008年,第14页。

③ 毛奇龄之说见前文。

"顾其说犹有不尽然者,余不可以无辨"①。

所谓不尽然者有两个方面:

> 大衍之数出于天地之数,而非即天地之数。盖天地之数,《易》与《范》共之。凡天下之言数者,未有外于此者也。大衍之数则唯《易》有之,《范》不得而有之也。康成注"大衍"与"四象",皆本《汉书·五行志》,《志》据刘向父子《洪范五行传》,以推灾异。其所引《左氏》陈灾传说,盖刘歆取《大传》之六七八九十以续《洪范》之一二三四五,而为生成妃牡之数。意主《洪范》,初不为《易》而设。即其末举坎离二卦,亦以证水为火牡,火为水妃云尔,终于"大衍"无涉也。唯《律历志》言备数则引易"大衍之数五十",言钟律则引"参天、两地而倚数",言历法则引"大衍之数","四营之象",而以"天地之数"终焉。大抵五行主《洪范》,则附以《春秋》,而不及"大衍";律历主"大衍",则附以《春秋》,而不及《洪范》。考厥源流,区以别矣。故刘说"虽未尝有图,而图实在其中"。藉令绘以为图,亦但可名天地生成图,或五行生成图,而断断不得名之曰《大衍图》,何也? 著无五行,无方位,无生成,无配耦也。②

其一即大衍之数五十,与天一地二以至天九地十之五十五,是大衍之数和天地之数两个不同的概念,不一定是相关的内容,这一点毛奇龄并未明确。而大衍之数实际上来自刘向《洪范五行传》,非《周易》中原有的概念,郑玄之注也来自《洪范五行传》,而宋人之图,直接来自《洪范五行传》,却并不像毛奇龄所说,来自郑玄之说。其二,将天地之数杂糅五行方位,所形成的与《河图》完全相同的易图,即毛奇龄眼中虽然绝对不能称其为《河图》,但确实符合《周易本义》,因此可以取信并命名为"大衍图"之图,也并非《周易》原义。因为经文中只说了天一地二以至于天九地十,即《周易》原文中实际上"无五行、无方位、无生成、无配偶"③,五行、八卦方位、互相生成及配对关系均无。

胡渭的这一修正,抓住了毛奇龄《河图》说的两点不足之处。后者确实是毛奇龄的问题,这一点上文也已说过,胡渭却着墨不多,但前者,即关于《洪范五行传》、郑玄说与《河图》三者的正确关系这一点,其实毛奇龄的看

---

① [清]胡渭:《易图明辨》,北京:中华书局,2008年,第8页。

② [清]胡渭:《易图明辨》,北京:中华书局,2008年,第8—9页。

③ [清]胡渭:《易图明辨》,北京:中华书局,2008年,第9页。

法才是正确的。

首先《洪范五行传》的作者,一说为伏胜,一说为夏侯昌,刘向有《五行传论》,却并非《五行传》的作者,陈寿祺已有定论①,这一点胡渭就说错了。另外,刘向《五行传论》现已不可见,《汉书·五行志》的内容应该对其有所继承。考《尚书大传》中的《洪范五行传》及《汉书·五行志》现存的文字,与《河图》有关的是《汉书·五行志》中的一段话:

> 天以一生水,地以二生火,天以三生木,地以四生金,天以五生土。五位皆以五而合,而阴阳易位,故曰"妃以五成"。然则水之大数六,火七,木八,金九,土十。故水以天一为火二牡,木以天三为土十牡,土以天五为水六牡,火以天七为金四牡,金以天九为木八牡。阳奇为牡,阴耦为妃。故曰"水,火之牡也;火,水妃也"。②

这一段中确实有了数字与五行的对应,但郑玄说则是:

> 天地之数五十有五,以五行通气。凡五行减五,大衍又减一,故四十九也。衍,演也。天一生水于北,地二生火于南,天三生木于东,地四生金于西,天五生土于中。阳无耦,阴无配,未得相成。地六成水于北与天一并,天七成火于南与地二并,地八成土于中东与天三并,天九成金于西与地四并,地十成土于中与天五并也。③

相比之下,郑玄的数字对应方式与《汉书·五行志》不同,并且比《汉书·五行志》多了方位的对应。无方位,就不可能画出《河图》来。所以胡渭认为河图越过郑玄说,直接来自《汉书·五行志》的观点,恐怕无法成立。

恰好毛奇龄的《经问》,成书时间较晚,又在《易图明辨》成书之后,因此在《经问》卷十四中,记载了毛奇龄对胡渭之辨正的回应。最初,是毛锡龄之子文辉见到《易图明辨》,给毛奇龄写信反驳毛氏易之说,转录其文"《原舜编》云数不得为图,衍不得为画二句,真千古格言"至"毛公恶宋太过,故其立言往往刻于宋而宽于汉,夫岂平心之论与"④一大段。毛奇龄读后作文回应,一一就胡渭就郑玄大衍注与《洪范》及《汉书·五行志》的关系、大衍图

---

① 详见[清]陈寿祺:《尚书大传定本》,《四部丛刊》影清刻左海文集本,卷一上。

② [汉]班固:《汉书·五行志上》,北京:中华书局,1964年,第1328页。

③ [宋]王应麟辑:《周易郑注》,清湖海楼丛书本,卷七。

④ 详见[清]胡渭:《易图明辨》,北京:中华书局,2008年,第8—10页。

是否符合《易传》、大衍之数与天地之数的关系,以及毛氏刻宋宽汉等方面的指责进行辩解。

关于郑玄大衍注与《洪范》及《汉书·五行志》的关系问题,毛奇龄的反驳思路与上文类似,更加细致,可以说是逐句反驳,且篇幅过长,这里不再作烦琐引用。①

而毛奇龄就大衍之数与天地之数关系问题的自我辩解,却略显牵强。他说:"夫所谓大衍非天地者,必谓天地多五数,大衍少五数也。夫以大衍少五数而即不得为天地,则大衍之用又少一数,将大衍亦不得为大衍矣。"②大衍之数与天地之数之间相差五,这与大衍之用减一终究是两回事,利用后者抹消前者只是诡辩而已。

但他对《大衍图》引入五行、生成是否超出《易传》的辩解,又颇有道理。"所谓《洪范五行》非大衍四营者,必谓易卦无五行,易位无生成也。夫以夫子自言乾为金、巽为木、坎为水、离为火,则卦有五行。以夫子自言'五位相得而各有合',则并有生成矣。"③《周易》中已提到了八卦中四卦的五行对应,且"五位相得而各有合"也颇有五行互相生成之意,因此不能断言《周易》中绝对没有五行和生成。

然后毛奇龄又就前一个问题,即两仪、四象、八卦之对应,进一步为自己两仪代表分而为二、四象代表揲之以四、八卦则代表十有八变而成卦的看法寻找证据,并下结论说,胡渭的对应与"圣经"不合。在这个问题上,其实《易》中无明徵,因此没有定论,选取哪种说法都无关对错,纯粹是个见仁见智的问题。

在这一篇中,毛奇龄的反驳自然重要,其中某些字句揭示出的毛、胡二人的交往情况,也同样重要,篇首毛奇龄说:"今朏明,吾故交,当日在益都师相宅曾为主客"④,可见二人曾经面对面交谈过。但篇尾却说:

> 予与朏明未尝以经论往复,忆初主客时曾闻其有古文真伪之辨,故予向作《古文冤词》成,谨寄一本于朏明,而未蒙裁答,或亦不然其说乎?顾予则何敢不答,坐隐忍以滋訾悔祇,恐詻詻无当,徒费笔札,为

① 详见[清]毛奇龄:《经问》,《影印文渊阁四库全书》,台北:台湾商务印书馆,1986年,第191册,第166页。

②③ [清]毛奇龄:《经问》,《影印文渊阁四库全书》,台北:台湾商务印书馆,1986年,第191册,第170页。

④ [清]毛奇龄:《经问》,《影印文渊阁四库全书》,台北:台湾商务印书馆,1986年,第191册,第165页。

圣学羞,则终望乎良友之训正也。①

也就是说,两人虽曾相见,但并未进行经学方面的交流,恐怕也并无书信往来。毛奇龄主动将《古文尚书冤词》寄予胡渭,也并未得到答复。毛奇龄的这一篇反驳文,最后并未交代结果,但恐怕也和前书一样,不会得到回应。从《易图明辨》可以看出,胡渭将毛奇龄的《仲氏易》《河图洛书原舛编》《太极图说遗议》全都仔细钻研过,又长篇累牍地进行引用和分析。他对毛奇龄的重视显而易见,却并没有回应毛奇龄积极主动的交流尝试,这十分耐人寻味。

另外,《太极图说遗议》中关于《三五至精图》与《坎离匡廓图》的论述,也是胡渭大段引用的重点。据粗略统计,《易图明辨》整段引用毛奇龄的说法有七八处,其他零星句子的引用还有四五处,而且这些引用都是比较肯定的引用,又已经基本上将毛奇龄关于易图的说法都囊括在内。因此可以说,正是在毛奇龄的基础上,胡渭《易图明辨》才能达到这样的高度。

三、对宋人义理学的批判

(一)解"穷理尽性以至于命"

易学研究发展至今,无非两种思路,一为象数,一为义理,它们是否是解易的唯二思路,即在这两种思路之外,是否还能有第三种思路,只是前人没有开辟出来,这一点尚不得而知。前者对《周易》象辞、爻辞中出现的物象进行解读,往往牵扯干支、五行等概念,而后者多就《周易》经传辞义进行义理阐发,如君子小人之辨、万物之理等等。宋易的各种易图,感觉上更像是象数说,但往往属于宋易哲理阐发系统的一个组成部分,也是摒弃象数学之后,宋易对整个易学系统做出的补充。

而具体到解释卦爻辞时,两派间也有细微的区别。象数派多采取象说,兼采爻位说,而爻位说虽非义理派所创,但义理派,尤其是宋代以后,多有摒弃取象说专以爻位说为基础的倾向。另外,象数派与义理派的逻辑顺序也有所不同,象数派多希望根据象数,推出象爻辞中的意象的来历和吉凶结果;而义理派不用取象说,就无法解释意象的来历,一般只是勉强捋顺爻辞之意,不讲其意象的来历,专注于对吉凶悔吝这些判词的解读。

如谦卦上六"鸣谦,利用行师征邑国",虞翻说:"应在震,故曰鸣谦。体

---

① ［清］毛奇龄:《经问》,《影印文渊阁四库全书》,台北:台湾商务印书馆,1986年,第191册,第175页。

师象,震为行,坤为邑国。利五之正,已得从征,故利用行师征邑国。"①通过取象说解释了"鸣谦""行师""邑国"的来历,又通过爻位解释了为何"利用"。而《周易程氏传》对这一爻则说:

> 六以柔处柔,顺之极,又处谦之极,极乎谦者也。以极谦而反居高,未得遂其谦之志,故至于发于声音。又柔处谦之极,亦必见于声色,故曰鸣谦。虽居无位之地,非任天下之事,然人之行己,必须刚柔相济。上,谦之极也,至于太甚,则反为过矣。故利在以刚武自治。邑国,己之私有。行师,谓用刚武。征邑国,谓自治其私。②

程颐在此处认为谦逊却处高位,不得不鸣,则难遂谦逊之志。且谦逊太过也非好事,需要辅以刚武来修治私家,才能达到中庸之道。进行爻位与义理阐发的同时,程颐虽然也尝试引出爻辞意象,但只用爻位说,终究得不出如取象说那样直观的结果。

大体说来,汉易学多为小学与象数学,宋易学多为义理学,因此后世说到汉学、宋学时,并非指二者的时代特征,而是指二者在象数、义理上的倾向。但汉学与象数学,宋学与义理学,又不能完全等同而论,汉人易学家有倾向于义理的,宋人易学家也有倾向于象数的。

虽然毛奇龄在总体解易法中明显倾向于汉易,但是这并不意味着他不讲义理方面的内容。首先,毛奇龄在哲学上属于王学,王学亦关注义理讨论。其次,毛奇龄所借鉴的汉易本身,亦有义理说。《周易》的文本,本就富于哲理性,疏通文意之时,如果文本意思有哲理相关的内容,毛奇龄亦会提及,只是并不会像宋易那样大段阐发并引申其义。

如毛奇龄对谦卦上六的解释,正表现出他以象数为主,亦不废义理阐发的特点:

> 夫六二之为鸣谦也,以本震也,此非己鸣之而人鸣之也。若上六本艮而倒震,且又乘上互之震,乃欲效震鸣而自鸣其谦,岂得志乎? 第上六以坤极而加互坎之上,地与水,互师象也。师则居高而统众,舍亏盈之谦而恃剥艮之刚,容或有之,然以之为利,则不可。盖坤顺,其性也。尊而光者,其德也。乘刚而应,刚乘柔而比柔者,其位也。以至谦

---

① ［清］李道平:《周易集解纂疏》,北京:中华书局,1994年,第199页。
② ［宋］程颐:《周易程氏传》,北京:中华书局,2011年,第90页。

至顺居应刚比柔、受侵受伐之高位,而以之行师,纵曰可,亦第自征其邑国已耳。盖上六之谦,其配乎有终,而思以善成其终有如此。[①]

将这一段与上面所引用的虞翻、程颐对比。以震为鸣,这与虞翻相同,毛奇龄还同时利用互震、倒震,解释了为何《象传》说"鸣谦,志未得也"。另外,毛奇龄也没有解释邑国之意象的来历。最后,以征邑国为征伐自己的邑国,这一点又和程颐颇为相似,但程颐只就上六为谦之极立论,毛奇龄则加入"乘刚而应"、上卦为坤顺两条额外的证据,这能够表现出他更倾向于象数的特点。至于最后一句,毛奇龄就保持谦终之难发表了感叹,这就是纯粹的义理内容,也和程颐的思路一致。

再如晋卦初六"晋如摧如,贞吉。罔孚,裕无咎",《仲氏易》中说:

> 初本以颐之震刚而升之为四,因之作二四同功之艮,是我甫欲进而跬步当前,顿成丘阜。(艮为丘为阜,适当二四)然且为我所应者(指四),一刚上临,(四为艮刚)俨如山之倾压,而下之摧何如也。虽四居坎中,坎可下孚而时命未至,谁则能信?亦惟独守其正,以俟命之自至已耳。[②]

这一段话中的绝大部分内容是象数说,结合取象、推易、互体、爻位,解释爻辞的来历,最后所谓"亦惟独守其正,以俟命之自至已耳",则稍作义理方面的提示。守正俟命,源于对爻辞之义的解读,毛奇龄随口而言,不作进一步的阐释。因此,不能说毛奇龄不讲义理,但讲法显然与宋代的义理学不同。他专注于修身之道的阐释,并不探讨形而上的玄理,这与他修正王学后形成的个人思想一致。

受到经文内容和以经解经原则的限制,《仲氏易》大段阐发的义理内容,主要集中在十翼中。

如《说卦》中有一段:"昔者圣人之作《易》也,幽赞于神明而生蓍,参天两地而倚数,观变于阴阳而立卦,发挥于刚柔而生爻,和顺于道德而理于义,穷理尽性以至于命。"其中先讲圣人创造数、卦、爻的过程,然后推演至道德、理义、性命等一系列形而上的概念。最后的"穷理尽性以至于命"这

① [清]毛奇龄:《仲氏易》,《影印文渊阁四库全书》,台北:台湾商务印书馆,1986年,第41册,第261页。

② [清]毛奇龄:《仲氏易》,《影印文渊阁四库全书》,台北:台湾商务印书馆,1986年,第41册,第328页。

一句,尤其受到理学家们,特别是二程的关注。

《周易本义》对"和顺"以下的内容没有作太多发挥,主要以解释文意为主。其中说:"和顺,从容无所乖逆,统言之也。理,谓随事得其条理,析言之也。穷天下之理,尽人物之性,而和与天道,此圣人作易之极功也。"①说到穷理尽性,朱熹露出了理学家面目,把易之天道也和理联系起来,但他没有多说,而且在最后回归圣人作易之事,很小心地把落脚点放在阐释易学上。

实际上,朱熹一向认为解读《周易》的本义与理学探讨的引申,这两点需要稍作区分。《朱子语类》中记载了一条相关说法:"'寂然不动感而遂通天下之故',与'穷理尽性以至于命',本是说易,不是说人,诸家皆是借来就人上说,亦通。"②朱熹说这两句《周易》之文,原本是说易理的,但各家借此说人,讲到人的穷理和修养,也可以说得通。但反过来说,虽未敢否定理学战友"说人"的倾向,但朱熹还是试图强调,在说易的语境中以说易的角度来解释,这才符合《周易》之意。如果借用之后的别的意思,认为《周易》是在说阐释者所理解的"说人",难免有所龃龉。《朱子语类》中的这句话再结合朱熹自己在《周易本义》中的做法,能够看出朱熹确实在践行这一观念,尽力避免六经注我。至于"诸家皆是借来就人上说"是如何借法,可取《二程遗书》中一例,看出宋人义理究竟说到什么程度。

《二程遗书》中记载,程颐解释"穷理尽性以至于命"说"如言'穷理尽性以至于命',以序言之,不得不然,其实,只能穷理,便尽性至命也"③。在他看来,穷理、尽性、至命是按道德修养的顺序来说的,这一点还算没有超出《周易》原文的意思。但他接着强调理的重要性,说虽然《周易》原文强调三个步骤,但是只要做好穷理,后面的两步不需再做,就自然而然地达到了,这就完全是《周易》这一段中没有暗示过的意思,是程颐一味强调理做出的附会。

但理学的附会还未就此结束,张载对此又有新的说法,同样收录在《二程遗书》中:

> 二程解"穷理尽性以至于命":"只穷理便是至于命。"子厚谓:"亦
> 是失于太快,此义尽有次序。须是穷理,便能尽得己之性,则推类又尽

① [宋]朱熹:《周易本义》,北京:中华书局,2009年,第261页。
② [宋]黎靖德编:《朱子语类》,北京:中华书局,1986年,第1922页。
③ [宋]程颐、程颢:《二程遗书》,《二程集》,北京:中华书局,2004年,第292页。

人之性;既尽得人之性,须是并万物之性一齐尽得,如此然后至于天道也。其间煞有事,岂有当下理会了? 学者须是穷理为先,如此则方有学。今言知命与至于命,尽有近远,岂可以知便谓之至也?"①

首先张载不同意程颐一味强调只穷理便可通达"尽性"和"至于命",说次序是需要的,而且《周易》记录的次序还需细分。尽性,则要先尽己之性,然后再尽他人之性,接着还要达到尽万物之性的程度,才算是真正的尽性了,当然这过程中穷理还是首要的。而至于命,也有程度之分,因为知命和至于命,二者的程度完全不同。

其实程颐和张载,对"穷理尽性以至于命"的理解都已经超出了原文的范畴,只是角度不同:程颐强调理比性命更重要,甚至只需穷理即可尽性且至于命,这是《周易》原文中并没有的内容;张载将尽性分为尽己之性与尽人之性、尽万物之性三个层次,在至命之前又设计出知命这个层次,也是《周易》原文中所没有的内容,仍旧在附会自己的理论。

理学家们越说越复杂,偏离《周易》的本义也就越来越远,即使朱熹曾经隐晦地借说易、说人的区别提示同人卦注重经文本义,也并没有起到什么效果。而毛奇龄在此处的解释,恰好表达了与朱熹之强调类似的意思,即某些义理概念在易说中具有特殊含义,应当结合其语境进行理解。

解释"昔者圣人之作《易》也,幽赞于神明而生蓍,参天两地而倚数,观变于阴阳而立卦,发挥于刚柔而生爻,和顺于道德而理于义,穷理尽性以至于命"这一段时,于"观变于阴阳而立卦"之前,毛奇龄结合筮法来说,并不涉及义理,从该句之后,则说:

> 分阴阳而立卦,发刚柔而成爻。与生蓍倚数,皆一时事,无次第先后者。故象立而义生其间,如一阴一阳之道,与乾易坤简之德,各归于义理。因之尽义理,以究其继善之性,而驯至于达天知命之命,先圣之作易如是也。②

圣人创立卦爻之后,其中就蕴含着义理,如一阴一阳之谓道、乾以易知坤以简能之类,都是对义理的阐释。尽知义理,然后探求继承善道之性,最后甚

① [宋]程颐、程颢:《二程遗书》,《二程集》,北京:中华书局,2004年,第115页。
② [清]毛奇龄:《仲氏易》,《影印文渊阁四库全书》,台北:台湾商务印书馆,1986年,第41册,第468页。

至能达到了解天命的程度,这是圣人作易的根本目的。

毛奇龄在这里的解释,完全是随文附释,丝毫没有超出文本的本义。这一段将圣人作《易》的目的推至义理,然后是性,然后是知天命,毛奇龄也即如此解释。还特地在最后用小字强调说:"道德性命皆两《系》所已言者,故命兼吉凶变化,为立卦生蓍者言,与他处不同。"①此处的"命",与一般所说的命有区别,因为《说卦》前文说立卦生蓍,之后才由此至于命,所以这里的命兼有占卜所见之吉凶变化之意。命这个概念,如不在此处界定,说明是与卜筮天命有关之命,就难免与《中庸》"天命之谓性"之类的、完全道德化的"命"混为一谈,毛奇龄意识到这一问题,因此特地区分,与朱熹的意图类似。而程颐、张载都未曾发现此命与彼命的不同,因此才会像朱熹所说的那样,不"说易"而"说人"。

而毛奇龄在义理说方面,仍然贯彻了"以经解经"的解易理念,经中有义理内容,就作义理解,且仔细研读经文的本义,能够注意区分语境,这与宋人的义理说区别很大。

(二)毛奇龄论宋人义理学

无怪乎毛奇龄评论宋人义理说:"汉儒说易犹顾义理,至宋则专务铺张,并无实义。"②所以,他责备宋儒不在于其讲义理,而主要在于宋儒所讲的义理,铺张虚泛,完全落不到实处,上一小节解"穷理尽性以至于命"就是一个很好的例子。

毛奇龄上文的这句评论,其实来自井卦䷯象辞之双行小注,因此他接着说:"如不改井,则谓所性分定,无得无丧,则谓大行不加、穷居不损,然试问何谓不改井,则茫然矣"③,这是一个很典型的例子。按照汉学与毛奇龄的思路,解释井卦象辞"改邑不改井,无丧无得,往来井井;汔至亦未繘井,羸其瓶,凶"首先需从互体、取象,以及其他卦变方式入手,由卦象推出卦辞,使其中的每个意思都有来历。而宋学,则不从卦象讲象辞为何而来,反而讲从象辞中能引申出什么意思。因此,毛奇龄责怪他们,连解经的第一部——准确理解经文尚且做不到,就开始引申附会了。

对比毛奇龄《仲氏易》与程颐《易传》解释井卦的方式,就可以比较直观地展示他们的区别。

毛奇龄用很长的篇幅解释井卦象辞,下面只引用解释"改邑不改井,无

---

① [清]毛奇龄:《仲氏易》,《影印文渊阁四库全书》,台北:台湾商务印书馆,1986年,第41册,第468页。

②③ [清]毛奇龄:《仲氏易》,《影印文渊阁四库全书》,台北:台湾商务印书馆,1986年,第41册,第376页。

丧无得，往来井井”的部分：

> 井以巽木取水为义，而文王演象则专以推易之法演之，为辞以为
> 推易者，改易之谓也。故井从泰来，以泰初之五，而改名为井。是泰
> 者，坤乾之卦也，改乾初之刚而填之坤土之中，坤土成坎，而乾以刚金
> 而生坎水。则坤本邑也，而今改为井，是改邑也。然而井者，坎兑之卦
> 也，改坤五之柔而反之乾刚之初，坤改坎水而乾以阴金而改巽木，是
> 乾、巽皆非井也。而但改坤邑，而即名井，是不改井也。故以乾之刚而
> 改为柔，乾不为丧；以坤之柔而改为刚，坤不为得。惟是阳上而往，往
> 固为井；阴下而来，来亦为井，往来井井。①

这段话以推易说与取象说为基础，井卦巽下坎上，来自下乾上坤的泰卦，于
是毛奇龄根据乾坤变巽坎，用二百多字，解释“改邑不改井，无丧无得，往来
井井”这十三字中所有概念的来历，逻辑严密，正是汉易的一贯做法。

而《周易程氏传》，解释这一段时则是完全不同的内容与风格：

> 井之为物，常而不可改也。邑可改而之他，井不可迁也，故曰改邑
> 不改井。汲之而不竭，存之而不盈，无丧无得也。至者皆得其用，往来
> 井井也。无丧无得，其德也常；往来井井，其用也周。常也，周也，井之
> 道也。②

这一段话完全不考虑卦象与象辞的关系，更不用说各种卦变了，直接把象
辞当作既定事实，用其阐释守常不变的“井道”。语言上却很富有节奏感和
哲理，如“汲之而不竭，存之而不盈”之类，而且使用所指比较虚泛的义理化
概念，如“德”“常”“周”之类。这都会使这段阐释隐含的意思极大膨胀，也
正是毛奇龄所谓“无实义”的真正所指。

毛奇龄批判宋学时还有一个特点，除了宋学中的寥寥几人偶尔会指
明，如朱熹、程颐、苏轼、吴澄之外，对其他人总是喜欢统称为宋人而不加
区别。

再如上文已经说到过的井卦之例，“大行不加、穷居不损”源自《孟子》，

---

① ［清］毛奇龄：《仲氏易》，《影印文渊阁四库全书》，台北：台湾商务印书馆，1986年，第41
　册，第375—376页。
② ［宋］程颐：《周易程氏传》，北京：中华书局，2011年，第248页。

表示君子所自持的本性,虽然拥有权力,使理想通行于天下,也并不增加,虽然穷困隐居无所施展,也不会减少。在语录中,二程则引这句话来强调天理亘古不变,得天理的人,也不会因其或闻达或穷居而有所变化,即所谓"天理云者,这一个道理,更有甚穷已"①。但《周易程氏传》并没有引用它来解释《周易》,朱熹等人也只是曾经在其他地方引用过《孟子》这一句。

真正用过这句话来解释井卦的,是朱震的《汉上易传》,朱震是一个非典型的义理派宋易学者,他会先使用很多象数理论解释象爻辞,然后再进行义理阐释。如井卦此处,朱震也用了一定篇幅,讲井自泰卦而来,而且结合巽、坎取象说,解释象辞来历:

> 巽,木也,入也。木入于水,举水而上之井也,故曰巽乎水而上,水曰井。此合二卦言井也,泰之初五成井。古者八家为井,四井为邑,邑改而井不改井,德之不迁也。坤在内为邑,坎为水,水者所以为也……②

这段解释可能并不如毛奇龄面面俱到,但也不可说是"无实义"。接着这样一段易说之后,朱震才说:"君子穷居不损、大行不加,穷亦乐、通亦乐,非刚中不变,能之乎。"

毛奇龄说:"汉儒说易犹顾义理,至宋则专务铺张,并无实义。……然试问何谓不改井,则茫然矣",此论不但引朱震说而不指明,却将宋学一网打尽,而且忽略了朱震确有讲象数的内容,绝非不知何谓"不改井"的现实,只讲义理之程颐与引"穷居不损、大行不加"之朱震,毛奇龄将二人的特点合称为宋人之失。正如上一章惠栋以郑玄说改虞翻等说,使汉学走向极端,毛奇龄将不同宋人的不同问题结合在一起,也走向了批判宋儒的极端。

有时,他所指出的确实是一部分宋人共同抱持的观点,但仍然很难以"宋人"概称。如大畜卦《彖传》中的"刚健笃实,辉光日新,其德刚上而尚贤"。毛奇龄在"新"字下用双行小字注明:"郑玄、虞翻、管辂、崔憬诸儒,皆以笃实句,此又句,李氏《易解》亦以此章,惟王弼本以其德章句,而宋人宗之,非是。"③"刚健笃实,辉光日新,其德刚上而尚贤"是按照郑玄以至李道

---

① [宋]程颐、程颢:《二程遗书》,《二程集》,北京:中华书局,2004年,第31页。

② [宋]朱震:《汉上易传》,《影印文渊阁四库全书》,台北:台湾商务印书馆,1986年,第11册,第166页。

③ [清]毛奇龄:《仲氏易》,《影印文渊阁四库全书》,台北:台湾商务印书馆,1986年,第41册,第296页。

平等人之理解所作的标点,如果按照王弼与宋人的理解,这句话的断句则应当是"刚健笃实辉光,日新其德,刚上而尚贤。"

参考方闻一所辑《大易粹言》,即可见宋易中一些重要人物对这一条的理解,《大易粹言》中按照"刚健笃实辉光,日新其德"理解的包括程颐、张载、郭忠孝,按照"刚健笃实,辉光日新"理解的包括杨时、郭雍,另外《大易粹言》所引的游酢并没有解释这一部分,无法判断取舍[①],而《大易粹言》所没有引用的朱熹,则倾向于前者[②]。再如朱熹的一个学生冯椅,在他的《厚斋易学》中,也按照后者来进行了理解,并且还特地指出前者之非。[③]

由此可见,宋代义理学派中,确实大体以"日新"属"其德",并且其中最重要的一些人物,如程颐、朱熹、张载,都是如此,这是在王弼之解释与他们自身哲学倾向的双重影响下形成的,但选择以"日新"属"辉光"者亦不少见,同为义理派中的七个人,有三个(虽然不算是其中最关键的人物)均为如此,怎能笼统地将前者当作"宋人"整体之说?

可以说,毛奇龄为了批判宋学,甚至会主观地忽略了宋学中与自己相合的一部分说法,将其一概摈斥,因其笃信宋人的义理倾向将整个宋代的学术风格都败坏了,不可能产生符合经文的正确解读。至于"宋人"之外的前人易说,毛奇龄在选择上倒是能做到某种意义上的公允,即根据自己的具体观点,择善而从,与己相合者则取,不合者则不取。

四、驳朱熹易说

(一)毛奇龄与朱熹的象数说

1.朱熹采用象数说的概况

朱熹在义理派易学领域,处于数一数二的地位,但他的易解,和朱震《汉上易传》情况类似,并非典型的宋学义理学易解,言义理的同时也言象数,这里同样以他解井卦象辞的内容为例,以便与上一小节引用过的毛奇龄、程颐、朱震说进行对比。

《周易本义》说:"井者,穴地出水之处。以巽木入于坎水之下,而上出其水,故为井。改邑不改井,故无丧无得。而往者来者,皆井其井也。"[④]朱

---

①　以上详见[宋]方闻一《大易粹言》,《影印文渊阁四库全书》,台北:台湾商务印书馆,1986年,第15册,第305—308页。

②　详见[宋]朱熹《周易本义》,北京:中华书局,2009年,第114—115页。

③　详见[宋]冯椅《厚斋易学》,《影印文渊阁四库全书》,台北:台湾商务印书馆,1986年,第16册,第608页。

④　[宋]朱熹:《周易本义》,北京:中华书局,2009年,第174页。

熹在此和朱震一样,用上下体取象解井而不取往来推易说,即使井卦爻辞"往来井井"已经暗示了往来之意,他也坚持从井本身的特征来解释往来的意思,即往来之人,均用此井。同时二朱的取象都较为简单,没有根据卦象解释所有意象,如邑、往来、丧得之来历,反而从卦辞本身的意思出发来解释。

为了解释自己对取象说的看法,朱熹作《易象说》一文。其中承认取象在《周易》中是有用的,不可如王弼一样尽扫易象,但汉儒试图利用取象说解释一切,不能阙疑,也过于顽固,不知变通:

> 易之有象,其取之有所从,其推之有所用,非苟为寓言也。然两汉诸儒必欲究其所从,则既滞泥而不通。王弼以来直欲推其所用,则又疏略而无据,二者皆失之一偏,而不能阙其所疑之过也。①

所以取象可用,但要适度,即:

> 易之取象,固必有所自来,而其为说必已具于大卜之官。顾今不可复考,则姑阙之,而直据辞中之象以求象中之意,使足以为训戒而决吉凶。②

只能据《周易》原文中曾经提到的卦象解卦,如果无法解释,就干脆空缺者,这基本上与他在《周易本义》中的处理一致。

接着《易象说》又说到其他象数理论的变易说法,如互体、变卦等等,这回朱熹所持的则主要是不赞同的态度:

> 汉儒求之(种按:之即取象。)《说卦》而不得,则遂相与创为互体、变卦、五行、纳甲、飞伏之法,参互以求,而幸其偶合。其说虽详,然其不可通者,终不可通,其可通者,又皆传会穿凿,而非有自然之势,唯其一二之适然而无待于巧说者为可信。然上无所关于义理之本原,下无所资于人事之训戒,则又何必苦心极力以求于此,而欲必得之哉?③

---

① [宋]朱熹:《晦庵集》,《影印文渊阁四库全书》,台北:台湾商务印书馆,1986年,第1145册,第307页。

②③ [宋]朱熹:《晦庵集》,《影印文渊阁四库全书》,台北:台湾商务印书馆,1986年,第1145册,第308页。

朱熹在这里认为,互体、变卦、五行、纳甲、飞伏这些方法,穿凿附会,即使讲通了经文,也非自然真理,而且他们与义理本源、人事训诫毫无关系,更无必要苦心钻研。以"义理本源、人事训诫"作为解易的目的,可见朱熹归根究底还是个理学家,他的取象仅为义理服务。

其中关于互体、变卦两点,朱熹的反对其实并不十分坚决,这一点还在后世牵扯出了很多问题。

互体说,虽然《周易本义》中不用,但是朱熹也并不强硬地认为其丝毫不可取,《朱子语类》中有一条记载:

> 问"杂物撰德,辨是与非,则非其中爻不备"。曰:"这样处晓不得,某常疑有阙文。先儒解此多以为互体,如屯卦震下坎上,就中间四爻观之,自二至四则为坤,自三至五则为艮,故曰非其中爻不备。互体说,汉儒多用之。《左传》中一处说占得观卦处亦举得分明。看来此说亦不可废。"①

朱熹答问时说,互体说在《左传》有记载,汉儒多用之,而且《系辞》之中也有暗示的文字,再加上,先儒解屯卦用互体,能够解释得比较圆满,因此互体说也不可废。就"非其中爻不备"来说,朱熹自己并不能解释清楚,而先儒认为它在阐释互体,也许他们是对的。

对于卦变说,朱熹的态度也与对互体说的态度类似,《周易本义》在图目中收录了十辟卦的卦变图,并且注明:"《彖传》或以卦变为说,今作此图以明之。盖易中之一义,非画卦作易之本指也。"②这是承认了卦变为易中之一义,但强调其并非易学的根本。易学真正的根本,自然就是上文说过的所谓"义理本源、人事训诫"了。至于朱熹卦变图的具体情况,下一节还要详细论述。

朱熹在易学方面,身处义理学阵营,但又使用象数的一些理论,并对未用的一些象数理论也表现出一定程度的肯定,这对一部分尊敬朱熹却又固守于义理的义理学家来说,是个不小的困扰。如清人全祖望,作为与毛奇龄时代相近的义理学者,他对互体说的一段议论,可以鲜明地表现出一部分义理派学者对互体之不信任,但又由于朱熹之说,不得不曲为回护的情形。

① [宋]黎靖德编:《朱子语类》,北京:中华书局,1986年,第1957页。
② [宋]朱熹:《周易本义》,北京:中华书局,2009年,第18页。

董秉纯问："说易家有互体,其来远矣,南轩(种按:张栻)教人且看王辅嗣、胡安定、王介甫三家,以其不言互体也。然则互体之说非与? 而朱子晚年颇有取焉,何也?"①这问题教人很难回答,因为首先互体说由来已久,其次朱熹亦曾予以肯定,恐怕不能断然否定,但若肯定互体说,难免与义理学派的思路相冲突,全祖望只好说:

> 向来谓《大传》之杂物撰德、同功异位即指互体,愚未敢信其必然,盖观于多凶、多功、多誉、多惧之语,似于互体无涉。然互体在《春秋左氏传》已有之,乃周太史之古法,则自不可斥,不必攀援《大传》而后信也。汉晋诸儒无不言互体者,至王辅嗣、钟士季始力排之,然亦终不能绌也。②

全祖望首先说,互体之说在《周易大传》中的所谓根据其实都与互体无关,这一点与《朱子语类》中的朱熹不同。盖因如果承认互体于经传有征,那么自然就要用互体。不承认,就动摇了互体的基础,但《左传》中所载解卦之例使用了互体,因此又不能全废互体说。于是全祖望在下文勉强说:"古人互体之法,但于六画中求两互是正例也",即只取二三四、三四五爻互体形成的两个三画卦之互体,其他一切变化,如先反对再互体、两互体重卦形成六画卦,或者用四爻、五爻的互体等等,都应该废去不取。全祖望取互体的方式,倒恰好和《朱子语类》中所举的例子一样。其实,若非朱熹曾经肯定过互体,提问的董秉纯不会如此迷惘,回答的全祖望,也不至于自相矛盾,对互体曲为回护。

2.毛奇龄论朱熹卦变说

毛奇龄好与朱子立异,这是众所周知的,《四库提要》称毛奇龄"以朱子为敌国"③,敌国之称亦不算夸张。但在易学领域,情况却又与毛奇龄作《四书改错》反驳《四书章句集注》截然不同,毛奇龄批判朱熹易说的一个重点,却是他兼采象数的卦变说,这本是朱熹最靠近汉易的一面。

毛奇龄对朱熹卦变说的批评,与全祖望之回护互体说,又有着微妙的同与异。全祖望认为朱熹不当肯定互体,但因其为朱子,不得不回护。而毛奇龄批评朱熹卦变说的缘由,却不是他不当讲,而是他应当讲,但讲得不

---

① ② [清]全祖望:《经史问答》,清乾隆三十年刻本,卷一。

③ [清]永瑢等:《四库全书总目》,《影印文渊阁四库全书》,台北:台湾商务印书馆,1986年,第1册,第346页。

到位。

首先要介绍一下朱熹的卦变说。朱熹对卦变说的态度，比对互体说更加宽容，不但表示支持，而且自己在《周易本义》中也有所应用。

除在《周易本义》之《图目》中对卦变表现出别扭的肯定之外，（这一点在上文已经提到了。）朱熹在书信《答王伯丰》中还说过：

> 易中先儒旧法皆不可废，但互体、五行、纳甲、飞伏之类，未及致思耳。卦变独于《象传》之词有用，然旧图亦未备。顷尝修定，今写去，可就空处填画卦爻，而以《象传》考之，则卦所从来皆可见矣。然其间亦有一卦从数卦而来者，须细考之，可见易中象数，无所不通，不当如今人之拘滞也。①

拘滞之"今人"，指的应当是程颐一类只言易理，丝毫不用象数说的人。在这篇文中，朱熹不仅教王伯丰考证卦变之法，而且对象数的整体态度都变得缓和，认为应当使用基础卦变说的同时，对互体、五行、纳甲、飞伏这几种，也不可废，只是朱熹自己还没有仔细思考它们，所以还没用上而已。这些理论恰恰正是在他《易象说》中表示过否定的理论，可见他不仅对互体、卦变这两种理论，而且对大部分象数理论，都有一种半否定又半肯定的态度，这显示出他对象数理论整体判断的举棋不定。

朱熹在《周易本义》中，用卦变说的情况也很多，如他解贲卦，就选了两种卦变方式：

> 卦自损来者，柔自三来而文二，刚自二上而文三。自既济而来者，柔自上来而文五，刚自五上而文上。②

朱熹从卦变方式来说，是和其他卦变说一致的两爻互换法。但他在卦变来源卦的选择上，十分有特点。虞翻与荀爽，都认为贲卦来自泰卦，并无别说③，而朱熹所选用的损卦与既济卦，并非汉儒的十二辟卦或八纯卦。朱熹与汉易讲往来时一般规律的不同，表现出了朱熹卦变说非宋易又非汉易的

---

① [宋]朱熹：《晦庵集》，《影印文渊阁四库全书》，台北：台湾商务印书馆，1986年，第1144册，第639页。

② [宋]朱熹：《周易本义》，北京：中华书局，2009年，第104页。

③ 虞翻说见[清]李道平：《周易集解纂疏》，北京：中华书局，1994年，第244页；荀爽说见[清]李道平：《周易集解纂疏》，北京：中华书局，1994年，第245页。

特殊性。

巧合的是,损卦是毛奇龄所谓的"子母聚卦",也是推易说的卦变来源卦之一,毛奇龄解贲卦"易泰,又易损、益"①,与朱熹同样有从损来之说,但他对自己与朱熹的巧合这样解释:

> 此前儒荀九家易、虞氏易皆谓从泰来,与推易法同,惟《本义》谓从损来,则推易亦有之。特朱子主变卦言,故异耳。②

荀爽、虞翻说贲从泰来,毛奇龄大方地承认这与他的推易法相同,《周易本义》说从损来,他却不肯承认。毛奇龄说,朱熹与自己终究不同的原因,在于朱熹讲变卦,自己讲推易。然而变卦为何与推易不同?这里没有说明,但在《仲氏易》解泰卦处有答案。泰卦之下,毛奇龄说:

> 《本义》不知推,但知变,以为此卦从乾来,又从归妹来,不知从乾来则诸卦尽然,若从归妹来,则颠倒矣。归妹从泰来,泰不从归妹来也。③

由此可见,毛奇龄认为,朱熹《周易本义》的变卦说是双向的,两卦可以互相变,而推易则是单向的,聚卦能推分卦、分卦不能推聚卦,所以以从泰卦能推出归妹卦,但归妹卦不能推出泰卦,这正是在他眼中推易与变卦的区别,也是他坚信朱熹与己不同的根据。

倒是在《推易始末》中,为了给推易说找到更多的"前人已言之说"作根据,毛奇龄将朱熹的卦变说附在自己的推易说前,逐条列出。其中就包括噬嗑来自益卦与贲卦来自损卦两条,毛奇龄评论说:"噬嗑自损,贲自益,皆推易之至精者。唯既济稍杂变耳"④,这两卦确实符合推易说的精要,只有既济掺杂了变卦。

首先要说明一下,毫无疑问这里毛奇龄想要表达的是"噬嗑自益,贲自损",因为《周易本义》原文和《推易始末》中这句话之前的《周易本义》引文均同为噬嗑卦来自益卦、贲卦来自损卦,而只在这一句话中将对应关系说

---

①② [清]毛奇龄:《仲氏易》,《影印文渊阁四库全书》,台北:台湾商务印书馆,1986年,第41册,第282页。

③ [清]毛奇龄:《仲氏易》,《影印文渊阁四库全书》,台北:台湾商务印书馆,1986年,第41册,第250页。

④ [清]毛奇龄:《推易始末》,《毛奇龄易著四种》,北京:中华书局,2010年,第38页。

反了，可见这里是毛氏笔误或者刊刻错误造成的，我们可以直接将这句话当作"噬嗑自益，贲自损，皆推易之至精者"来进行理解。

可以看出，《推易始末》比《仲氏易》更加仔细地给朱熹卦变说进行了分类，噬嗑自益、贲自损属于推易类，而贲自既济则属于卦变类，这才是毛奇龄眼中朱熹卦变说的全貌。

经过统计，可发现《仲氏易》在泰、蛊、噬嗑、贲、无妄、大畜、咸、恒、晋、蹇、解、损、益、涣十四卦中都讨论了《周易本义》的卦变说，而《周易本义》正文中用卦变解卦，据毛奇龄《推易始末》中的统计，总共也不过十九处。[1]这个总体数量和引用数量的对比，体现出毛奇龄口是心非，对《周易本义》卦变的重视。其中《周易本义》卦变说来源卦与《仲氏易》相同者有四卦，包括噬嗑从益来，晋从观来，解从升来，蹇从小过来，解与蹇两卦之变被毛奇龄承认为推易法，而噬嗑与晋两卦之变则仍然被归于卦变说。这种既重视朱熹又对其吹毛求疵的态度，表明毛奇龄极其不愿承认朱熹卦变说与自己推易说的相似性，却又不得不承认的状况。

（二）毛奇龄论朱熹的具体易说

在朱熹的易说中，受毛奇龄关注度最高的，竟然是卦变说，这一点令人意想不到。又因朱熹的卦变说有与推易说有很多相合之处，甚至用了只有毛奇龄才会用的"子母聚卦"作卦变来源，这使毛奇龄对朱熹卦变说的态度，也不得不一改他在其他领域对朱熹的一味否定。但在他认为自己发现了朱熹错处的时候，毛奇龄必定会抓住机会语带讽刺地反驳一番，这类内容主要集中在对文字的具体解释中，对于朱熹的义理阐发，着墨却不多。

如师卦上六"大君有命，开国承家，小人勿用"，《仲氏易》认为这是在说，军事行动已经结束，开始论功行赏，"开国封诸侯，承家立都邑"[2]。而对小人绝不可给予任何赏赐，如果他们没有违反律法，就弃之不用，使用他们会使邦国混乱，即"若小人诸柔，非失律即舆尸，勿用之矣，用之则乱邦矣"。朱熹《周易本义》则说对有功之小人"不可使之得有爵土，但优以金帛可也"[3]，不能给他封爵或封地，但可以多给金帛这些物质赏赐。《朱子语类》中也说：

　　开国承家，小人勿用，旧时说只作论功行赏之时，不可及小人，今

---

① ［清］毛奇龄：《推易始末》，《毛奇龄易著四种》，北京：中华书局，2010年，第42页。

② ［清］毛奇龄：《仲氏易》，《影印文渊阁四库全书》，台北：台湾商务印书馆，1986年，第41册，第237页。

③ ［宋］朱熹：《周易本义》，北京：中华书局，2009年，第64页。

> 思量看理去不得。他既一例有功,如何不及他得! 看来开国承家一
> 句,是公共得底,未分别君子小人在。小人勿用,则是勿更用他与之谋
> 议经画尔。①

小人毕竟有功,不可直接忽略,还是应当封赏,"小人勿用"是说封赏过后,就不要再用他了。

毛奇龄对朱熹的说法尤为不满,在该爻注文下的双行小注中说:

> 《程传》《本义》谓小人虽有功亦勿可用,但优之金帛禄位。夫既是
> 小人失律舆尸,何尝有功? 乃忽以小人换入正功之内,固已奇矣。乃
> 既已有功,则勿用难解,于是又添以金帛禄位。试问此金帛禄位,在三
> 圣辞内,几曾有此。且又多为回护,谓金帛无碍,若禄位则当如殷设三
> 监、虞设库吏之制,使不得自便。此等补救,从何说起? 至《朱子语
> 录》,则又云"开国承家"是公共的,"小人勿用"是勿与谋画。如光武功
> 臣在左右者只邓禹、耿弇数人,则又并讳其金帛禄位之说,竟将小人亦
> 换入封国之内,而第云勿使谋画,则不知此等优典,在《易》从何处看
> 出? 真不可解矣。②

对不同意的看法进行反驳,这没有什么,但"何尝""固已奇矣""几曾有此""从何说起""竟""何处看出""真不可解",这样语气强烈的词语和反问句,在一段话中用了如此多,其激愤不满可想而知。

再如,对复卦初九"不远复无祗悔"之"祗",毛奇龄根据《九家易》等说,将其解释为"但"或"适",其实就是"只"字之义,意为恰好。论证结束后,毛奇龄还特意指出程、朱的错误,说"至《程传》、朱《义》皆训作'抵',则从无此义,不知所据"③,特地抓住程、朱的明显错误予以批评,其态度非常明显。

另外《周易本义》提出的《周易》异文,《仲氏易》也收录了很多,但由于《周易本义》还算审慎,通常只是说出对异文的怀疑,并不会擅改经文,因此毛奇龄也不会进行强烈的批评。对《周易本义》之说不同意时,则只说"非是""误"之类,如贲卦《彖传》之"贲亨",下注曰"'贲亨'与'比吉'同例,朱

---

① [宋]黎靖德编:《朱子语类》,北京:中华书局,1986年,第1753页。
② [清]毛奇龄:《仲氏易》,《影印文渊阁四库全书》,台北:台湾商务印书馆,1986年,第41册,第238页。
③ [清]毛奇龄:《仲氏易》,《影印文渊阁四库全书》,台北:台湾商务印书馆,1986年,第41册,第290页。

《本义》疑衍，非是"①，朱熹怀疑"亨"字是衍文，毛奇龄说在比卦下也有类似文字，因此不认可朱熹的观点。顶多不过如既济象辞"亨小"下之注"朱《本义》谓'亨小'是'小亨'之误，大谬"②，用了"大谬"而已。毛奇龄不能确定《周易本义》异文说之是非时，就只是照录而不做判断，如《系辞下》"能说诸心，能研诸侯之虑"，《仲氏易》则只注云："《本义》以侯之二字为衍文"③，这里从对偶和句义来看，朱熹的怀疑极有道理，毛奇龄恐怕也赞同，因此才引用，但不肯做出赞同的判断。

但这是在不改字的情况下，有时后人会据朱熹说径改经文，这时《仲氏易》的语气就会非常严厉，如否卦象辞"否之匪人"，《仲氏易》注云：

> 《本义》疑"之匪人"三字为衍，以为从"比之匪人"所误，则《象》曰"否之匪人不宜"又误矣。易无秦火，原不应漫指脱误，然《本义》但拟议及之，而吴澄、朱升注本竟去此三字，一何妄也。④

从这句话可以看出，《周易本义》动辄怀疑经文文字有误，毛奇龄对这一点就并不赞同，因为《周易》本身未经秦火，文字脱误不会很多。但《周易本义》只是发出议论而已，无伤大雅，因此作为一种观点，毛奇龄也在《仲氏易》中收录了不少。而吴澄和朱升出于对朱熹的信服，径据其无依之疑就改动经文，这在毛奇龄看来是相当严重的问题，因此他说"一何妄也"，用了一个感情色彩非常强烈的词汇。

宋学解易以义理学为主，程颐是其中的典型代表，宋人还创造了《图》《书》之学来辅佐义理。总的说来，毛奇龄对宋人在义理、《图》《书》学方面都持有较为激进的看法，并在辨析《图》《书》学方面成果颇丰。同时，朱熹作为宋易的重要人物，易学又比较特殊，在义理、《图》《书》说之外，在卦变和文字考订等其他领域也有一些阐发。毛奇龄对其卦变方面的说法颇有赞同，因为这与他的推易说关系密切。同时毛奇龄对朱熹的义理和文字考

---

① ［清］毛奇龄：《仲氏易》，《影印文渊阁四库全书》，台北：台湾商务印书馆，1986年，第41册，第282页。

② ［清］毛奇龄：《仲氏易》，《影印文渊阁四库全书》，台北：台湾商务印书馆，1986年，第41册，第426页。

③ ［清］毛奇龄：《仲氏易》，《影印文渊阁四库全书》，台北：台湾商务印书馆，1986年，第41册，第466页。

④ ［清］毛奇龄：《仲氏易》，《影印文渊阁四库全书》，台北：台湾商务印书馆，1986年，第41册，第252页。

订十分关注,尤其是后者,遇到与己相反的说法时,则难免同他一贯针对的宋学那样,极尽讽刺之能事。

因此本章分《图》《书》学、义理学、朱熹易说三个方面,将毛奇龄的易学与宋学对比,试图较为全面地展现毛奇龄对宋易的看法。同时通过分析毛奇龄对同时代之胡渭的影响,展现他在清初反宋学思潮中的地位和作用。

《毛奇龄易学研究》这部论著对本书来说参考价值很大,它已由中国社会科学出版社于2016年出版。这篇论著一共六章:第一章毛奇龄易学建构的背景,主要介绍从明代到清代前期的学术概况;第二章毛奇龄的生平、著作及易学渊源,介绍毛奇龄的概况;第三章毛奇龄的易学观,主要介绍毛奇龄对《周易》本质的看法及他的五易说与推易说;第四章毛奇龄的解易方法,主要介绍毛奇龄使用卦名、卦象、方位、爻位、时气数等理论解易,与他引用其他经书、史书解易的情况;第五章毛奇龄对《图》《书》之学的考证,顾名思义,介绍他考辨宋易各种《图》《书》说的情况;第六章毛奇龄易学对清初学者的影响,简要介绍了毛奇龄对朱彝尊、胡渭、李塨三人造成的影响。这部论著与本书在介绍毛奇龄易学基本情况与他考辨《图》《书》学的内容上有一些重复,但详略不同,而且本书针对毛奇龄与汉易、宋易之关系与毛奇龄易学流派的情况研究,都是《毛奇龄易学研究》一书所没有的。虽然在《毛奇龄易学研究》的最后一章,提及了毛奇龄对李塨的影响,但只是寥寥几页,且只将关注点放在批判《图》《书》学一个问题上,有很多问题都还没有涉及。

第三章　李塨——毛奇龄经学的继承人

本书的第一章与第二章,从不同的角度着手,尽量完整地介绍了毛奇龄易学的全貌,从第三章开始,则要开始介绍清初易学"以经解经"流派中的其他学者。在这些人中,颜李学派的李塨,不但其经学直接受教于毛奇龄,是以经解经派系谱图下当之无愧的第一人,尤其明显地继承了毛奇龄的易说,又有个人的扬弃和融合。

第一节　李塨生平学术概说

一、生平与交游

李塨(1659—1733),字刚主,号恕谷,直隶人。李塨之父与颜元相交,因此李塨从小即从颜元游。康熙十七年进县学生员第一名后,李塨本可以补廪生,但由于颜元对廪生制度有所不满,他就干脆地放弃了这项优待①,可见他对颜元言听计从,后虽也曾应试,但始终不以举业萦怀。李塨晚年曾被授予通州学正之职,就职未几,就辞归不再出。李塨从二十三岁起,就制定了每年的仪功和每日的日谱,严格要求自己,仪功即每年祭祀的仪式和内容,日谱即每天考察自己的心性、处世、学业,并做出评价。②这两件功课,李塨在有生之年躬行不辍,这件事体现了李塨克己严谨的性格,以及他致力于躬行修身礼乐的学术追求。

李塨主要因身为颜李学派之"李"而为人所知,又由于颜李学派一向被人归类为实用主义者,提倡躬行,人们就想当然地以为他们在经学研究方面并没有什么成就。而实际上,虽然颜元确实并不关注经学研究,但是李塨却并非如此。冯调赞在《李塨年谱》中,说他"从来称道学者不谙经术,能干济者不究身心,先生兼综条贯,一源共委,于先圣明亲至善之道,备体诸身,如有用者,举而措之耳"③。道学家一向不擅长经学,经纶世务者则不擅

---

① 详见[清]冯辰、冯调赞:《李塨年谱》,北京:中华书局,1988年,第4—5页。
② [清]冯辰、冯调赞:《李塨年谱》,北京:中华书局,1988年,第10—11页。
③ 详见[清]冯辰、冯调赞:《李塨年谱》,北京:中华书局,1988年,第210页。

长修身,李塨却不一样,他又是道学家,又能实践,又有经学研究成果。这虽然是后学之过褒,但是对他能够兼顾道学与经术的这一点判断,确实是实情。

李塨在《诗经传注题辞》中说:

> 予自弱冠庭训外,从颜习斋先生游,为明德亲民之学,其明德功课,则日记、年谱所载是也。其亲民条件,则《瘳忘编》《阅史郄视》,今大半汇之《平书订》者也,而无暇治经义。经义大率阅宋儒所注今世通行者,即间及《十三经注疏》以及汉儒诸书,悤悤未深考也。迨年几四十,始遇毛河右先生,以学乐余力受其经学,后复益之王草堂、阎百诗、万季野,皆学穷二酉,助我不逮。然取其经义,犹以证吾道德经济。如《大学辨业》《圣经学规》,则用以明道;宗庙、田赋诸考,用以论治,尚无遑为传注计也。至于五十始衰,自知德之将耄,功之不建矣。于是始为《周易传注》,续之《四书传注》。①

这是他人生经历的简略自述,从该文中可以知道,李塨早年跟随颜元学习。颜元闭门自修,并没有传播自己思想的计划,而李塨则广交名士,宣传颜李学派的思想,这才使颜李学派发扬光大,颜李后学主要人物王崑绳、恽鹤生、程廷祚,都由李塨结纳而来。这也使得李塨早期专心于颜李学派事业,无暇治经。直到四十余岁之后,李塨与毛奇龄相识,最初本为学乐而拜师,但又受到他经学的感召,于是一并学经。后来在经学上,李塨又受益于王复礼、阎若璩、万斯同等人,上文讲胡渭时,亦讲到他与李塨的交往,但这些人对李塨的影响,远远不及毛奇龄之深。

可惜李塨与毛奇龄的师生关系,终究由于哲学上的分歧与毛奇龄的激烈性格,产生了一些瑕疵。《颜氏学记》中记载:

> 始先生(种按:李塨)问乐萧山毛氏,毛尝推许为盖世儒者,意欲使先生尽从其学。后以论格物不合,而毛遂作《大学逸讲笺》以攻习斋。②

---

① [清]李塨:《恕谷后集》,丛书集成初编影印畿辅丛书本,北京:中华书局,1983年,第136页。

② [清]戴望:《颜氏学记》,北京:中华书局,1958年,第83页。

毛奇龄与李塨在哲学上有根本分歧,毛奇龄坚持王学,李塨则持颜李学派思想,这导致二人在格物方面观点不和,甚至最终影响到他们的师生关系。对这一点,毛奇龄与李塨颇有隐晦不言之意,可惜终究被戴望揭露出来。

《大学逸讲笺》今已不可见,不知毛奇龄曾经如何攻击过李塨,颇为遗憾。但从李塨经学著作中对毛奇龄长篇累牍的引用,可见李塨对毛氏的经学,一如既往地信服。而从毛氏书中,尤其是成书最晚的《易小帖》中,仍然处处提及李塨看来,二人的龃龉倒是并未造成太大的影响。

李塨的交游十分广泛,且十分宽厚,交友并不囿于学派与思想,如笃信程朱的理学家方苞,与李塨曾经过从甚密,但思想上终究有直接的对立,致使他们在晚年产生了大龃龉,李塨去世后,方苞作《李刚主墓志铭》,其铭曰:

> 习斋矢言,检身不力。口非程朱,难免鬼责。信斯言也,趋本无歧。各从所务,安用诋娸。君承师学,固守樊垣。老而大觉,异流同源。不师成心,乃见大原。改过为大,前闻是尊。琢瑕葆瑜,有耀师门。九原相见,宜无闲言。①

怒斥颜元之非,且认为李塨晚年已经幡然悔悟,投向理学,改过为大,这显然并非实情。具体情形,下文论及李塨对汉学、宋学的态度,还会详述。

经学方面,李塨在南游与北上的旅途中,结交了南北两方很多经学名家,如胡渭、阎若璩、姚际恒、万斯同等。湖南大学的朱纯,在她的硕士论文《李塨思想流变考论》中将李塨的经学转向归结于他南游北上,尤其是南游后与一些经学名家的交往,盖得其实。②

二、著作

李塨虽然晚年才开始经学著述工作,但是著作的数量亦不少。《颜氏学记》对李塨著作的记载如下:

> 所著《小学稽业》五卷,《大学辨业》四卷,《圣经学规纂》二卷,《论学》二卷,《周易传注》七卷,《筮考》一卷,《论语传注》二卷,《大学》《中庸传注》各一卷,《传注问》四卷,《经说》六卷,《学礼录》四卷,《学乐录》

---

① [清]方苞:《方苞集》,上海:上海古籍出版社,1983年,第249页。
② 详见朱纯:《李塨思想流变考论》,长沙:湖南大学,2014年,第17—20页。

四卷,《郊社考辨》一卷,《拟太平策》一卷,《恕谷文集》十三卷,皆刊行。《诗》《春秋》《孟子传注》,《学射御书术录》,《田赋考辨》,《宗庙考辨》,《禘祫考辨》,《瘳忘编》,《阅史郄视》,《平书订》,《运心编》,《览天主书辨》等书,皆藏于家。①

另外,《清文献通考·经籍考》除《颜氏学记》之外,还著录了《恕谷后集》十卷、《续集》三卷②与《学记》五卷③两部书。而《周易传注》与《学乐录》,《四库全书》已收。

戴望所整理的李塨著作已经非常全面,只是出版情况,在戴望之后又有所变化。

光绪中王灏所编的《畿辅丛书》,收录了《圣经学规纂》《论学》《小学稽业》《大学辨业》《学礼录》《学射录》《阅史郄视》《阅史郄视续》《恕谷后集》《拟太平策》《评乙古文》《平书订》。

后民国十二年(1923)四存学社整理出版《颜李丛书》,其中包括李塨的《春秋传注》《大学传注》《中庸传注》《传注问》《论语传注》《诗经传注》《周易传注》《拟太平策》《瘳忘编》《评乙古文》《平书订》《圣经学规纂》《论学》《学礼录》《学射录》《恕谷后集》《讼过则例》《天道偶测》《恕谷诗集》《四考辨》(即《宗庙考辨》《郊社考辨》《禘祫考辨》《田赋考辨》)、《学乐录》《竟山乐录》《阅史郄视》。四存学社对整理保存李塨著作,功不可没。

李塨的著作,终究以颜李学方面的著作,包括论修身、学习、治道的为多,如《瘳忘编》《平书订》《圣经学规纂》《小学稽业》《阅史郄视》《大学辨业》《拟太平策》等书。以"传注"为题的一系列著作则是专门的经学研究,包括《周易》《春秋》《论语》《大学》《中庸》等。

三、李塨经学概述

(一)李塨的经学渊源

李塨的经学,来自颜元与毛奇龄两方的影响。

颜元虽然不治经,但是其汉、宋均不取的态度,却与毛奇龄不谋而合。颜元曾说:

---

① [清]戴望:《颜氏学记》,北京:中华书局,1958年,第84页。

② 《钦定皇朝文献通考》,《影印文渊阁四库全书》,台北:台湾商务印书馆,1986年,第637册,第415页。

③ 《钦定皇朝文献通考》,《影印文渊阁四库全书》,台北:台湾商务印书馆,1986年,第637册,第119页。

> 汉唐章句、魏晋清谈，虚浮日盛，而尧舜周孔之学，所以实位天地，育万物者，不见于天下。以致佛老昌炽，大道沦亡。[1]

他对汉唐魏晋的学术一概否定，认为他们引入佛教、道教思想，污染了儒家之学。他又说：

> 至宋而程朱出，乃动谈性命，相推发先儒所未发。以仆观之，何曾出《中庸》分毫。但见支离分裂，参杂于释老，徒令异端轻视吾道耳。若是者何也？以程朱失尧舜以来学教之成法也。[2]

颜元对程朱的不满，更胜过对汉唐魏晋的不满，说他们之说并不出《中庸》所已言，没有什么高见，而且支离破碎，有掺杂异端的思想。而其原因，还在于失尧舜以来成法。颜元讲习六艺四德，虽然走出来的路子与毛奇龄不同，但是他们的出发点，都是以圣人经书为基础，在汉儒章句、宋人义理，尤其是后者之外，试图走出一条新路。

李塨在《周易传注》自序中说：

> 予弱冠受学于颜习斋先生，不言《易》，惟以人事为教。及壮游，见许西山先生，颇言《易》卦象数。谒毛河右先生，剖辨《河洛》《太极》。及归而玩《易》卦象、爻象，一一与习斋所传人事相比，乃知习斋不言《易》而教我《易》者至矣。[3]

颜元之教在于人事而非天道，李塨自幼受其熏陶，年长后从许西山、毛奇龄学易，而颜元留下的潜在影响难以避免，因此李塨从《周易》中看到的，仍然是人事。李塨当然不会意识到，这恐怕是颜元对他的影响在先，《易》中见人事在后，反而觉得，《易》中之义恰好与习斋先生说相合，因此对习斋之说、对《易》中所见之人事更加信服。

李塨在给恽鹤生的一封书信中，又明确承认自己的《周易传注》得自毛奇龄的传授：

---

[1] ［清］颜元：《与太仓陆道威书》，［清］戴望：《颜氏学记》，北京：中华书局，1958年，第10页。

[2] ［清］颜元：《上征君孙钟元先生书》，［清］戴望：《颜氏学记》，北京：中华书局，1958年，第6页。

[3] ［清］李塨：《周易传注》，《影印文渊阁四库全书》，台北：台湾商务印书馆，1986年，第47册，第3页。

> 塨《传注》之文,实授于毛河右先生。先生曰:"注经必宜洁古,古
> 则理足而辞易明,断不可如宋人禅语乡谈,一概污秽拉杂。"故河右注
> 经,皆行以古文法。方灵皋尊宋儒者,而阅愚《传注》,曰"明洁简快,有
> 物有序",因自嫌其《春秋注》不文,欲重改订。①

这段文字中,李塨对毛奇龄的推崇之意一览无余。毛奇龄喜欢简洁复古的
注经风格,就要求李塨断不能像宋那样长篇累牍且掺杂异端。李塨说自己
照做之后写出的《周易传注》,连理学拥趸方苞都折服了。

(二)李塨对汉学、宋学的态度

李塨与清代笃信程朱的理学一派,关系多有不合,并有一段李塨与方
苞互相诘难的公案。《颜氏学记》中记载了这件事的详细过程,其中一些细
节可为例证:

> 桐城方侍郎苞与先生交至厚,尝使子道章从学先生,而方固信程
> 朱,以习斋复圣门旧章易非。每相见,先生正论侃侃,方无辞而退。后
> 先生没,方不俟其子孙之请,为作墓志,于先生德业一无所详,而唯载
> 先生与崑绳及方论学同异,且谓先生因方言改其师法。又与人书,称
> 浙学之坏始黄梨洲氏,北学之坏则始于习斋……②

二人原先关系密切,方苞甚至让自己的儿子跟李塨学习。但终究学派有
别,"复圣门旧章"与"固信程朱",正是矛盾的焦点。李塨希望将学术追溯
到圣人,重新正确理解经典,而方苞则笃信程朱。方苞因此极力诋毁颜元,
并想要证明李塨已经"弃暗投明"。

将《颜氏学记》与方苞文集中所载的《李刚主墓志铭》互相参看,可知
《颜氏学记》所说,基本上是实情,但二文对事件的结局描述则截然相反。
《颜氏学记》认为方苞在辩论中屡屡无言以对,方苞则说是李塨输了,并改
换门庭。首先《墓志铭》中说,李塨因方苞之劝诫后"立起自责,取不满程朱
语载经说中已镌版者,削之过半"③,李塨出于压力删削不满程朱之语,尚且
有些可能。但方苞接着直接针对颜元之说,"因举习斋《存治》《存学》二编
未惬余心者告之"④,指出对颜元著作的一些意见,李塨亦随即进行更定,这

① [清]冯辰、冯调赞:《李塨年谱》,北京:中华书局,1988年,第66页。
② [清]戴望:《颜氏学记》,北京:中华书局,1958年,第83页。
③④ [清]方苞:《方苞集》,上海:上海古籍出版社,1983年,第248页。

就不太可能了。方苞之说,实在荒谬不经,一看即非实情。北学坏于习斋之说,亦明载于方苞文集中,题名为《再与刘拙修书》。①

不仅如此,李塨在世时,方苞曾给他写信,说:

> 故自阳明以来,凡极诋朱子者,多绝世不祀。仆所见闻,具可指数,若习斋、西河,又吾兄所目击也。②

以诋毁朱熹就会绝后相威胁,还举李塨的两位老师颜元、毛奇龄为例,足见其态度之决绝。颜元、毛奇龄、李塨与由宋至清理学主流的思想水火不容的状态,可见一斑。

李塨在自己的著作中,从未如方苞想象的那样,表露过改换门庭的意思。对于程朱经学,李塨着力批判,激烈的语气竟与毛奇龄十分类似。如他说朱熹注《诗》:

> 朱子日序,不知其时者必强以为某时,不知其人者必强以为某人,凿空妄语,以诳后学。③

他批评朱熹不懂装懂,以致误导后学,且短短一句话中,李塨与毛奇龄一样连用感情色彩强烈的词汇,包括"不知……必强""凿空妄语""诳",毫不留情地痛诋朱熹。

李塨甚至反过来批评朱熹过于专注于注经,努力著书立说,于求道无益,这是十分有趣的例证:

> 朱熹尝谓圣贤道统之传散在方册,圣经之旨不明而道统之传始晦,于是竭力著书。夫谓圣贤之道寄于经书,未尝不是。然遂以注经为得道统,则叶公之画龙也。曷不观圣门之言道传,一则日文不在兹乎,一则日文武之道在人,贤者识大,不贤者识小,俱指礼乐法度而言乎,曷不竭力于此求之。④

---

① 详见[清]方苞:《方苞集》,上海:上海古籍出版社,1983年,第175页。
② [清]方苞:《与李刚主书》,《方苞集》,上海:上海古籍出版社,1983年,第140页。
③ [清]李塨:《恕谷后集》,丛书集成初编影印畿辅丛书本,北京:中华书局,1983年,第138页。
④ [清]李塨:《阅史郯视》,《丛书集成新编》,台北:台湾新文丰出版公司,1985年,第110页。

这段话出自《阅史郄视》，是李塨较早期的作品，此时李塨还不太重视经学。在早期李塨看来，圣贤之道肯定寄托在经书中，应当从经书中求得，但光靠注经无法得到道统，需要从人之躬行礼乐法度才能求道。这是完全属于颜李学派的观点，虽然认可经书中有道，但是更强调躬行。

李塨前期曾经就专注经学如此苛责朱熹，但是到了后期，对哪怕埋首注经显然比朱熹更甚的郑玄，却已宽容得多，认为他保存圣经的功劳极大，阻止其走向亡佚。李塨对郑玄的评价是："学行卓然，圣经不亡，实赖其力。"①

然而颜元不同意这样的说法，颜元反对的原因主要是三点：其一是生平行事有不够醇厚的瑕疵，其二是用纬书乱经，其三是言礼以圆丘、方泽、宗庙为三大禘，这是个错误的说法。对于第一点批评，李塨认为应当"止论其学，不牵其行"②，探讨学问不必牵扯个人品性。对于后两点关于学问的批评，李塨则说："其用谶纬间有之，然不可言全据纬术也。称三禘自是其误，然不可以一节之短，而遂诟生平也。"③李塨承认郑玄偶有用谶纬，且三禘说有误，但又强调瑕不掩瑜这一点。李塨后期对待郑玄如此宽厚，与前期对待朱熹极尽讽刺相比，区别十分明显，这不光体现出李塨思想的转向，恐怕也有李塨对朱熹的不满偏见在起作用。

甚至在为郑玄开脱的同时，李塨还不忘趁机表达对宋儒的批判。他在下文接着说：

> 塨于宋儒每有驳正，为其特立一学术，至使人心陷溺，世道衰微。即如我辈不为宋儒所锢矣，而尚有迂阔，尚沦懦弱，尚染浮文，尚时动释、老之心，道不尽明不尽行，皆少受宋儒毒致之也，则为所锢者更何如！故不得已辩之。然止论其学，不牵其行，谓得失皆有在无苟也。且其失亦隐而不发者多矣，非为先儒存厚，乃为我辈立德也。④

在李塨眼中，宋学之流毒，竟然如此之甚。他们摆脱儒学，自己建立了一种新的学术，祸害人心，且危害世道。特别是宋学影响极深，哪怕如李塨这样以推翻宋学为己任的人，都要难免被不自觉地污染，偶尔转向佛家、道家思想。那些尚未形成反思宋学意识的普通人，更不免被侵染。因此，李塨为

---

① ［清］李塨：《复恽皋闻书》，［清］戴望：《颜氏学记》，北京：中华书局，1958年，第164页。
②③④ ［清］李塨：《复恽皋闻书》，［清］戴望：《颜氏学记》，北京：中华书局，1958年，第165页。

了极力清除宋儒影响，不得已之下，才对其多方辩驳。不过只论学问，不论品行这一点原则，李塨确实做到了。

说到这里，已经可以大致看出李塨对汉宋学术的看法。对汉学，他比较宽厚，对其功过都有比较客观的认识；对宋学，他却比较苛刻，将其当作桎梏后世的根源，甚至带着一股责任感，要对其进行不遗余力的批判。

第二节　李塨的易说

一、《周易》基本问题

具体到易学领域，李塨在上文这些基本原则之外，还有一些独特看法。

（一）《易》为人事之书

颜李学派的哲学思想，本就注重礼乐政教而不讲形而上，毛奇龄的易学也是如此，秉持着"人事尽则天行亦见"[1]的观点。因此，李塨也以《周易》为讲人事之书，他在《周易传注》之凡例中，着重强调了这一点：

> 圣教罕言性天，观《易》亦可见。乾坤四德，必归人事以下。以下屯建侯，蒙初筮，每卦皆言人事，至于《大传》，乾大始，坤成物，合以贤人德业，阴阳性道，归之仁知。君子鼓万物而不与圣人同忧，以明圣人之崇德广业，有忧患焉。其余专明人事，此《易》之大旨也。[2]

圣教很少讲性与天道这些玄之又玄的东西，《周易》也是如此，除了《易传》中的一小部分内容，提及圣贤之德业外，其他内容只讲人事。

那么这一小部分有关性与天道的内容又如何呢？甚至对于卦爻之形成，《说卦》就明言："昔者圣人之作易也，幽赞神明而生蓍，观变于阴阳而立卦，发挥于刚柔而生爻，和顺于道德而理于义，穷理尽性以至于命"，这整个过程都是玄虚的天道，并有"道德""理义""性命"等概念出现。《周易传注》之序对这一点进行了说明：

> 夫圣人之作《易》，专为人事而已矣，何以明其然也？乾坤索而为

---

① ［清］毛奇龄：《仲氏易》，《影印文渊阁四库全书》，台北：台湾商务印书馆，1986年，第41册，第269页。

② ［清］李塨：《周易传注》，《影印文渊阁四库全书》，台北：台湾商务印书馆，1986年，第47册，第5页。

雷、风、水、火、山、泽，本天道也。伏羲因而重之。何不皆言天道？而蒙、需、讼、师、谦、履等卦，即属人事。文王象辞，于乾系以元亨利贞，犹天道人事兼言也。至坤牝马之贞、君子攸行等辞，专言人事。周公象辞，则勿用、利见大人、朝乾夕惕，无非人事者。以下六十二卦，言人事者勿论，如复、姤、泰、否，明属天道，而利有攸往、勿用取女、小人大人，必归人事。乃知教人下学，不言性天，不惟孔门教法也，自伏羲、文王、周公以来皆然。人，天所生也，人之事即天道也。……《中庸》曰天命谓性，率性谓道，修道谓教。此《易》教也，举性天而归诸人事也，引而近之也。①

即使八卦产生、伏羲重卦的根据是天道，但最后仍然要归于人事之教。文王创造象辞，虽然在乾卦中讲"元亨利贞"，一半涉及天道，但后面就开始专言人事了。周公创造爻辞，则专门讲人事。毕竟教人学习不能只言性天，必须讲一些可以让人照着执行的具体措施，这是自伏羲、文王、周公以至于孔子以来的传统。虽然李塨对四圣与《周易》各部分的关系看法与别人稍有不同，但这并不妨碍他在"人事尽则天行亦见"方面与毛奇龄保持一致。人是天所生，人事就是天道，因此易道之教也如《中庸》一样，将天道下推至人事，以便学者顺着修身之学，再反过来上得天道。

咸以《周易》为言天道之书，这正是李塨眼中，三代之后易学家们的通病。自汉代言易第一人田何之后，特别是宋代以来，人们在象、数、理三个方面，都走向了歪曲之道：

自田何传《易》，而后说者棼如，而视其象忸怩，征其数穿凿，按其理浮游。而尤误者，以《易》为测天道之书。于是陈抟《龙图》、刘牧《钩隐》、邵雍《皇极经世》并起，探无极，推《先天》，不惟《易》道入于无用，而华山道士、青城隐者，异端隐怪之说，群窜圣经，而《易》之不亡，脉脉如线。②

李塨将《周易》的衰落归咎于田何以后，自然也包括汉人。这些后人在象数理三个方面都背离了经文的真谛。特别是陈抟、刘牧和邵雍，以玄怪异端之说，篡入圣经，使得《周易》几乎要灭亡了。

---

①② ［清］李塨：《周易传注》，《影印文渊阁四库全书》，台北：台湾商务印书馆，1986年，第47册，第2页。

而"《易》入漆城已久,若与先儒辩难,卷不胜载,故是编但注经意,不为驳言。惟如《河图》《洛书》等甚有关者,则不得已辩之"①。在《周易传注》中,李塨只言是者而不言非者,他所不言的,就是他所不同意的。盖因易学早就已经走入歧途,种种错误的看法和理论太多了,无法一一驳斥。但《河图》《洛书》之类宋人伪说,实在太重要,且影响力仍然存在,不得已而必须辩之。李塨这是在解释为何自己看起来只在针对《图》《书》之说而并未反驳汉易之说。

(二)"以经解经"原则

上一段引文,李塨针对的主要目标是宋学。他在《周易传注》的凡例中又说:

> 伏羲画卦,而后文、周系辞,孔子赞易,皆以成己成物,为世道人心计也。若于三圣所言之外再出枝节,非小道术数,则曲说纤巧。《易》之亡晦,皆以此也。故于五行胜负,分卦直日,及京房一世、二世、三世、四世,游魂、归魂诸说俱不入。即至上、下经,乾、坤之爻各三十,而为否、泰、损、益等论,虽有附合,而圣言所不及,亦一概芟除不录。②

这次李塨所举的例子,则以反驳汉学曲说为主。李塨这一段,举出了《周易传注》所不取的汉易说,包括五行、分卦之日、八宫卦等理论。

与此同时,李塨也表明自己对易学理论的择取根据,就在于其是否合于《周易》三圣之说,三圣人之外的说法,全部都是小道邪说。所以即使某些理论确实很适合用来解易,只要圣人没有提过,就一概不予采用。

由此可见,虽然没有明确说出"以经解经"四个字,但李塨的易学原则无疑就是以经解经。"圣经"一词,是毛奇龄提到经书时总爱使用的尊崇词汇,在李塨著作中也常常出现,仅在《周易传注》中,就出现了十三次。这反映着二人共同的尊经思想,这种尊经思想,又是他们以经解经说的根源。而上文已经讲过,虽然李塨的思想导师颜元不治经学,但是他所保持的经学观念无疑也是以经解经。因此,在颜元和毛奇龄双重的影响之下,无怪乎李塨会选择"以经解经"。

再如《与王崑绳书》中,李塨就另外一些易学理论的取舍进行了说明,

---

① [清]李塨:《周易传注》,《影印文渊阁四库全书》,台北:台湾商务印书馆,1986年,第47册,第2页。

② [清]李塨:《周易传注》,《影印文渊阁四库全书》,台北:台湾商务印书馆,1986年,第47册,第6页。

其唯一的判断标准,仍然为其是否合于"圣经"。先是王崑绳(即王源,颜李后学。)读李塨易注后,对李塨说:"爻变、互卦,以及伏体、反体、似体、半体,则圣经所无,当扫而去之"①,认为从卦变、互体开始的一系列理论都是经书中没有的,应该全部清除。李塨慎重考虑之后,进行了回应。首先说爻变是圣经中所实有,并举出例子:

> 吾子据"居则观象玩辞,动则观变玩占"二语,以为爻变乃占事,非平居观玩所用,然此互足之言耳。观象玩辞,变在其中矣。观变玩占,象在其中矣。不然占亦有不变者,何以观乎?且圣言不止此爻者言乎变者也。爻者,效天下之动者也,道有变动故曰爻。爻者,交也,阴交阳阳交阴也。则爻本以变为名,而乃曰不变乎?故爻不用七八专用九六,以云变也。而曰爻不言变,是反圣经矣,而谓圣经无有乎?②

接着说互卦也是圣经中所有:

> 互卦亦圣经所有也。《系辞传》二与四同功、三与五同功,吾子以为但论中爻,非言互卦,则雷在泽上曰归妹,泰之互震兑,五爻亦曰归妹,辞与归妹五爻同。夫归妹之辞非习言也,而故同之,非论互卦乎?岂周公系辞彼此雷同,竟漫然已乎?③

下文对伏体、反体、似体、半体,也各有论述。接着李塨又提到王弼、程颐等人扫象的观点,并评价说:"如此势必将《说卦》诸象以为非圣人之言,如欧阳修辈矣,是毁经诬圣之渐也。岂可岂可?"④《说卦》中提到了那么多取象,如果尽扫象数,那岂不是在诋毁《说卦》并非圣人之言。

　　李塨与王源讨论的出发点十分耐人寻味,他们二人对某种理论或可或否,都建立在对它是否符合《周易》经传的判断上。王源给李塨的来信虽然

---

①　[清]李塨:《恕谷后集》,丛书集成初编影印畿辅丛书本,北京:中华书局,1983年,第43页。

②　[清]李塨:《恕谷后集》,丛书集成初编影印畿辅丛书本,北京:中华书局,1983年,第43—44页。

③　[清]李塨:《恕谷后集》,丛书集成初编影印畿辅丛书本,北京:中华书局,1983年,第44页。

④　[清]李塨:《恕谷后集》,丛书集成初编影印畿辅丛书本,北京:中华书局,1983年,第45页。

不可见,但从李塨回信中所提到的王源之论据,可见他论某说非经文所有时,即就经传中相关的理论依据进行辨析,而李塨反驳以为该说正符合经文时,也只就经传中的相关内容辨析。最后论扫象说时体现出的“以经解经”观念最为明显,李塨将自己的思路表现得很清晰,既然《说卦》中有易卦取象,那么取象说必须保留,不然就属于“毁经诬圣”了。

李塨曾经不厌其烦地多次强调,解《易》不得在伏羲、文王、孔子之外再生枝节,不然就是小道和曲说。他不仅在《周易传注》中说过,而且在《论宋人分体用之讹》中,又重复了同样的意思,说:

> 伏羲以至孔孟,言道已尽。后学宜世世守之,不可别立名目,一立辄误。如宋人道分体用,其一也。以内为体,外为用;自治为立体,及人为致用;明明德立全体,亲民致大用。然质之圣经,不如此离析也。[1]

到孟子为止,圣人言道就已经穷尽了,后人只能世世代代遵守圣人之说,不能再创造新的说法,不然全是错的。如宋人分体用二端,就是明显的错误,神圣的经典中绝没有如此割裂体用,他们应该合在一起共同成就。又如他反对宋人采用静坐的方法以存心立本,根据乃是“考之古经无是也”[2],“圣经”中从来没有提到过静坐之法。因此一句“非经”,在他眼中即已成铁证。

(三)李塨论十翼

向内寻找对《周易》的解释,最主要的依据只能是十翼。李塨坚信,十翼是孔子所作,这是继承自毛奇龄的说法。《仲氏易》在乾卦《彖传》下说:

> 此孔子赞易文也,旧名十翼,以上《彖》、下《彖》、上《象》、下《象》、上《系》、下《系》《文言》《说卦》《序卦》《杂卦》为十篇。[3]

---

① [清]李塨:《恕谷后集》,丛书集成初编影印畿辅丛书本,北京:中华书局,1983年,第164页。

② [清]李塨:《恕谷后集》,丛书集成初编影印畿辅丛书本,北京:中华书局,1983年,第163页。

③ [清]毛奇龄:《仲氏易》,《影印文渊阁四库全书》,台北:台湾商务印书馆,1986年,第41册,第208页。

李塨在同样的位置直接引用了毛奇龄的这段话。①既然十翼为孔子所作，那么他就属于《周易》三圣"伏羲、文王、孔子"的范畴之内。不仅如此，而且在经传分合问题中，李塨也直接使用了毛奇龄的说法，一字不差。关于这一段文字的解释，可以参考毛奇龄的相关章节，这里不再赘述：

> 第汉田何《易》，原离二经，与十翼为十二篇。至东莱费直，始合十翼，附之经，以代章句，今本乾卦是也。其后郑康成仿马融《周礼注》例，就经列注，于是复分《彖》《象》诸传附之经下，今本坤后六十三卦是也。②

在十翼之间，首先《彖传》《象传》是最重要的，李塨特地在《周易传注》的凡例中强调"孔子《彖传》即彖之注，《象传》即象之注，不得背此别诠彖、象"③。李塨认为这里的"象"指爻辞："文王演《易》，卦下所系辞原名彖辞，在爻下者原名象辞，故孔子《彖》《象》，先儒謂之《彖传》《象传》。"④不仅将二传归于孔子名下，而且表明，《彖传》解释彖辞、《象传》解释象辞（爻辞），人们解经不能违背二传之意寻找别的解释。

至于《系辞传》，则被认为是《彖传》《象传》之后，孔子统论彖爻辞的文章。"孔子既释彖象，而又统论卦爻系辞之义，曰《系辞传》。"⑤这里虽然没有强调解经须遵守《系辞传》这一点，但既然将其与《彖传》《象传》相提并论，同归于孔子名下，孔子之言，自然是无可违背的。《文言》下注亦云"孔子释文王所言，故名《文言》"⑥。以文王之言解释文言，这是一个新奇的观点。其原因在于，一般认为伏羲画八卦，文王重卦，周公才作彖辞爻辞，而李塨认为伏羲已经重卦，文王作彖辞爻辞，因此解释彖爻辞就是在解释文王

① 详见[清]李塨：《周易传注》，《影印文渊阁四库全书》，台北：台湾商务印书馆，1986年，第47册，第10页。
② 详见[清]李塨：《周易传注》，《影印文渊阁四库全书》，台北：台湾商务印书馆，1986年，第47册，第10页。
③ [清]李塨：《周易传注》，《影印文渊阁四库全书》，台北：台湾商务印书馆，1986年，第47册，第5页。
④ [清]李塨：《周易传注》，《影印文渊阁四库全书》，台北：台湾商务印书馆，1986年，第47册，第10页。
⑤ [清]李塨：《周易传注》，《影印文渊阁四库全书》，台北：台湾商务印书馆，1986年，第47册，第143页。
⑥ [清]李塨：《周易传注》，《影印文渊阁四库全书》，台北：台湾商务印书馆，1986年，第47册，第11页。

之言。

以上是十翼中一向争议较少的几种,李塨都将其归功于孔子,自然表明了他的信服之意。至于《说卦》《序卦》《杂卦》三翼,则疑之者众,李塨对它们倒是深信不疑。

关于《说卦》,《周易传注》中只注云"言八卦用于揲蓍,极于性命,其相错、其及物,并其方位时气,而及其德、其象,皆《说卦》也"①,介绍了《说卦》的内容,没有说它与圣人的关系。但李塨在前引《与王崑绳书》中论不可尽扫象,说到"如此势必将《说卦》诸象以为非圣人之言,如欧阳修辈矣,是毁经诬圣之渐也,岂可岂可"②。这里说《说卦》大部分内容为八卦之象,尽扫象则意味着以《说卦》为非圣人之言,这是万万不可的,所以李塨也反对尽扫象之说。如此笃信《说卦》,这说明他认可《说卦》亦是圣人之言。

《序卦》与《杂卦》两传,李塨也毫无意外地也将它们归于孔子,并且像前面八翼一样,给它们也找出一种命名原因来。《序卦》下注曰:"孔子盖逆知后儒有僭易经文者,故言上下篇相次之义以定之。"③在李塨眼中,孔子颇有先见之明,预见到后人会有轻慢经文,甚至改乱经文顺序的可能,于是专门写作《序卦》,规定了卦序,并解释如此排序的原因。《杂卦》下则注曰:"孔子释对易、反易,乃故杂其序,前者杂置后,后者杂置前,上篇者杂列下篇,下篇者杂列上篇。"④《杂卦》卦序本于《序卦》不同,承认了《序卦》卦序,就很难再承认《杂卦》卦序。李塨转而以《杂卦》为孔子专门解释对易、反易而作,因此打乱了《序卦》的卦序,这样就为《序卦》《杂卦》的同时存在找到了较为合理的解释。

从基本观念上来说,李塨继承了毛奇龄的以经解经说,对汉宋易学均有不满,认为他们不但没有抓住《易》的本质,而且在解易理论与易说上都有各种问题。至于在解易法与具体易解方面,李塨也仍旧坚持以经解经。

---

① [清]李塨:《周易传注》,《影印文渊阁四库全书》,台北:台湾商务印书馆,1986年,第47册,第183页。
② [清]李塨:《恕谷后集》,丛书集成初编影印畿辅丛书本,北京:中华书局,1983年,第45页。
③ [清]李塨:《周易传注》,《影印文渊阁四库全书》,台北:台湾商务印书馆,1986年,第47册,第191页。
④ [清]李塨:《周易传注》,《影印文渊阁四库全书》,台北:台湾商务印书馆,1986年,第47册,第193页。

二、李塨解易法概说

(一)李塨的解易理论

李塨解易时会使用到的一些理论,在《周易传注》的凡例中就已经交代得明明白白:

> 卦爻见经者,论本爻,一也。论三画卦,二也。六画上下相合论,三也。(内卦为贞,外卦为悔)应爻,四也(谓一与四,二与五,三与上,阴阳相配者,曰"应",若俱阴、俱阳,则谓之"敌应",然应亦有兼数爻言者,如小畜"柔得位而上下应"之类)论位,五也。(凡卦以二、五为中,又初阳,二阴,三阳,四阴,五阳,上阴,阳爻居阳,阴爻居阴,为得位之正,否则失位不正。又八卦正位,乾、坎在五,坤、离在二,震在初,艮在三,巽在四,兑在上。又初、二、三离位,四、五、上坎位,见《启蒙易传》)有乘,六也。(上爻乘下爻也,如屯六二"乘刚也")有承,七也。(下爻承上爻也,如蛊初六"意承考也")互卦,八也。(孔子所谓中爻也,如《春秋》周史占观之否曰"有山之材""山岳配天",皆指互艮言)[①]

李塨列出的八条,可以归为下面四类。

第一类,论本爻第一、论三画卦第二与六画上下相合论第三。这三种是不论哪一家解易,都要说的。本爻即单说爻之阴阳,不包括爻变与爻位。三画卦这一条,只是在说八经卦,因为六画上下相合论所说的,才是两个三画卦成六画卦的上下关系。这里的贞与悔,并非如象爻辞中的贞与悔那样是判断吉凶的判词,只是内卦外卦的称呼而已,如《左传·僖公十五年》"蛊之贞,风也;其悔,山也"[②]之例。

第二类,应爻第四、乘第六与承第七。合起来就是上文毛奇龄所说的"承乘敌应",李塨只是将应与敌应一同算作是应。与毛奇龄一样在一般观念"承乘比应"中排除掉比,这似乎证明李塨继承了毛奇龄的承乘敌应之说,但是李塨在这问题上颇有些阳奉阴违,在凡例之外的地方,也对比的概念有所表述,详见下文。

第三类,论位第五。这一类包括四种爻位说,即二五中位、阴阳当位、

---

① [清]李塨:《周易传注》,《影印文渊阁四库全书》,台北:台湾商务印书馆,1986年,第47册,第4页。

② 杨伯峻:《春秋左传注》,北京:中华书局,2009年,第354页。

八卦正位以及坎位离位,前两种比较普遍,八卦正位指八卦分别对应一个爻位,乾和坎在五,坤和离在二,震在初,艮在三,巽在四,兑在上。又将内外卦分为两部分,又初二三爻为离位,四五上爻为坎位。对它们各自的含义,李塨已经描述得很清楚了。

第四类,互卦第八。一般来说,互卦指二三四爻或三四五爻形成的两种三画卦,但还有其他的变化,如往来卦之互卦、不相连的互卦,如二四五之互卦等等。从李塨下文中采用互卦的具体情况来看,他只用最基本的二三四、三四五互卦,而对互卦的各种变化形式不予接受。如解释豫卦(䷏)九四爻辞之"勿疑",李塨同时运用两组互卦,说"互坎为疑,而互艮止也"①。三四五为坎,二三四为艮。同时在这一段注解后说:"《汉上易传》曰:互体之变有六,如豫之九四,四以上震,四以下艮,合上下坎。震有伏巽,艮有伏兑,坎有伏离,六体也。变而化之则无穷矣,此不必尽用解经,而亦不可不知者。"②朱震所说的互体之变,将两种互体再结合其反卦,加上外卦及其反卦,一共变出六种经卦来,李塨虽然并不采用,但是非常宽厚地说也不能不知。

李塨在凡例中,又就卦变问题单列出了经中可见的几种情况,它们也是李塨可以接受的解易理论:

> 卦爻义即经而可见者,本爻不变之义,一也。爻变则三画卦变,二也。(如师初六变则下卦为兑,知庄子解师初六曰"川壅为泽")六画卦亦变,三也。(如师初六变则卦为临,知庄子解曰"不行之谓临",并非占而爻变始论变也,蔡墨谓乾之姤、乾之同人皆同此)比爻,四也。(相连爻也,《系辞传》言"近"者是也。)两互成一卦,五也。(如泰二互为归妹是也)对易,六也。(如乾、坤、颐、大过等卦,是即《文言》所谓"六爻发挥旁通情也")反易,七也。(如鼎与革反易,故初六有"颠趾"象,下巽反兑有"得妾"象)重易,八也。(如履与夬因重相易,则九五有夬象)伏羲画卦以交易,(一索、再索、三索,即爻变也)成六十四卦以重易,文王《序卦》则以对易、反易。似体,九也。(如颐似离而称"龟",大壮似兑而称"羊"类。前儒亦名"大体""厚体"。如上经终坎、离,其前为颐、大过,下经终既济、未济,其前为中孚、小过,皆大离、大坎象也,或谓大体不

可取,则噬嗑似颐。《象传》曰"颐中有物",岂圣言不可遵耶)①

这一段中的内容,为了证明它们都是经文中可以见到的,每列出一条,李塨就会用小字注明其根据。它们同样需要重新进行归类讨论:

第一、第二和第三较为类似,指不变爻、爻变之新的经卦、爻变之新的重卦,这三种在朱熹等人看来,是占筮老变、少不变之规则所决定的,李塨却认为说爻之变并非占筮结果所决定,即使不占,爻也会变。

比爻第四,讲一爻与和它相邻之上下爻的关系,但并非上文中的乘与承,因为它们不是互相压制的关系。如小畜九三"夫妻反目",李塨就用比爻来解释,说"三阳与四阴相比,夫妻也"②。接着九五"富以其邻",李塨又用六四之比来解释,说"四五相比,比者,邻也"③。所以比爻之说,只是在需要借用相邻之卦说明爻辞之来历,又非乘承时,采用的说法。李塨之所以不像一般情况那样将比爻与"承""乘""应(包括敌应)"组成"承乘比应"列在"卦爻见经者"中,而把比爻单独列在"卦爻义即经而可见者"中,很可能是为了遵循毛奇龄的"承乘敌应"说,但又认为比爻亦不可废,因此做出这样的处理。

两互成一卦第五,指重卦之互卦的两个经卦,重新形成一个新的重卦,这一条很好理解。

对易、反易和重易,均可在毛奇龄五易说的前三易中找到对应。对易即变易的发展,但毛奇龄讲变易主要强调生卦时的阴阳变化,并不要求六爻同变,而李塨的对易讲成卦的六爻共同阴变阳、阳变阴,更加接近于毛奇龄《文王序卦图》中的一些变易,这从他举颐变大过为例即可看出。反易与毛奇龄之反易从命名和用法两方面来说毫无区别,指一卦之由初到上爻的位置反过来,初爻变成上爻,二爻变成五爻,三爻变成四爻……直至上爻变为初爻,所形成的新卦。重易则是毛奇龄的交易,指将形成重卦的两个经卦位置互换。毛奇龄的五易说,对易与推易理论过度阐释,于经文中无征,因此被李塨舍弃,前三易有征,因此被李塨继承下来,但他将毛奇龄的变易改称为"对易"。

另外,李塨解易,还多用取象说。前引《与王崑绳书》中论不可尽扫象,已经说到他对取象说的看法,而在《周易传注》解卦的具体操作中,李塨也

① [清]李塨:《周易传注》,《影印文渊阁四库全书》,台北:台湾商务印书馆,1986年,第47册,第5页。

②③ [清]李塨:《周易传注》,《影印文渊阁四库全书》,台北:台湾商务印书馆,1986年,第47册,第35页。

常常用到取象说，但其取象相比毛奇龄更为节制。

如李塨解无妄（䷘）之六三"无妄之灾，或系之牛。行人之得，邑人之灾"，说：

> 震本坤卦，为牛，为国邑。中二爻人位，或以艮手牵巽绳而系之牛，此于邑人未尝有害也，而无如行人之得之也（震为动，为大涂行人象）。而或者寻觅无所，曰：吾向固系之邑也，系之邑则求之邑，于是捕诘之烦纷然而至矣。①

这一段论述采用了一系列取象说，基本上继承了毛奇龄《仲氏易》中的解释，但有两点不同。首先是坤之来历，毛奇龄以"二阴为坤"②作解，李塨则以"震本坤卦"为解，这是使用了乾坤生六子的理论。其次是"牛"之意象，毛奇龄说"大离之牛"③，即以无妄初爻到四爻，恰好中虚，用作离象，李塨则直接以坤为国邑的同时也为牛。用无妄变出坤卦和离卦，本就十分牵强，必须借用一些比较特殊的卦变理论。毛奇龄不惜用二画、四画为卦，李塨对此也不能接受，转而寻求不采用特殊理论的解释，因此选择了"震本坤卦""坤为牛"的说法。

又如需卦九五"需于酒食，贞吉"：

> 君子以饮食宴乐，此爻当之。盖九五得中守正，故刚健而不陷，吉何加焉。荀爽曰："五互坎离，水在火上，酒食象也。"需有二道，有需而后平险者，如周亚夫坚垒不动，待七国之敝而乘之是也。有需而其险已平者，如陆逊料昭烈有伏兵，不往应之，而其伏自出是也。④

这一段是爻位与取象的结合，先说爻位说，这应该是李塨最同意的说法，接着引用荀爽的互体取象说，这是毛奇龄也引用了的说法，转引自毛奇龄的可能性很大。最后需有二道之说，则是李塨的个人理解。

以上就是李塨解易法的大致情况。由于很多解易理论与具体说法都

---

① ［清］李塨：《周易传注》，《影印文渊阁四库全书》，台北：台湾商务印书馆，1986年，第47册，第67页。

②③ ［清］毛奇龄：《仲氏易》，《影印文渊阁四库全书》，台北：台湾商务印书馆，1986年，第41册，第295页。

④ ［清］李塨：《周易传注》，《影印文渊阁四库全书》，台北：台湾商务印书馆，1986年，第47册，第27页。

继承自毛奇龄易说,所以李塨的易说更倾向于象数说。而李塨继承毛奇龄的具体情况,还需要进一步辨析。

(二)李塨对毛奇龄的继承和修正

李塨专心向毛奇龄学习过经学,毛奇龄《经问》中,记载了李塨向毛奇龄虚心请教各种各样的经学问题,毛奇龄也一一仔细回答的过程。同时在李塨的著作中,也十分信服地大量引用毛奇龄。不加筛选地粗略统计,《周易传注》中共提到《仲氏易》122次、《易小帖》2次、《河图洛书原舛编》2次,其中绝大部分是肯定的引用,为反驳而引用的,少之又少。

而李塨在解易理论上,除推易和偶尔过于激进的取象说之外,也大致与毛奇龄相同,这使二人在具体易注上常常十分相似。这种极度相似的情况出现得过于频繁,连表述都一致,因此可以说,李塨其实在很多地方直接袭用了毛奇龄的说法。

如在对师卦象辞"师贞丈人吉无咎"的解释中,《仲氏易》有"郑玄曰:丈人,长人之称"①一句,《周易传注》也原样引用作"郑康成曰:丈人,长人之称"②,仅仅将"郑玄"改成了"郑康成"。参考《周易郑注》,郑玄的原话是"丈之言长也"③,毛奇龄引其义而非原话,李塨如果不是转引自毛奇龄,自然不可能做到表述也与毛奇龄完全一致。

在篇幅较长的引用中,这一点表现得尤其明显。如困卦初六"臀困于株木,入于幽谷,三岁不觌。《象》曰入于幽谷,幽不明也",《周易传注》注曰:

> 卦本以柔揜刚而困,然刚不可困也,困刚者必将自困(故阴爻辞有不祥,而阳爻辞无全凶),故阴亦困焉。坎为臀,一阳逼于后(原注:卦以下为前,上为后),比之坚木,(坎为木坚多心)有根株而无枝叶,(木在地下为根,地上为株)臀困于此,何能上进。且不特此而已,坎有重窞而初当最下,如幽谷然,一入其中,则历坎之尽,势必三岁不觌,(王昭素曰:自初至四历三爻,为三岁)盖坎与离反,故幽而不明耳。此卑暗而困者。④

---

① [清]毛奇龄:《仲氏易》,《影印文渊阁四库全书》,台北:台湾商务印书馆,1986年,第41册,第235页。

② [清]李塨:《周易传注》,《影印文渊阁四库全书》,台北:台湾商务印书馆,1986年,第47册,第31页。

③ [宋]王应麟辑:《周易郑注》,清湖海楼丛书本,卷一。

④ [清]李塨:《周易传注》,《影印文渊阁四库全书》,台北:台湾商务印书馆,1986年,第47册,第110页。

《仲氏易》则注曰：

夫困则俱困，是岂独阴阳也？阳亦困阴矣。夫下体为臀，两阴豁然，正象坎初阴之位。乃一画当前，<u>比之坚木，（坎木为坚多心）有根株而无枝叶，（木在土下为根，土上为株，今止在初地上，故为株木）后既不可为据坐，而前若关牡，动辄有碍，是臀之困于此株木也</u>。夫既不能出，当观所入。<u>坎有重窞，而此当最下，如幽谷然，一入其中，则历坎之尽，势必三岁</u>。（王昭素曰：自初至四历三爻，为三岁）虽二、四互离，张目下视而究无，所觌是无，故离为明，不幽即明，幽即不明耳（郭京于幽不明也，欲去幽字，妄甚）。①

这两段文字中带有下划线的部分，即文字与意思几无区别之处，包括小字与引文在内，也正是解释爻辞的主体内容。李塨只在最前面着重阐发了阴阳之间的支配与博弈关系，可以算作是义理阐发的内容，与毛奇龄最开始的义理阐发稍有不同。最后一句，则变毛奇龄之互体成离而为反易成离，实为对毛奇龄取象的微调，从离取象并没有变。

此例几乎连表述都过分一致，这是比较少见的情况，大多数时候，李塨会使用毛奇龄的意思与说解，但会用自己的语言重新进行表述，如接下来解释困卦九二爻辞"困于酒食，朱绂方来。利用亨祀，征凶无咎"，李塨说：

此则富贵而困者。<u>坎为酒</u>，应兑为口食，肉山酒海，困而不胜。而朱绂之服，来加未已，（<u>二至四为离，三至五为巽，以离牛之革加之巽股，是绂也</u>。离，南方卦，朱色。《诗》曰"朱芾斯皇，赤绂三百"，<u>绂、芾通字，蔽膝也，朝祭之服</u>）不亦九二中道之庆乎。特是酒食荐亨，服绂以祭，则可敬鬼神而利。若以此为推食解衣，而欲进而有为，则坎陷而凶矣。然时势至此，于己何咎，明万历时君子正如此。②

毛奇龄则说：

此真阳之受困者。然其困与阴不同，二固士位，而又以阳刚居之，

① ［清］毛奇龄：《仲氏易》，《影印文渊阁四库全书》，台北：台湾商务印书馆，1986年，第41册，第373页。
② ［清］李塨：《周易传注》，《影印文渊阁四库全书》，台北：台湾商务印书馆，1986年，第47册，第110页。

当君子而为大人之际,其困也,醉饱之过也。<u>夫坎,酒也,兑者,口食也。</u>(何氏曰:未济与坎皆言酒,需中爻兑兼言酒食可验)酒食僭尤,不无或失,而且二从否来,以坤裳之饰而蔽以离朱,(否下为坤,为裳,绂者,裳也,互离朱色。)方且来而加诸互巽之股间,(<u>二正承互巽之股,绂,所以蔽股者。</u>《诗》曰"赤芾在股",芾、绂同)此其困于衣冠,为何如者?所藉坎为伏神,则用之享祀,朱芾斯皇,尚亦有利。盖衣帔束缚,酒食厌饫,登降缱绻,固不为苦,特从此而以为可征焉,则处困之时,居困之地,轻举妄动,或恐未得其所耳。<u>按绂,韠也,蔽膝之服,与韨、黻同字。</u>……①

这两段看似不同,但对比带有下划线的内容,二人利用坎、兑、互离、互巽取象的方式完全相同,对"绂"的解释也完全相同。最后借题发挥的内容看似有大不同,实际上也一致,都在说于困之六二祭祀犹可,若妄图做一番事业,经世致用,则会遇到失败。也就是说,李塨这一段中的所有取象、训诂与阐发内容,都是毛奇龄《仲氏易》中已有的,只是稍微缩减了毛奇龄的表述。因此可以说,李塨在具体易解中,袭用毛奇龄颇多。

接着还需要研究一下李塨重点反驳过毛奇龄的内容,可见他的易学与毛奇龄易学的区别。

李塨对毛奇龄最不同意的一点,表现得非常明显,即推易说。《周易传注》中三次在谈到推易反对等卦变说时,将《仲氏易》与《周易本义》《周易玩辞》、来知德等一起批判。如讼卦《象传》之下,李塨说:

按汉焦延寿有一阴一阳自姤、复,五阴五阳自夬、剥之说。宋人因之为卦变,《仲氏易》因之为推易。大约谓一阳五阴之卦皆自复、剥而来,……三阴三阳之卦皆自否、泰而来。朱子以为非作易本旨,乃卦成后有此象,其言近是。如两人对阅,高下互分。二木相勘,枝节参错,为卜筮观玩之一助亦可。而以诸卦自复、剥等来,则断不可。乾坤生六子,一因重之,六十四卦皆具焉。有师卦自复卦来,讼卦自遁卦来之理耶?且六子,助天地以生万物者也,而震巽坎离艮兑,反生自临观等卦,则俱甚矣。以至干宝谓乾之初九自复来,乾之九二自临来,诸卦反生乾坤,更颠倒凌乱之极矣,乌可训耶。

① 详见[清]毛奇龄:《仲氏易》,《影印文渊阁四库全书》,台北:台湾商务印书馆,1986年,第41册,第373页。

至来知德，又专归反对，名之曰"综"。夫反对见于《杂卦》，本属经意，但专以此解往来诸辞，则其说有难尽通者。……"分刚上而文柔"，来注曰"分噬嗑下卦之刚，上而为艮以文柔"。刚指震之阳卦，柔则离之阴卦。夫噬嗑上卦为离，下卦为震，是亦可曰"柔文刚""刚文柔"矣。且分字何解？犹是一阳二阴之卦，祇一倒观，并无移动，何以言分。①

这是很长的一段分析，先说推易，后说反对。焦延寿、干宝、宋人、毛奇龄等都有与推易说相似的卦变理论。毛奇龄认为聚卦和分卦之间有先后生成关系，而朱熹说卦变非作易本旨，是成卦后之象，李塨表示十分同意。他强调八卦相重即生六十四卦，六十四卦是同时形成的，不是互生关系。因此拿卦变作为卜筮和探讨象爻辞的工具尚可，但真把它当作六十四卦的生成顺序就大错特错了。

推易说之后，李塨又批评来知德的综卦，综卦与毛奇龄五易说中的反易、李塨的反易，原理都是一样的，但李塨专门将矛头指向来知德。实际上李塨认为反对说来自于《杂卦》，也是经义的一部分，可以用来解卦。他自己也会使用，但并非各卦皆通，因此不能如来知德那样过分频繁地使用，并举噬嗑卦为例，认为它与综卦无关。

朱熹虽然评价推易"非作易本旨"，但是也时常使用推易法解易，在这时李塨就会予以反驳。如解释升卦，李塨说：

> 《周易玩辞》谓升自临变，推易图亦载升为临之初移三，则当曰刚以时升矣，与经文不合，故《本义》不得已取解，《仲氏易》不得已专取小过。则其言曰临、观者，二阳卦之正易也，乃有不通，可乎？亦可见卦变推易之不与圣经比附矣。②

《周易玩辞》以升来自临，不合文意，因此《周易本义》取解、《仲氏易》取小过，推易来源卦的选择都在十辟卦之外，李塨认为，这三种说法都很牵强，况且选用最正统的十辟卦作来源卦也无法解释清楚升卦，这更证明了推易说的不合圣经。

综上所述，李塨的解易理论，除推易说外，基本与毛奇龄相同，至于具体易解，其中也有很大一部分源自毛奇龄。其实从上面的例子中还能看出

① ［清］李塨：《周易传注》，《影印文渊阁四库全书》，台北：台湾商务印书馆，1986年，第47册，第28—29页。

② ［清］李塨：《周易传注》，《影印文渊阁四库全书》，台北：台湾商务印书馆，1986年，第47册，第108—109页。

一个明显现象,即李塨易解中总有一些义理解说的部分,与象数易解相辅相成。

(三)李塨的义理说

李塨的义理说颇符合颜李学派的思想特点,并不长篇大论,也很少言性天,所讲都是一些朴实实用的哲理,有时采用毛奇龄的成说,有时则自作新解。

举复卦两爻为例,首先看六三"频复,厉无咎",李塨就直接引用了《仲氏易》的义理说:

> 频者,连也。三与初复相连,同为一体,阳既渐进,则他日自连类而进,而此时未能也。时既未能,则三位多凶,而震终成恐,于此不能无惕厉之事。然帝出乎震卦,值冬春之交,阳气见地,正行阳令者,震动恪恭之际也。其厉,义也,何咎焉。①

《仲氏易》对六三这一段的解说,非常适合李塨的引用,不用推易说,也并没有使用反对说,以爻位为主,只借用震卦取象,最后还讲到恭谨处世,亦是李塨所重视的修身之道。

而毛奇龄对复卦初九"不远复,无祇悔,元吉"的解释,专就消息卦说发论,就不符合李塨的意思,因此他不予引用,转而根据个人理解,做出了新的义理解释。《仲氏易》中的说法是:

> 七日来复,不远之复也。虽方未复时,群阴剥阳,一何有悔,今已无多矣。祇者,多也。盖一阳始生而元善之长具焉,故曰元吉。复之六爻皆言复,然所复者止初爻,犹之剥之六爻皆言剥,而其所欲剥者止上爻也。若诸爻皆复,则二即临,三即泰矣。且阳惟绝而复生,故谓之复。若二、三、四、五,则即就一阳而渐进渐长,以驯至于乾,何复之有?后儒因文立义,但见每爻有复字,以为在在可复。于二曰美其复,于五曰厚其复,冤哉,如易义何?②

毛奇龄从把阳长阴消的一组消息卦一起分析,又结合剥卦,然后就一阳始

----

① [清]李塨:《周易传注》,《影印文渊阁四库全书》,台北:台湾商务印书馆,1986年,第47册,第108—109页。

② [清]毛奇龄:《仲氏易》,《影印文渊阁四库全书》,台北:台湾商务印书馆,1986年,第41册,第291页。

生来解释复卦初九。李塨一点也没有采用,而是自作解释说:

> 七日而来复,是不远之复也。祗,但也。悔者变之机,今已变而复
> 于阳矣,岂但悔哉。颜子"有不善未尝不知",是悔也。"知之未尝复
> 行",是不远复也。未尝复行,则不但知而悔矣。以之修身,大吉之
> 道也。①

这一段没用爻位说或象数说,仅以修身之道来解易,非义理而何?"有不善
未尝不知,知之未尝复行",是颜李学派最为看重的自省功夫,李塨借这一
爻的阐释,化入颜李学派思想。

由此可见李塨义理阐发的主要着眼点,以及他对毛奇龄象数、义理两
方面的取舍态度。在象数方面,如果毛奇龄所使用的理论并没有超出李塨
所接受的范围,那么他更倾向于采用毛奇龄成说。在义理方面,李塨选用
的理论显然都比较贴近颜李学派的朴素修身哲学,但其来源还需辨析。

《周易程氏传》解复卦初九时则说:

> 颜子无形显之过,夫子谓其庶几,乃无祗悔也。过既未形而改,何
> 悔之有? 既未能不勉而中,所欲不蹸矩,是有过也,然其明而刚,故一
> 有不善未尝不知,即知未尝不遽改,故不至于悔,乃不远复也。②

虽然"不远复,无祗悔",这一句爻辞,十分容易让人联想到有过能改的道
理,李塨的选择恰与《周易程氏传》相同也不奇怪,但是同引颜回之例,恐怕
就不是巧合所能解释的了。也就是说,李塨对宋人与其理念相合的易解,
也能够做到排除偏见,予以采用。再如震卦六三"震苏苏,震行无眚",李塨
在解释中还引用了《周易程氏传》对"苏苏"的解释,并且注明引用的来源。
这虽然并非对程颐义理阐释的引用,但是证明李塨可以排除门户之见:

> 六三以柔居刚,位处不当,故震而苏苏然。(《周易程氏传》:苏苏,
> 畏惧散失之貌。)然勿徒尔也,震行则可无眚矣。(互坎为眚)六居阳位,

---

① [清]李塨:《周易传注》,《影印文渊阁四库全书》,台北:台湾商务印书馆,1986年,第47
册,第65页。
② [宋]程颐:《周易程氏传》,北京:中华书局,2011年,第136页。

故勉之。①

　　程颐有关修身的朴素道理能够被李塨所接受,宋儒有关理气心性的高谈大论,则被李塨一概否定,他在《文言》"潜龙勿用,阳气潜藏"下说:

　　　　《易》阴阳言气偶见此。理气心性,后儒之习谈也,《易》则不多言气,惟曰"乾,阳物","坤,阴物"。又曰:"百物不废,惧以终始。"《论语》以仁知孝弟礼乐为道,偶一及心,一及性,而无言理者,惟曰:敬事、"执事敬"。唐虞于"正德""利用""厚生"曰三事。成周于"六德""六行""六艺"曰三物。与后儒虚实大有分矣。②

仁知孝悌礼乐,全是个人品格与行为修养的内容。李塨认为《周易》《论语》这些上古经典所重视的,正是这些实在的东西,而非理气心性这些后人常说的虚泛的概念。

　　因此,李塨在《周易》任何可能进行虚泛义理阐释的地方,都着意强调,朴实和实用才是圣人之道。如在观卦《象传》"大观在上,顺而巽,中正以观天下。观,盥而不荐,有孚颙若,下观而化也。观天之神道,而四时不忒。圣人以神道设教,而天下服矣"下:

　　　　盖圣人观天以设教,彼四时不忒,天之神道运之也,而鬼神之道可以知矣。故圣人制郊礼以祀天神,而民知敬天。制社礼以祀地祇,而民知报地。制禘尝之礼以祀祖宗,而民知木本水源以卫君父。所谓下观而化也。是顺而巽,中正以观示天下者也。许西山曰:自宋儒以理训天,谓心中自有天,则贯天人之学绝。泛指造化之迹为鬼神,则格幽明之学绝。③

李塨虽然承认圣人"神道设教"的参考来源是天,但是最终仍然向下归结于制礼,而人民也需通过学习这些礼仪来学会尊敬长辈和上天,这就是李塨

---

① [清]李塨:《周易传注》,《影印文渊阁四库全书》,台北:台湾商务印书馆,1986年,第47册,第119页。

② [清]李塨:《周易传注》,《影印文渊阁四库全书》,台北:台湾商务印书馆,1986年,第47册,第13页。

③ [清]李塨:《周易传注》,《影印文渊阁四库全书》,台北:台湾商务印书馆,1986年,第47册,第57页。

的义理说。这一段的最后,他还引用许三礼(酉山)之语,批评宋人将理的概念引入,认为心中自然有天,不需要向外学习,以及将鬼神的概念虚化。李塨对义理的取舍,其原则在这一条例子中表现得非常清楚。

李塨甚至在解释"易简而天下之理得"之"理"时,也尽量使它的意思简单直观,他只是说:"人能如天地之易简,则执简御繁,天下之条理皆得"①,以"条理"来代替"理",理就落在实有的规则和秩序上。他还强调,人应当使用如天地一般简单的方法来管理复杂的天下,这样就能得到天下的条理。

但由以上的例子也可以看出李塨的审慎,他很少指名道姓地批评程朱,只就具体易说来阐释自己颜李学派的看法,在上面的例子中,只有"神道设教"一例指明矛头为"宋儒",还借许三礼之口讲出来。

总之,李塨的易学理念以经解经,是颜李学派哲学思想与毛奇龄经学思想的不谋而合。李塨的易学注解,则是对毛奇龄有所选择的继承与对宋理学义理学说的扬弃,这使他的易说调和颜李哲学与反宋经学,非汉非宋,有义理有考据。

---

① [清]李塨:《周易传注》,《影印文渊阁四库全书》,台北:台湾商务印书馆,1986年,第47册,第144页。

第四章　程廷祚——"以经解经"的极致

程廷祚是颜李学派的后学,他与李塨一样,意识到了颜李思想与毛奇龄易学"以经解经"观的一致性。程廷祚的易学极具个人特色,将以经解经发挥到极致,不仅对汉学、宋学进行扬弃,而且不肯使用毛奇龄、李塨的成说,甚至于摆脱了前人解易万变不离其宗、非取象则爻位的定式,在"以经解经"的原则下重新创造解易理论,这使他的易说与别家泾渭分明。但归根究底,程廷祚所坚持的"以经解经"观念,毫无疑问继承于毛奇龄和李塨。

第一节　程廷祚生平学术概说

一、生平与交游

程廷祚初名默,字启生,号绵庄,晚年自号清溪居士。据胡适所作的程廷祚年谱《颜李学派的程廷祚》记载,康熙三十年(1691),程廷祚生于今南京市江宁区上元县。他在举业上很不顺利,应常科、乾隆元年(1736)的博学宏词、乾隆十六年的经明行修,全部失败,终老于家,死于乾隆三十二年。

程廷祚二十来岁时,向李塨写了一封信,表达了自己的愿学之意。年谱中收录了李塨给程廷祚的回信,信中说自己已经年迈,收到信时已经是程廷祚寄信的多年以后,仍然为自己学派后继有人而感到非常激动,将程廷祚之信"再三读不自休"①。

虽然入了颜李学派门墙,但据年谱记载,程廷祚分别于雍正二年(1724)、四年,两次来到北京交游,自那以后就转为保守,不敢着力宣传颜李思想,因此受到派中一些人的指责,说他"不以颜李之书示人"②,甚至不肯把颜元、李塨的东西给人看。程廷祚在《与宣城袁蕙纕书》里解释了这样做的原因,大意是说自己在北京期间听人议论颜李,说他们一起诋毁程朱。这种指责在当时是很危险的,因为那时官方以程朱理学为正统,程朱学的

---

① [民国]胡适:《颜李学派的程廷祚》,《北京图书馆藏珍本年谱丛刊》,北京:国家图书馆出版社,第94册,1999年,第250—251页。

② [民国]胡适:《颜李学派的程廷祚》,《北京图书馆藏珍本年谱丛刊》,北京:国家图书馆出版社,第94册,1999年,第258页。

忠实拥趸方苞尚且因《南山集》而入狱，反对程朱的人就更加危险了，因此自己不敢出头：

> 闻共诋程朱之说，不可不为大惧也。某之惧怕，非敢不自立而甘于狥俗也。《易》称时义之大，故君子时然后言。《论语》又曰知者不失人，亦不失言。当举世未能信从之日，而强聒不舍，必有加以非圣之谤而害其道者，不可之大者也。当举世未能信从之日，忽有闻而爱慕之者，而亦不与之言，是咎在失人，而坐视其道之终晦，亦不可也。①

不仅是为了避祸，程廷祚解释说，只是现在时机不好，这时候没有人会接受颜李之学，对着不会信的人，努力宣传也没有什么用，因此韬晦才是上策。但宣传颜李学的工作并未停止，只是转入地下，如果有人心慕颜李之学，自己也要与其结交，不会坐视颜李之道消亡。这是表明自己并未真的放弃信奉与宣传颜李学。

从此以后，程廷祚就更加专心于经学领域，虽然思想上没有完全抛弃颜李，却不敢再对门派本身的发展做什么贡献，颜李学派之后继无力，与他的消沉关系很大。有时，程廷祚也显得过分妥协了。例如，曾经恶毒地诅咒过李塨等人，甚至诅咒痛诋朱子者都会断子绝孙的方苞，程廷祚却和李塨一样，与他保持了密切的交往，且作为后辈，不得不恭敬服侍，最终还在他的指示下编写了《大易择言》。程廷祚与方苞的交往还有编写《大易择言》的具体情况，下文还有介绍。

程廷祚的另一位重要好友程晋芳，即四库馆中的一个重要编修，《四库全书》编写时他个人提供了大量家藏书籍，因此现在很多书都注明"编修程晋芳家藏本"。程晋芳与程廷祚似有亲戚关系，因为在程廷祚给程晋芳的书信中，多题为"与家鱼门书"之类。据胡适考证，程廷祚与程晋芳结识于程廷祚乾隆元年（1736），为上京应试而进行的漫游中。②

程廷祚的第三位重要好友，即下一章将要讲到的晏斯盛，因为二人的交往对晏斯盛的生平学术影响更大，所以这段友情的具体情况，在下文晏斯盛的章节中再行详述。

---

① ［民国］胡适：《颜李学派的程廷祚》，《北京图书馆藏珍本年谱丛刊》，北京：国家图书馆出版社，第94册，1999年，第259页。

② ［民国］胡适：《颜李学派的程廷祚》，《北京图书馆藏珍本年谱丛刊》，北京：国家图书馆出版社，第94册，1999年，第262页。

二、著作

(一)程廷祚著作概况

程廷祚文集名为《青溪集》,诗文方面的著作还有《青溪诗说》。他在经学方面的著作则有很多,但整理刊刻者寥寥,因此颇有散逸,现存版本极少。民国三年(1914)至五年,上元蒋氏慎修书屋排印本《金陵丛书》中,收录了程廷祚的《青溪集》《晚书订疑》《春秋识小录》和《论语说》,算是对程廷祚著作的第一次较为全面的整理,这部书在1970年被台湾的翁长森、蒋国榜重新影印。

尚书学方面,当时阎若璩、毛奇龄等人的论著已出,程廷祚先看到了毛氏的《古文尚书冤词》却还未见《尚书古文疏证》,于是作《晚书订疑》以驳毛奇龄,据戴望《颜氏学记》记载,此书最初名叫《古文尚书冤词》①,可见其专为反驳《古文尚书冤词》而作的目的。《晚书订疑》已成,程廷祚才求得《尚书古文疏证》,一读之下,叹而不服,又写了一篇《〈尚书古文疏证〉辨》②,论己说与《疏证》之不同。这一篇文章本来是单行的,后人将它附入《晚书订疑》。接着他又拓展《晚书订疑》,写成了《尚书通议》,可惜该书今已不存,而《晚书订疑》则有《续修四库全书》影印的乾隆刻本存世。

毛奇龄在礼学方面的著作,同治编《上江两县志》记载有"《礼说》三卷、《礼学识余》六卷、《禘祫辨误》二卷、《丧服琐言》一卷"③,《颜氏学记》则称程廷祚有"《礼说》四卷、《禘说》二卷"④,应该就是《上江两县志》中提到的《礼说》和《禘祫辨误》。这些礼学论著不幸全佚,《清溪集》中只保存了《禘祫辨误》的自序。⑤

春秋学方面,程廷祚有《春秋识小录》一书,其中包括《春秋职官考略》三卷、《春秋地名辨异》三卷、《左传人名辨异》三卷,并附《晋书地理志证今》,它们全都是严谨的考证之作。此书《四库全书》已收录,《四库全书提要》对它评价很高,认为它辩证职官、人名、地名都颇为精核,对于解释经文

① [清]戴望:《颜氏学记》,北京:中华书局,1958年,第226页。
② 详见[清]程廷祚:《〈尚书古文疏证〉辨》,《清溪集》,《金陵丛书》本,卷四。
③ [清]莫祥芝、甘绍盘合纂:《同治上江两县志》,《中国地方志集成:江苏府县志辑》,南京:江苏古籍出版社,1991年,第210页。
④ [清]戴望:《颜氏学记》,北京:中华书局,1958年,第226页。
⑤ [清]程廷祚:《清溪集》,《金陵丛书》本,卷六。

非常有帮助，因此"颇为精核"①，且"固读《春秋》家所当知也"，以其为《春秋》学者必读书。这部书除四库本外，还有乾隆八年(1743)三近堂刊本存世。

《论语说》是程廷祚所有著作中最能体现其颜李学派思想的一部，胡适评价这部书，说它"很平和地指驳朱注的错误，很平和地陈说他自己的见解"②，胡适强调"平和"二字，正是对比他的颜李学同行及毛奇龄等人驳宋之严酷而言的。这部书《续修四库全书》也收录了道光十七年(1837)东山草堂刊本。

接着就是易学著作，有《读易管见》《易通》和《大易择言》三部。《读易管见》是程廷祚早期的读易笔记，比较简单，内容也零碎不成形。它同《春秋识小录》一样，也有三近堂刻本存世。

《易通》则是程廷祚最重要的易学著作。从它的自序可知，该书成书于乾隆元年(1736)至乾隆五年③，是四部书的合集，包括《易学要论》二卷，《周易正解》十卷，《易学精义》一卷和《占法订误》一卷。《易学要论》主要记录了程廷祚解易的原则与其对一些重要易学概念的看法，《周易正解》是对《周易》全文的疏解，《易学精义》主要进行义理上的阐发，《占法订误》顾名思义，讨论占卜之法。这部书有道宁堂藏板刻本，同《读易管见》一起被收入《续修四库全书》。据一位名为"张竞仁"的藏书家在该本扉页的题字，多年前他曾见过一部残本，其中一半抄配补足，而这次见到了一个全本，而且这可能是初印本，价值极高。

> 此书流传甚少，余数年前曾见徐乃昌寄售书内有一部，其半系抄
> 写足成者。余深以当时未能购置为恨，今幸得此本，详细检阅，尚系初
> 印，且又完璧无缺，殊可宝也。④

---

① [清]程廷祚:《春秋识小录》,《影印文渊阁四库全书》,台北:台湾商务印书馆,1986年,第181册,第2页。

② [民国]胡适:《颜李学派的程廷祚》,《北京图书馆藏珍本年谱丛刊》,北京:国家图书馆出版社,第94册,1999年,第282页。

③ 详见[清]程廷祚:《易通自序》,《易通》,《续修四库全书》,上海:上海古籍出版社,2002年,第20册,第387页。

④ [清]程廷祚:《易通》,《续修四库全书》,上海:上海古籍出版社,2002年,第20册,第381页。

（二）《大易择言》的成书和结构

《大易择言》这部书有着复杂的渊源。程廷祚在其自序中说：

　　乾隆壬戌，望溪方先生南归，慨然欲以六条编纂《五经集解》，嘉惠后学。而首以《易》属（廷祚）曰：子之研精于《易》久矣。夫（廷祚）岂知《易》者，闻先生言，退而悚息者累月，乃敢承命而为之。阅十年而书成，命曰《大易择言》。①

乾隆壬戌即乾隆七年（1742），已经是程廷祚游历日下，转趋保守之后很多年，亦是《易通》成书三年之后。方苞想要编纂一部《五经集解》，收集各家注疏。他已经定下了六条编纂规则，程廷祚则承命而为，即使有《易通》为基础，仍然花了十年时间，才编成《大易择言》一书。程廷祚身处危地，说话很委婉，他的《大易择言》又是一部尤其委婉的书，在坚持自己观点的同时，程廷祚还不得不尽力满足程朱学者方苞的想法。因此，想要明白书中真正的意思，需要仔细寻找字里行间隐藏的意思。

《大易择言》的编纂体例和原则，均来自方苞，体例一共六条：

　　一曰正义：当乎经义者谓之正义，经义之当否虽未敢定，而必择其近正者首列之，尊先儒也。

　　二曰辨正：辨正者，前人有所异同，辨而得其正者也。今或正义阙如，而以纂书者所见补之，亦附于此条。

　　三曰通论：所论在此而连类以及于彼，曰通论。今于旧说未协正义，而理可通者，亦入焉。故通有二义。

　　四曰余论：一言之有当，而可资以发明，亦所录也。

　　五曰存疑、六曰存异：理无两是，其非己见矣，恐人从而是之，则曰存疑。又其甚者，则曰存异。

　　以上六条，乃望溪先生所授，以论次先儒之说。若纂书者之论，随条附见者，皆以愚案别之。②

首先是正义部分，要选择最符合经义的内容。程廷祚在后面补充说，即使

①　[清]程廷祚：《大易择言》，《影印文渊阁四库全书》，台北：台湾商务印书馆，1986年，第52册，第454页。案两括号内之"廷祚"系小字。
②　[清]程廷祚：《大易择言》，《影印文渊阁四库全书》，台北：台湾商务印书馆，1986年，第52册，第457页。

没有真正符合经义的前人之说，为了尊重先儒，也要选出一个最接近的。其中隐含的意思是：自己对正义部分的内容，不一定全部赞成，但有时为了尊重先儒，不得不选出一种来，选择范围，自然非程朱莫属。辨正部分，主要对前人说法的异同进行辨析，争取做出正确判断。或者正义从阙，实在选不出来，程廷祚就用自己的意思阐释经文，不敢忝列正义，也放在辨正中。通论也分两种情况，一是结合上下文内容一起解释的通论，二是与正义不同，但也合理的解释。余论则是虽然整体解释不对，但也有只言片语值得参考。存疑和存异记录的是错误的说法，存疑的错误较轻，存异的错误则较重。

所以说，程廷祚遵守着方苞定下的《大易择言》体例，同时也给自己留下了相当大的余地。正义中说的可能并不是程廷祚看来完全正确的理论，辨正与通论中的，又很有可能反而是程廷祚所认可的说法。而通论说"未协正义而理可通"，不符合正义却也可以讲得通，存疑却说"理无两是"，不可能两种不同的观点都正确，看起来几乎是互相矛盾。毕竟理通与否，决定权还在程廷祚手中，而通论部分，是程廷祚在方苞限制下选择的又一变通手法。不仅如此，辨正之外，《大易择言》中还有很多"愚案"的内容，可以加入自己的意见，连"正义"中，程廷祚进行辨析的案语也为数不少。

至于《大易择言》的内容，程廷祚自己承认，宋元以后的说法多转引自李光地为康熙皇帝所编的《周易折中》：

> 盖宋元以下，儒者以谈理见长，遂致论说滋多，而经指有转因以晦塞者，故不得不求其归于简明也。大抵《折中》所录之外，今所增采不过一二焉。①

从这段话的口气里，还能看出一丝对宋元易学的不以为然，说他们以谈理见长，致使议论越来越多，而经学指要也因此晦涩，所以不得不删减。而对于汉唐之说，他说：

> 汉唐诸儒之说，今日存者无几，凡一语足录，莫不表而出之，俾学者知有往古之经师，亦礿宗乐祖之义云尔。其分辨之井严，具见案中，

---

① ［清］程廷祚：《大易择言》，《影印文渊阁四库全书》，台北：台湾商务印书馆，1986年，第52册，第456页。

又未尝少有依阿也。①

程廷祚对汉儒之说,倒是很尊重的态度,只要有可取之处,就尽量收录下来,要使学者知道古代经师的学术。程廷祚还把汉儒与商代的瞽宗②、周之乐祖③类比,这些人是商周二代最早制定礼乐的人,也就是说他把汉代易学也提高到了易学始创者的地位。但程廷祚最后亦补充说:"未尝少有依阿",表明自己并不偏向汉易。

虽然程廷祚在正文之前批评宋元之后说理而使经指晦塞,对汉学十分信服,但是在正文实际操作中,不论是"正义"还是"辨正""存疑"和"存异",其引用的内容反而以义理学之说为主,尤以王弼、程颐、朱熹三人的说法为主,对它们有褒有贬,但数量上来看,远超象数易说。实际上,程廷祚自己解易,也更倾向于义理阐发,他不反对义理,反对的是宋人义理走错了方向,这是《大易择言》所表现出的第一点矛盾之处。

第二点矛盾之处是,如果按照《易通》的意思,尽弃后人之说才是对的。对这一点《易通》之《周易正解》的随记中有证据:"廷祚之于易,全体大例求之《系辞传》,象爻之义求之《彖》《象》二传,不敢自立一解,不敢漫用后儒一说。"④这一段说得很明确,学易道自然就应该以十翼为途径,不能自立哪怕一解,也不能用后儒哪怕一说,《易通》正是这样做的。这样看来,《大易择言》限于方苞的要求,必须选择别人之说来解经,不仅完全不符合程廷祚解经的宗旨,而且从中也很难见到程廷祚的真实想法,而《易通》解易,由于完全由自己来发挥,不用选择别人的说法,更加能够显露出程廷祚的真实想法。

恐怕正是因为《大易择言》将程廷祚的真意掩藏在引文之中,这部书被选入《四库全书》,而程廷祚独立写作的《易通》一书,更多地保持了颜李本色,被《四库全书提要》评论为凭空自造、矫枉过正,即"凭虚自造,是则信理黜数,至于矫枉过直者矣"⑤而舍弃,只编入存目之中。其实二书从思想上

---

① [清]程廷祚:《大易择言》,《影印文渊阁四库全书》,台北:台湾商务印书馆,1986年,第52册,第456页。

② 《礼记·明堂位》:"殷人……而作乐于瞽宗。"

③ 《周礼·大司乐》:"凡有德者,有道者,使教焉。没则为乐祖,祭於瞽宗"。

④ [清]程廷祚:《周易正解随记》,《易通》,《续修四库全书》,上海:上海古籍出版社,2002年,第20册,第438页。

⑤ [清]永瑢等:《四库全书总目》,《影印文渊阁四库全书》,台北:台湾商务印书馆,1986年,第1册,第232页。

来讲，仍然是一致的，只是《大易择言》里的程廷祚被重重条理和引文掩盖了。而鉴于《大易择言》有违心与勉强之处，下文讨论程廷祚易学思想的时候，我们应当以《易通》为主，《大易择言》为辅。但也不可偏废，二书对读，才能了解完整的程廷祚。

三、学术概况

（一）程廷祚对经学的总体看法

对于经学与儒业的关系，程廷祚的看法与李塨非常相似。他在给程晋芳的两封家书中，分别表达了看似矛盾，实则不然的观点。首先他说：

> 窃谓儒者之业，以希圣希贤为本，欲求进于是，惟穷经近之，此经学所以为众学之本也。①

只有儒者的本质就是追求圣贤之道，而其手段只有穷经才有用，因此经学是众学之本。然而程廷祚又说：

> 学莫先于经学，经学中有章句焉，有性命言。骛于章句者，世俗之儒也。然求圣人之道于六经，其势不能舍章句。所讲在此而所求在彼，虽圣人之教人，不过如是也。②

这一段中，还是先承认经学为学问之首，但同时也强调，经学为首的目的，是以其作为追求圣人之道的中介，所以经学只是手段而不是最终目的。因此经学中有章句有性命言，性命之言才是根本。章句不能舍，因为它是理解经书的途径，但亦不可因此忘记性命之言。而世俗儒者都专心章句，这属于缘木求鱼的行为。总结来说，即以章句为荃，以性命言为鱼，以荃捕鱼，但鱼才是最重要的，最终应该得鱼忘荃。

那么接下来的问题就是，程廷祚眼中的"性命言"究竟是什么。《易通》之《易学精义》里，解释了性命这个词：

> 心知血气，合而为人。心知，性主之；血气，命主之。心知不可遽以为性，出于性者也；血气不可遽以为命，出于命者也。性命之外无余

---

① ［清］程廷祚：《与家鱼门书》，《清溪集》，《金陵丛书》本，卷九。
② ［清］程廷祚：《与家鱼门书》，《清溪集》，《金陵丛书》本，卷十一。

事矣。①

性是人之心智,但先有性才有心智,命是人之血气,同样先有命才有血气。心智和血气二者合一,即成完整的人。因此程廷祚所谓"性命言",即与人之心智、血气相关,完整组成一个人身心的理论,道德、礼仪之类也包括在内。

相比李塨说从经书中学"礼乐法度",程廷祚说从经书中学"性命言",虽然也主要指为人的修养性情,但是定义上更加虚泛和哲理化一些,不过程廷祚仍旧是颜李学派中人,他不同意宋人将天道与"性命之理"结合在一起,在《论语说》中反对宋人将一"理"字无限引申,说:

> 天理二字,始见于《乐记》②,犹前圣之言天道也。若《大传》之言理,皆主形见于事物者而言,故天下之理、性命之理,与穷理,与理于义,皆文理、条理之谓,无指道之蕴奥以为理者。宋人以理学自命,故取《乐记》天理人欲之说,以为本原。③

虽然《乐记》中提到了"天理",确实将其指作天道之理,这也成了宋人理学的理论依据,但其他经书言"理"都指条理、文理,是具体事物形象中的道理,并非玄奥的天理。包括性命之理、穷理等等,都是落在实处的,有具体对象,又有可操作性。

因此可以说,程廷祚对经书中圣贤之道的看法,或许比纯粹务实的李塨虚泛一些,但又远远达不到理学的程度,并且刻意针对理学,这其实与身为他颜李学温和派的立场相一致。

(二)程廷祚之以经解经

程廷祚在《论语说》和《易通》中,都提出过"以经解经"的观念。《论语·雍也》中有"中人以上,可以语上也;中人以下,不可以语上也"一句,后人多以语上的内容为形而上的性与天道之类,中人之下无法理解,因此不能和他们讲这些。程廷祚却不这么认为,他在颜李学派的影响下,认为这里所

---

① [清]程廷祚:《易学精义》,《易通》,《续修四库全书》,上海:上海古籍出版社,2002年,第20册,第617页。

② 按"乐"原作"学",显误,且《颜氏学记》亦引作"学",据改。详见[清]戴望:《颜氏学记》,北京:中华书局,1958年,243页。

③ [清]程廷祚:《论语说》,《续修四库全书》,上海:上海古籍出版社,2002年,第153册,第485页。

说都是诗书礼乐、文行忠信之类的事情。并且联系《论语》上文之"知之者不如好之者,好之者不如乐之者"进行解释,认为知之者就是中人以下,乐之者就是中人以上,只有乐在其中之人,才能更加主动地践行诗书道德:

> 按此章与前章相属,亦有互为发明之理。学者之于道也,由知而好,由好而乐,境以递进也。然知者或终于不好,好者或终于不乐,则质之相悬,有不一者矣。夫游于圣人之门而观诗书道德之富,虽中材未有不好而不徒知之而已者,进而深造自得,方可云乐。准以此章,则乐之者中人以　上之事,知之者中人以下之事。中人则皆可以言好,然孔门若冉有之自画、子夏之交战,犹未得为好之至者,而况于乐乎?中人以上可以语上与好之者不如乐之者,其义一也。

至于中间的好之者,也已经很难办到,像冉有、子夏,都还只能算是乐之者的极致,称不上乐之者。引《论语》上下文互证之后,程廷祚不由得发出感慨,说:

> 以此参证,益知语上之非高谈性天,而以经解经,十当得其八九矣。①

虽然句子不长,但是表达了两重意思,首先,"语上"一章果然并非高谈性与天道之语,即否定宋学之说而肯定颜李哲学;其次,感慨以经解经的方法更能得到经书的正确解释,毕竟这一段阐释所用的正是"以本经解经"意义上的"以经解经"法。

而在《易通》之《周易正解》的随记部分,程廷祚又就《周易》特殊情况下的"以经解经"进行了说明:

> 六经唯《易》为绝学,以后儒不知以经解经而自解也。且《诗》《书》孔子不为作传,而于《易》作之,不欲遗后人以所难也。然则易道无由入,十翼其易之门乎!廷祚之于易,全体大例求之《系辞传》,象爻之义求之《彖》《象》二传,不敢自立一解,不敢漫用后儒一说。②

---

①　[清]程廷祚:《论语说》,《续修四库全书》,上海:上海古籍出版社,2002年,第153册,第469页。

②　[清]程廷祚:《周易正解》,《易通》,《续修四库全书》,上海:上海古籍出版社,2002年,第20册,第438页。

程廷祚甚至将《周易》成为绝学的原因,都归于后儒不能"以经解经"。特别是,《周易》与他经不同,有孔子亲自作传,这正是孔子怕后人被《周易》所难的苦心孤诣之处。所以入《易》道就应该从十翼入手。程廷祚因此表示,自己从来不敢按照个人想法创立任何一种解释,也不敢随便使用后儒的任何一种说法,一切以经文中的记载为准,象爻之义要从《彖传》《象传》中看,全书大体要从《系辞》中看,所以说程廷祚在《周易》领域强调的以经解经,也和毛奇龄、李塨一样,是"以传解经"这一类以经解经。

程廷祚在两部经书的不同语境下,都直接提出了"以经解经",相比之下,可以发现他对《周易》之"以经解经"的表述,比对《论语》之"以经解经"的表述,还要严格得多,《论语》只说"十之八九",《周易》则几乎是一丝一毫也不敢违背"以经解经"。

(三)程廷祚对三代后学术的看法

程廷祚对三代后之学术的看法,决定他会选择"以经解经"的经学原则。首先从程廷祚在《洪范论》一文中论学与治之不可分,可以看出他对汉代以来学术的评价以及并未动摇的颜李学派思想:

> 问者曰:"《洪范》,治世之典也,其于儒者不犹缓乎?"曰:是何言与。夫学与治分,此圣道之衰,而后世之病所以至于不可救也。自战国以来,儒者凡三变。在二汉则托于训诂笺解,魏晋而下则驰骛于词章声韵,宋元则有名为道学而以谈性言天为极。则是三家者,皆自学其学,而试以天下之事,多不效。天下之事,不付之于才能英俊,则委诸倾邪武暴之徒。由是学与治分、德与才分、文与武分,而圣贤之德业、生民之教化养育,不可得而问矣,岂不异哉。夫学即治也,治即学也。[①]

有人问《洪范》既然是治国之术,儒者是不是可以先把它放一放,先修身格物更好一点。这遭到了程廷祚的激烈反驳,认为学与治不可分,这是典型的颜李学说。而在他看来,从汉代到魏晋到宋元,都分别因为执着于各自的学问,即训诂经书、词章文学、性与天道,从而偏废了治国平天下的正事,国家就被邪暴之徒掌握了。从此学和治、德和才、文与武分开,以至于圣贤治国之业和人民教化之功不得实施。总而言之,在程廷祚眼中,儒者所应关注的就应该是最实用的修齐治平之道。

---

① [清]程廷祚:《青溪集》,《金陵丛书》本,卷一。

对于汉学、宋学,程廷祚也有专门的议论。首先对于宋儒的批判,程廷祚改变颜李学派以往的策略,转向了相对安全、纯学术的经学领域,尽量在此为程朱挑错,如上文讲宋人"天理"说之例:

> 天理二字,始见于《乐记》,犹前圣之言天道也。若《大传》之言理,皆主形见于事物者而言,故天下之理、性命之理,与穷理,与理于义,皆文理、条理之谓,无指道之蕴奥以为理者。宋人以理学自命,故取《乐记》天理人欲之说,以为本原。[①]

指出经书中的"理",除《乐记》确实以其为天道外,其他地方的意思都是就具体事物而发的,如条理、文理等意,十分切实,并非宋人所以为的形而上之理,这是一招釜底抽薪,试图动摇理学的理论根基,不过终究还是经学领域的讨论。

在纯儒学范畴内,程廷祚却对宋儒表示了肯定。他在《与刘学稼书》中表示:

> 我辈居平诵诗读书,孰不言希圣言希贤,然一遇小利害小得失,无不丧其所守。……元明以来,学者稍知贞观注疏者,即无不极诋宋儒。然以弟观之,可以当得人者,究竟宋儒为多。何则?彼固尝致力于存诚遏欲,而以实德实行为事者也。至若解经之得失,乃其末节,其主张太极先天,不能直标易简以为学宗,固皆不能无过,而要其所得,不在汉唐诸儒之后。弟于程朱经学多所异同,而卒不能昧其本心,议及于宋儒之所以得者,良有由耳。[②]

程廷祚认为,在儒家道德品质修养这一方面,宋儒做得最好,他们对儒家修养的贡献,不比汉唐注经对经学的贡献小。追求圣贤品德非常困难,稍有疏忽就功亏一篑了,而宋人存诚制欲之教,真能帮助人们修炼品德,而且这才是第一位的。宋人解经的失误,包括《太极图》、先天后天之说,都没有他们在修身养性上的成就重要。所以他说自己虽然在经学领域对程朱多有异同,但是终究不能违背本心,在儒学修养方面,他对程朱无法提出异议。

---

① [清]程廷祚:《论语说》,《续修四库全书》,上海:上海古籍出版社,2002年,第153册,第485页。

② [清]程廷祚:《青溪集》,《金陵丛书》本,卷九。

这种说法究竟出自真心,还是在严酷局势下不得不依违理学,已经难以厘清了。

当然,在经学领域,程廷祚对宋学的驳斥仍然是不遗余力的,关于这一点,有必要再举一例以作证明。《与荆溪任丈钓台论易图书》是一篇驳斥宋人易图的文章,其中亦有不少激烈言辞,如:

> 伏羲画卦,文王系辞,孔子尝明言之矣,而未尝言二圣人有此数图也,今则公然曰此伏羲之图、此文王之图,其载于何书何传? 于何人果有以见其为羲、文所手授否? 先天、后天之名,果有以见其为羲、文所自订否?[①]

伏羲画卦、文王系辞,这两件事孔子都曾经提到过,却并未提及二人有什么图。后来出现的几个图,居然公然宣称这是伏羲发明的、那是文王发明的,根本没有文献依据,宋人又不可能亲眼见过他们传授这些图,所以他们怎么证明这些图来自伏羲和文王? 其中连用好几个反问句,不赞同的态度表达得非常明显。

但在最后,似乎是在为自己反驳宋儒过于激烈感到不安,程廷祚解释说:

> 圣人已往,道在六经,经之所有不可削,经之所无不可增。某愚昧无能仰窥万一,然有所疑,不敢不质于康成、公彦之前。[②]

圣人已经不在了,他们的道都在六经之中,因此必须认真维护经书中的圣人之道,一旦以经书为准,增与削均不可。言下之意,是说自己反对宋儒并非专门针对他们,只是出于维护圣经的责任感。同时牵扯到汉唐注疏,举郑玄、贾公彦为例,表示如果他们有错,也要尽力纠正,可见自己对汉学也是同样态度,并非专门针对宋学,足称小心翼翼。

另外从《上督学翠庭雷公论宋儒书》与《再上雷公论宋儒书》中,程廷祚又表明,自己对汉、宋经学,都有具体的不满之处。但程廷祚论学,总是尽量温柔敦厚、先扬后抑,在这篇文中也不例外。说汉儒,首先夸奖他们:

> 经之精义,不外于章句,相与诵习而流传之,可以冀学者之一旦憬

---

①② ［清］程廷祚:《青溪集》,《金陵丛书》本,卷九。

悟也。故自炎汉以来,赖经学之不坠,以待真儒崛起于千数百载之后,
此二郑、贾、马拥不世之功。①

肯定了汉人章句训诂对经学不坠的不世之功,他们通过诵习传承,保证经
学不至泯灭,并且使超颖有悟性之人有机会出现。然而"以待真儒崛起"之
语,可见章句训诂在他看来只是末节,汉代儒生,包括郑玄、郑众、贾逵、马
融等最杰出之辈,都并非真正的儒生。果然在程廷祚眼中,义理性命之学
才是最重要的真学问。

并且汉人亦有另外一方面的失误:

> 经学之弊在于专门……夫圣人之经,如日月然,不可以牖中而窥
> 而自谓尽其全体。……叶秀发谓后学敢于叛圣人之经而不敢违先儒
> 之说,良可叹也。②

这一段针对汉儒受家法师法、守专门之经两个问题而发,同时其实也表现
出了以经解经的态度。在程廷祚看来,圣人之经是一个整体,像汉人那样
专守一经,是从小窗户中看全体,没有办法理解圣人真意。程廷祚在这篇
文中举了《春秋》三传和《诗经》四家为例。所以以经解经之法,不但要参考
同一经之上下文,而且要将经学当作整体来看待,各种经书之间互相参看,
尤其是相互之间关系很大的经书,如《春秋》三传之类。另外,汉人固守家
法或师法,如果先人、先师之说有违经义,也宁可背叛圣人之经而不肯违背
先人,这对正确阐释经文造成了极大危害,完全违背程廷祚的以经解经
原则。

接着针对宋人之失,毛奇龄说:

> 宋人说经,以义理胜汉儒,而有过当。至于指事征实,尤多
> 疏落。③

宋人义理胜于汉人,这是对宋学的先扬,接着后抑,开始说宋儒之失。仍旧
是两点:首先说义理有过当之处,上文引用过的宋人解"理"之辨析,即为过
当之例;其次是宋人在考据方面,比较粗疏。接着毫不意外地,又举了宋人
易图的例子,这是程廷祚对宋学最为不满之处,因此处处论宋学总要征引。

---

①②③　[清]程廷祚:《再上雷公论宋儒书》,《青溪集》,《金陵丛书》本,卷十。

最后程廷祚总结说：

> 粤稽《尚书》，虞史称帝尧之德曰"钦明恭谨"，帝舜之教胄子曰"直
> 温刚简"，皋陶亦云"九德"，其他言诚言敬者，比比皆是。已开孔孟之
> 先，而孔孟所祖述于前，垂范于后世者，未闻稍异唐虞之家法，此所以
> 为万古之大中至正也。

> 有宋诸先生得不传之续于遗经，成己成物，尧舜以来之家法可循
> 也，孔孟之垂世立教者不可胜用也，岂得别有增益？彼先天，孔子无其
> 名也，《太极》之图，孔子所未有也，斯二图者，何补于经训圣学？而见
> 为日用之不可少，徒令学者驰神幽眇，论说滋多，蔀障愈密，安得以其
> 出于诸先生，而遂谓无遗议耶？[①]

前一段论汉人偏守家法师法而违经，这一段又论宋人不守家法而违经。《尚
书》中记载了尧舜禹等人传下的教训，讲品德、态度等修身问题的比比皆
是，孔孟尚且不敢稍有增益，都述而不作，垂范后世。到了宋代，孔孟之教
就已经足够精妙、难以掌握了，宋人却创造新的易图，都是孔子没有提过
的，毫无顾忌地信用同时期的名人，反将唐虞家法抛弃，以至于这些新创的
易图融入人们日常生活，再难拔除，而且引导学者追求幽深玄妙的道理，说
得越多，蒙蔽越深。最后的反问句"安得以其出于诸先生，而遂谓无遗议
耶"，表现出程廷祚十分不满的心情。凭什么就因为出自几个宋人的理论，
又不是圣人，就认定易图理论是不可改易的真理？

　　因此可以说，程廷祚在以经解经的道路上，比李塨走得更远。李塨尚
且服膺毛奇龄经说，常以毛说为准，而程廷祚，则是纯粹地以经解经，自孔
孟以后，并无任何信服之说。即使他出于个人倾向，在义理取向上肯定了
宋人义理学，但又不满宋人义理的高谈性天。而在纯经学上，他又与宋学
多有异同，更认可汉学，但程廷祚又努力强调，章句训诂终究只是小道。这
一特点在下文将要讨论的程廷祚具体易说中，表现得更加明显。

---

① ［清］程廷祚：《再上雷公论宋儒书》，《青溪集》，《金陵丛书》本，卷十。

第二节 程廷祚的易说

一、程廷祚论易学基本问题

(一)程廷祚论十翼

前文已说过,程廷祚说"十翼其易之门",坚信孔子作十翼,解经必由之而入。但十翼各自的名字,却是汉人所定,而且被程廷祚认为很不恰当,写了一篇《论十传今名之不当》,开篇即说:"十翼诸名定于汉儒,多有未当,不可以不辨。"①

最主要的不当之处,就是《象传》和《象传》的命名。程廷祚认为,由于《系辞传》中提到象与象,都指整卦而非爻。所以卦辞之传应当名为《象辞传》,爻辞之传则应当名为《爻辞传》:

> 按《系辞传》曰"圣人设卦观象",又曰"圣人有以见天下之赜,而拟诸其形容,象其物宜,是故谓之象",又曰"八卦成列,象在其中矣",又曰"八卦以象告",凡所谓象皆指卦而言也。语其体谓之象,语其用又谓之象,故曰"象者,材也",又曰"象者,言乎象者也"。观此,则象与象皆以卦言,而爻不得专谓之象可知矣。是故卦下所系"乾元亨利贞"之类,谓之象辞,孔子所作"大哉乾元"以下则"象辞传"也。爻下所系"潜龙勿用"之类谓之爻辞,孔子所作"潜龙勿用阳在下也"以下则"爻辞传"也。
>
> 今以象辞传而名曰《象传》,爻辞传而名曰《象传》,又以所谓《象传》者目为《小象》,而于天行健君子以自强不息之类,目为《大象》。又自分传附经之后,遂不曰《象传》而谓之《象》,不曰《象传》而谓之《象》。揆之义理,皆为乖舛。②

同时《象传》又分为《大象》和《小象》,把讲卦的和讲爻的都称作"象",非常混乱。后儒拆分《象传》和《象传》附经后,把"传"字省略,这也很不好,不能正确表明这两篇圣人之传的崇高地位。

《系辞》《文言》之名,也都十分牵强。《系辞》所论是整个易学的道理,完

---

①② [清]程廷祚:《论十传今名之不当》,《易通》,《续修四库全书》,上海:上海古籍出版社,2002年,第20册,第419页。

全不讲具体一象一爻，与系辞恰好无关，《象传》《象传》才是真"系辞"，却又不叫系辞了。而《文言》更费解，先儒的种种解释都是附会强说：

> 至《系辞传》在孔门不知名为何传，而今谓之《系辞传》，则亦误。盖此传统论易之全体大例，有在卦爻以前、以外者，所言不止于系辞也。若以此名加之象辞、爻辞二传则又当，何则？文王所系于象爻者，乃谓之系辞也。至若《文言传》之名亦未详其所谓，先儒以文为文饰之意，或曰依文而言其理，盖皆不得其解而强为之说者。①

于是程廷祚干脆给十翼命名为"传一""传二"直至"传十"。但是程廷祚一开始就强调，造成这种结果的元凶是汉儒，而非十翼的作者孔子。由此也可以看出，程廷祚对孔子作十翼的信服，干脆将他看起来不对的地方，全都安在后人头上。

程廷祚维护孔子之十翼的拳拳之心，还表现在《易学要论》中对于宋儒考订所谓古本，以至斥传言经的倾向所发的一篇长论中。这一段如果不仔细研读，或断章取义，会错以为程廷祚是支持斥传言经之说的，因此这里必须将上下文一起引用分析：

> 或曰：宋代考订《周易》古本者凡数家，孰为最善？《本义》之用古本是乎否邪？曰：战国以后，吾不知《易》之孰为古本也。何以知之？即以今日十翼之名知之。②

文章一开始说，有人询问程廷祚，宋人考订之古本《周易》哪一种最善，程廷祚回答，战国以后，就没有所谓古本了，因为他在上一篇引文中刚刚提出，十翼之名是后人乱起的，所以只要某个"古本"还在用现在《易传》的篇名，它就不可能是古本。这是表示对宋人的所有古本都不认可。

> 至《本义》之用古本，则自有说矣。晁氏说之之言曰：易古经始变于费氏，而卒大乱于王弼，今悉还其旧，庶学者不执《象》以狗卦、不执

① ［清］程廷祚：《论十传今名之不当》，《易通》，《续修四库全书》，上海：上海古籍出版社，2002年，第20册，第419—420页。
② ［清］程廷祚：《论十传今名之不当》，《易通》，《续修四库全书》，上海：上海古籍出版社，2002年，第20册，第423页。

《象》以狗爻。①

接着程廷祚又分析宋人创造古本的根本目的。首先，晁说之认为费直就是将《易传》拆开附在经文之中的罪魁祸首，到了王弼更是将这种乱经行为固定下来。所以他打算将经传分开，恢复古本《周易》的原貌，以便让读者有所意识，不再解卦只想着《彖传》、解爻只想着《象传》。

> 朱子因之，遂曰：熹尝以为《易经》本为卜筮而作，其言虽约，而所包甚广。夫子作传，亦略举其一端以见凡例而已。然自诸儒分经合传之后，学者便文取义，往往未及玩心全经，而遽执传之一端以为定说，于是一卦一爻仅为一事。而易之为用反有所局，而无以通乎天下之故云云。
>
> 夫以圣人而解圣人之书，此他经所无，而惟易为然，孔子必有大不得已于此者矣。今曰略举一端以见凡例，则十翼之作不多见其可已邪？②

朱熹也说易道广阔，孔子之传只是略举一端而已，学者读了以传附经之书以后，却以为这就是全部了，以为一卦一爻都只能讲一件事，局限了《周易》的效果，其实《周易》作为卜筮之书，卦爻辞应该能够解释所有占卜事项。

第二段是程廷祚自己的感慨，孔子作为一个圣人，只在《周易》一部经书中专门写作《易传》解读圣人之经，必定有只能如此的理由。而且恰好与朱熹、晁说之的看法相反，既然《易传》所举的一端能够正确解读经文，展示其凡例，那么《易传》就没有问题。

> 且斥传不可以为定说，而虑学者执《彖》以狗卦、执《象》以狗爻，是孔子之作十翼，不惟可已，且甚害于文王之经，而不若其无之矣。
>
> 呜呼，是何说哉！故尝谓朱子之用古本，以复古为名，而实欲学者舍传言经，以树其孔子之说非文王之说之刿论，不可不察也。③

排除《易传》讲经文绝对不能成为常例。朱、晁二人的说法，就像程廷

①②③ ［清］程廷祚：《论十传今名之不当》，《易通》，《续修四库全书》，上海：上海古籍出版社，2002年，第20册，第423页。

祚总结的那样,几乎是在指责孔子《易传》妨害了文王的经文,有还不如没有。"而虑"后面的文字,其实都是程廷祚对晁、朱二人观点的总结,绝非他自己也认可这个结论,但夹杂在这里表达出来,很容易引起读者的误解。

从"呜呼是何说哉",程廷祚才开始表达自己的反对观点。他警示读者,朱熹创造古本的目的,就是想让读者舍圣人之传而言经,以便宣传其孔子之易与文王之易不同的论调,这一点不可不察。

所以程廷祚这段文字,全部都是反对态度。反对宋人古本《周易》,反对舍传言经,反对朱熹对文王之易与孔子之易的区分。

程廷祚对于十翼整体的看法毋庸置疑,但他对各篇分别的看法又有所不同。

首先是《大象传》的问题。《象传》可以分为解释卦辞的《大象传》与解释爻辞的《小象传》,程廷祚认为,《大象》"与系辞多不相谋"①,而且"所言既多,异于象爻,而《系辞传》十三卦之所取又无一与《大象》合者"②,《大象》与经文、与《系辞传》的记载都合不上。但这并不是在说《大象》有问题,毕竟程廷祚还当它是孔子的作品,因此仍然笃信《大象传》,于是他努力弥合这种矛盾,说:

> 《大象》六十四条,以天、地、雷、风、水、火、山、泽为象,以圣人先王君子之事为用象,取其至大,事亦举其至大,盖孔子之特笔也。
>
> 然与系辞多不相谋,如向晦宴息之于随,厚下安宅之于剥,折狱致刑之于丰,议狱缓死之于中孚,皆象、爻之义所绝无者于此见。圣人之用易,不同于法而同于道,易之所以为大也。至后儒以传附经,欲便学者之诵读,惟象、爻二传之于经,乃如车之有辕、屋之有榱,其用有相成而不可缺者,故不可不合而为一也,若《大象》则当别而着之。③

《大象》中所举的天、地、雷、风、水、火、山、泽,都是自然意象,更有利于取象说一派的立论,不利于程廷祚这样的义理派。但程廷祚坚信易道广大,包罗万象。《大象》属于特殊情况,但是并未脱出易道范围,只是所象之事大,

---

① ［清］程廷祚:《论十传今名之不当》,《易通》,《续修四库全书》,上海:上海古籍出版社,2002年,第20册,第420页。

② ［清］程廷祚:《论十传今名之不当》,《易通》,《续修四库全书》,上海:上海古籍出版社,2002年,第20册,第420—421页。

③ ［清］程廷祚:《论〈大象传〉不可附经》,《易通》,《续修四库全书》,上海:上海古籍出版社,2002年,第20册,第420页。

所以取象亦大。圣人之用易就是这样,把握住易道即可,具体说法不必一致。

但《大象》从内容上来说,并不是彖辞爻辞的直接解释,如果附在彖辞之下,难免令人疑惑。相反的,《彖传》《小象传》是与经文配合的内容,理应附经,但《大象》就应当在经文之外单行。这同时也暗示着,解释经文具体内容的时候,应当少参看《大象》。程廷祚对《大象》有所不满的原因,在于他并不接受《大象》中的八卦取象,下文论及"八卦真象"时,还会提到与此有关的内容。

《说卦》《序卦》《杂卦》三篇,又是不同的状况。汉宣帝时,河内女子得"《说卦》三篇",程廷祚认为这三篇包括《说卦》《序卦》和《杂卦》的全部内容,即"《说卦》《序卦》《杂卦》三篇,宣帝时河内女子得之"①,《说卦》和《序卦》也因此受到了程廷祚的怀疑。

怀疑《说卦》的内容主要有以下几点,首先:

> 《说卦》中如天地定位一章,后儒援引以为先天卦位,非传本意。至帝出乎震万物出乎震两段,实与他处义理不侔。尝读《汉书·礼乐志》云"武帝祠太乙于甘泉,就乾位也",注云"言在京师西北",是时《说卦》之文未出,而即有此说,盖出于方士所言。如《郊祀志》"东北神明之舍,西方神明之墓"之类。《郊祀志》又云"刘向父子以为帝出乎震故包牺氏始受木德,其后以母传子,终而复始"。盖自战国推五胜之说,从其所克,独向、歆之论五行以相生为序,故推原包牺之受木德,而终始之以明汉为火德,故谓帝出乎震者此也。然则《说卦》中之二段,其为(刘)向、(刘)歆所窜,以重其私说,亦未可知。学者存而阙指可也。乃陈希夷之徒指以为后天方位,岂不误乎。②

《说卦》中"天地定位"这一章,常被误认为是先天卦位的理论依据,但程廷祚强调这并非传文本意。至于"帝出乎震""万物出乎震"两段,又被当作后天卦位的根据。按照程廷祚的理解,早在汉武帝时就已经以西北为乾位,《说卦》却在宣帝时期才出现,可见八卦方位理论是民间方士所创。而刘向、刘歆将这两段和五行相生之说结合,其说法又与战国五行说不同,所以程廷祚认定这两段恐怕是刘向、刘歆窜入的内容,为了给自己的理论提供

①② ［清］程廷祚:《论〈说〉〈序〉卦二传之当阙疑者》,《易通》,《续修四库全书》,上海:上海古籍出版社,2002年,第20册,第421页。

依据。

其次,是"妙万物而为言"这一句,程廷祚认为"老氏之书始有妙字,并不见于圣经"[①],因为"妙"字六经无有,只在《老子》中出现,疑其为老氏之说。

第三,《说卦》之取象说,如乾为马、震为龙之类,和经文中的取象并不能完全相合,程廷祚解释说:

> 虽经之取义在今日有不能尽知者,若《传》所列,或当年卜筮家之所用,要不可执之以疑经,而遽入于互变飞伏之穿凿也。[②]

程廷祚对首先表明《说卦》的某些内容与经文不一致,不可因此而怀疑经文,不然就要陷入互体、飞伏等象数说理论的穿凿之中,但也不以《说卦》为非。因为《说卦》之象是卜筮家所用,所以由《周易》而来,但并非完全与《周易》相同。由他特地强调象数理论可以看出,通过这种部分否定《说卦》的方式,程廷祚也得以绕过其中与象数说关系更紧密的表述,专心建立他的义理体系,同时又不违反他自己的"以经解经"原则。

需要指明的是,其实程廷祚还未到怀疑《说卦》全文均系伪造的程度,他只怀疑其中个别字句系后人窜入。如《说卦》之"乾,健也;坤,顺也;震,动也;巽,入也;坎,陷也;离,丽也;艮,止也;兑,说也",正是他所创八卦真象说的根据。虽然他怀疑"帝出乎震""万物出乎震""乾为马,坤为牛"等章是后人窜入的内容,但是对上一段话却又信服。因此,他并不全盘否定《说卦》。

《序卦》主要按六十四卦卦名的字义来讲卦序的内在逻辑,《杂卦》却又主要以反对说来两两一组地解释六十四卦排列,二者在卦序这方面存在一定的矛盾。程廷祚承认反对说,这一点详后再进行论证。既然同意《杂卦》的反对说,也就认可了《杂卦》的真实性,而《序卦》之卦序,在程廷祚看来就有很多牵强不通之处。他对于《序卦》,干脆没有任何回护,一概否定:

> 《序卦》一传,虽不敢与《尚书》《毛诗》之序同类并讥,而欲遽信为

---

① [清]程廷祚:《论〈说〉〈序〉卦二传之当阙疑者》,《易通》,《续修四库全书》,上海:上海古籍出版社,2002年,第20册,第421页。

② [清]程廷祚:《论〈说〉〈序〉卦二传之当阙疑者》,《易通》,《续修四库全书》,上海:上海古籍出版社,2002年,第20册,第422页。

圣人之手泽,则亦过矣。①

说《序卦》虽然还未达到《尚书序》《毛诗序》那样公认伪作的程度,但也不可以毫不怀疑地说《序卦》就是圣人所作。在这一论断之下,程廷祚还引用多条宋人,甚至是朱熹怀疑《序卦》的说法为证。

十翼既作为孔子解经之传,在程廷祚眼中地位不可动摇,肯定不能否定,但十翼中的一些内容,又与他的解易体系有所冲突,完全承认十翼就等于推翻了自己的说法。例如程廷祚不接受自然取象说,但对《大象传》毫无推脱的办法,只好用"圣人之用易,不同于法而同于道,易之所以为大也"来解释。而既然《说卦》《序卦》两传后出,那么尽可以理直气壮地怀疑他们并非孔子所作。

在具体解易时,毕竟"以经解经"是他的首要出发点,《周易》的"以经解经"又意味着"以传解经",所以排除掉程廷祚不接受的具体部分之后,十翼剩下的部分对程廷祚来说尤其重要。"易道无由入,十翼其易之门。"②不论是笃信大部分十翼,还是怀疑小部分十翼,都是程廷祚出于以经解经的合理选择。

(二)程廷祚说易之本与用

对于《周易》的本质之争,历来无非就是卜筮之书与天道之书两派,程廷祚对二者都有所强调,算是调和论者,但最终的落脚点仍在后面。他说:

> 古者礼乐未兴,六经未作,而圣人先为卜筮以教人。《周易》之作,又因于卜筮,故《大传》屡言蓍龟之重。若尧舜以来,迄于孔孟,教人之书备矣。其在今日,直可云定吉凶成亹亹者,莫大乎六经矣。故三代以下,六经出而卜筮微,亦其明证。③

早在礼乐未兴、六经也还未出现的时候,卜筮已经出现了。于是圣人先利用卜筮来引导人民,《周易》也因于卜筮而成书,所以《易传》中常常强调卜筮的重要性。但是三代之后,圣教已备,《周易》也不再仅仅是卜筮之书,经

①　[清]程廷祚:《论〈说〉〈序〉卦二传之当阙疑者》,《易通》,《续修四库全书》,上海:上海古籍出版社,2002年,第20册,第422页。

②　[清]程廷祚:《周易正解》,《易通》,《续修四库全书》,上海:上海古籍出版社,2002年,第20册,第438页。

③　[清]程廷祚:《大易择言》,《影印文渊阁四库全书》,台北:台湾商务印书馆,1986年,第52册,第967页。

书比卜筮更高明也更具权威性。也就是说，程廷祚承认《周易》出于卜筮，但它现在已经远远超过了卜筮，因此不可再简单按照卜筮来理解它。

程廷祚又重点解释了圣人根据卜筮来创造《周易》的原因，他说：

> 凡人之情，莫不信鬼神而好言吉凶，吾舍其信鬼神者而与之言理，则彼将不信。吾舍其好言吉凶者而与之言理，则彼将不好，是教无由兴而民无由宁也。①

他口中的圣人，颇能为凡人着想，因为凡人都信鬼神而好卜筮，却对天理不感兴趣，因此圣人特地为了更好地教化凡人，将道理蕴含在卜筮之辞中间。

甚至于圣人深思熟虑，又怕后人可能会因为他的权宜之计而真以为《周易》是卜筮之书，于是特地在《系辞传》上的"《易》有圣人之道四焉：以言者尚其辞，以动者尚其变，以制器者尚其象，以卜筮者尚其占"中，将卜筮放在最后，以提示后人卜筮在《周易》中的次要地位。即"举圣人之道四，而末乃言卜筮者，恐天下以易为卜筮之书也"②。

至于《周易》中所蕴含的重要道理，程廷祚认为它们全都源自阴阳之道。而要说明程廷祚对阴阳的看法，需要先说明他对《系辞传》"太极生两仪，两仪生四象，四象生八卦……"这一段的看法。对此他说：

> 太极即阴阳也，两仪者，易之奇偶也，四象者，三画之卦也，八卦者，重卦六十有四也。……由两仪而上，则阖辟往来之机，由两仪而下，则已见已行之事，皆所谓神物也。此言易由阴阳而生奇偶，以递至于八卦，以定吉凶而生大业，则兴神物以前民用者是也。③

李塨与毛奇龄同时认为这一组概念是在说揲蓍算卦的过程，这和一般人看法不同。程廷祚却回归了普遍看法，认为它们指六十四卦生成的过程，而且他的说法非常简单，没有一丝一毫超出《周易》经传之范围。"太极"是阴阳，"两仪"是易之奇偶，也就是说，"太极"是奇偶画形成之前的阴阳，而奇

---

① [清]程廷祚：《易学要论》，《易通》，《续修四库全书》，上海：上海古籍出版社，2002年，第20册，第392页。

② [清]程廷祚：《大易择言》，《影印文渊阁四库全书》，台北：台湾商务印书馆，1986年，第52册，第960页。

③ [清]程廷祚：《周易正解》，《易通》，《续修四库全书》，上海：上海古籍出版社，2002年，第20册，第572页。

偶参照阴阳被创造出来。所以"两仪"之前都还是隐而未现的天机,"两仪"以后就变成可以见于具体事务的规律,揲蓍算卦的神奇之处就在于可以将天道投射人间。接着"四象"是八经卦,"八卦"是六十四卦。

这其中,"太极"与"两仪"的关系问题最为重要,也是程廷祚最与众不同的地方。不论是程朱还是汉易,也不论他们眼中的"太极"与"两仪"分别代表什么,他们都认为"太极"是"两仪"之上的一层、阴阳未分的状态,程廷祚却不这么认为,他说:

> "太极"即"一阴一阳之谓道",阴阳无形而有数,圣人出而纪其数,奇偶是也。"易有太极",《易》即此书也,"是生两仪",言《易》之书由有阴阳而后作奇偶之二画,以明书中之奇偶,即天地间之阴阳,而非有他。后人跻"太极"于阴阳之上,而又不知"是生两仪"即指作易者而言,于是纷纷之论河汉而无极矣。①

既然《系辞上》说一阴一阳之谓道,那么阴阳就已经是最高的道理了,也就是"太极"。另外,"两仪"之奇偶,只是"太极"阴阳之数在《周易》一书中的表示,所以二者也是一样的,"太极"和"两仪"也是并列的关系。

所以程廷祚说,太极并非《周易》的本源,阴阳才是。他对易之本与易之用的论述,同样十分贴近《周易》之文,具有以经解经的特点:

> 庄子云"易以道阴阳",知易之本矣,而未及其用也。伊川云"易者,随时变易以从道也",知易之用矣,而未名其本也。《大传》曰"刚柔者立本者也,变通者趋时者也",其至矣乎。②

易之本为阴阳,庄子明之,易之用为变易以从道,程颐明之,而"刚柔者立本者也,变通者趋时者也"这句话,合阴阳刚柔与变易,在程廷祚看来同时抓住易之本与易之用两方面。

其实程廷祚并未把阴阳当作整个世界的本原。他在别处又说"阴阳以

---

① ［清］程廷祚:《易学要论》,《易通》,《续修四库全书》,上海:上海古籍出版社,2002年,第20册,第425页。

② ［清］程廷祚:《易学精义》,《易通》,《续修四库全书》,上海:上海古籍出版社,2002年,第20册,第597页。

上不可得而言也"①,暗示阴阳以上还有更本原的概念,但它绝非太极,因其已经超出了人类理解的范畴,也无法靠人类的语言说清楚,所以《周易》所表现的思想也从阴阳开始。程廷祚这一独特的处理也和他的颜李学派背景关系匪浅。如果纠结阴阳之上更高深的道,那就难免陷入如理学那样的高谈性天。为了避免这样,程廷祚干脆将世界的本质只推至阴阳为止,因此说"太极"就是阴阳。同时又极力不让阴阳过于高高在上,防止他们又成为玄虚无用的概念,因此又说"两仪"也相当于阴阳。

至于象数与义理的关系问题,程廷祚不但旗帜鲜明地选择义理,而且将"象数"这个概念都义理化了。首先他说象:

> 易之有象也,非谓天地风雷之属也,亦非谓乾之龙、坤之牝马也。象之说有二,内象人心,外象人事。《传》曰"夫乾,确然示人易矣;夫坤,隤然示人简矣。……象也者,像此者也",此言象人心也。又曰"圣人有以见天下之赜,而拟诸其形容,象其物宜,是故谓之象",此言象人事也。②

干脆以象为象人心和象人事,而非天地风雷等自然意象。接着是"数",程廷祚说"易之有数,非出于蓍策也,蓍策之数出于易者也"③。蓍策必定是数字问题,这是躲不掉的,于是程廷祚换了个角度,强调易才是蓍策的根本,数出自易而非易出自数。然后就可以强调由易知数"欲知数之说者,亦求诸乾坤而已矣"④,所以只要从乾坤来钻研,就可以得到数了。

同时,程廷祚还认为,象和数都只是圣人表达义理的途径,也就是说,象数是比义理更低一级、更浮于表面的表达:

> 阴阳在天地之间,而圣人数以纪之,象以像之,其不惮烦如是,何也? 曰:上古之世,教化未兴,百姓棼棼,罔知有善恶之辨,邪正之方。圣人有忧之,始作八卦,因象数以明义理。其必寄诸卜筮又何也? 曰不得已也。凡人之情莫不信鬼神而好言吉凶,吾舍其信鬼神者而与之言理,则彼将不信,吾舍其好言吉凶者而与之言理,则彼将不好。是教无由兴而民无由宁也。故作易而寄诸卜筮者,非圣人之得已也。然则

---

① [清]程廷祚:《易学精义》,《易通》,《续修四库全书》,上海:上海古籍出版社,2002年,第20册,第621页。

②③④ [清]程廷祚:《易学要论》,《易通》,《续修四库全书》,上海:上海古籍出版社,2002年,第20册,第391页。

欲知易者,亦求诸理而已矣。……①

在程廷祚眼中,圣人实在用心良苦,和卜筮的情况相同,因为普通人信鬼神和吉凶,就发明了八卦,借其来宣扬义理,使人更加容易接受易道,不然人们就不能对义理产生兴趣。所以他认为后人学易,应当抛开这些卜筮或者象数,得鱼忘筌,专注于解读其中的义理。

程廷祚对《周易》本质及其用处的描述,通篇围绕着《周易》经传中的相关文字展开,确实符合他以经解经的经学原则。但程廷祚流露出明显的义理化倾向,这与同样坚持以经解经的毛奇龄,甚至李塨都有不小区别。这种不同并非出自以经解经,每个人对经和传的认识和解读难免受到主观倾向的影响,不论是程廷祚还是毛奇龄,都确信自己才是把握住经传本义的人。

二、程廷祚的解易法

至于程廷祚的解易法,同样将以经解经作为原则,根植于《周易》经传文本。他继承了汉代以来一直非常通行的解易理论,又以不合经文为由舍弃了一些,并根据经文创造了一些尤其独特的解易理论。

(一)程廷祚的卦说

1.对待说

首先为程廷祚所继承的一种重要解易理论,即"对待说"(或称反对),他认为两个上下爻顺序恰好完全相反的卦,其意思也应有所关联,相当于毛奇龄、李塨之反易与虞翻所谓的"反"。

《杂卦》与《说卦》《序卦》同时晚出,程廷祚却在怀疑后二者的同时坚信《杂卦》,正因其内容为反对说。他说:

> 六十四卦,其两两相比者,以反对成用,而刚柔之盛衰进退,则存乎其序焉。②

《周易》上下经中六十四卦的排列顺序,总是将两个反对卦放在一起,这是对待说最重要的一个理论根据,连《程氏易传》《周易本义》都有所运用,也

---

① [清]程廷祚:《易学要论》,《易通》,《续修四库全书》,上海:上海古籍出版社,2002年,第20册,第392页。

② [清]程廷祚:《论〈说〉〈序〉卦二传之当阙疑者》,《易通》,《续修四库全书》,上海:上海古籍出版社,2002年,第20册,第422页。

是程廷祚相信对待说,从而相信《杂卦》的理由。

但程廷祚并不在卦变层面上讲对待卦,这是他与毛奇龄、虞翻等人的不同。他只强调对待二卦在主题和义理上的关联。最典型的例子就是对小畜卦☰与履卦☰的解释。对于小畜卦,各家说解,大多倾向于将其与大畜卦☰联系在一起,二者卦名都有畜字,且分别以小大为名,很容易被联系在一起。其中的"畜"被解释为积蓄的"蓄",小畜、大畜即积蓄之小、积蓄之大,或是以小蓄大、以大蓄小。如毛奇龄《仲氏易》就说:"以大畜小者谓之小畜,以小畜大者谓之大畜。畜者,藏也,又止也。大小者,阴阳也"①,还把大、小的区别和阴阳联系起来。

程廷祚却不这样认为,反而把小畜与它的对待卦履放在一起解释。《易通》中的《周易正解》为贯彻怀疑《序卦》的观点,在每卦之前,程廷祚都用自己的理解来重新解释它与上一卦的关系,推翻《序卦》。小畜下恰好就是它的对待卦履卦,他因此可以施展自己的对待说理论:

> 时不利而有所待者,暂也。能乐天则可行,以为常矣,故继之以履(小畜言待时,履言处世)。②

这和《序卦》对小畜、履两卦的解说"比必有所畜也,故受之以小畜。物畜然后有礼,故受之以履"的出发点完全不同,用暂时不可常久解释小畜,而非《序卦》的积蓄,以行动解释履,而非《序卦》的礼。

而小畜之下,还有一段大段双行小字,特地强调小畜的对待卦问题:

> 小畜一卦,自来皆泥于象,而不求其义,又不求与履卦对待之义,且不求所以次于师、比之后之义,卒至于影响支离,而莫得其解也。盖此卦立象实以六四一爻理势所在,有不得不听其自然者,然柔虽得位,不可为之非梗,阳虽有五,不可谓之已纯。小畜云者,此乃事之暂而未可以为常者也,若履则可以为常矣。……③

他不满人们解小畜,往往拘泥于象而不从其义出发。认为小畜与履对待,意思理应相关联,同时小畜又在师与比这一组对待卦之下,意思上应该也

---

① [清]毛奇龄:《仲氏易》,《影印文渊阁四库全书》,台北:台湾商务印书馆,1986年,第41册,第242页。

②③ [清]程廷祚:《周易正解》,《易通》,《续修四库全书》,上海:上海古籍出版社,2002年,第20册,第457页。

有关系。所以他集合爻位说,认为小畜六四以阴爻控制其他阳爻,阳爻不得不暂时听其指挥,但这种阴控制阳的情景不可长久,所以小畜是在讲事情处于暂时状态下的情况,下面的履就开始暂时的妥协之后,恢复正常之道。

《大易择言》在解释小畜时,"正义"部分先引用了朱熹之说:

> 紫阳朱子曰:小,阴也。畜,止之之义也。卦唯六四一阴,上下五阳皆为所畜,故为小畜。内健外巽,二五皆阳,各居一卦之中而用事,有刚而能中,其志得行之象,故其占当得亨通。然畜未极而施未行,故有密云不雨,自我西郊之象。

朱熹对小畜的解释,从积蓄立论,说上下五阳都被阴蓄养,但因其为阴,只能是小蓄,还未达到极致。好在二、五两爻还被阳占据,因此刚中而志能行。其实这正是程廷祚所反对的《序卦》之说,但引文这一段未提大畜卦也未提履卦,因此勉强被程廷祚接受了,放在"正义"中。接着程廷祚就在"辨正"部分,一字不差地引用了自己《周易正解》"小畜一卦,自来皆泥于象"一段的全文。这也说明,编纂《大易择言》的时候,程廷祚的想法事实上并没有发生变化,只是限于体例才不得不引朱熹说作为"正义"。

又如大过与小过,与大畜小畜类似,因其卦名相似,所以常被人相提并论,程廷祚又因他们并非对待关系,而对它们分别采取不同的解释:

> 大过与小过本非对待,先儒每每以之并论,非也。凡二过字亦有辨,小过乃经过相过之过,大过则过失过误之过。①

程廷祚所理解的大过小过,连"过"的意思都不相同,大过是过失的"过",小过是"经过"之过,其他方面更不用说。

2.八卦真象说与阴阳说

取象说是历代易学家解易的重要方式,也是被程廷祚改头换面程度最大的一种解卦理论。《大象》解释六十四卦,以乾为天、坤为地、震为雷、巽为风、坎为水、离为火、艮为山、兑为泽的八卦基本取象为基础,结合各卦上下体的关系,解释一卦之义,如"天与水违行,讼,君子以作事谋始",讼卦之象

---

① [清]程廷祚:《周易正解》,《易通》,《续修四库全书》,上海:上海古籍出版社,2002年,第20册,第489页。

是天水违行,不相一致,因此有讼。汉代以后的象数派则将取象说发挥到极致,再结合《说卦》"乾为马,坤为牛"等象,并创造互体说、卦变说,扩充取象来源卦,阐释象辞爻辞中出现的意象。

但程廷祚将这一套八卦取象完全废而不用,认为八卦真正的象应该是《说卦传》中的另一段"乾,健也。坤,顺也。震,动也。巽,入也。坎,陷也。离,丽也。艮,止也。兑,说也。"《易学要论》中之《论八卦之义(尽于)健顺动入陷丽止说》一篇,就是专为此问题而作的,而《大易择言》中也专门在《说卦传》的相关内容下进行了辨析,这里引一段《易学要论》专篇之说,以见程廷祚的看法:

> 八卦之取象于天、地、雷、风、水、火、山、泽也,举成象成形之大者耳尔。上古圣人盖观于阴阳之阖辟,而得健顺动入陷丽止说八者之用,于是画卦。即天、地、雷、风、水、火、山、泽亦八者之所为,而八者不尽于天、地、雷、风、水、火、山、泽,故有谓八卦为取象于彼者,误也。①

也就是说,天、地、雷、风、水、火、山、泽并非错的取象,只是健顺动入陷丽止说之象才是圣人画八卦时参考的根本取象,天、地、雷、风、水、火、山、泽只是健顺动入陷丽止说的一种体现而已,不能统摄所有取象。

> 且八卦之象,《说卦》所称至为繁赜,其曰乾健以至兑说,则明以一义尽一卦而若不复有他说者,其故亦可思矣。夫八卦者具于天、地、雷、风、水、火、山、泽未有之先,而行于天、地、雷、风、水、火、山、泽既然有之后。圣人假于数以别其用,理莫精焉,道莫大焉,是岂有形之物可得而尽者哉?②

这其实相当于将八卦之实象义理化为无形虚象。程廷祚正是有意识要这样做的。他认为八卦产生于天、地、雷、风、水、火、山、泽这些自然意象之前,那么它们也就不可能是八卦真正所代表的的内容。毕竟八卦之象如此广大,天、地、雷、风、水、火、山、泽这类有形之物不可能穷尽其意义,且《说卦》中在天、地、雷、风、水、火、山、泽之外又列出了八卦的很多自然意象,这更说明八卦之道,只有义理之象可以穷尽。

---

①②　[清]程廷祚:《论八卦之义(尽于)健顺动入陷丽止说》,《易通》,《续修四库全书》,上海:上海古籍出版社,2002年,第20册,第394页。

　　另外,天、地、雷、风、水、火、山、泽之象只有《大象传》使用,《象传》中就很少使用,反而使用健顺动入陷丽止说更多。程廷祚作了统计,六十四卦中乾坤二卦《象传》都用健与顺之义,其他六十二卦中,只有十五卦中的《象传》用到了《大象》中的这八个象,但仍以健顺动入为主,另有十卦的《象传》既不用"天地风雷"之象又不用"健顺动入"之象,其他三十七卦则都以健顺动入之类为主:

> 天地雷风诸象,《大象传》专取之,《象辞传》不重也。按《象辞传》于乾虽未言健,然统天变化,皆健之意也。坤则言顺矣。其六十二卦之中,如屯之雷雨,蒙之山下有险,泰否之天地,噬嗑之电雷,坎之水流,恒之雷风,晋明夷之地上地中,暌之火泽,益之木道,井之巽木上水,革之水火相息,鼎之以木巽火,涣之乘木有功,兼用《大象》之象者仅十五卦,而犹以健顺动入诸义为主。他如谦、颐、家人、损、姤、震、巽、小过、既济、未济,不言健顺动入,亦不用《大象》之象者凡十卦。而其余诸卦,则无非健顺动入诸义也。以此观之,易之所重在此而不在彼可知矣。则凡求卦爻之说者,宜在此而不宜在彼亦可知矣。①

　　但健顺动入毕竟过于抽象,程廷祚这一统计其实问题很大,把没有直接提及,只是意思相似的情况都包括其中了。例如坎卦《象传》曰:"习坎,重险也。水流而不盈,行险而不失其信,维心亨,乃以刚中也。行有尚,往有功也。天险不可升也,地险山川丘陵也,王公设险以守其国。险之时用大矣哉!"这一段以坎为危险来立论,但所谓的"八卦真象"中,坎为"陷",陷阱、陷入之意,意思稍有不同,但程廷祚显然就当二者是一回事了,因此把坎算作"八卦真象"的例证。
　　程廷祚又根据八卦的真象,总结出了各个卦的阴阳属性,他说:

> 乾,健,举而克胜,行而不息也。震,动,忽然而动,动而不已也。坎,陷,陷于其中,陷而不陷也。艮,止,当止则止,一止即止也。坤,顺,顺承于阳也。巽,入,与阳无违也。离,丽,倚附于阳也。兑,说,有欲于阳也。凡阳卦俱有二义,阴卦惟有一义,阳大而阴小也。②

---

①② 详见[清]程廷祚:《论八卦之义以健顺动入陷丽止说为正》,《易通》,《续修四库全书》,上海:上海古籍出版社,2002年,第20册,第395页。

属于阳的乾、震、坎、艮，不但比另四个阴卦大，而且意思都有相反的两重，也更富有哲理性。属于阴的四卦，意思只有一种，且都依附于阳而生。将八经卦也分出阴阳，这是程廷祚比较与众不同的做法，也将他的义理倾向表现得非常清楚。

在具体易解中，程廷祚也会利用八卦真象和阴卦阳卦之说，如解释夬卦九四时：

> 愚案夬卦五阳虽同为夬义，而终以乾卦为主。四属说体，阳爻而处阴卦。"臀无肤，其行次且"，言其进退不安，莫能自决之甚也。牵者，依附之意，羊者，群阳之喻也。言当此之时，惟自附于群阳，方得为君子之朋，而可以亡其悔。然以说为性者，力必不足，恐其闻是言而亦不信矣。"不信"者，望其信也。①

九四虽然是阳爻，却处于上体阴卦——兑卦中，所以只能依附其他阳爻而生，这是阴卦阳卦说。而且兑卦为说（悦），本性就柔弱，圣人甚至怀疑它无法听从劝诫依附于阳爻，所以用"不信"来重申劝诫之意，希望九四能听从，这是八卦真象说。所以随着八卦真象而产生的阴爻阳爻，就是为了继续解释象辞爻辞中的判词，同时树立君子小人之辨，重申亲贤远小的原则。这一理论看似独特，其实仍在延续义理派阴阳对立的阐释模型。

（二）程廷祚的爻位说

1. 对旧爻位说、卦变说的否定

程廷祚之所以规定八卦之阴阳定位，是为了否定爻的阴阳定位。通行的当位说认为爻位中初、三、五为阳位，二、四、六为阴位，阳爻阳位与阴爻阴位才是正确的。程廷祚对此表示："卦曰阴阳，爻曰刚柔，位曰贵贱"②，阴阳只是卦的问题，爻是没有阴阳之分的：

> 《传》曰"观变于阴阳而立卦"，其在经卦则乾、震、坎、艮谓之阳卦，坤、巽、离、兑谓之阴卦。卦至六画，则内外之经卦有阴者有阳者，有皆阴皆阳者。阴卦则爻之奇者多，阳卦则爻之耦者多。非卦曷有爻？非爻曷有位？《说卦传》之意，言由卦有阴阳故爻有柔刚，而六位成焉，非

---

① ［清］程廷祚：《大易择言》，《影印文渊阁四库全书》，台北：台湾商务印书馆，1986年，第52册，第815页。

② ［清］程廷祚：《易通》，《续修四库全书》，上海：上海古籍出版社，2002年，第20册，第409页。

以六位为有阴阳也。①

《说卦》说:"观变于阴阳而立卦",圣人在阴阳之中观察变化,因而建立起卦,程廷祚在此咬文嚼字,认为阴阳只在卦这一级才出现。这句话也成了他阴卦阳卦理论的依据,爻既然没有阴阳,阴阳当位说也就无法成立,为了仍然以阴阳来解释爻辞,依托内外卦来建立新的阴阳判定法势在必行。

同时,阳与阴的定位,在程廷祚眼中,是注定不变、不能互相转化的,不仅阴阳卦如此,刚柔爻也如此,所以大部分卦变理论都不被程廷祚所认可。《左传》中记录了一些占筮的例子,其中多有"某卦之某卦"的情况。朱熹等人用占筮过程中的阴阳老少之变来解释,即占得老阳变为阴、老阴变为阳,少阳、少阴则不变,程廷祚却不同意。他说:

> 六爻之外而又有所谓变者,自筮家之言之卦始,而《大传》本无其说。言之卦者必曰阳变为阴、阴变为阳,夫阴阳有盈虚消长,而不闻其互相为变。阴阳之不能互相为变,观于天地男女可见矣。且阳之于阴,贵其能统,阴之于阳,贵其能承,其各有定分如此,非唯不能变,尤无取乎变也,求之天地男女可见矣。求之天下无其理,求之大易无其象,而谓卜筮有之,可乎?②

程廷祚认为,阴阳有消长却没有互相转化,这一点不但从天地男女之现实中可以看出来,而且《周易》中也并未说过阴阳互变的内容,既然现实与经文中都没有提到阴阳互变,又怎么能说卜筮中有呢。阴阳之间注定有被统治和统治关系,如果变了,连固定的名分都会混乱,所以绝不能变。

但是《周易》中也有提到变的字句,程廷祚需要给它们找到合理的解释:

> 《传》曰"爻者,言乎变者也",又曰"刚柔相推而生变化"。画有奇耦九六,而上下进退于二三四五上之际,所谓六爻发挥者,易之变唯在

---

① [清]程廷祚:《易通》,《续修四库全书》,上海:上海古籍出版社,2002年,第20册,第409页。

② [清]程廷祚:《之卦》,《占法订误》,《易通》,《续修四库全书》,上海:上海古籍出版社,2002年,第20册,第623—624页。

于此,而无复遗义矣。①

《大易择言》也说:"变化者,进退之象也。"②因此,程廷祚将《传》中所言各种变化,都解释为一卦六爻间的上下进退关系,对于进退,《周易正解》和《大易择言》中又都说:

> 进退者,言刚进而柔退,则吉与悔之数多。柔进而刚退,则凶与吝之数多也。③

进退仍然是六爻中固定的位置关系,并非变化的位置关系,这是首先需要强调的。另外,爻位虽没有阴阳,但爻本身还有刚柔,这一点从《大易择言》中讲进退时所举的例子就可以看出:

> 卦爻中或刚在初柔在上,或柔在二刚在五。六十四卦之中,无一同者。所谓"相推",所谓"变化",其说尽于此矣。④

结合这两段引文可以知道。如果刚爻进柔爻退,就比较符合正道,该爻的判词较好,刚爻吉,柔爻也及时悔悟。如果柔爻进刚爻退,则凶与吝都会出来。而这进退并非真的在爻位上动了,只是一个状态。第二段引文证实了这一点,程廷祚所举的例子,刚在初柔在上、柔在二刚在五,这两个例子都只说刚柔爻间的固定位置关系而已,就已经相当于是"相推"和"变化"了。

解决了《周易》原文的问题,还有《左传》等书中记载的"某卦之某卦"之占筮实例需要提出解释。程廷祚说:

> 凡物有所求而后动,阳动则求阴,阴动则求阳,故筮者于爻之阴

---

① [清]程廷祚:《之卦》,《占法订误》,《易通》,《续修四库全书》,上海:上海古籍出版社,2002年,第20册,第624页。

② [清]程廷祚:《大易择言》,《影印文渊阁四库全书》,台北:台湾商务印书馆,1986年,第52册,第939页。

③ [清]程廷祚:《易通》,《续修四库全书》,上海:上海古籍出版社,2002年,第20册,第562页。《大易择言》之文与《易通》几无差别,详见[清]程廷祚:《大易择言》,《影印文渊阁四库全书》,台北:台湾商务印书馆,1986年,第52册,第939页。

④ [清]程廷祚:《大易择言》,《影印文渊阁四库全书》,台北:台湾商务印书馆,1986年,第52册,第939页。

阳,彼此互用以为识别,而所取仍在本卦。①

阴阳之间有所求即所谓"动",但并非真的动了,更没有阴阳互变。而筮者为了识别有所求之动爻,用"某卦之某卦"之说,但所取的内容还是本卦,亦非其所之的卦。

试想如果阴阳爻根本不会互相转化,那么任何卦变都牵涉到阴阳变化,就都不能成立。又因为只以上下体的阴卦阳卦来判定优劣,所以程廷祚对互体说也嗤之以鼻,这也是意料之中的。在《论之卦》一篇中,程廷祚也将互体和之卦一起批评:

> 至于互体之穿凿傅会,亦始于筮家推广断法,而后儒不察,承用于笺疏之中,芜秽圣经,其害与卦变俱烈,可不连累并及辞而辟之哉!②

互体也是由占筮者为了尽可能多地扩充解读范围而凭空创造的理论,根本不符合经文的本意,结果儒者将其引入经书的笺疏之中,污染"圣经",和卦变一样可恶。

既不用取象说,又不用当位说,这注定使程廷祚的易解与前人易解显著不同。但是为了解释象爻词,总得有一种较为系统化的理论支持,于是程廷祚创造了自己独特的爻位说系统。

2.新创爻位说

一般来说,讲爻位的理论,都以《系辞传》中的"二与四同功而异位,其善不同。二多誉,四多惧。近也,柔之为道,不利远者,其要无咎,其用柔中也。三与五同功而异位。三多凶,五多功,贵贱之等也。其柔危,其刚胜耶"为根据,这一段讲了二与四爻、三与五爻之间同中有异的关系,恰好将单数爻和双数爻各自分开讨论,又加入誉惧凶功等判词,并根据刚和柔分两种情况说明,似乎非常符合当位说的意思。

程廷祚却不认为这是在说当位说的问题。他专门作《论旧说爻位分阴阳之误》《论旧说当位不当位》等篇,讨论爻位阴阳与当位的问题。他认为,首先从理论上来说,爻位阴阳也有破绽:

---

① [清]程廷祚:《之卦》,《占法订误》,《易通》,《续修四库全书》,上海:上海古籍出版社,2002年,第20册,第624页。

② [清]程廷祚:《占法订误》,《易通》,《续修四库全书》,上海:上海古籍出版社,2002年,第20册,第625页。

　　　　若论中爻，二、四，阴也，而一誉一惧，三、五，阳也，而一凶一功。
　　所以同为阴阳而遽有分别者，义安在乎？况阳贵而阴贱，三与五同为
　　阳，而《传》何以云贵贱之等邪？①

他反问说，二四都是偶、三五都是阴，爻位的阴阳属性相同时，又为什么还
会有誉惧、凶功的区别呢？既然阳贵阴贱，三与五同为阳，为什么《传》中又
说贵贱不同呢？可见当位说和《系辞传》中的记载并不能完全相合。
　　他还举既济、未济这一组与当位说相反的经典例子，来反对当位说：

　　　　按《既济》坎上离下，《未济》离上坎下，《传》一则曰位当，一则曰位
　　不当者，皆谓卦体刚柔上下之位，非言爻位也。知旧说爻位分阴阳之
　　误，则知其言当位与不当位之误矣。在《既济》九三一爻于例正为刚之
　　失位，上六一爻又象辞之所谓终乱者，而何当位之有？在《未济》九二
　　一爻于例正为刚中，六五一爻亦为柔中，以九居上，验之他卦，又多吉
　　利，而何不当位之有？②

既济卦坎上离下，未济卦离上坎下。既济卦全卦都当位，九三和上六阳处
阳位、阴处阴位，都应该是当位之爻，但爻辞的说法都不好。未济全卦都部
不当位，九二阳处阴位、六五阴处阳位，则本属失位之爻，卦中却多是吉言。
　　所以程廷祚认为，所谓当位，所指并非爻位之当，而是上下卦体之当与
不当。前文讲八卦阴阳时曾提到过，程廷祚判定坎为阳卦，离为阴卦，那么
既济卦阳卦上阴卦下，符合阴阳排列的正确规律，因此是好卦，而未济卦阴
卦上阳卦下，阴压制着阳，所以整体不好。
　　程廷祚反对前人爻位说之后，就重新解释了自己对《系辞传》"二与四
同功而异位"一段的理解：

　　　　同功者，同刚同柔也。言同刚同柔，而二与四之位一异，则其所得
　　之善不同，誉与惧皆善也。善虽不同，而皆能之，以其所居之位卑近，
　　而易免于不善也。中四爻二得下之中为卑，三在下卦之上则高矣，五
　　得上之中而又高，四居上卦之下则亦卑矣，故二四皆曰近也。刚而居

────────────

① ［清］程廷祚：《易学要论》，《易通》，《续修四库全书》，上海：上海古籍出版社，2002年，第
　　20册，第408页。

② ［清］程廷祚：《易学要论》，《易通》，《续修四库全书》，上海：上海古籍出版社，2002年，第
　　20册，第410页。

于二、四,固易免于不善矣,而不止于此,以刚之为者也。若柔之为道,
则有异焉。五高而非柔位,三在下卦之上,皆所谓远而不利于柔者,惟
利于二与四。而要其归于无咎,则惟有柔中矣。①

所谓同功,其实是假设二爻刚柔相同之义。假如二与四刚柔相同、三与五
刚柔相同,由于它们爻位不同,就导致了誉惧、凶功的不同。誉与惧其实都
是好的,二为下卦之中,四为上卦之下,都是卑位,因此容易免于不善,刚居
于此自然好,如果柔居于此,近且谦卑,可称得上"柔中",也可无咎。三为
下卦之上,五为上卦之中,都是高位、远位,刚是远近皆可的,所以居三五犹
可,柔则不擅长居于远位,必有危险。

　　程廷祚还有一篇《论六位之等差》,其中总结了几条更加详细的爻位关
系判断标准。第一,"《易》之卦象,在内者曰下卦,在外者曰上卦,则下卦贱
而上卦贵也"②,下卦中的初二三爻贱于上卦中的四五上爻;第二,"二五得
中者贵于余爻……二贱于五也",二爻五爻得中位,比别爻更贵,二则贱于
五;第三,"四处上卦之下则贱,而三处其下,则尤贱,故三之贱不独贱于五
也",也就是说,四在上卦之下,是贱位,但三还在其下,所以比四更低贱,同
时也贱于五;第四,"上居上而初居下,亦一贵一贱也",上爻在上,初爻在
下,因此上爻贵初爻贱。

　　接着他又从六爻三才的角度来分析:

　　　　盖初、二属地道,万物莫不起于下,故初是始。物又莫不附地以
　　生,故二最安。三、四属人道,人道有上下,三在下则贱,四在上之下则
　　危。五与上属天道,五最尊而贵,上则事之。③

初是万物开始,二和初同属地道,所以二最安稳。三和四是人道,人道有上
下等级之分,所以三贱,四处上卦之下,所以危。五爻和上爻属天道,自然
尊贵,其中五得中,最尊贵,上则事五。

　　综合程廷祚这两条,可以给他眼中六爻的贵贱顺序排列如下:五贵于
二、二贵于其他爻,上、四贵于三、一,但上与四之间、三与一之间的贵贱无
法判断。除地位不同之外,六爻也还有各自的特殊意思,如初启始、二安

① ［清］程廷祚:《易学要论》,《易通》,《续修四库全书》,上海:上海古籍出版社,2002年,第
　　20册,第408—409页。

②③　［清］程廷祚:《易学要论》,《易通》,《续修四库全书》,上海:上海古籍出版社,2002年,
　　第20册,第401页。

稳、四危险之类。

程廷祚就根据他所总结出来的这一套独特爻位理论来解释《周易》爻辞，有时会得出与众不同的结论。

如归妹之六三爻辞"归妹以须，反归以娣"，程廷祚说：

> 须，先儒以为女之贱者，是也。六三说之至而不择所为始焉，甘出于极贱而弗恤，继知其不可而反归以娣，则犹愈于失身之甚者。[①]

"须"字有多种解释都可通，其中最常用的解释其实是"等待"，如程颐将此爻解释为女子因无合适配偶，一直等待，最终只好嫁为媵妾，程颐还说："三居下之上，本非贱者"，认为三爻并非贱位，因此认为六三本不应为媵妾。[②]但在程廷祚的爻位体系中，三处下卦，是贱位，所以他直接将"须"字解释为低贱的女子，嫁为媵妾才是符合她身份的选择，但她一开始认不清自己的地位，好在最后终于醒悟。这一系列阐释的出发点，即三为贱位。

再如履卦九四"履虎尾，愬愬，终吉"，程廷祚在爻辞下说：

> 九四知世变之多端，而战兢危惧，以防其隙，有履虎尾愬愬之象。其始也虽若踟蹰而不宁，其终也不至于乍陷于不测。君子知其吉矣。（按独于三、四言虎尾者，凶惧之地也。）[③]

这一段解释，利用了"四多惧"的爻位特点解释爻辞，四常怀危惧之心，也正是因此，可以提前戒备，免于不测，所以最终可得吉。这段话阐发的重点在于常怀警惕的益处，从"以经解经"的角度来评判，"履虎尾，愬愬，终吉"确实有先恐惧而后吉之意，但并没有所谓明察世变，因此提前戒备危险的意思。所以程廷祚的解释，虽然抛开前人非以经解经的解易理论，但又从义理阐述的角度超出了经文所要表达的意思。所以说，"以经解经"看似简单，实则难以做到，像程廷祚这样，严格地尽弃前人解易理论，自己重新"以传解经"，仍然难以避免个人理解所造成的过度阐释。

---

① ［清］程廷祚：《周易正解》，《易通》，《续修四库全书》，上海：上海古籍出版社，2002年，第20册，第536页。

② ［宋］程颐：《周易程氏传》，北京：中华书局，2011年，第313页。

③ ［清］程廷祚：《周易正解》，《易通》，《续修四库全书》，上海：上海古籍出版社，2002年，第20册，第458页。

三、程廷祚与宋学若即若离的新义理说

程廷祚解易,从大致分类来看应当归于义理一派,这一点从他摒斥取象说与各种卦变说的情况就可以看出来。但他的义理思想,在完全贯彻以经解经的同时,又独树一帜,是以《周易》经传为基础自行总结出来的。

(一)由阴阳而推出的易简、性命与仁义

程廷祚认为阴阳是八卦之本,也是他易学义理系统的基础。他接着分别从阴阳这组概念中提炼出几组比较重要的其他义理概念,它们都由对立的两个概念组成,主要有易简、性命和仁义三组,虽都是前儒所已言,但程廷祚本于《周易》经文,又有特殊的理解。

易简这组概念来自《系辞传》中的"乾以易知,坤以简能。易则易知,简则易从。易知则有亲,易从则有功。有亲则可久,有功则可大。可久则贤人之德,可大则贤人之业。易简而天下之理得矣,天下之理得,而成位乎其中矣。"其中说易之本源是阴阳,"易"是乾的特性,"简"是坤的特性,乾坤是阴阳的体现,阴阳又是世界的本源,所以由易简发展,甚至能够到达贤人之德业,天下之理也能由易简而得。

因此易简的重要性毋庸置疑,早在《周易注》中,韩康伯就将"易简"连用,说"有易简之德,则能成可久、可大之功"[①],从最基础、最简单的易简,就可推出长久又宏大的功劳等等。程廷祚对易简的理解,则和韩康伯不同,落在节制过度感情这方面:

> 易简之静为性,动为心,形于外为情,执于物为意。必固我至于情已渐,非易简之本体。过此以往,则变而为险阻矣。故《大学》之论正心,在不溺于忿懥恐惧、好乐忧患等情,正虑情之一往而将至于不可知也。惟圣人终始易简,故曰恒易恒简。能说心研虑,未尝无情,而不为情用。[②]

他说性、心、情、意这类与感情相关的概念,都源自易简。孔子说:"勿意、勿必、勿固、勿我",固即固执,我即自以为是。如果太过固执且自以为是,发展到感情走向极端,沉溺其中,就不符合易简之道,而变为险阻。不论快

---

① [晋]王弼、韩康伯:《周易注》,北京:中华书局,2011年,第340页。
② [清]程廷祚:《易学精义》,《易通》,《续修四库全书》,上海:上海古籍出版社,2002年,第20册,第609页。

乐、愤怒、忧愁还是恐惧,陷入极致都会有危险,因此圣人坚持"易简",有情却不被情反过来控制,始终保持理智,才是处理性情最正确的方法。

程廷祚又说:"乾坤之道,易简而已,易者难之反,简者烦之对。"①这里还明确了易简两个字的含义,易即容易的易,简即简单的简,乾坤之道只不过是容易简单而已。程廷祚对易简与天下之理的看法,颇有颜李学派思想特点。台湾的杨自平先生,将程廷祚的易学思想直接就概括为"易简思想"②,可见这概念在他学术中的重要性。

但如果再作辨析,还可发现易简统摄之外的一些概念。在程廷祚易学哲学二元系统中,阴阳是一切的本质,易简则分别是它们的特性。但性命与仁义,源自阴阳,与易简关系密切,但似乎并不归于易简统摄。因为易简类似于方法论,是源自阴阳特性的修心目标,是得天下之理的途径或手段,却并非根本。根本仍在阴阳,而性命与仁义,是由阴阳衍生出来的、其他范畴的概念,不在易简之下,反而在易简之上。

性命和仁义同样也是《易》中提到过的概念,《说卦传》中记载:"昔者圣人之作易也,将以顺性命之理,是以立天之道曰阴与阳,立地之道曰柔与刚,立人之道曰仁与义"。程廷祚虽然对《说卦传》的部分内容有所怀疑,但涉及《说卦传》中他所认同的内容,亦不避讳引其为证。《易学精义》中的《性命》篇即说:

> "易简而天下之理得",可见非易非简则天下之理不能得矣。"圣人之作易也,将以顺性命之理",可见非圣人则性命之理乖乱而不顺矣。天下之理即性命之理也。未有外天下而得为性命者,故佛氏之学可以谓之见性,不可以谓之尽性。③

天下之理并非玄虚的天道变化,就是人自身的性命之理。这是强调在现实世界中唯有生存才能理解人的本质,因此佛家之学完全走向了歪路,试图从真实世界之外的虚无里寻求人的真谛,这样不可能学会性命之学。圣人作易就是为了理顺性命之理,通过易简之道可以得到天下之理,这两个理

---

① 〔清〕程廷祚:《周易正解》,《易通》,《续修四库全书》,上海:上海古籍出版社,2002年,第20册,第561—562页。
② 杨自平:《程廷祚"以经解经"的释〈易〉实践与易简哲学》,台北:清华学报,民国102年,新43卷,第二期,第241—247页。
③ 〔清〕程廷祚:《易学精义》,《易通》,《续修四库全书》,上海:上海古籍出版社,2002年,第20册,第618页。

又是一致的道理,因此易简也是得到性命之理的方法。

就性与命的具体意思,程廷祚也有解释。他说:"心知血气,合而为人。心知,性主之;血气,命主之。"①命是血气,却并非简单的肉体,"血气之为物,其在生初,即有秀顽厚薄之分,有生之后,又易为习染所污、见闻所蔽",可见血气能够影响人的性格和智力,使人在先天就有聪明愚蠢之分,又在后天受到污染后改变人的性格和智力。所以智慧、悟性、性格都由血气形成,性所主的"心知",是最核心、最本质的心灵和知觉。

"资始者,性之谓也。资生者,命之谓也。性即乾也,命即坤也"②,同时"性之能统乎命也,乾为也。命之克承于性也,坤之为也"③。意思是说,"性"是一切的开始,且来自乾,乾资始故性资始,即人之本质。性统帅命,如同乾统摄坤。"命"来自坤,坤资生故命资生,即后来的发展。所以性统命,命克承乎性,性命关系决定于乾坤阴阳的关系。

《文言》解释乾之九二时说:"君子学以聚之,问以辨之,宽以居之,仁以行之",解释坤之六二时又说:"君子敬以直内,义以方外,敬义立而德不孤"。这下乾中有"仁",坤中有"义",仁义这一组概念,又可以和乾坤,也即阴阳对应上。程廷祚对此说:

> 夫阴阳以上不可得而言也,阴阳分而易知之端以开,仁者,易知也。刚柔以下其变无穷也,柔刚用而简能之效以著,义者,简能也。仁出于成象之乾,义出于效法之坤。非仁无以生物,非义无以成仁。乾以知始,而坤以作成也。人道由是而立,易道由是而兴。④

阴阳以上已经超出语言理解的范畴,阴阳产生的同时乾坤出现,乾的"易知"之道就开始发生作用。然后乾坤生万物,利用的是坤之道,也即"简能"之道,由乾坤二端而能变化无穷。乾生万物,出于仁爱,因此仁,坤成万物,出于义道,因此义。而仁义是"性命之英华"⑤,即性命之理中最精华的内

---

① [清]程廷祚:《易学精义》,《易通》,《续修四库全书》,上海:上海古籍出版社,2002年,第20册,第617页。

②③ [清]程廷祚:《易学精义》,《易通》,《续修四库全书》,上海:上海古籍出版社,2002年,第20册,第618页。

④ [清]程廷祚:《易学精义》,《易通》,《续修四库全书》,上海:上海古籍出版社,2002年,第20册,第621页。

⑤ [清]程廷祚:《易学精义》,《易通》,《续修四库全书》,上海:上海古籍出版社,2002年,第20册,第622页。

容,可见仁义能上推至阴阳,但统摄在性命之下,是人道的核心部分。

以上就是程廷祚易学体系中的三组较为抽象的概念。他们都提炼自《周易》既有的文字,而且解读也尽量以原文为本,说明即使是在提炼义理的时候,程廷祚也遵循着以经解经的原则。另外,虽然《易学精义》中成篇地介绍这三组概念,但在训释正文的《周易正解》中,程廷祚只就原文随文附释,如原文未有这些概念,也不会特地提出它们。如易简并提,《周易正解》只在《系辞》《说卦》相应段落的解释中有,卦爻辞的说解中一次都没有用过。又如性命并提,只在乾之《象传》、未济之《象传》与《系辞》两处、《文言》一处出现过,这也是以经解经的表现。

(二)程廷祚对前人易说的接受

程廷祚完全摆脱了前人易说进行说解的特点,从他的解易理论和义理阐发的独特性中,都可以明显地看出来。毛奇龄是在汉学基础上进行自己的改造,李塨是笼罩在毛奇龄的阴影下,他们虽然都有以经解经的意愿,以经文本义为是非判断的依据,但终究以前人为基础立说,只是在以经解经的框架下对其进行筛选和调整,不能真正创造全新的易学体系。程廷祚却是真正尝试抛开前人易说,从《周易》经传文字中重新提炼易说的人。

抛开《大易择言》不谈,因为它处于特殊的成书环境,程廷祚在《易通》中,很少引用别人的说法来解释《周易》。书中数量最多、最集中的一处直接引用,反而是为了批判。在《易学要论》的最后,程廷祚举出一些他眼中的前人谬说,但并没有用自己的话来进行反驳,只引了前人已有的说法,因为"前儒已有辩论,不敢复为增益,汇录于左,备参考焉"[①]。他认为前人之说已经足够破除迷障了,不必再补充。这里将程廷祚提到的问题和引用的对象列出,以便于整体理解他在这些部分关注的内容,以及参考的对象。

第一,《先天图》,引了黄震、归有光、李塨的说法;第二,《河图》《洛书》,引彭姚小(疑当为姚小彭)、张栻、林至、赵汝楳、俞琰、万斯同、毛奇龄、李塨的说法;第三,《太极图》,引了朱彝尊、李塨的说法;第四,五行,引了李塨的说法;第五,互体卦变之属,引了王弼、吴沆、郑汝谐、吕陶、朱熹、林至、李心传、马端临、焦竑、李塨的说法。

五条之中,首先是既有宋易,又有汉易,这是说明程廷祚对汉宋易说并不带有偏见。另外,每一条都引用李塨之说,可见程廷祚接受李塨影响之深。虽然程廷祚在立新易说的阶段多出于自己的思考,但在破前人旧说的

---

① ［清］程廷祚:《易学要论》,《易通》,《续修四库全书》,上海:上海古籍出版社,2002年,第20册,第429页。

阶段,实多得益于李塨。需要特别指出的是,虽然直接引用毛奇龄只有一种,但是《太极图》与五行两种所引李塨说的段落中,都有大段李塨对毛奇龄的转引,这等于毛奇龄之说一共出现了三次,远远超过了其他只引用一次的说法,这是毛奇龄易说通过李塨对程廷祚产生影响的证明。

另外,程廷祚在《易学要论》每一篇专论的最后,如果能从前人已有的说法中找到与己相合的,也会撮拾一些,作为自己的旁证。这种情况并不多,《易学要论》除最后的杂论与"录诸儒辨误之说"外,共十九篇论,其中只有"论八卦之义尽于健顺动入陷丽止说""论旧说六爻取承乘比应""论旧说爻位分阴阳""论经名不可读入声""论十传今名之不当""论《说卦》《序卦》二传之当阙疑者"六论的最后有引文。

但《易通》中的所有引用,基本都集中在《易学要论》中,后三部书,尤其是《周易正解》疏解经文时,程廷祚反而全部用自己的话来说,整部书中的引用少之又少。

极少的直接引用之外,程廷祚也有一些与前人解释相同的情况,证明他也参考了前人易说,尤其是李塨的易说。如对复卦初九"不远复,无祇悔,元吉",二人同时使用了有过能改的解释,这也与程朱的理解一致。首先李塨说:

> 七日而来复,是不远之复也。祇,但也。悔者变之机,今已变而复于阳矣,岂但悔哉。颜子"有不善未尝不知",是悔也。"知之未尝复行",是不远复也。未尝复行,则不但知而悔矣。以之修身,大吉之道也。[1]

有了过错不仅后悔,而且要及时改正,这就是修身之道。程廷祚的解说,比李塨义理化的程度更深:

> 天德不远于人,人于本心之失,能即觉之,而无使重贻其悔,如日月之食而有更,本体之明无少蔽亏,其吉之大,为何如乎? 故圣学之要,莫先与存其心,不远之复是也。[2]

---

① [清]李塨:《周易传注》,《影印文渊阁四库全书》,台北:台湾商务印书馆,1986年,第47册,第65页。

② [清]程廷祚:《周易正解》,《易通》,《续修四库全书》,上海:上海古籍出版社,2002年,第20册,第482页。

这段话使用了一些比较宏大的义理词汇,如"天德""本心""本体""圣学"之类,看似与李塨说法不同,其实两人的意思完全一样,都要人犯了失误后,能够马上醒悟,不会再犯。所以程廷祚仍然坚持着颜李学派以修身为主旨的实用哲学,只是表述词汇有时像是在高谈性天而已。

然而程朱解易,没有以经解经的铁律做指导,有时难免在其中掺入《周易》之外的思想和概念。最典型的例子莫过于"理"之概念。理学以理为先,讲万事万物都有其理,因此讲易时,总免不了将一些概念与理结合在一起。

程廷祚不像李塨那么绝对地不讲天道,但他也像李塨一样努力淡化"理"的概念。如他解释"易简而天下之理得",以"性命之理"来解释这句话中的"天下之理",说"天下之理皆性命之理也"①,旨在强调人事,而排除掉理中的天道成分。而对于朱熹以太极为理的说法,也忍不住在很少提到前人之说的《周易正解》中,特地指出并进行批评。再如他解释"一阴一阳之谓道,继之者善也,成之者性也"时说:

> 阴主天下之形,承阳者也。阳主天下之象,统阴者也。象生于无形,成于有。一阴一阳之谓道,言道者乃一阴一阳之所行。无时无地而可离舍,是则无所谓道,而亦无所谓太极矣。(宋人以阴阳为气,以大极为理,其说甚误,不可不辨。)②

他认为,象生于无形,但必须有形体后才能成立,所以阴主形、阳主象,他们都有实体,并非虚无。那么道作为阴阳的运行规律,才因此有其意义。如果像宋人那样,以为阴阳都是虚无的气,太极又是虚无之物的理,又有什么意义呢? 谈论虚无与天道究竟有没有意义,这恐怕是个见仁见智的问题,这里只需要指出,程廷祚反对以阴阳为虚无、太极为纯理的形上化做法。

另外还有一个典型的例子,可以对比出程廷祚和朱熹的区别。即使同样是由阴阳而引申出来的理论,最后也会在不同学派的笔下走入不同的思路。程廷祚由阴阳引申出易简、性命、仁义三组概念,尤其重要的是,每一组都选自《周易》已有的文本,而且点到即止,解读时也根据文本,不会自我

---

① ［清］程廷祚:《周易正解》,《易通》,《续修四库全书》,上海:上海古籍出版社,2002年,第20册,第561—562页。

② ［清］程廷祚:《周易正解》,《易通》,《续修四库全书》,上海:上海古籍出版社,2002年,第20册,第565页。按括号内容是作者的双行小字自注。

发挥。而朱熹则不然,他讲一个阴阳,从"易只是一阴一阳"①开始,能引申到几乎万事万物都有阴阳,"无一物不有阴阳"②,这时的阴阳就开始抽象化成为某种真理了。

朱熹又引申出很多哲理,如"阴阳,有相对而言者,如东阳西阴,南阳北阴是也;有错综而言者,如昼夜寒暑,一个横,一个直是也。伊川言:'易,变易也。'只说得相对底阴阳流转而已,不说错综底阴阳交互之理。言'易',须兼此二意"③。阴阳有相对性、又会互相转换,是一个不同变动流转的过程。这一段阐释的抽象程度和哲理性都很深。而程廷祚在另一处评论朱熹哲理性解读的说法,放在这里也十分适用,他说:"训经之确与未确,不在谈理之精也。"④训诂经文的真正目标是准确理解其本意,而非谈出精妙的道理,从这个角度说,朱熹确实未能尽职,反而陷入了"六经注我"的谜障。

李塨和程廷祚,作为颜李学派中人而讲易学,选择以经解经的方式,绝不是偶然。他们不满于现有的义理学,自然希望重新研究"圣经"中的圣人言,来建立自己有说服力的新理论。恰好李塨在经学方面所师从的毛奇龄,正试图在经学领域做同样的事。于是李塨和程廷祚,都随之走上了以经解经的道路,但二人在易学领域走出的路子却截然不同。程廷祚的易学体系与他的"以经解经"前辈们都差距很大,创立了新的爻位说,甚至选择了完全相反的义理倾向。但他所秉持的"以经解经"原则,即已证明了毛奇龄和李塨对他的影响。

---

① [宋]黎靖德编:《朱子语类》,北京:中华书局,1986年,第1961页。

② [宋]黎靖德编:《朱子语类》,北京:中华书局,1986年,第1604页。

③ [宋]黎靖德编:《朱子语类》,北京:中华书局,1986年,第1603页。

④ [清]程廷祚:《周易正解》,《易通》,《续修四库全书》,上海:上海古籍出版社,2002年,第20册,第534页。

第五章　晏斯盛——十翼解经的践行者

晏斯盛在易学上同样坚持"以经解经"的观念,因此他与程廷祚成了超越阶级和身份的好友。同时晏斯盛的易说,接受甚至袭用毛奇龄易说的情况十分明显。从时间顺序上来看,应当是晏斯盛先通过毛奇龄的著作接受了"以经解经"观,因此与程廷祚成为挚友,并且更加笃信"以经解经"观。他坚持以十翼解经的做法,甚至拆开《文言》,将其附入每一句对应的经文之下。

第一节　晏斯盛的生平、著作、交游及易学观

一、晏斯盛的生平与著作

晏斯盛(1689－1752),字虞际,号一斋,江西新喻人。康熙五十九年(1720),举乡试第一。六十年,考中进士,任翰林院庶吉士,雍正元年(1723)授检讨。五年考选山西道御史镶红旗巡役,后来仕宦沉浮,雍正九年督贵州学政迁鸿胪寺少卿,乾隆元年擢安徽布政使,七年擢山东巡抚,八年调湖北巡抚,直到乾隆九年迁户部侍郎,仍留任,十年寻以母老请终养回籍,乾隆十七年卒。[①]

晏斯盛一生主要精力都在于事功,无暇专注经学,因此他最终作成的经学著作一共只有两部,即《楚蒙山房易经解》十六卷与《禹贡解》八卷。另外,《清史稿》记载他还有《楚蒙山房奏疏》五卷。[②]晏斯盛的诗文则被编作《楚蒙山房集》二十五卷,其中文二十卷,诗五卷,包括奏疏五卷及《江北水利书》二卷,上海古籍出版社出版的《清代诗文集汇编》影印版本就是如此。《清史稿》则著录为《楚蒙山房诗文集》二十卷[③],与《楚蒙山房奏疏》五卷合起来正好二十五卷,因《清史稿》奏疏与诗文单行,造成了《诗文》集的卷数

---

① 详见[清]赵尔巽等撰：《清史稿》,北京:中华书局,1977年,第10602—10605页。
② [清]赵尔巽等撰：《清史稿》,北京:中华书局,1977年,第4279—4280页。
③ [清]赵尔巽等撰：《清史稿》,北京:中华书局,1977年,第4384页。

变化。《八千卷楼书目》著录为《楚蒙山房全书》不分卷①，应该是将晏斯盛的诗文与经解等全部著作合为一书了，如《续修四库全书总目提要·丛书部》所列的"《楚蒙山房全集》七种四十九卷"②那样。

《楚蒙山房易经解》这部书被收入《四库全书》中，包括《学易初津》二卷、《易翼宗》六卷、《易翼说》八卷。《学易初津》和程廷祚的《易学要论》十分相似，将一些重要的易学概念和观念，如反对说、爻位说等，提出来进行单独讨论。《易翼宗》即以十翼为宗旨和工具解释彖爻辞，而《易翼说》则专门分篇解释十翼。

这部书整体完成的大致时间，可以根据程廷祚《易通》的成书时间来推断。程廷祚《易通》的自序，称该书作于乾隆元年（1736）至乾隆五年之间。③而晏斯盛与程廷祚的两封回信，说自己分别在服丧庐居前收到《周易正解》，后又收到《易学精义》，而且在庐居中的第一封回信中，他的《楚蒙山房易经解》已经成书了，故有"拙作尚有逊于洁净精微，然业已成书，不能改作"云云④，所以《楚蒙山房易经解》的成书时间与《易通》接近，在乾隆五年上下。

另外还有一个现象，可以佐证晏斯盛易学研究的开始时间。《学易初津》顾名思义，是晏斯盛易学探索的第一步，其中有三次引用了一位"程启孙"的易说，明显应为"程启生（即程廷祚）"之误，其中论"二多誉、四多惧"一条尤其明显：

> 程启孙曰：《大传》此节言二之誉四之惧，刚柔所同而柔之所尤善者，则二以柔之为道，不宜高而宜卑，所异于刚者也。斯言良是，胜于诸儒。⑤

同刚同柔的假设之语，正是程廷祚独特的思路，二不宜高而宜卑，也正是程

① ［清］丁丙藏、丁仁编：《八千卷楼书目》，《续修四库全书》，上海：上海古籍出版社，2002年，第921册，第261页。

② 吴格、睦骏整理：《续修四库全书总目提要·丛书部》，北京：国家图书馆出版社，2010年，第606页。

③ 详见［清］程廷祚：《易通》，《续修四库全书》，上海：上海古籍出版社，2002年，第20册，第387页。

④ 详见［清］晏斯盛：《楚蒙山房集》，《清代诗文集汇编》，上海：上海古籍出版社，2010年，第270册，第493—496页。

⑤ ［清］晏斯盛：《学易初津》，《楚蒙山房易经解》，《影印文渊阁四库全书》，台北：台湾商务印书馆，1986年，第49册，第255页。

廷祚的结论。晏斯盛在《学易初津》中甚至还将程廷祚的名字写错,可见写作《学易初津》的时候他很可能与程廷祚并不熟悉。因此,起码《学易初津》这部书,成书时间必定在他与程廷祚有频繁交往之前。但据程廷祚自述,《易通》在乾隆元年才行动笔①,因此《学易初津》的成书也不会太早。鉴于《学易初津》的三条引文均非程廷祚《易通》中的原话②,晏斯盛所引或许出自程廷祚口头表述甚至他人转述,也未可知。

　　总之,只要厘清晏斯盛服丧庐居的时间,就可以知道《楚蒙山房易经解》另外几部分的准确成书年代。鉴于他乾隆十年仍然以母老为借口请求终养回籍,那么乾隆五年左右所服之丧,应该是父丧。

　　《楚蒙山房集》中收晏斯盛的《复江西陈抚军》,其中说"敝省十三府州县"③,安徽省当时正是十三府州县,可见这封书信写在他的安徽布政使任上。接着又说:"三年来世事疏阔,去冬卜葬先兆以后……"④,又证明晏斯盛就是在安徽布政使的任上,为父服完了斩衰二十七月之丧。剩下的答案,还要在晏斯盛与程廷祚的交往细节中寻找。

二、晏斯盛的交游

(一)晏斯盛与程廷祚的交往

　　晏斯盛和程廷祚的交往过程,事关他的易学著作与易学思想,因此需要重点整理说明。上文已经证明,《学易初津》成书于二人关系密切之前,以至于晏斯盛将程廷祚的名字都搞错了。但《学易初津》既然引用程廷祚,就说明晏斯盛已经有机会接触过毛奇龄的观点甚至书籍。而《学易初津》和《易翼宗》《易翼说》思想上并无龃龉,可见晏斯盛在与程廷祚密切交往之前,其易学倾向即与其一致。这也正是二人得以成为莫逆的基础,现在可以看到的二人通信,均以易学为主要内容。

　　在《楚蒙山房文集》中,收录了晏斯盛给程廷祚的两封回信,而程廷祚的《青溪集》中,只收录了他给晏斯盛的一封书信,且内容上与晏斯盛的回信不能对应。因此他们之间的书信,数量肯定大大超过了现存的三封。目

----

① 详见[清]程廷祚:《易通自序》,《易通》,《续修四库全书》,上海:上海古籍出版社,2002年,第20册,第387页。

② [清]晏斯盛:《学易初津》,《楚蒙山房易经解》,《影印文渊阁四库全书》,台北:台湾商务印书馆,1986年,第49册,第255页、242页、82页;及[清]程廷祚:《易通》,《续修四库全书》,上海:上海古籍出版社,2002年,第20册,第409页、391页、630页。

③④ [清]晏斯盛:《楚蒙山房集》,《清代诗文集汇编》,上海:上海古籍出版社,2010年,第270册,第491页。

前只能通过现有的这三封书信,以及晏斯盛为程廷祚《易通》所作的序言,整理一下他们交往的过程。

晏斯盛给程廷祚的第二封回信《又复处士程君》说道:

> 金陵五载,备闻大兄古学卓行,超越等辈。公事之暇,偶接光霁。而行迹阔疏,倾倒虽深,而系维为难,时用耿耿。去年夏再至金陵,忧居客邸,乃得近著《易解》而读之。……三月中庐居,得接翰教,且属为序。①

清代康熙六年(1667)至乾隆二十五年(1760)之间,安徽布政使都驻扎于江宁府②,即古之金陵、今之南京市。因此所谓"金陵五载",即晏斯盛任安徽布政使的五年。那时,晏斯盛就已经听说过程廷祚,但二人可能并未有机会相见,或者仅有一、二面之缘,不然晏斯盛就不会只说自己听说过程廷祚而已。晏斯盛在安徽布政使任上待了七年,其中要有二十七个月父丧,而这里又说金陵五载,说明晏斯盛在江宁连续待过五年,回家服丧应是安徽布政使任期最后两年多时间的事,丧满除服之后,他就升任山东巡抚了。晏斯盛升任安徽布政使是在乾隆元年,晏斯盛回乡服丧,确实应是乾隆五年左右的事。

"去年夏再至金陵,忧居客邸",应指乾隆五年或者六年,晏斯盛回乡之后,因为什么事又来到金陵,不然不会用一个"再"字,也不会说"客邸"。那时晏斯盛收到了程廷祚的《周易正解》,大概也见到了程廷祚本人,二人遂建立起比较密切的联系。接着,转年三月庐居中,收到程廷祚求序之信与《易学要论》。晏斯盛的第一封回信,就写在乾隆六年或七年,晏斯盛仍在家乡庐居之时,因为信中说"去年接大兄来教并《周易正解》一卷"③,指前面乾隆五年或六年二人相见及赠书之事。但因为回乡葬父,事务繁多,"不及裁答者已半年矣",半年之后才回信。

最后晏斯盛又解释说:"前帙远寄,恐邮筒失落。什袭宝存,俟九十月

---

① [清]晏斯盛:《楚蒙山房集》,《清代诗文集汇编》,上海:上海古籍出版社,2010年,第270册,第496页。

② 详见[清]赵尔巽等撰:《清史稿》,北京:中华书局,1977年,第1983—1984页。

③ [清]晏斯盛:《楚蒙山房集》,《清代诗文集汇编》,上海:上海古籍出版社,2010年,第270册,第493页。

便道奉还,诚慎之也。"①"前帜"应指程廷祚给晏斯盛的《周易正解》与《易学要论》两部书,大部头书稿恐怕副本有限,需要奉还,为免遗失,晏斯盛决定等到九、十月份,他途经江宁时,再亲自将其带回还给程廷祚,而非当时寄回。回信提到的当年九、十月份计划的出行,并且还要途经江宁,恐怕正是调任山东巡抚后,从家乡去赴任的事,那么这封回信就应在乾隆七年写成。反推晏斯盛见到程廷祚的时间,就应该是乾隆六年。

　　第二篇《又复》的最后,又说"序言一省,另录请教"②,既然请求指教,说明这里提到的序言应是晏斯盛为程廷祚《易通》所作之序。而第一篇回信的最后,晏斯盛又说:"拙序失稿,望确羽见寄"③,结合第二篇,这里的"拙序"应该是程廷祚为他《楚蒙山房易经解》所作之序,因为不小心遗失,所以希望程廷祚能再用安全的途径寄来一份。二人有互赠书序的约定,且几乎同时完成了对方的序言。

　　程廷祚的《青溪集》中,则收录了《上一斋晏公书》一篇书信,其中说的却不是学术问题,而是很私人的问题。书信开头说:"春间阅邸抄,见阁下有开府山左之命"④,说明这封信写于晏斯盛乾隆七年擢山东巡抚时。这应该是在晏斯盛前面两篇回信之后,程廷祚又写的书信。然而这封信并非为恭喜谄谀而作,反而是为劝诫而作,程廷祚认为晏斯盛父亲去世,母老不能归养,"子职而不供谁复代之",因此劝他尽儿子的义务,辞官归养母亲。作为一个无官职在身的普通文人,程廷祚敢于这样劝说从二品山东巡抚,二人一定已经关系十分密切了。因为晏斯盛父亲去世还未除服,或者刚刚除服,就已经接到调任,所以程廷祚劝说晏斯盛辞官归养母亲,逻辑和时间顺序可以完美地对应。虽然晏斯盛当时的想法和回信已经不可知了,但经过乾隆八年、九年连调,最后以从二品户部侍郎之名,晏斯盛终于在乾隆十年辞官,理由正是终养母亲。可见程廷祚这封信,对他还是有一定影响的。晏斯盛与程廷祚年岁相仿,但地位较为悬殊,他们能够成为摆脱阶级束缚的朋友,始自易学方面的探讨。

　　(二)晏斯盛与方苞的交往

　　晏斯盛另一位与本书关系较大的友人,是方苞。晏斯盛康熙六十年

---

① 　[清]晏斯盛:《楚蒙山房集》,《清代诗文集汇编》,上海:上海古籍出版社,2010年,第270册,第495页。

②③ 　[清]晏斯盛:《楚蒙山房集》,《清代诗文集汇编》,上海:上海古籍出版社,2010年,第270册,第496页。

④ 　[清]程廷祚:《青溪集》,《金陵丛书》本,卷九。

(1721)入翰林院,方苞则六十一年充武英殿修书总裁①,他们的交往应始自此时,因晏斯盛在书信《谢复原任礼部侍郎方灵皋先生》中,特地提到这个时间点,说"武英殿以后,奔走十余年,老先生大人精神志愿,刻刻相关,教益之深,踰于伦等"②,而这封信写在两人同任武英殿后十多年。最后又说"俟服除,另呈指示,以慰大教",可见这封书信也写于乾隆五年到七年间,正是晏斯盛服父丧之时。

晏斯盛和方苞的交往,与本书关系最密切的一封书信《寄方灵皋先生》,是关于他对自己以及程廷祚易学的评价,以及他的易著与程廷祚受方苞之托编纂《大易择言》的情况,这一事件上章已详细论述,晏斯盛与两位主人公均为好友,因此也曾在其中斡旋。信中先说:

> 老先生高卧深山,坐对古人,招携同志,取经籍而发明之,使有言者皆传,正所谓天事较之,扰扰人间者,不啻飞仙下视尘世也。③

这是在盛赞方苞归隐后编纂五经集解的计划,将他比作天仙下凡。接着他又称赞程廷祚的学术,表示程廷祚可堪大任,足以帮他完成《大易择言》:

> 程大兄闭门绩学,书无所不读,而《易》尤能独造其微,盛敢曰友之云乎? 事之可也。相助为理,必观大成。后学津梁,端可重赖。

程廷祚闭门读书,易学造诣尤其高,而自己不敢与其为友,反而应当服侍他,向他学习。

最后晏斯盛提及自己的作品,其中似乎蕴含着深意:

> 盛《翼宗》之作,十二卷中,多与先儒小异,不足附本义之下,又现皆模糊草稿,倩人不能清楚。意俟大刻之成,再恭观之。三年或遂养亲之请,再加手订,庶可请正耳。程大兄并为道意。④

根据"不足附本义之下"之语再参考《大易择言》成书之后包含"本义"的体

① 　详见[清]赵尔巽等撰:《清史稿》,北京:中华书局,1977年,第10270页。

② 　[清]晏斯盛:《楚蒙山房集》,《清代诗文集汇编》,上海:上海古籍出版社,2010年,第270册,第501页。

③④ 　[清]晏斯盛:《楚蒙山房集》,《清代诗文集汇编》,上海:上海古籍出版社,2010年,第270册,第507页。

例推断,方苞曾经向晏斯盛索要《易翼宗》,打算在程廷祚编纂《大易择言》时作为参考并编入其中,但被晏斯盛拒绝了。他说自己的《易翼宗》大多和先儒小异,因此不足以附录于本义之下。甚至推脱不把自己的书送给方苞阅读,打算等到方苞之大刻成书,自己钻研之后,然后还要手订自己的稿子,再请正于方苞。书信中的意思,暗示着晏斯盛对方苞易学理念的不赞同,因此表面自谦,实际上是不肯参与到《大易择言》的事业之中。

这里的"本义"可以有两种理解:其一是像上一段分析的,理解为《大易择言》选择易说的第一部分"本义",按照上一章的分析,选入这部分的都应当是书中最正确的解读;其二是朱熹的《周易本义》,晏斯盛说自己的易学水平不够,不可与《周易本义》同处一书。这两种理解都说得通,而且其实意思差不多。程廷祚在方苞密切关注下编成的《大易择言》,其表面上拥护并选入"本义"的理论,恰恰就以程、朱二人的说法为主。晏斯盛知道自己的易说离经叛道,因此干脆拒绝方苞,避免可能产生的争执甚至批判。

另外,"三年或遂养亲之请"之语,是在说自己已经请求归养母亲三年了。同时参考他书信前半段恭维方苞时所说的"还藉三载,应不出山",方苞归隐在乾隆七年,三年后即乾隆十年,而程廷祚给晏斯盛写信劝他请求归养,也在乾隆七年,也就是说,晏斯盛三年前就已经听从程廷祚的建议,开始请求归养了。然而"再恭观之三年或遂养亲之请"这一句,可以有两种理解,或者点断为"再恭观之,三年或遂养亲之请",意思即如上面所理解,或者可以断为"再恭观之三年,或遂养亲之请",那么意思就成了,自己要恭敬地阅读方苞之大刻三年,而非请求归田养亲已三年,而"或遂养亲之请"则属下句,和三年这个时间点无关。

无论如何,这封《寄方灵皋先生》写于乾隆十年,是毫无疑问的,这时程廷祚已经在方苞指导下开始《大易择言》工作三年了,"程大兄并为道意"之语,说明程廷祚时常见到方苞,见面后必然要向他汇报自己编书的过程,这也可补充证明,在《大易择言》编纂过程中,程廷祚恐怕一直受到方苞很大的掣肘。而晏斯盛,则干脆找借口推脱,不肯卷入其中。

三、晏斯盛的易学观

(一)对易之本质的论述

晏斯盛的易说,正如他自己在《寄方灵皋先生》中所承认的,"多与先儒小异"①,这种与前人的小异,从他对八卦生成与《周易》本质的论述上就可以看出来。

不同人对八卦生成顺序产生不同理解,其根本原因在于他们选择了《系辞》中的不同段落作为八卦生成过程的描述,再加上各人对该段落的理解偏差,最后整理出形形色色的理论。最常被选用的段落无非两段,其一是"是故易有太极,是生两仪,两仪生四象,四象生八卦,八卦定吉凶,吉凶生大业"一段,其二则是《系辞》开篇的一段"天尊地卑,乾坤定矣。卑高以陈,贵贱位矣。动静有常,刚柔断矣。……是故刚柔相摩,八卦相荡。鼓之以雷霆,润之以风雨。日月运行,一寒一暑",晏斯盛选择的是后者。

由这一段的前三句内容来理解,乾坤两卦的地位就与其他六卦不同,他们是由世界根本的天地所形成的。乾坤又分别象征着天尊地卑,代表着刚柔二端,因此乾坤二卦之间、刚柔二爻之间的关系,也是尊与卑、领导与被领导的关系。晏斯盛以此为乾坤刚柔生成的过程,就注定会提高乾坤的地位,也注定会用刚柔间的尊卑统纲关系来解释象爻。

接着的"刚柔相摩,八卦相荡",就是乾坤之外其他卦的形成过程。晏斯盛说:

> 乾坤两卦之刚柔相摩,而有六子,遂为八卦。八卦交相推荡,而有六十四卦。六十四卦,八卦耳。八卦,刚柔耳。雷霆风雨,刚柔之交气。日月寒暑,刚柔之大分。②

乾坤生六子,接着八卦推荡生六十四卦,正是大多数人根据这段话会得出的结论。晏斯盛在这之后,还从六十四卦回推到八卦、到刚柔,这是在强调刚柔作为万物本原的独特性与重要性,并强调不论雷霆风雨还是日月寒暑,都由刚柔生成。

但乾坤还并不是晏斯盛易学系统中的万物本源,"理"才是:

> 天地之间,理一而已。理之最初者见而为阳,后起者见而为阴。圣心浑然一理,仰观俯察,以为此无可象也。最初者象之以—,后起者象之以--,其象之最著者天地是矣。天一而已,无先之者,《易》曰

---

① [清]晏斯盛:《楚蒙山房集》,《清代诗文集汇编》,上海:上海古籍出版社,2010年,第270册,第507页。

② [清]晏斯盛:《易翼说》,《楚蒙山房易经解》,《影印文渊阁四库全书》,台北:台湾商务印书馆,1986年,第49册,第472页。

"大哉乾元,万物资始乃统天",即至于"乾道变化,各正性命,保合太和",而莫非此也。《传》曰"成象之谓乾""乾知大始",此也。有天而后有地,地岂有二? 后天而有,对天而言。《易》曰"至哉坤元,万物资生,乃顺承天",即至于"含弘光大,品物咸亨,应地无疆",而莫非此也。《传》曰"效法之谓坤""坤作成物",此也。①

晏斯盛的易学系统,由"理"这个概念开始,可见他并不是谈"理"色变的反理学者,但他也并不是理学家,因为他点到即止,不像宋代理学那样辨析理与气的关系,也不执着于理和道的区别。理先生阳后生阴,阳象为天为乾,阴象为地为坤,这是乾坤的生成过程。这一段论述,除以"理"为天地本源之外,并没有过度义理化的倾向。晏斯盛说圣人认为理处于万物生成之前,无法用象来表达,因此《周易》放弃表现理,只从万物的本原阴阳开始。他注意到《周易》对理的克制表述,因此自己也直接跳过。后来他又强调,天即使万物的初始,没有比天更早的东西,并引《周易》中的文字为证。天之后就是地,地也是独一无二的,同样引《周易》为证。所以晏斯盛对万物本源的看法,落脚在实体的天和地上。

接着他说:

　　一,阳也,天地人皆有焉,一而三之则乾矣,易也。- -,阴也,天地人皆有焉,- -而三之则坤矣,简也。乾交坤初而有震,交坤中而有坎,交坤三而有艮,坤交乾初而有巽,交乾中而有离,交乾三而有兑。《传》曰"刚柔相摩,八卦相荡,乾道成男,坤道成女"是也。因而重之,则乾坤六子对待反复刚柔相错而六十四卦成焉,皆易简之道也。②

这一段讲由阴爻阳爻而成乾坤,乾坤相交成六子,八纯卦再两两结合而成六十四卦,都较为符合一般看法。

接着讲到象数义理的问题,晏斯盛则干脆直接引用了程廷祚的说法:

　　程启孙曰:"后之言易者,主象数则以义理为虚浮,主义理则以象数为穿凿,各执其是以名家,而不知其无当于易则均也。夫象也、数也、理也,易之中固有是三者。然康成、仲翔之所谓象非象,焦赣、京房

①② [清]晏斯盛:《学易初津》,《楚蒙山房易经解》,《影印文渊阁四库全书》,台北:台湾商务印书馆,1986年,第49册,第241页。

之所谓数非数,辅嗣、颖达之所谓理非理也。易之有是三者其大原则一、－－而已,由一、－－而为八卦,而为六十四卦,三百八十四爻,易之所操以冒天下之道者,其精微洁净而无复余义如此。故以象言之则为刚柔,以数言之则为奇偶,以理言之则为健顺,而皆不越乎二画者,惟是之谓象数义理,而非如彼诸家之所云也。"斯言可谓独见其大矣。①

以"程启生"误为"程启孙",说明他这时与程廷祚的关系还并不密切,但这并不妨碍他对程廷祚辨析象数义理的一些内容表示赞同。

需要辨析的是,在程廷祚眼中,象数是圣人解释义理的途径,所以比义理更低。但这段引文里程廷祚恰好没有提及这一点,他在同时批判前人的象数说和义理说,以为前人言象、言数、言理三派,都未正确理解《周易》中的象、数、理。特别是"象言之则为刚柔,以数言之则为奇偶,以理言之则为健顺,而皆不越乎二画者"一句,程廷祚是想要表明,阴阳二画是一切的基础,象、数、理对它们的称呼与说法不同,但根源都一致。就着重强调阴阳这一组对立概念来说,晏斯盛非常赞成程廷祚。

其实晏斯盛针对象数义理两种解易法所持的观点较为复杂,认可义理,但并不像程廷祚那样完全放弃象数,在具体易解中他也两种方法同时使用。这一点在下文辨析晏斯盛具体易说时,会更加详细地说明。

(二)晏斯盛论十翼

晏斯盛在为《易通》所作的序言中说:

> 窃尝谓他经无圣人之注解,解经故不妨异同,独《周易》则孔子为之传矣,乃欲悖传而别为之解,或直谓《大传》非圣人之书,其得为知言乎哉?……其(种按:程廷祚)训释经文,惟以象、爻二《传》辞达而理畅,言简而义精,为从来笺疏所未有,与予《翼宗》之作多不谋而合。②

其他经书并无圣人为之注解,那么只能靠自己体悟本义,自然可以各说各话。但《周易》难得地带有孔子之传,就绝不能违背圣人之意来解释经文。程廷祚用《易传》解释《易经》,十分成功,这是以前笺疏作品没做到的,也正

---

① [清]晏斯盛:《学易初津》,《楚蒙山房易经解》,《影印文渊阁四库全书》,台北:台湾商务印书馆,1986年,第49页,第242页。

② [清]程廷祚:《易通》,《续修四库全书》,上海:上海古籍出版社,2002年,第20册,第383页。

是自己《易翼总》想要做的。在利用十翼解易这一易学宗旨上的共同点,使晏斯盛和程廷祚惺惺相惜,互相都对对方的易学水平非常认可。

晏斯盛对十翼的重视尤其明显,几乎不辨自明。这从晏斯盛易学著作的名字中就可以看出,《楚蒙山房易经解》中包括三部书,《学易初津》二卷、《易翼宗》六卷和《易翼说》八卷,其中后两部都以十翼为本。即使是《学易初津》,也在开篇就着力强调十翼的重要性:

> 十翼无繇断之诡,无谶纬之荒,无五德胜衰、纳甲飞伏之陋,无卦气卦变之支离,无鼎炉升降之伪,无先天后天之异。非圣人而能之乎?盖自《左》《国》,占筮已多依附为怪幻,秦汉魏晋隋唐日寻于方外异端,至宋儒渐近于理,而亦不能尽以圣人之言为然。且曰:有天地自然之易,有伏羲之易,有文王周公之易,有孔子之易,读者宜各就本书消息,不可便以孔子之说为文王之说。呜呼,易果然乎哉? 孔子顾若是其不可信哉? [1]

晏斯盛不仅如程廷祚等人那样认为秦汉以下易学晦蚀,否定了谶纬、五行、纳甲、卦气先天后天等理论,而且连《左传》《国语》中记载的占筮实例,也干脆予以否决,认为他们借占筮讲幻怪之说。而十翼中绝对没有这些,这样一来,解释《周易》就只剩十翼可以为依据。

从这段文字中还可以读出,虽然晏斯盛对宋儒易说也不算是满意,但相比汉代的过度阐释,他对宋学要更加认可一点,主要是宋学义理学的倾向,更符合晏斯盛的易学倾向,即所谓"近于理",这一点详后再谈。而晏斯盛对宋学尤为不满者,除了先天后天之外,还有朱熹强调区分《周易》文本形成之层次性的做法。朱熹说:"伏羲自是伏羲之易,文王自是文王之易,孔子自是孔子之易",伏羲、文王、孔子接力完成了《周易》全书,但他们三人的观点并不一致,因此要求今人读易要"分为三等",注意区分,不可混在一起理解。[2]这虽然在今人看来十分有见地,但是在古人中招致很多不满,不论汉学还是宋学,都很少有人能够接受。晏斯盛也不能接受,他甚至有些悲愤地说:"孔子难道就那么不可信吗?"他认为易道相通,蕴含着一些绝对真理,所以不管是哪个圣人,如果讲得不一样,就有人偏离了真理,而孔子

---

① [清]晏斯盛:《学易初津》,《楚蒙山房易经解》,《影印文渊阁四库全书》,台北:台湾商务印书馆,1986年,第49册,第240—241页。
② 详见[宋]黎靖德编:《朱子语类》,北京:中华书局,1986年,第1629页。

作为《易传》的公认作者,将会成为被怀疑的第一个对象。

程廷祚同晏斯盛一样,十分明确地反对这种区分,这一点上文已经言及。而毛奇龄虽然在五易说中也区分了某易为伏羲画卦命名之易、某易为文王系辞之易,但他认为这都是符合易道的正确理论,且并不说孔子之说非伏羲、文王本义,甚至要时时强调三圣相合之处,如"此牺之命名、文之演辞、孔子之赞传,三圣之为易,共此义也"①,同时李塨也强调过:"孔子《彖传》即彖之注,《象传》即象之注,不得背此别诠彖、象。"②

可见从毛奇龄到程廷祚,以经解经派诸人都不接受朱熹此说,也都不可能接受。如果说有什么说法是和他们的"以经解经"完全冲突的,那就只有朱熹此说了。因为他们的以经解经都是"以传解经",根基即在于十翼,而按朱熹之说,孔子之易非伏羲、文王之易,就不能通过孔子之十翼来理解伏羲、文王之经文。所以晏斯盛在这里要专门反驳朱熹此说,他对十翼的看法以及利用十翼的方法,都出于同样的"以经解经"原则。

(三)晏斯盛的以经解经观念

前面说到的几位以经解经学者,利用十翼的主要方法是根据其中的内容,选择或是创造解易理论,解释彖辞与爻辞。而晏斯盛还不仅如此,他比其他人表现更明显的一点是,试图在解释爻辞的时候直接使用十翼的文字。其实大多数爻辞所能直接对应的十翼内容,无非《小象》一条,晏斯盛就结合着这一条《小象》的文字,以及卦辞、该爻之上下爻与应爻的爻辞,主要采用内外卦取象说的方式,再参考其他经书,来解释一爻。

举睽卦六三为例,爻辞为:"见舆曳,其牛掣,其人天且劓,无初有终",《象传》为:"见舆曳,位不当也。无初有终,遇刚也"。晏斯盛在解释爻辞之义之后,特地说:

> 圣《传》"见舆曳位,不当也",则"其牛掣""其人天且劓",皆在位不
> 当中矣。"无初有终"曰"遇刚也",则上九正应,有不终睽之理。如此明
> 白显易,而诸家曲为之说,妄也。至《本义》以上九为髡劓,益误矣。③

---

①　[清]毛奇龄:《仲氏易》,《影印文渊阁四库全书》,台北:台湾商务印书馆,1986年,第41册,第367页。

②　[清]李塨:《周易传注》,《影印文渊阁四库全书》,台北:台湾商务印书馆,1986年,第47册,第5页。

③　[清]晏斯盛:《易翼宗》,《楚蒙山房易经解》,《影印文渊阁四库全书》,台北:台湾商务印书馆,1986年,第49册,第391页。

前文说到,毛奇龄、李塨、程廷祚三人,都喜欢用"圣经"这个词来称呼经书,可见他们尊经的态度,而晏斯盛,称呼传时竟然也加了"圣"字,对十翼的尊崇可以说达到了极致。在晏斯盛看来,这一爻的意思在《象传》里解释得明明白白。因为位不当,所以拖曳车舆的牛被拽住不能行,其人也被髡发劓鼻,又因为遇刚,即应爻上九为刚,因此即使出发时不好,最终结果也是好的。因此晏斯盛评价说,这么简单的意思,《象传》解释了,诸家却不肯听从,讲得复杂又不合理。尤其是朱熹《周易本义》说:"上九猜狠方深,故又有髡劓之伤"①,以上九为六三髡劓的罪魁祸首,将《象传》的呼应关系改为对抗关系,更加错误。

而晏斯盛自己对这一爻的说解,就紧扣"位不当"与"遇刚"两点:

> 六三阴柔,初、二两爻重刚在下,后重前轻,以柔上刚,当睽之间,欲行不能,舆之曳也。离,牛象,在睽之上,刚柔不属,掣也。其人亦本爻也,当曳、掣之势,有重伤之象。②

首先从爻位说入手,以六三在两刚之上,强调以柔上刚,这样位不当和遇刚就都成立了。然后再参考取象说,以离为牛,在睽卦上体,刚柔不属,同样得出位不当的结论,因此不能行、被掣肘。这是晏斯盛比较独特的一点,不论是象数派还是义理派,都直接解释象辞和爻辞,而晏斯盛在这里利用《象传》来解释爻辞,再利用取象说和爻位说来证明《象传》。

出于对十翼的重视,《易翼宗》一书,干脆将十翼的内容全部拆散,按照其解释的对象分别附于象辞爻辞之下,其目的很明显,就是为了更方便地利用十翼来解经,《四库提要》亦看得清清楚楚,说他"意在以经解经"③。从晏斯盛著作中的大量引文看来,他肯定详细地读过毛奇龄的《仲氏易》。可能正是受到毛奇龄口中费直以传附经法的直接影响(详见上文毛奇龄的相关章节),才在《易翼宗》中采用了这种方法,将十翼全部拆开分别附在相应的经文之下。

如乾卦《象传》与别卦不同,别卦各爻有《小象传》,分别附于各爻之下,乾卦《象传》全文为"天行健,君子以自强不息。潜龙勿用,阳在下也。见龙

---

① [宋]朱熹:《周易本义》,北京:中华书局,2009年,第184页。

② [清]晏斯盛:《易翼宗》,《楚蒙山房易经解》,《影印文渊阁四库全书》,台北:台湾商务印书馆,1986年,第49册,第390页。

③ [清]晏斯盛:《楚蒙山房易经解》,《影印文渊阁四库全书》,台北:台湾商务印书馆,1986年,第49册,第239页。

在田，德施普也。终日乾乾，反复道也。或跃在渊，进无咎也。飞龙在天，大人造也。亢龙有悔，盈不可久也。用九，天德不可为首也"。虽然和别卦《象传》一样，分别解释各爻的内容，但是被合在一起，整体放在彖辞、爻辞和《象传》之后。于是晏斯盛就将其拆开，在"乾，元，亨利贞"①下，先附《彖传》，然后只附有"天行健，君子以自强不息"一句，以为解释彖辞的《大象》，解释爻辞的《小象》也都分别割裂附在各爻之下。

接着就是《文言》了。②乾卦《文言》一篇更加复杂，先解释四德，然后用先设问后回答的方式，解释了一遍六爻，然后又从第二个角度解释了一遍六爻和用九，说："潜龙勿用，下也；见龙在田，时舍也；终日乾乾，行事也；或跃在渊，自试也；飞龙在天，上治也；亢龙有悔，穷之灾也；乾元用九，天下治也"，然后又从第三个角度解释了一遍六爻与用九"潜龙勿用，阳气潜藏；见龙在田，天下文明；终日乾乾，与时偕行。或跃在渊，乾道乃革；飞龙在天，乃位乎天德；亢龙有悔，与时偕极。乾元用九，乃见天则"。在这之后，又回到了对乾卦《象传》的解释。从"君子以成德为行"开始，直到《文言传》结束，第四次从新角度解释了一遍乾卦六爻。

因此，如果要割裂《文言》附于彖辞爻辞下，就不得不将《文言传》割得四分五裂，而晏斯盛仍然不惮其烦地这样做了，如初九"潜龙，勿用"之下，先附《象传》之"潜龙勿用，阳在下也"，接着就是割裂的一段《文言》"初九潜龙勿用何谓也？子曰：龙德而隐者也。不易乎世，不成乎名，遁世无闷，不见是而无闷。乐则行之，忧则违之，确乎其不可拔，潜龙也。"下面接着"潜龙勿用，下也"，再接"潜龙勿用，阳气潜藏"，再接"君子以成德为行，日可见之行也。潜之为言也，隐而未见，行而未成，是以君子弗用也"。③

晏斯盛如此琐碎地进行以传附经的工作，正是为了以传解经，他和毛奇龄、李塨、程廷祚一样，以十翼解经而称其为"以经解经"。在他眼中，十翼可分为两类：

> 十翼中，《系辞》上下传、《说卦》《序卦》《杂卦》五篇，《易》之凡例也。《系》上下传《象》上下传《文言》传五篇，《易》之注疏也。学易者先从《系辞》《说卦》《序卦》《杂卦》求之，则纲领正而条理分，次由《象传》

① 此处按照晏斯盛的理解标点。
② 详见［清］晏斯盛：《易翼宗》，《楚蒙山房易经解》，《影印文渊阁四库全书》，台北：台湾商务印书馆，1986年，第49册，第287页。
③ 详见［清］晏斯盛：《易翼宗》，《楚蒙山房易经解》，《影印文渊阁四库全书》，台北：台湾商务印书馆，1986年，第49册，第289页。

《象传》《文言传》解之,则字比句栉,各有指归,所谓以经解经也。①

《系辞》《说卦》《序卦》《杂卦》是对《周易》体例的解说,《象传》《象传》《文言传》是对《文本》的注疏。所以《易翼说》解释十翼时,也打乱十翼的顺序,按照先凡例后注疏的顺序进行编排:卷一、卷二为《系辞》上下,卷三《说卦》,卷四《序卦》和《杂卦》,然后卷五《象传》上下,卷六《文言》,卷七、卷八《象传》上下。学易要先学条理部分,这样能够把握主旨,然后再学注疏部分,这样能够对每个字句都正确理解,这就是所谓的"以经解经"。这一段表述中明确地提出"以经解经",不仅坐实了晏斯盛以经解经派的身份,也证明了他"以传解经"的实质。

第二节　晏斯盛的易解

上文的举例中已经提及,晏斯盛的具体易解象数、义理兼采,在以经解经的前提下择善而从,下面就其具体情况,再详细进行说明。

一、晏斯盛所使用的汉易说

(一)取象说

汉代易学以象数学为主流,其基础是取象说,但渐渐走入歧途,有的使八经卦对应的取象过于烦琐,大大超出《周易》提及的范围,有些则掺入复杂的卦变理论,亦在《周易》中找不到根据,如虞翻等人。王弼尽扫象数专研义理后,宋学以义理为主,几乎全都不取象数说,如程颐,也有象数义理兼采者,如朱震。

以经解经学者在象数义理的选择上并无一致性,程廷祚就专采义理,毛奇龄和李塨则象数义理兼采,他们的一致性表现在不肯认同非汉即宋的学术框架,且对现成的解易理论进行筛查和论证,确认其符合自己心目中的"以经解经"原则后才使用。

晏斯盛与毛奇龄、李塨一样,在采用取象说的同时,尽力避免汉易取象过于灵活随意的问题。他在《学易初津》中说:

《大象》乾、坤、震、巽、坎、离、艮、兑,以天、地、风、雷、水、火、山、泽

---

① [清]晏斯盛:《学易初津》,《楚蒙山房易经解》,《影印文渊阁四库全书》,台北:台湾商务印书馆,1986年,第49册,第262页。

当之,不复用阴阳奇偶之义。胡一桂遂谓与卦象爻义全不相蒙,而学易者亦多以为非易之所重,甚者并疑为非圣人之作。噫!何其妄也。夫以天行之健如此,而得不谓之乾乎?地势之顺如此,而得不谓之坤乎?况阴阳奇偶,原取象天地乎?震虽不尽为雷,然雷之奋动如彼,则雷固震矣。巽虽不尽为风,然风之巽入如彼,则风固巽矣。坎虽不尽为水,然水之险陷如彼,则水固坎矣。离虽不尽为火,然火之明丽如彼,则火固然离矣。艮虽不尽为山,然山之上止如彼,则山固艮矣。兑虽不尽为泽,然泽之丽说如彼,则泽固兑矣。[①]

八卦自然之象,即天、地、风、雷、水、火、山、泽,是八卦取象的基础,也是《大象传》解释一卦的根据,既然它是圣人之《传》中所记录的内容,那么晏斯盛就要维护这八种象。

程廷祚说过,八卦之真象,非《象传》中的天、地、风、雷、水、火、山、泽,而是《说卦传》中的健顺动入陷丽止说。晏斯盛虽然维护天、地、风、雷、水、火、山、泽,但他其实和程廷祚一样,认为健顺动入陷丽止说才是八卦的本质。如他解说六子卦的思路,举震为例,晏斯盛说它虽然不全指雷,但是雷之奋动正如动卦之震,因此雷就是震。所以说动才是震的本质,而雷恰好有动的特性,因此属于雷之象,但是震还有很多深意,并非仅仅指雷。至于其他各卦,句式和意思都和震卦相同。而对乾坤代表天地这一点,晏斯盛在文中用了反问的语气,可见他认为这几乎是不用言明的。毕竟在他眼中,阴阳就是天地,阴阳分别形成的乾与坤自然也是,而且天的特性为健,地的特性是顺,这一点也是显而易见的。晏斯盛与程廷祚的不同之处是,虽然以健顺动入陷丽止说为八卦的本质,但是他对自然意象也并不以其为非。

天、地、风、雷、水、火、山、泽只是八卦最基础的取象,取象说还有其他三种来源:第一,《大象传》中的取象不仅局限于这八种基础象,还有坎为云、离为电之类;第二,《说卦传》中补充了不少八卦取象;第三,汉易中的其他人,如荀爽、《九家易》、虞翻等,也增添了许多八卦取象。

首先对于《大象传》中的特殊取象,晏斯盛也比较接受:

> 至变水为云,云,水气也,能下而险。变火为电,电,火质也,能丽

---

① ［清］晏斯盛:《学易初津》,《楚蒙山房易经解》,《影印文渊阁四库全书》,台北:台湾商务印书馆,1986年,第49册,第247页。

而明。变风为木,木,风性也,能巽而入。此皆天地之交气,乾道坤道之实用,非有二也。若夫天行之健,何所亏于元亨利贞?君子之自强不息,正所以体天行健。亦何所间于潜见惕跃飞之时?何有于亢龙之悔乎?……八卦之象,即在仰观俯察之间,而六十四卦象爻之文,皆省身寡过之义。所谓不著龟而见奇偶,不卜筮而知吉凶者何以加?此非圣人而能之乎?独有三古,空诸依傍,十翼中得意之笔也,唯知德者识之。[①]

需卦下乾上坎,《象传》说"云上于天",是以坎为云,晏斯盛认为云本就是水气,而且能下而险,与坎险合,所以坎为云十分合理,下面的电、木都是同样的道理,只要与其基础取象密切相关,均可接受。同时象辞爻辞中也常常说到物象,如乾卦之龙、潜等等,它们与象爻中所要说明的道理,也并没有冲突。因此八卦之象也是圣人十翼中的"得意之笔",正是靠着这些意象,才可以不靠卜筮就能展示出阴阳奇偶,辨明人事吉凶,非圣人不能作,非知德者不能识。

在《说卦传》铺陈八卦之象的相关内容下,晏斯盛又表示说:

> 道之大也,鸢飞鱼跃无所不察。阴阳之变也,洪纤巨细,无所不贯。自此以下,推而言之,大而天地风雷水火山泽、君民父母男女,细而动植飞潜,以至有形有色有生之属,莫不有阴阳之象。则夫天地之间,目之所触,耳之所通,身之所接,皆此理之充周。正所谓活泼泼地不得仅以为形下也。要亦随举以见例耳。[②]

道之广大,天地万物,只要有形有色有生的,都具有阴阳之象,也就都可以是八卦取象的范围。所以《说卦传》中只是随意举出了一些例子,甚至于《说卦》未举的取象,也在阴阳之道中。因此,晏斯盛将《九家易》,以及孔颖达、来知德等人所补充的一些取象,都附录在自己的注解之下,并且在后面解释说:"不附经下,以正经也。"[③]可见他有分寸,知道这些取象不一定符合

---

① [清]晏斯盛:《学易初津》,《楚蒙山房易经解》,《影印文渊阁四库全书》,台北:台湾商务印书馆,1986年,第49册,第247页。

② [清]晏斯盛:《易翼说》,《楚蒙山房易经解》,《影印文渊阁四库全书》,台北:台湾商务印书馆,1986年,第49册,第513页。

③ [清]晏斯盛:《易翼说》,《楚蒙山房易经解》,《影印文渊阁四库全书》,台北:台湾商务印书馆,1986年,第49册,第514页。

经书的意思,只是按照他的逻辑,既然阴阳可以包蕴万物,那么就不应该将任何取象排除在八卦取象之外。

但是认为八卦中确实蕴含着万事万物之象,与直接运用八卦各种象来解象爻辞,又是不同的。虽然晏斯盛对汉易学家们的取象都表示可以参考,但是他解释象爻辞时具体使用的取象法,要比汉易诸家简单得多。

如泰卦乾下坤上,上六爻辞为"城复于隍,勿用师,自邑告命,贞吝。"虞翻解"城复于隍"说到"否艮为城""坤为积土",解"自邑告命"更为复杂,说:"坤为自邑,震为言,兑为口,否巽为命。"①其中绝大多数的取象都超出《周易》范围。晏斯盛对这一爻的解释就简单多了。他说:

> 泰极矣,过乎中矣,必复为否。政令颠倒,成者坏之,尚可为哉。坤为地为土,故取象城隍。坤为重,变艮为止,故勿用师。邑,亲近之地,令不及远而告命自邑,虽正亦吝,泰极之时为之也。②

这一段说解,带有汉、宋混合的特点。首先利用泰和否的反对卦关系引出否卦,这一点和虞翻相同。中间以坤之取象来解释城隍和勿用师,只要求有意思上的联系,而不要求将意象本身的来历也通过取象说表现出来,并且晏斯盛采用了间接的方法,以坤为地、为土即为城隍,以坤为重、艮为止为勿用师,且没有解释"自邑告命"的来历。所以说,晏斯盛在取象方面,不强行说解,做出的解释也力求简单。至于这一段的未一句,则讲治国之事,属于义理的讨论范围。

在这个例子里,晏斯盛还利用艮来取象,很容易被人误解为晏斯盛支持互体说,泰卦三、四、五爻一起看就是艮。但他的原话是"变艮为止",用互体就不需要变,直接可以得到艮,加上"变"字,说明晏斯盛的艮另有来历,应该是十二辟卦的阴阳消长理论,泰处于阳长进程中,下一卦就轮到原本的六四变阳,成为下乾上艮的大畜卦。

其实晏斯盛并不接受互体说。互体说是取象说的一种辅助理论,其根本目的,就是为了能从一卦中提取出上下卦之外的其他八纯卦,从而获得更多的取象来解释卦爻辞。晏斯盛虽然维护并采用了取象说,但并不认为互体说在"圣经"中有根据,所以他说:

---

① 详见[清]李道平:《周易集解纂疏》,北京:中华书局,1994年,第172页。

② [清]晏斯盛:《易翼宗》,《楚蒙山房易经解》,《影印文渊阁四库全书》,台北:台湾商务印书馆,1986年,第49册,第326页。

八卦成列,象在其中矣。因而重之,爻在其中矣。是先有八卦,因而八八相重为六十四卦,一定之法也。明明内外两卦矣,凿象之家多及互体,不自知其离经而悖圣也。[①]

八卦重而为六十四卦,所以一卦应该只有内外两卦取象才是取象的正道,互体把上体下体分别拆散,连六十四卦的形成过程都违背了,属于离经而悖圣,因此不可取。这也是晏斯盛对取象说的另一种节制,在不使用互体说的情况下,取象的发挥余地被大大限制了。

(二)对待卦与反覆卦

在晏斯盛眼中,对待和反覆,是八卦重卦而形成六十四卦之后,六十四卦之间、八卦之间注定存在的关系问题。因此在《学易初津》中,他先讲阴阳二爻形成,再讲八卦形成,再讲重卦而成六十四卦,接着就说到对待与反覆。

对待即阴阳爻完全相反的两卦,如离卦与坎卦。反覆即上下爻序完全相反的两卦,如屯卦䷂、蒙卦䷃。

在列举对待卦的时候,晏斯盛先列三画之八经卦的对待,后列六十四卦的对待,毕竟不论八经卦还是八纯卦,对待关系都存在。晏斯盛还将所有八纯卦、六十四卦的对待卦都列举齐全了,试图给每一组对待卦,在意思上找到关系,如"咸内外刚柔相感,而损则减一阳于上以相成也。恒刚上柔下可久,而益则减一阳于上以相成也"[②]。咸䷞与恒䷟、损䷨与益䷩之间,恰好卦序相连又是反覆关系,往往会被相提并论,因此无需在反覆方面多费口舌,但咸与损、恒与益之间还存在对待关系,往往被人忽视。晏斯盛需要在此下功夫找出意思上的联系。恰好这两组都是五爻由阳变阴,晏斯盛就认为损和益分别为了配合咸和损,自己减少一个阳爻。这一说法虽然有些牵强,但可以看出晏斯盛为使对待卦有意义而做出的努力。

总之,晏斯盛之对待卦的原理,类似于毛奇龄之变易与李塨之对易,但毛氏变易说属于八卦形成理论,而晏斯盛的对待卦,则是八卦与六十四卦形成后的关系问题,因此更接近于李塨的对易。

晏斯盛将六十四卦的反覆关系都列出来了,并且从意思上找到反覆二

---

① [清]晏斯盛:《学易初津》,《楚蒙山房易经解》,《影印文渊阁四库全书》,台北:台湾商务印书馆,1986年,第49册,第261页。

② [清]晏斯盛:《学易初津》,《楚蒙山房易经解》,《影印文渊阁四库全书》,台北:台湾商务印书馆,1986年,第49册,第245页。

卦之间的联系,如"夬刚决柔,而姤则柔遇刚也,萃聚而升不来也"①。反覆卦的证据相对比较好找,今本《周易》卦序往往将两个反覆卦放在一起,所以《序卦》《杂卦》中就有很多材料,如萃和升,"萃聚而升不来也"就是《杂卦》的原文。有些上下完全对称的卦,如乾坤、颐大过,反覆卦即其自身,同时它们的对待卦自然也是如此,晏斯盛就按照它们的对待关系,分组附在反覆卦下。

晏斯盛对自己给对待与反覆的命名,十分满意。他说:

> 是卦相因重,则名之以因重见义;卦对待,则名亦对待见义;卦反覆,则名亦反覆见义。名之不苟也如此,岂九家卦变、邵氏先天所能拟哉。②

因重、对待、反覆三种,都根据它们的特性而起,毫不马虎。因重即八卦形成六十四卦,所谓"因而重之,爻在其中矣"。而对待卦的卦名间也是对待之义,反覆卦的卦名间也是反覆之义,所以晏斯盛认为自己的说法不像汉人卦变说、宋人先天说之类,自己造一个新词来命名,而是很有根据的理论。

晏斯盛的对待与反覆,和李塨的对易与反易名称极其相似,意思也基本相同,且都被二人对举而出,这种一致既是巧合,又是必然。没有直接证据证明晏斯盛学习过李塨易说,他在著作中并没有提到过李塨,虽然有程廷祚作为中介,但是程廷祚也不一定真向晏斯盛引介过李塨。其实二人不谋而合的关键,就在于李塨所提到的"即经而可见"这五个字。晏斯盛与李塨同时总结出对待与反覆,正是因为它们同时存在于上下经之卦序与《序卦》《杂卦》中,而在命名上的相似性,也正如晏斯盛所说,决定于它们的本性。因此归根究底,不过是以经解经而已。

晏斯盛在具体解经时,也会积极地使用对待说与反覆说。上节分析泰卦时,就用上了他的对待卦否。再如解释《杂卦》"兑见而巽伏",他又同时利用了反覆与对待:

> 反易卦巽反为兑,柔外见而说,兑反为巽,柔下伏而入。二卦与震

---

①②　[清]晏斯盛:《学易初津》,《楚蒙山房易经解》,《影印文渊阁四库全书》,台北:台湾商务印书馆,1986年,第49册,第246页。

艮对待,震艮以阳为起止,此以阴为伏见。①

反覆可以解释"见",巽反变成兑,兑上爻为阴,因此柔在外现身。其实巽下爻为柔,已可顺势推出"伏",但晏斯盛在这里仍然要宣示对待说的存在感,引入对待卦震和艮,阳卦正在兴起,因此巽兑阴卦顺伏。《杂卦》本身显然并没有引入震和艮的意思,因其就卦序来判断两卦间的关系,兑和巽连在一起,所以有必要解释,而震艮与兑巽并不在一起。

尤其是在解释《彖传》的时候,晏斯盛更喜欢选择反覆说立论。如对贲卦《彖传》中的"柔来而文刚故亨,分刚上而文柔故小利有攸往",晏斯盛使用反覆说来解释:

> 噬嗑之覆也。噬嗑上卦之离来居本卦艮下,噬嗑下卦之震反为本卦之艮而居离上。离,柔也,来文艮之刚。震,刚也,上而为艮以文离之柔。柔来文刚,则刚而济之以柔。②

贲卦的反覆卦为噬嗑,噬嗑上卦的离变成贲卦下卦的离,即"柔来文刚",噬嗑下卦的震变成贲卦上卦的艮,即"刚上而文柔"。这种解释有理有据,且噬嗑和贲又相连出现,通过卦序提供了相关性的证据。

从以上例子还可以看出,晏斯盛使用对待说和反覆说,主要用来阐释卦与卦之间的关系,所以往往是在解释《易传》,如《杂卦传》《彖传》这种常在总体分析卦义的时候使用,而在解释象辞爻辞时很少用到。因为严格意义上来说,这两种理论并非卦变理论。最常见的卦变,指一卦通过改变一爻或多爻的位置或阴阳,形成新的卦,这两卦之间属于上下级关系,如毛奇龄的推易说。而对待卦和反覆卦之间,均是平等的关系,没有生成关系。下文将会专门论及晏斯盛对毛奇龄推易说的批判。或者是如虞翻的卦变理论"反",认为两卦间可以转换,所以可以互相解释。而晏斯盛也与虞翻不同,他的每个卦都不会变,在不变的基础上,两卦间或对待、或反覆的关联,使它们在卦名的意义上有所关联,但仅此而已,爻未变,所以爻辞间的关联很微弱。

综上所述,在汉易常用解卦理论的领域中,晏斯盛信用取象说、对待卦

---

① [清]晏斯盛:《易翼说》,《楚蒙山房易经解》,《影印文渊阁四库全书》,台北:台湾商务印书馆,1986年,第49册,第246页。

② [清]晏斯盛:《易翼宗》,《楚蒙山房易经解》,《影印文渊阁四库全书》,台北:台湾商务印书馆,1986年,第49册,第351页。

与反覆卦,却不接受同样在汉易中比较常见的互体说。这说明晏斯盛的易学,有对汉易的反思与整理,而他做出取舍的根据,就是他基于以经解经观对《周易》经传中相关文字的解读。接下来,就需要研究晏斯盛对宋易爻位说的反思。

二、晏斯盛的爻位说

通过爻位关系解读一爻,是解释爻辞时必不可少的途径,也是王弼以来义理学派,特别是宋学最常用的解易方法。最流行的几种爻位说,无非当位说、二五中位说、承乘比应说,以及对一些单独爻位的特殊说法。晏斯盛的主要关注点也正在于这些理论。

(一)当位说与中位说

晏斯盛也与程廷祚一样,对爻位说中最为基础的当位说提出了异议。

> 《传》曰"卑高以陈,贵贱位矣",是位止有高卑贵贱,初无阴阳刚柔也。先儒俱以初、三、五为刚位,二、四、上为柔位,如九居三则曰过刚,九居二、四、上则曰以刚居柔,非也。①

按照《系辞》这一句话的意思,爻位只有高低和贵贱,和阴阳无关,结果当位说就仅以阴阳刚柔立论。于是在下面,晏斯盛列举了九居三、六居三、九居四、六居四、九居二、六居二、九居五、六居五各三十二卦,非常仔细地逐卦分析,发现它们之正与不正、吉与不吉,各有不同,完全无法和当位说对应②。他还在这里也引用了程廷祚,以证明"又非愚一人之言矣",这并非自己一人的看法③,因此晏斯盛对爻位说的质疑,很可能受到了程廷祚的影响。

当位说最主要的根据,是《系辞下》的"二与四同功而异位,其善不同。二多誉,四多惧,近也""三与五同功而异位,三多凶,五多功,贵贱之等也"两句,晏斯盛与程廷祚既然反对当位说,那么就都不认为这是在说当位的问题,但晏斯盛的理解,与程廷祚也并不完全相同。程廷祚认为同功指同

---

① [清]晏斯盛:《学易初津》,《楚蒙山房易经解》,《影印文渊阁四库全书》,台北:台湾商务印书馆,1986年,第49册,第249页。

② 详见[清]晏斯盛:《学易初津》,《楚蒙山房易经解》,《影印文渊阁四库全书》,台北:台湾商务印书馆,1986年,第49册,第250—254页。

③ 详见[清]晏斯盛:《学易初津》,《楚蒙山房易经解》,《影印文渊阁四库全书》,台北:台湾商务印书馆,1986年,第49册,第255页。

刚同柔,是假设之词,晏斯盛则说:

> 二四、三五皆中爻也。二居下卦之中,四居两卦之中,五居上卦之中,三居两卦之中,故皆曰同功,犹言同为中爻耳。①

二四三五这四个爻,分两组分别表述了所谓"同功",一般理解都会认为二四之间同功、三五之间同功,但晏斯盛直接将这四爻当作一回事放在一起说,认为这四爻都是中间的爻,所以同功。

至于异位,就很简单了,毕竟它们爻位高低是不同的,而誉惧凶功之不同,正是由于上下爻位之不同,以及所处上下卦的不同:

> 第其位之高卑贵贱,远近内外,则异焉。位异故誉惧凶功亦因而异。②

二与四誉惧不同的具体爻位原因则如下:

> 二之所以多誉者何也? 以其在内卦之中也,近也,刚柔处之而皆善者也。若夫四则远矣,刚柔处之皆惧也,然而柔更不利焉。③

二在内卦中位,比较近且为善处之地,不论刚柔,处之皆誉,而四则远,刚柔皆惧,尤其是柔爻处之更为不利。至于三与五的凶功不同:

> 三则多凶,五则多功,何也? 五位尊贵也,三位卑贱也。④

晏斯盛对三与五的解释更为简单,五位尊贵所以多功,三位卑贱所以多凶而已。

其实从根本上来讲,晏斯盛是利用了二五中位之说来解释为何二优于四、五优于三。因此,晏斯盛对二五中位说的肯定,接着对当位说的否定,

---

① ② [清]晏斯盛:《学易初津》,《楚蒙山房易经解》,《影印文渊阁四库全书》,台北:台湾商务印书馆,1986年,第49册,第255页。

③ [清]晏斯盛:《易翼说》,《楚蒙山房易经解》,《影印文渊阁四库全书》,台北:台湾商务印书馆,1986年,第49册,第502—503页。

④ [清]晏斯盛:《易翼说》,《楚蒙山房易经解》,《影印文渊阁四库全书》,台北:台湾商务印书馆,1986年,第49册,第503页。

这一点非常符合他的逻辑。

《象传》《彖传》在有些卦爻中,说过"得位""当位""失位"等等词汇,反对当位说,就要给这些说法找到合理的解释。晏斯盛因此分别总结了《彖传》《象传》中表达出当位之义与失位之义的卦爻,发现位当之爻多为九五与六二,因此说"夫刚居五,柔居二,尊卑内外之常理"①,刚在五,为尊为外,柔在二,为卑为内,这是最符合常理的情况。但大有、归妹却是六五而当位,晏斯盛就辩解说,它们之当位,都是特殊的情况,而且用词也和九五当位不同:

> 大有六居五,以其中而上下应,故元亨,且别之曰得尊位。归妹六居五,曰娣之袂良以贵行,且别之曰其位在中。知外卦之中,柔之居之,有异乎刚之居之也。②

大有六五之所以元亨,是因为它得到了上下的呼应,所以要特地强调"得尊位"。归妹六五之所以贵乎行,与其女子出嫁的卦义有关,且女主人公似乎具有谦逊朴素的品质,这里也特地强调"位在中"。

不仅九五、六二,晏斯盛更进一步认为,内外卦(即上下卦)就是一尊一卑,所谓"内外,尊卑之谓也"③,所以内卦各爻都应为六,外卦各爻均应为九,不然则不吉。但是《彖》《象》中所说的当位之爻,有一些是六四的情况,不当位之爻,又有一些是九四、六三的情况,不能符合晏斯盛的理论。他对这些六四当位的特殊情形,解释说:

> 六四居外,非柔内卑顺之常。……以其在外卦之下,而从乎五,犹不失卑顺之理也。④

借口六四虽然在外卦而柔,但是顺从于五爻,因此不失卑顺之理。至于六三、九四却不当位的情形,他又解释说:

---

① [清]晏斯盛:《学易初津》,《楚蒙山房易经解》,《影印文渊阁四库全书》,台北:台湾商务印书馆,1986年,第49册,第255页。

② [清]晏斯盛:《学易初津》,《楚蒙山房易经解》,《影印文渊阁四库全书》,台北:台湾商务印书馆,1986年,第49册,第255—256页。

③④ [清]晏斯盛:《学易初津》,《楚蒙山房易经解》,《影印文渊阁四库全书》,台北:台湾商务印书馆,1986年,第49册,第256页。

> 其六三在内卦,九四在外卦,而曰不当位者,三踞内卦之上,九伏
> 外卦之下,且两卦交接之地,刚柔之所难也。

所以说,三虽然属于内卦,但在内卦之上,四虽然属于外卦,却在外卦之下,九三与六四也有当位之理,况且它们本就在两卦交接处,刚柔模糊,难以判断。

因此晏斯盛关于爻位当否的说法,总结起来无非两点:其一,内卦柔为当,外卦刚为当,尤其是内外卦的中爻,即二爻、五爻,更加遵循这个规律;其二,三爻、四爻位置特殊,可能会出现九三、六四亦当位的情况。除这两点基本规律之外,因为一卦具体含义与卦画的不同,难免还有一些特殊情况,无法归类,但这并未妨碍晏斯盛笃信他创造的当位理论。

但在实际解易的时候,晏斯盛难免要在他的理论之外做出很多变通,以适应卦爻辞的意思。如旅卦初六,阴爻为初,按晏斯盛的理论说应当比较吉利,但爻辞却说:"旅琐琐,斯,其所取灾"①,晏斯盛对此解释说:"本爻阴柔不中,处于最下,观其行止鄙细,是斯役之为也……"②,反而以阴爻阴柔不中,又处于最下立论。但解释艮卦初六"艮其趾,无咎,利永贞"的时候,阴爻在初就成了好事"六柔,贞也,即正也。必永其贞,斯不失艮之初意也"③。同为初六,旅之初六为阴柔不中,艮之初六就成了贞正,可见晏斯盛随文附释,很难将自己的爻位理论完全践行。

(二)晏斯盛论承乘比应

承乘比应这一组非常流行的爻位说理论,本书所研究的几位学者均对其有所修正再继承,晏斯盛也不例外。

首先,晏斯盛所讲的应,就与他人一四、二五、三六爻之应有所不同。他说:

> 凡物性情气质之相协者,有动必应。六十四卦,有敌应者,有刚柔应者。敌应,八纯之卦内外同体者也。刚柔应,五十六卦内外异体者也。应也者,性情气质之相协也。有一刚而数柔协者,师、比、豫之类是也。有一柔而数刚协者,小畜、履、同人、大有之类是也。有二刚四

---

① 按此为晏斯盛的标点方式。
② [清]晏斯盛:《易翼宗》,《楚蒙山房易经解》,《影印文渊阁四库全书》,台北:台湾商务印书馆,1986年,第49册,第442页。
③ [清]晏斯盛:《易翼宗》,《楚蒙山房易经解》,《影印文渊阁四库全书》,台北:台湾商务印书馆,1986年,第49册,第431页。

柔、二柔四刚而专取中爻之协者，蒙、临、无妄、大畜、遯、睽、萃、升之类是也。有三刚三柔内外交相协者，咸、恒、未济之类是也。①

晏斯盛以敌应为同刚同柔，应为刚柔相应，这与毛奇龄、李塨等人无异。但他讲爻之应，却要以整个八纯卦为单位来看待。卦中的应法也各有不同，有一爻应其他数爻的，一刚应数柔或一柔应数刚均可，有只中爻应的，还有六爻三刚三柔互相应的。

并且在他看来，似乎不仅经传中提及的，而且很多未提之卦，其中都有应"或曰：经之言应者何以仅有……十九卦也？曰：以名义之切合举其端也"②，所以说，经中所举只是一小部分例子而已，正是所谓"性情气质之相协者，有动必应"，只要爻之间相协调，就必定有应。

晏斯盛之应，意思上非常复杂，即只是讲一卦中各爻之间的关系而已。如同人卦䷌，《彖传》说："柔得位得中而应乎乾"，该卦只有六二为柔爻，又有"得中"之说，因《彖传》所指必定是六二。然而六二爻辞"同人于宗，吝"，既然得位得中又有应，为何还会吝呢？晏斯盛根据自己特殊的应爻说解释：

> 盖二本以一柔应众刚，为同人之主，而又有应于五，专而不广，与于郊于野异，未免失于昵也。③

六二应于众刚又应于五，所应太广而不专一，失于亲昵，因此反而吝。由六二可以应所有刚看来，晏斯盛的应并不要求位置关系，只要是一阴一阳，就可以应。

而且晏斯盛认为，两爻之间有应即有关系，但其吉凶还不一定，需要联系上时与位具体问题具体分析，因为应只是爻位的一个方面。前人专门就应来判断，有应即为吉，因此受到晏斯盛的批评：

> 卦爻之所以为吉凶悔吝者，名义之时位耳，应不过其中之一端。苟其名义亲切，亦有所不遗也。先儒专以应不应明卦爻之吉凶者，

---

① ［清］晏斯盛：《学易初津》，《楚蒙山房易经解》，《影印文渊阁四库全书》，台北：台湾商务印书馆，1986年，第49册，第256—257页。

②③　［清］晏斯盛：《学易初津》，《楚蒙山房易经解》，《影印文渊阁四库全书》，台北：台湾商务印书馆，1986年，第49册，第257页。

非也。①

这也解决了应爻理论有时说不通的问题。

还有一点，刚柔相同之敌应，在别家看来应属不吉。在晏斯盛看来也并非如此，他认为其中最明显的例子，莫过于八纯卦：

> 或曰：何以处夫八纯卦之不应也？曰：八卦同体相协者，亦相应也。如乾之"同声相应"，坤之"应地无疆"，已见其端，未尝不应。相协者，同体者也。向以同体为不应，非也。至艮独别之曰敌应不相与者，以上下皆止也，艮体则然也。②

八纯卦常常都是敌应，特别是乾坤，但在乾之《文言》坤之《象传》中都有对应的描述。晏斯盛将敌应称作"协"，认为协也是应。但艮卦很特殊，敌应的同时又说不相与，晏斯盛只好摆出上一段的借口，说艮有别的问题，艮卦为止，所以不能行动，也就无法相应。

对于承乘比，晏斯盛则只承认乘：

> 先儒于易，自应以外，有承乘比三例，而见于《传》者惟乘，余初未之言。言乘者，《彖传》仅夬、归妹二卦，《象传》亦仅屯、豫、噬嗑、困、震五卦，何也？举一隅也。柔当顺乎刚，而敢乘焉，悖矣。震动兑说坎陷，乘尤著焉。七卦之中，五皆震体。③

与应的情况相似，晏斯盛认为传文中言乘者次数不多，并非只有这几个地方有乘，因为这些只是举例而已，并不代表不言乘者就无乘之事。柔应当顺乎刚，所以柔乘刚则危，这一点，震、兑、坎三卦均表现得最为明显，尤其是震卦二柔均乘刚，无怪乎提到乘的七卦中，五卦都与震有关。

但是经传之中，也曾说到过承，如蛊卦初六《象传》"意承考"、归妹上六《象传》"承虚筐"等，晏斯盛对此解释说：

---

① [清]晏斯盛：《学易初津》，《楚蒙山房易经解》，《影印文渊阁四库全书》，台北：台湾商务印书馆，1986年，第49册，第257页。

② [清]晏斯盛：《学易初津》，《楚蒙山房易经解》，《影印文渊阁四库全书》，台北：台湾商务印书馆，1986年，第49册，第257—258页。

③ [清]晏斯盛：《学易初津》，《楚蒙山房易经解》，《影印文渊阁四库全书》，台北：台湾商务印书馆，1986年，第49册，第258页。

> 虽言承,而非刚柔相承之明文。惟节四与九五相属,如下至承上者,然大概亦以柔顺乎刚,为善内外尊卑之义所应有也。方以类聚,物以群分,与应为类,卦爻名义切合之处,参观不废可也。①

按理说柔下刚上为乘,除节卦六四《象传》"承上道",恰好上爻又为九五,似乎有承之意,其他卦提及之"承"均非承之意。而节卦孤例,也可以解释为柔顺乎刚之常理,不必为此专立"承"这个概念。晏斯盛最后表示,既然承在意思上是合理的,那么不废其说,在相应的卦爻处用它作参考,也是可以的。

至于比,《传》中无有,且与乘、承重合,干脆不设这一条理也可以:

> 至比则不出乘、承二者之外,《传》未尝一语及之,如比之六二曰"比之自内"、六三曰"比之匪人"、六四曰"外比于贤",皆本卦比义,与初曰"比之初"、六五曰"显比"、上曰"比之无首"同,非刚柔比近之义,无此例可也。②

而且言比基本都在比卦,所用只是卦名之意,所在其他卦中没有比。

综上所述,在承乘比应这一组概念中,晏斯盛改造了应与敌应,使其与通行说法大为不同,然后全面推行乘,勉强接受承,最终否定了比。值得指出的是,毛奇龄和李塨也都排斥比而接受敌应,这种一致性究竟有多少是出于晏斯盛所受到的他们的影响,有多少是出于他们三人在"以经解经"原则下的不谋而合? 这要通过下面对晏斯盛的引文与学术经历的分析,才能得出结论。

第三节　晏斯盛对前人易说的参考

一、晏斯盛与毛奇龄易说

(一)晏斯盛对毛奇龄易说的吸收

晏斯盛生活的时间与程廷祚相近,二人的交往脉络也非常清晰。至于李塨,李塨卒时,晏斯盛四十四岁,且曾与李塨同在京畿地区生活数年,二

---

① ②　[清]晏斯盛:《学易初津》,《楚蒙山房易经解》,《影印文渊阁四库全书》,台北:台湾商务印书馆,1986年,第49册,第258页。

人有结识的条件。然而晏斯盛早期保留下来的书信中,通信对象寥寥数人,其中并没有李塨,也并没有任何论及李塨与颜李思想的内容。至于最有可能向晏斯盛引介过李塨的程廷祚,与晏斯盛的交往始自乾隆五年(1740),这时李塨早已去世,程廷祚又早已为了避祸而消极宣传颜李思想,并未向晏斯盛介绍过李塨易学,也属正常。更何况,晏斯盛的易学著作中,虽然经上文分析可知,有一些和李塨看法一致之处,但是一字未提李塨与他的《周易传注》。

但晏斯盛和毛奇龄的关系有迹可循。实际上晏斯盛在著作中引用最多的清人,就是毛奇龄。毛奇龄卒时,晏斯盛只有二十七岁,还未中举入京,身在家乡读书,二人间应该不会有直接或间接的交往,晏斯盛只能通过毛奇龄的著作来了解他的易说。

《易翼宗》中的一条记载,能够表明晏斯盛对毛奇龄的了解程度。需卦九二之下,《易翼宗》记载,"杨慎曰:衍,宽平之地。毛际可曰:《左传》有易衍,《汉书》有郦衍,皆此文"①,其中提到的毛际可(1633—1708),也是一位清人,与毛奇龄时代相近,而且都是浙江人,二人也互相熟识。他擅长古文,但并没有易学著作。而《易翼宗》所引用的这句话,其实出自毛奇龄《仲氏易》,包括之前的"杨慎曰",也是毛奇龄所注,《仲氏易》原文如下:"杨慎曰:衍者,宽平之地。《左传》有昌衍,汉书有郦衍。"②虽然文字稍有不同,但引文顺序和说法都相同,晏斯盛的这段话很明显来自《仲氏易》。以"昌"作"易",应该是晏斯盛引用或后人传抄错误所致。

明明是毛奇龄所说,却引作毛际可,无非两种可能。其一是晏斯盛完全将二人混为一谈了,其二是晏斯盛的一时笔误。鉴于晏斯盛绝大部分引用毛奇龄都称"西河"或"奇龄",只有这里与其他一两处引作"际可",笔误的可能性更大些。也就是说,晏斯盛虽然对毛奇龄有一定的了解,还不至完全将他与毛际可混为一谈,但了解亦十分有限,且应当仅限于其著作,对其人印象还不足够深刻,不然也不会有笔误的情况发生。

虽然晏斯盛与毛奇龄并无个人交往,甚至注明引文出处时还出现笔误,但是这只能说明晏斯盛对毛奇龄其人印象不够深刻。从他著作中对毛氏易说的引用和借鉴看来,反而完全可以说,毛氏易说是他著作成书的重要支柱,重要性远超程廷祚,毕竟晏斯盛在著作几近成书才见到程廷祚《易

---

① [清]晏斯盛:《易翼宗》,《楚蒙山房易经解》,《影印文渊阁四库全书》,台北:台湾商务印书馆,1986年,第49册,第306页。

② [清]毛奇龄:《仲氏易》,《影印文渊阁四库全书》,台北:台湾商务印书馆,1986年,第41册,第230页。

通》,所以在著作中提到程廷祚的次数反而不多。

《易翼宗》一书,以十翼散附经文下作解经的根据,后面再附以自己的说解,直接引用别人易说的内容并不多。但是稍作对比即可发现,在晏斯盛的说解中,大部分训诂、文字考订,以及对汉易学说的引用,其实都转引自《仲氏易》,因是转引,故晏斯盛并未注明转引来历,使后人看不出毛氏易说对晏斯盛的深切影响。

举师卦为例,彖辞"师贞丈人吉无咎",《仲氏易》在"丈人"下小字注云:"李氏《易解》作大人,误"[①],指出了《周易集解》的一个错误,晏斯盛也在彖辞下原样引用,因为放在了彖辞全文之后,所以加"丈人"二字作提示,作:"丈人,李氏《易解》作大人,误"[②]。接着《彖传》之后,《仲氏易》注文中有一段双行小字,进一步解释"丈人"的问题:

> 陆绩曰:丈人,圣人也。郑玄曰:丈人,长人之称。若《子夏传》作:大人,王者之师,此是伪书,而李鼎祚遂谓:丈人者,大人之误,妄矣。扬雄《太玄》众首拟师卦者,其赞曰:丈人摧挈,正取《易》丈人之称,谁谓古本非丈人也。[③]

陆绩、郑玄、扬雄都作"丈人",只有伪书《子夏传》作"大人",可见《周易集解》改作"大人"根据不充分。晏斯盛《易翼宗》中,虽然对这一段进行了节选,但是很显然仍然是对《仲氏易》的直接转引。《易翼宗》说:

> 丈人,《子夏传》作大人,李鼎祚遂谓:丈人者,大人之误。然扬雄众首拟师而其赞曰:丈人摧挈,正袭《易》丈人之文,不得谓古本非丈人。[④]

首先,在师卦此处曾经举《太玄》为证的前人易书,除了《仲氏易》外还

---

① [清]毛奇龄:《仲氏易》,《影印文渊阁四库全书》,台北:台湾商务印书馆,1986年,第41册,第234页。

② [清]晏斯盛:《易翼宗》,《楚蒙山房易经解》,《影印文渊阁四库全书》,台北:台湾商务印书馆,1986年,第49册,第311页。

③ [清]毛奇龄:《仲氏易》,《影印文渊阁四库全书》,台北:台湾商务印书馆,1986年,第41册,第235页。

④ [清]晏斯盛:《易翼宗》,《楚蒙山房易经解》,《影印文渊阁四库全书》,台北:台湾商务印书馆,1986年,第49册,第311页。

有吴澄《易纂言》与何楷《古周易订诂》，吴澄的引用顺序是，先《子夏传》，后《太玄》，后陆绩，且并未提及李鼎祚，何楷则只是单独引用了《太玄》这一条，因此从引用顺序和引用对象上来说，《易翼宗》和《仲氏易》完全一致。

其次，《子夏传》之文其实并非来自原书，实际上是"崔憬曰：《子夏传》作大人"①，《易纂言》引用时注明了"崔憬曰"，《仲氏易》没有，果然《易翼宗》引用时也没有注明"崔憬曰"。

第三，李鼎祚的原话其实是"《子夏传》作大人是也"②，而非"丈人者，大人之误"，毛奇龄引其意而非其文，《易翼宗》如果引用自《周易集解》，自然不可能和毛奇龄的表述一模一样。

如果只有一二条引用内容一致，尚且不能说明晏斯盛转引自《仲氏易》，那么如此频繁的一致，足见晏斯盛对毛奇龄易说的依赖。再如贲卦之注，《仲氏易》引《吕氏春秋》"孔子卜得贲"与《孔子家语》"孔子筮得贲"两条论据③，它书如《古周易订诂》，都只引《吕氏春秋》，《易翼宗》在此处果然同时引用《吕氏春秋》与《孔子家语》，而且表述也和《仲氏易》一致。④

晏斯盛对毛奇龄个人观点的直接引用也数量不少，特别是在毛奇龄成果突出的一些方面。

如二人同时出于对"圣经"的尊崇，都对改动经文的行为不遗余力地进行反驳，所以毛奇龄这方面的文本会受到晏斯盛的重点引用。艮卦六五《象传》"艮其辅，以中正也"，《周易本义》说"'正'字羡文，叶韵可见"⑤，以"正"字韵不叶为由疑经，毛奇龄也运用音韵学知识，并举了《周礼》《楚辞》及《象传》为例，证明"正"与上下文可以通押，长篇辩驳：

> 朱氏《本义》云："正"字羡文，叶韵可见，意谓"正"字与前后"躬""终"字不叶故也。至姚小彭本竟改作"正中"以就韵。不知古韵东冬庚青蒸俱通，"正"者三声字也。如《周礼·小司徒》"施其职而平其政"，读征；《楚词·九歌》"荃独宜兮为民正"叶星类。故讼卦《象传》"刚来而得中也"，与"尚中正也"叶，正与此同例。况经史歌诵如此，叶者甚多，

---

①② ［清］李道平：《周易集解纂疏》，北京：中华书局，1994年，第128页。

③ 详见［清］毛奇龄：《仲氏易》，《影印文渊阁四库全书》，台北：台湾商务印书馆，1986年，第41册，第283页。

④ 详见详见［清］晏斯盛：《易翼宗》，《楚蒙山房易经解》，《影印文渊阁四库全书》，台北：台湾商务印书馆，1986年，第49册，第351页。

⑤ ［宋］朱熹：《周易本义》，北京：中华书局，2009年，第188页。

见予《古今通韵》一书。因己不识韵而欲妄改圣经,恐不可也。①

晏斯盛也长篇引用了这一段,直到"正与此同例"为止,把所有的辨析内容都引用了,并且评价说:"此言甚核,足破改经积谬"②,认为毛奇龄的说法非常准确,破除了改经谬论。

毛奇龄反驳他人时,一向言辞比较激烈,晏斯盛引用的时候,则会有意识地处理掉感情色彩强烈的内容,如毛奇龄所说的"因己不识韵而欲妄改圣经,恐不可也"一句,讽刺朱熹不懂音韵因而妄自改动圣经,就被晏斯盛忽略,代之以"此言甚核,足破改经积谬",语气柔和不少。

再如明夷六五"箕子之明夷",有人易"箕子"为"荄兹"或"荄滋",荄即草根,滋即生长,合起来即万物生长之意,晏斯盛以"未合圣传"③作评,并引毛奇龄之说:

> 毛奇龄曰:《汉书·儒林传》蜀人赵宾为易饰而文,以为箕子明明万物荄兹也,又晋邹氏家讳云训箕为荄,训子为兹,漫衍无经。刘向云"今易箕子作荄滋",则在前止为训诂,而此时竟有改此二字者。然曰今本明非古本,且夫子已明指箕子,则明与文王之时事相类,而后儒纷纷,何也。④

二人均认为这里的"箕子"就是商代著名的太师箕子,和"荄兹"的意思相去甚远,他们因此颇以训其为"荄兹"以至于改经为荒诞不经。尤其是《象传》说:"内文明而外柔顺,以蒙大难,文王以之。……内难而能正其志,箕子以之",以文王和箕子对举,正说明这里的就应该是箕子,所以做出别的解释就相当于违背《易传》、违反"以经解经"的原则。

毛奇龄和晏斯盛出于同样对《周易》文本的尊重,都十分重视句读。在《易翼说》与《易翼宗》两部书中,晏斯盛分别将经传文字用小字"句"字标明了断句之处,这比毛奇龄只在有争议之处进行辨析,可以说更进了一步。在标点方面,晏斯盛参考毛奇龄之说也很多。如无妄卦《象传》,一般标点

---

① [清]毛奇龄:《仲氏易》,《影印文渊阁四库全书》,台北:台湾商务印书馆,1986年,第41册,第392页。

② 详见[清]晏斯盛:《易翼说》,《楚蒙山房易经解》,《影印文渊阁四库全书》,台北:台湾商务印书馆,1986年,第49册,第670页。

③④ 详见[清]晏斯盛:《易翼宗》,《楚蒙山房易经解》,《影印文渊阁四库全书》,台北:台湾商务印书馆,1986年,第49册,第387页。

为"天下雷行,物与无妄,先王以茂对时,育万物",毛奇龄则以"物与"二字属上句,晏斯盛也接受了毛奇龄的想法,于是引用毛说:

> 毛氏奇龄曰:汉后易家皆以"天下雷行"为句,"物与无妄"又句,如《九家易》之"物受以生,无有灾妄"是也。后儒有以"天下雷行物与"句者,张清子云"天雷而物应",胡旦云"物物相与以应雷行"是也。又王畿、焦竑、钱一本皆以此句。今从之。

"今从之"三字之上,全都是《仲氏易》中的内容,晏斯盛毫无疑义地全部继承了下来。

除此之外,晏斯盛所采用的两种卦变理论,对待卦即毛奇龄的变易,反覆卦即毛奇龄的反易。对于毛奇龄的五易说,晏斯盛肯定了其中的两种。在已知晏斯盛对毛奇龄著作十分熟悉并大量引用的情况下,我们有理由怀疑晏斯盛的卦变说也受到了毛奇龄的影响。

毛奇龄对宋人易图、先天学等说的批驳,是他十分重要的成果,也是后人引用最多的内容。晏斯盛在自己书中辨析这些说法的章节中,对毛奇龄的说法多有接受与引用,详见下文《晏斯盛与宋易图书说》。

(二)晏斯盛对毛奇龄一些易说的反驳

毛氏易说中,自然也有晏斯盛不接受的内容。晏斯盛对毛奇龄的反驳主要集中在两点,其一是他的推易说,其二是他对前代筮例的解读。

毛奇龄的推易说,虽然在他自己看来,有"乾坤成列""分阴分阳""方以类聚""刚柔相推而生变化"等《周易》原文作为根据[1],符合"以经解经"原则,且自汉代以来颇有根源,但是在同样坚持"以经解经"的李塨和程廷祚看来,并不能符合经文的本义,在晏斯盛看来也不例外。

当然,他的议论并不单独针对毛奇龄,而是同时针对自汉以来相关的同类卦变说而发。首先,他要辨析卦变说的根据:

> 《系辞传》曰"在天成象,在地成形,变化见矣",言乾坤刚柔之交而变化也,其下文遂曰"是故刚柔相摩,八卦相荡,鼓之以雷霆,润之以风雨。日月运行,一寒一暑"。而"乾道成男,坤道成女",言乾坤刚柔之变化而有六子也。又曰"变化者,进退之象也",言刚或退而柔进,柔或退而刚进。又曰"爻者,言乎其变者也",言爻辞皆就其变动言之也,是

---

① 详见[清]毛奇龄:《推易始末》,《毛奇龄易著四种》,北京:中华书局,2010年,第5页。

变止就其本卦而言,未尝追溯而排定之,谓六十四卦各生于六十四卦
之一卦,而因以为本卦之义也。①

这一段,选出《系辞》中提到过变化句子逐一分析,证明它们均与变卦说无
关。晏斯盛认为,"在天成象,在地成形,变化见矣"讲乾坤刚柔生六子的过
程,并非成卦的变化。至于"变化者,进退之象也"与"爻者,言乎其变者也"
则都是在说一卦爻位间刚柔进退的关系,并非真的变动,只是一种趋势,这
在上文辨析晏斯盛爻位说时已经有所说明,因此也和变卦无关。

另外,《彖传》中有十八个提到往来,意思很像是卦变,虞翻往来卦就得
名于此,晏斯盛也进行了辨析:

> 《彖传》之言往来者十八卦,皆《杂卦传》反覆错综之义,先儒不得
> 其说,而作为卦变以当之,非也。②

他认为《彖传》所谓的往来,其实是自己反覆卦之义,即上下爻序完全相反
的两卦间卦义的联系,它们各自固定不变,不能互相转化,只是有关而已。
所以晏斯盛接着就逐一分析了这些带有往来意思的卦,证明他们都是反覆
卦,并非卦变。

这样一来,卦变在经传中的根据几乎都被晏斯盛否决了。于是晏斯盛
接着说:

> 先儒卦变之说,谓一阴一阳之卦自复、姤来,二阴二阳之卦自临、
> 遯来,三阳三阴之卦自泰、否来,四阴四阳之卦自大壮、观来,五阴五阳
> 之卦自夬、剥来,非经文之所有,且忘乎八卦相因之正义也。③

他认为八卦相因的正确含义,即前文说到过的,乾坤生六子,乾坤六子再生
六十四卦的八卦生成顺序。所谓十辟卦生其他卦的理论,在经文中都没有
根据,且与真正的生卦顺序矛盾,二者间只能选择其一。

---

①　[清]晏斯盛:《学易初津》,《楚蒙山房易经解》,《影印文渊阁四库全书》,台北:台湾商务
印书馆,1986年,第49册,第258页。

②　[清]晏斯盛:《学易初津》,《楚蒙山房易经解》,《影印文渊阁四库全书》,台北:台湾商务
印书馆,1986年,第49册,第259页。

③　[清]晏斯盛:《学易初津》,《楚蒙山房易经解》,《影印文渊阁四库全书》,台北:台湾商务
印书馆,1986年,第49册,第258—259页。

　　既然反对了卦变说,毛奇龄富有个性的分聚推易说,自然更加为晏斯盛所不满,无怪乎讲卦变者众多,晏斯盛却尤其针对毛奇龄一人进行批评:

> 《大象》俱内外两卦相成,足以见古人八八相因而为六十四之本。秦汉以下,互体、卦变及先天加一倍法,既一无所当,至近世西河毛氏阴阳分聚之说,又臆妄之甚者矣。①

对互体、卦变、加一倍法这些理论,都只是批判理论本身,针对毛奇龄却特地点名批判,说他是臆断妄言之甚者,比其他理论更过分。

　　具体解卦时,若需要引入别卦作解,晏斯盛多据自己的对待、反覆说立论,而反驳推易说。如解释节卦时,晏斯盛说:

> 此与涣覆推,涣巽上坎下,故柔得位而上同,此坎上兑下,坎刚兑柔,故刚柔分而刚得中,谓坎之刚得九五也。坎毛西河引卢氏之说曰:此本泰卦,分乾九三上升坤五,分坤六五下处乾三,是刚柔分而刚得中,不知《杂卦》反覆相推之法,更不假此二前后浑合也。②

节卦与其反覆卦涣卦关系密切,应该互相解释,涣卦柔爻都非主位,且在刚下,因此"柔得位"且上同于刚。解卦上坎为刚、下兑为柔,因此"刚柔分",中爻仍然是刚,因此"刚得中"。晏斯盛在此处所用的还是惯常的爻位说,然后他就开始批评毛奇龄的推易说。毛奇龄以节卦来自泰卦,泰中的乾卦分刚爻向上之五爻、坤卦分柔爻向下之三爻运动,因此"刚柔分"且"刚得中"。晏斯盛认为这种说法违背了《杂卦传》对节、涣关系的明确指示,因此不符合"以经解经"。

　　其实晏斯盛对毛氏解读筮例的批评,也正源自他对自汉以来卦变、之卦等说,以及对毛奇龄推易说的批评。《学易初津》卷下有"辞占"一节,专门解释前代筮例,晏斯盛在这一节的引言中说:

> 自汉以下,多舍辞言象。象有不通,乃兼及之卦,并及互体、卦变,

---

① ［清］晏斯盛:《学易初津》,《楚蒙山房易经解》,《影印文渊阁四库全书》,台北:台湾商务印书馆,1986年,第49册,第247—248页。

② ［清］晏斯盛:《易翼宗》,《楚蒙山房易经解》,《影印文渊阁四库全书》,台北:台湾商务印书馆,1986年,第49册,第454—455页。

甚之至于之卦之变。在九家而后，至毛西河而幻极。①

晏斯盛认为，解释占筮结果最重要的参考内容应当是象爻辞，然而汉代以来舍辞而言意象，所以越走越偏，以至于之卦、互体、卦变，甚至之卦再变全都出现，而至毛奇龄时，已经到了极致，又特地点名毛奇龄进行批判。

所以后文具体解读筮例时，晏斯盛频繁举毛奇龄作为反例来驳斥，其中最苛刻的批评，莫过于有关之卦的问题。其实《左传》筮例中，本就有用之卦的情况，无法绕过，以至于连朱熹也不得不承认之卦，晏斯盛也在不得已之下，解读庄公二十二年陈侯筮敬仲之生得观之否一例时，限定之卦的运用只能取其象，不能取其卦爻辞，即"《左氏》用之卦之象以释本爻'观国之光'之辞，未尝用之卦之辞也"②。

接着哀公九年之例，毛奇龄使用了之卦的爻辞，果然被晏斯盛批评了：

> 哀公九年，宋皇瑗围郑师。晋赵鞅卜救郑，不吉。阳虎以《周易》筮之，遇泰之需，曰"宋方吉，不可与也。微子启，帝乙之元子也。宋、郑，甥舅也。祉，禄也。若帝乙之元子归妹而有吉禄，我安得吉焉"？乃止。就辞亦能与事合。毛氏奇龄谓之卦需六五"需于酒食"为禄，"贞吉"为吉禄，故以禄字释祉字。按本书甚明，祉也，福也，泰交得中之致也，何所藉于变雷酒食之解乎？③

哀公九年，阳虎筮得泰之需，认为宋国有"吉禄"，不应攻打宋国。毛奇龄借用需卦六五的爻辞"需于酒食，贞吉"，认为酒食就是阳虎口中的"禄"。这正好违背了晏斯盛上面对使用之卦爻辞的限制，因此受到晏斯盛的反对。泰卦《彖传》说："天地交而万物通也，上下交而其志同也"，《象传》也说"天地交，泰"，其九二与六五两爻又分别得中而相应，因此泰卦本身即天地交而得中，是非常有福之卦，因此"祉"即泰卦之福，不必在利用需卦作解。但阳虎明明说"祉，禄也"，直接被晏斯盛忽略了。

在《学易初津》"辞占"这一节中，晏斯盛一共分析了约二十五条占筮之

---

① ［清］晏斯盛：《学易初津》，《楚蒙山房易经解》，《影印文渊阁四库全书》，台北：台湾商务印书馆，1986年，第49册，第270页。

② ［清］晏斯盛：《学易初津》，《楚蒙山房易经解》，《影印文渊阁四库全书》，台北：台湾商务印书馆，1986年，第49册，第271页。

③ ［清］晏斯盛：《学易初津》，《楚蒙山房易经解》，《影印文渊阁四库全书》，台北：台湾商务印书馆，1986年，第49册，第276页。

例,其中十二条(几乎一半),专门以毛奇龄为批判目标,因为其中都难免涉及卦变理论。

其实晏斯盛的解易理论,与毛奇龄颇有重合之处,直接挪用的情况也很常见。而他对毛奇龄批评的重点在于之卦与推易,因此九成以上的内容都集中于"辞占"一节中,但总体看来,还是吸收多于扬弃。

二、晏斯盛与宋易《图》《书》说

秉承着以经解经的观念,晏斯盛更为相信自己对于经传的解读,因此对不论汉宋还是当代的毛奇龄、程廷祚,都带有比较客观的态度,有所取舍,只吸收自己眼中符合"圣经""圣传"记载的易说。下面将论述晏斯盛对宋易的辨析,首当其冲的,就是宋易最为人诟病的《图》《书》说。

(一)晏斯盛论宋易《图》《书》等说

前文已说过,晏斯盛认为,《系辞传》中的"天尊地卑,乾坤定矣"一段,才是描述八卦生成与易之根本的段落,那么晏斯盛又是如何解释"是故易有太极,是生两仪,两仪生四象,四象生八卦,八卦定吉凶,吉凶生大业"这一段的呢? 他认为这一段是其上文"大衍之数"这一段的引申。

"大衍之数五十,其用四十有九。分而为二以象两,挂一以象三,揲之以四以象四时,归奇于扐以象闰;五岁再闰,故再扐而后挂。……是故四营而成《易》,十有八变而成卦,八卦而小成",这一段一般都被认为是著揲算卦的方法,晏斯盛也不例外。晏斯盛在"是故易有太极"一段之下说:"此象器制用之法,即前段虚一分二揲四成卦,引申以毕天下之能事者。"①认为太极两仪四象八卦分别对应挂一、分二、揲之以四,以及最终成卦,是利用筮法使《周易》产生作用的方法,并且能通过引申以囊括天下之事。

晏斯盛最后强调"引申以毕天下之能事",其实煞费苦心。既然这一段是对天地万物的引申,是天下能事都可以说尽的,就意味着解释的它们的时候,可以不受《周易》既有文本的限制,引入一些其他的说法,又不违背以经解经的原则。

所以在这里,晏斯盛的说解中出现以无极为太极的说法,也就不奇怪了。晏斯盛接着就说:

> 太极即周子所谓无极,本不可以象器求,而为象器之始,故于五十

---

① [清]晏斯盛:《易翼说》,《楚蒙山房易经解》,《影印文渊阁四库全书》,台北:台湾商务印书馆,1986年,第49册,第487页。

中虚一以象之。两仪，天地奇偶之大像。四象，即阴阳旧老少之分数。
八卦，六十四卦之本体。吉凶，卦爻之系辞。大业，所谓成务也。[①]

作为一个在各处强调以十翼解经的易学家，晏斯盛反对当位说、反对卦变
说、反对互体说的同时，却接受了周敦颐无极即太极的说法，还试图把它解
释为十翼中确实含有的意思。在他的理解中，五十蓍草中虚一根不用，只
用四十九根来算卦，正说明太极是空虚的，因此太极也就是无极，实在有些
当局者迷。实际上"无极"这一概念在《周易》中从来不曾出现过，又因其带
有道家虚无特色，甚至在理学内部都不被认可，更不必说将"以经解经"作
为原则的毛奇龄等人。不过统观《楚蒙山房易经解》，除了这一处，再也没
有提到过周敦颐《太极图》和《太极图说》的其他内容了，恐怕他也意识到无
极之说超出了《周易》文本，因此只在此处强调过可以引申天地万物之后，
才稍作引申。

实际上晏斯盛很明确地对宋易的其他几种新创之说，其中还包括据说
与周敦颐《太极图》相关的先天之学，都表示了批评。所以与其说晏斯盛接
受了周敦颐《太极图》和《太极图说》，不如说他只接受了无极即太极的说
法。而且周敦颐的真正意思是"自无极而太极"，以无极为世界的本原，且
在太极之先，而以无极等同于太极，即二者平行，则是朱熹所理解的意思，
而晏斯盛所接受的正是后者，这一点需要指出来。

晏斯盛对"是故易有太极"这一段的理解，虽然受到了"无极"的迷惑，
但总体来说仍然遵守着"以经解经"的原则，以其为蓍揲算卦的过程，最后
以"吉凶生大业"为"开物成务"，显示出一些义理化倾向。但宋儒对这一段
话反而有一些偏于象数化与易图化的理解，全部受到了晏斯盛的否定。他
说："先儒以易有太极是生两仪，两仪生四象，四象生八卦为先天学，为加倍
法，失之已远"[②]，明确反对先天学与加一倍法。

先天说即邵雍区分伏羲八卦与文王八卦的说法。《说卦》之"天地定位，
山泽通气，雷风相薄，水火不相射，八卦相错。数往者顺，知来者逆，是故
《易》逆数也"一段，与"帝出乎震，齐乎巽，相见乎离，致役乎坤，说言乎兑，
战乎乾，劳乎坎，成言乎艮"一段，分别被看作是先天八卦与后天八卦，或者
说《伏羲八卦方位图》与《文王八卦方位图》的根据，这两个图中的八卦方位

① ［清］晏斯盛：《易翼说》，《楚蒙山房易经解》，《影印文渊阁四库全书》，台北：台湾商务印
　书馆，1986年，第49册，第487页。
② ［清］晏斯盛：《学易初津》，《楚蒙山房易经解》，《影印文渊阁四库全书》，台北：台湾商务
　印书馆，1986年，第49册，第267页。

不同。晏斯盛对这一说法评论说：

> 天地定位及帝出乎震二节,说者分先天后天,又分伏羲八卦文王
> 八卦,于是重疑此篇之伪,然经文具在,初无所谓先天后天,未尝分伏
> 羲文王也。由经观之,则天地定位一节言八卦之对待,帝出乎震一节
> 言八卦之流行。①

即以先天后天区分伏羲和文王的卦图,并不是经文本义,先天后天也并不
存在,伏羲和文王也不应该有不同的说法。而经文只是在说八卦间两两相
对相反的关系,以及与八卦作为一个整体而互相流动的关系。

为了反驳宋易各种先天理论,晏斯盛还节引了毛奇龄的说法：

> 毛西河易先天八误:一曰画繁;二曰四五无名;三曰三六无住法;
> 四曰不因;五曰父母子女并生;六曰子先母、女先男、少先长;七曰卦位
> 不合;八曰卦数无据。②

毛奇龄针对先天学,详尽举出了八条错误,批判对象也比较全面,包括"先
天横图""先天八卦方位图"两种主要图示,其详细内容在第二章论述毛奇
龄对《先天图》的反驳中已经分析过,这里不再赘述。晏斯盛在这里直接罗
列毛奇龄的八条意见,且并未做出任何补充和修正。

接着《系辞》上中的"是故天生神物,圣人则之。天地变化,圣人效之。
天垂象,见吉凶,圣人象之。河出图,洛出书,圣人则之"是《河图》《洛书》的
根据,晏斯盛也不认为它们说的是河图洛书：

> 以神物为《河》《洛》图书者,尤为荒诞也,何也? 神物承上文蓍龟
> 而言也。③

他说上文的神物其实指卜卦所用的蓍龟等物,与下文的《河图》《洛书》无

---

① [清]晏斯盛:《学易初津》,《楚蒙山房易经解》,《影印文渊阁四库全书》,台北:台湾商务
   印书馆,1986年,第49册,第248页。
② [清]晏斯盛:《易翼说》,《楚蒙山房易经解》,《影印文渊阁四库全书》,台北:台湾商务印
   书馆,1986年,第49册,第510页。
③ [清]晏斯盛:《学易初津》,《楚蒙山房易经解》,《影印文渊阁四库全书》,台北:台湾商务
   印书馆,1986年,第49册,第267页。

关。而《河图》《洛书》既然记录在《系辞》之中，自然确实存在，但恐怕并不是宋人所说的河图洛书两张图。即所谓"如是整齐明白，凑合《大传》，则未必然也"①，宋人的图如此整齐和明白，看起来非常神妙，但恐怕并不符合《易传》本义。

（二）晏斯盛的大衍图

所以晏斯盛对宋易的《图》《书》之学，《太极图》《先天图》《河图》《洛书》基本上全盘否定，但他自己却根据十翼的记载，对数与图产生了新的理解，还画出了所谓的"大衍图"。

《系辞传》中有一段"天一地二，天三地四，天五地六，天七地八，天九地十"，它一般被称为"大衍之数"，虽然曾被朱熹改编在"大衍之数五十"之前②，但是原本应在"大衍"一段之后。其中奇偶对举的模式，恰好和河图有相似之处，又郑玄易注中有"天一生水于北，地二生火于南……天五生土于中。阳无耦，阴无配，未得相成。地六成水于北与天一并，……地十成土于中与天五并也"③。说的正是《河图》的内容，以至于毛奇龄也被迷惑了，认为"儒者穷经，以经为主。……若夫'大衍之数'，原出《易传》，则惟大衍一图可附之《周易》之末，曰《大衍图》"④。在以经解经的思路下，毛奇龄认定河图之图原本是易中实有之图，只是与《河图》无关而已，应该改名叫作"大衍图"，就可符合经文本义，并附于《周易》之末。关于毛奇龄此说，上文毛奇龄的相关章节已经仔细辨析过，这里不再赘述。

晏斯盛同样被所谓"大衍图"迷惑了，甚至程度比毛奇龄更深。他说：

> 后人《河》《洛》两图，因《传》而作，盖图其九六七八以见奇偶之实，未尝以五四九八为奇偶，此亦可见用著之遗意。而图因衍而作，益足征焉。为正其名曰大衍图。⑤

可见不仅是《河图》，而且连《洛书》，也被他看作是在《易传》中有根据而作。

---

① ［清］晏斯盛：《学易初津》，《楚蒙山房易经解》，《影印文渊阁四库全书》，台北：台湾商务印书馆，1986年，第49册，第265页。

② 详见［宋］朱熹：《周易本义》，北京：中华书局，2009年，第233页。

③ ［宋］王应麟辑：《周易郑注》，清湖海楼丛书本，卷七。

④ ［清］毛奇龄：《河图洛书原舛编》，《毛奇龄易著四种》，北京：中华书局，2010年，第82—83页。

⑤ ［清］晏斯盛：《学易初津》，《楚蒙山房易经解》，《影印文渊阁四库全书》，台北：台湾商务印书馆，1986年，第49册，第268页。

晏斯盛承接上文自己对"大衍之数"的看法,认为它们也与蓍揲算卦有关。同时,他又和毛奇龄思路类似,认为《河图》《洛书》之图式虽然得自于《易传》,但是它们并非《河图》和《洛书》,所以应该抛弃后人给它们按上的《河图》《洛书》之名,因大衍而将它们命名为"大衍图"。

　　于是在下文,晏斯盛将《河图》称作"大衍图一",《洛书》称作"大衍图二",并附录在书中。他接着又进一步附录了他自己所画的其他《大衍图》,包括《天数图》《地数图》(见图16),其中《天数图》似乎存在一些问题,由《地数图》上半部分包括二四六八十推断,《天数图》的上半部分应该是一三五七九,但图中一三五七均有,没有九却有偶数六,恐怕六应该为九之误,才符合天数的概念与晏斯盛画图之意。这两幅图虽为新画,但确实没有超出《系辞上传》"天数五,地数五,五位相得而各有合。天数二十有五,地数三十,凡天地之数五十有五,此所以成变化而行鬼神也"这两句的意思。

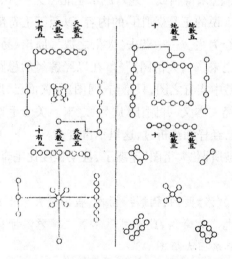

图16　晏斯盛的《天数图》与《地数图》[①]

　　接着《天数图》《地数图》,还有"一得五而合六""一得九合十,得一则九见矣,一九奇之同体""二得五合七""二得八合十,得二则八见矣,二八偶之同体""三得五合八""三得七合十,得三则七见矣,三七奇之同体""四得五合九""四得六合十,得四则六见矣,四六偶之同体""五得五合十"这九种图。它们都比较简单,仅凭描述就可想见,一半源自郑玄的生数成数说,表

① [清]晏斯盛:《学易初津》,《楚蒙山房易经解》,《影印文渊阁四库全书》,台北:台湾商务印书馆,1986年,第49册,第268页。

示生数之一二三四五中两个数字,相加得成数六七八九,与《河图》的原理相关;另一半则表现十以内两个相加得十的数字,与《洛书》的原理相关①。

由晏斯盛自己所画的易图可以看出,他对《河图》《洛书》的图像和其中蕴含的数字游戏比较着迷,而且认定它们源自《易传》文,不违背"以经解经"。但由于晏斯盛不认可它们就是《河图》《洛书》,所以他也不接受宋人为了给《河图》《洛书》张本而改编的《系辞》文字顺序,他说:

> 学者因圣人之言而立图,一五一十,阴阳老少,粲然可考。后儒指二图为《河》《洛》,而改易经文,不知旧本次第自秦汉以来未之有改也,今悉如旧。②

晏斯盛虽然接受《河图》《洛书》的程度与毛奇龄不同,但将它们看作是"大衍图"这一点,却正来自毛奇龄。他并未就毛奇龄不以《洛书》为是,仅以《河图》为是而与己不同这一点,进行辨析。他引用毛奇龄的话,主要为了证明自己"大衍图"命名的合理性:

> 毛氏奇龄曰:华山陈希夷以此为图,不曰《大衍数图》,而曰《河图》,以图衍数者反曰衍数合图,并取《乾凿度》太乙九宫法见之《后汉·张衡传》中者名之曰《洛书》,而经学大晦。③

毛奇龄确实给《河图》命名为《大衍图》,但《洛书》在他眼中无一是处,因此从其图式到名称都应否定。但晏斯盛的引文略有断章取义之嫌,仿佛毛奇龄与他一样,接受《洛书》也为《大衍图》。但是这可以证明,晏斯盛《大衍图》之说,确实是受毛奇龄启发而生。

三、晏斯盛对宋易义理说的取舍

(一)晏斯盛宋易义理说的参考对象与范围

晏斯盛在文字考证和辨析异说方面,最主要的参考对象无疑是毛奇

---

① 详见[清]晏斯盛:《学易初津》,《楚蒙山房易经解》,《影印文渊阁四库全书》,台北:台湾商务印书馆,1986年,第49册,第269—270页。

② 详见[清]晏斯盛:《易翼说》,《楚蒙山房易经解》,《影印文渊阁四库全书》,台北:台湾商务印书馆,1986年,第49册,第483页。

③ 详见[清]晏斯盛:《易翼说》,《楚蒙山房易经解》,《影印文渊阁四库全书》,台北:台湾商务印书馆,1986年,第49册,第483—484页。

龄,而他在以义理解卦爻时,参考对象则比较宽泛。首先,程颐与朱熹自然是其中的重点,但晏斯盛对义理派各家,包括宋代和元明的义理派,都有所涉猎。可以说,晏斯盛的易说是非常独特的,能将几乎水火不容的毛奇龄与宋易说共同吸收,融合在一起。

晏斯盛引用义理派参考了具体哪部书,也十分难以确定。因为专采宋易的集解类书种类很多,且多互相转抄,引文大同小异。从他的引文初步判断,正如汉易专门参考《仲氏易》那样,宋易他专门参考的书目最有可能是《周易折中》。考《易翼宗》于讼卦九四引用了龚原的一条解释:"龚氏原曰:二与五讼,四与初讼……"①,常见宋易集解书中,引用此条且注明龚原者,为《周易本义集成》《周易大全》和《周易折中》三部。同时于师卦上六,引胡炳文的一条解释"胡氏炳文曰:初师之始,故纪其出师而有律;上师之终,故记其还师而赏功……"②,曾被《周易本义通释》《周易孔义集说》和《周易折中》收录。

这两条解释唯一的重合点就是《周易折中》,该书是李光地主持编纂的康熙御纂,注文分为《周易本义》《周易程氏传》与集说三部分,顾名思义,先引朱熹《周易本义》,后引程颐《周易程氏传》,然后主要在宋易领域中,再补充一些别家说法,收录很全,为宋易集说之最。因此,虽然名为"折中",实则明显偏向于宋易,并非折中汉宋,而是折中程、朱,"今经传之说,先以《本义》为主,其与《程传》不合者,则稍为折中其异同之致"③。这部书是清代新编成的义理派易学集解,晏斯盛选择这部书作为义理易学的参考,合情合理。

晏斯盛在书中的引文,完全抛开了义理学的包袱,十分精简,且只选择自己赞同的内容引用,毕竟他自称因为坚持以经解经而"多与先儒小异"④,常和之前的学者不同,因此引用的数量并不多,而且十分宽泛。对程、朱二人,不与己同就不用,有时还要专门进行批评。如小畜卦,全卦则只在九三"舆说辐,夫妻反目"下引用了项安世与胡炳文两条,而且均属于爻位结合训释文字的内容,辨析輹与辐二字,并非义理阐发:

---

① [清]晏斯盛:《易翼宗》,《楚蒙山房易经解》,《影印文渊阁四库全书》,台北:台湾商务印书馆,1986年,第49册,第310页。

② [清]晏斯盛:《易翼宗》,《楚蒙山房易经解》,《影印文渊阁四库全书》,台北:台湾商务印书馆,1986年,第49册,第314页。

③ [清]李光地:《御纂周易折中》,北京:九州出版社,2002年,第2页。

④ [清]晏斯盛:《楚蒙山房集》,《清代诗文集汇编》,上海:上海古籍出版社,2010年,第270册,第507页。

项氏安世曰:辐,陆氏《释文》曰本作輹,按輹,车輹也,輹,车轴转也。辐以利轮之转,輹以利轴之转。然辐无说理,若輹则有说。特时车不行,则说之矣。大畜、大壮皆作輹字。胡氏炳文曰:大畜九二"舆说輹",輹与辐或据《左传注》以为通用,何也?曰《说文》:輹,车下横木,非辐也。大畜九二"说輹",刚而得中,自止而不进也。小畜九三"说辐",刚而不中,止于阴而不得进也。说輹可复进,说辐则不可以行矣。二说互相发。①

輹与辐其实意思不同,脱落輹是主动地停下,车子没有坏,装上輹后还可继续前进,因此刚而得中道,时止而止。而脱落辐之后车子被迫停下,更加危险,是刚而不中,不知该止,因此被逼停止。

为了更直观地表明晏斯盛对宋易义理学的接受程度和范围,下表将《易翼宗》乾至豫这十六卦,也就是六十四卦的前四分之一中,非为反驳而引用的宋易引文,位置、对象与内容类型全部列出。这里所列的宋易泛指与汉易相对而言的义理派易学,因此包括元明的一些易说。

表6　《易翼宗》前十六卦引用宋易情况表

引文位置	引文对象	内容类型
坤卦六二	蔡清	爻位义理
坤上六	来知德	义理
坤卦用六	陆振奇、何楷	义理
屯初九	胡炳文	义理
屯六二	朱熹、程颐	训诂
屯九五	魏了翁	爻位
讼卦九四	龚原	爻位
师卦上六	《朱子语类》、胡炳文	解爻辞之义
比卦初六	郑汝谐	爻位
比卦六二	《周易本义》	爻位
比卦六三	《朱子语类》	爻位
比卦六四	李过	爻位
小畜九三	项安世、胡炳文	训诂

---

① ［清］晏斯盛:《易翼宗》,《楚蒙山房易经解》,《影印文渊阁四库全书》,台北:台湾商务印书馆,1986年,第49册,第319页。

引文位置	引文对象	内容类型
履上九	来知德	义理
泰六四	何楷	爻位
泰上六	程颐、来知德	义理
否九四	项安世	义理
大有象辞	程颐	义理
大有九四	程颐、沈该	义理
大有上九	《周易本义》	爻位
豫彖辞	邱富	解卦名之义
豫初六	王应麟、龚焕	义理、爻位
豫六三	来知德	解爻辞之义
豫六五	程颐	爻位

当然,各条引文的内容类型,不可能真的像上表总结的那样单纯,毕竟解释爻辞、爻位理论与义理阐发,三者总是结合在一起的,这里进行总结的时候,只能按照每段引文中最主要的内容进行概括。

二十四处,三十一条,这就是《易翼宗》四分之一内容中所有对宋易的积极引用,数量并不算多。从内容上说,主要是利用爻位解爻与义理阐发两方面。从引用对象上来说,程、朱二人较多,但从频率上来说仍然远远逊于一般义理派易学著作对程朱的引用,至于程朱以外的其他人,则完全是择善而从,丝毫看不出晏斯盛的倾向性。

另外还有一个明显的现象,即采取引文的情况比较集中,如坤卦中有三处、屯卦三处、比卦四处、大有三处、豫四处,五卦中已经十七处,剩下的十一卦,一共才有七处。对这一现象有一种比较合理的解释,引文较多的卦,对于该卦的整体解释,晏斯盛也比较遵从一般的义理说法,没有自树新意,因此可以赞同并选用的观点自然比较多。例如比卦,九五一阳,它爻皆阴,因此群阴皆比附于九五,卦象简单明了,所以各家的解释都比较一致,晏斯盛也不例外。

在晏斯盛眼中,并没有汉宋对立的截然区分,这一点从他汉宋混合的引文中即可看出。如剥卦六二爻辞中有"剥床以辨",晏斯盛为了解释"辨"的含义,说:"程子曰:辨,分隔上下者,床之干也,毛氏所谓凡两物交缝谓之辨,来氏所谓床之下、足之上分辨处是也"①,并列引用程颐、毛奇龄、来知德三人相近的说法,单纯地择善而从,丝毫没有显露出任何区分汉宋与义理考据的意识,这一点在清代汉宋对立的学术环境中显得尤为特殊。

（二）晏斯盛对朱熹易说的取舍

在晏斯盛的易注中,自树新意之处很多,都与先儒易说不同。他对自己不赞同的易说基本上不予理会,需要说明不同看法时也只选最普遍的看法,并以"先儒"代替具体人物。但对于朱熹的《周易本义》,他却总要指出其"错误",专门进行批评。

如乾卦之"元亨利贞",晏斯盛坚信《象传》《文言》之解,因此说:

> 元亨利贞,程子分四德,虽未联贯,然尚不离乎经。朱子仅据字义,释以大通而利在正固。夫《象传》《文言》之释元亨利贞如彼其盛,而以大通而利在正固了之不得也。②

他认为,程颐分讲四德,虽然也讲得不好,但还并未超出经文范围。而朱熹则元亨、利贞两两分组,而且不顾传文对四德的引申之说,用简单的"大通而利在正固"来解释,因此被晏斯盛的反对。

至于晏斯盛对四德的解读,虽然他坚信自己是根植于《象传》《文言》的以经解经说,但在第三者看来,理解也难免带有过度阐释的色彩。晏斯盛统计了经中有元与利的情况,说"经称元者二十六,皆有善之长义。……称利者八十七,皆有义之和义"③,所有的"元"都是善之长的意思,所有的"利"都是义之和的意思。他未统计亨与贞,大概因为二者数量太多,无法统计。

他还认为四德即非分别独立,也非两两并立,而是元统其他三德:"《象传》《文言》根极一元,以为亨利贞正体乾象而得之,后人思索所不能入也。"④元是一切的开始,也是乾的主要特征,亨利贞都根据乾之象而得,因此也得自于元。最后晏斯盛还不忘讽刺朱熹:"若曰孔子之说非文王之说,

---

① ［清］晏斯盛:《易翼宗》,《楚蒙山房易经解》,《影印文渊阁四库全书》,台北:台湾商务印书馆,1986年,第49册,第355页。

② ［清］晏斯盛:《易翼宗》,《楚蒙山房易经解》,《影印文渊阁四库全书》,台北:台湾商务印书馆,1986年,第49册,第288页。

③ ［清］晏斯盛:《易翼宗》,《楚蒙山房易经解》,《影印文渊阁四库全书》,台北:台湾商务印书馆,1986年,第49册,第288—289页。

④ ［清］晏斯盛:《易翼宗》,《楚蒙山房易经解》,《影印文渊阁四库全书》,台北:台湾商务印书馆,1986年,第49册,第288页。

吾不知其何说矣。"①如果按照朱熹区分孔子之易和文王之易的观念,就不能用《易传》解《易经》,这也正是上文朱熹没有引申阐发元亨利贞的根本原因。晏斯盛坚信自己在此处阐释的正确性,因此嘲讽朱熹从如何看待《易传》这一根本问题就出现偏差,并形成在他看来错误的阐释。

既然元统乾之四德,那么"元"这个概念,就有了十分重要的地位:

> 乾之元,《中庸》所谓"诚者,天之道""物之终始",《论语》所谓"人之生也直",《孟子》所谓"平旦之气""赤子之心也",学易者当先识元。②

晏斯盛在这里将元与《论语》《中庸》《孟子》中一系列相当重要的概念相提并论,出于"元者善之长"之说。元既然是善之统领,那么经书中与善有关的概念,自然也都与元相关。另外元是乾之始,乾是一切的开端,又能生成万物,于是元的意义范围又可扩大到几乎各个方面,甚至包括"诚",以及人的天生秉性等等。因此可以说,晏斯盛在这里,虽然坚持以经解经,根植于经传与其他经书,但是牵涉虚泛的概念之后,也不免引申得很远。

再如蒙卦,《周易本义》中说:"筮者明,则人当求我而其亨在人。筮者暗,则我当求人而亨在我。"③这是非常大胆的说法,认为卜筮之人的明与暗能够因此造成相反的结果。朱熹认为《周易》是卜筮之书,因此其内容需针对卜求者的情况有所区分,并告知其结果。朱熹之外的儒家学者并不注重《周易》的这一本质特征,所以极少有人能接受朱熹的这一看法。

晏斯盛对这一看法也十分不赞同,他评论说:"《本义》分别筮者之明不明,亦无著证"④,只说没有显著的证据,语气算是很温和了。他自己则认为,屯蒙一体,二卦的意思相关,且都具有很重大的意义。"天地开辟,原有屯蒙之象。屯莫切于建国,蒙莫切于蒙养。作君作师,名义最切最大。"⑤屯讲建国,蒙讲教育儿童,一为君一为师,重要性不言而喻。因此晏斯盛于此

① [清]晏斯盛:《易翼宗》,《楚蒙山房易经解》,《影印文渊阁四库全书》,台北:台湾商务印书馆,1986年,第49册,第288页。

② [清]晏斯盛:《易翼宗》,《楚蒙山房易经解》,《影印文渊阁四库全书》,台北:台湾商务印书馆,1986年,第49册,第289页。

③ [宋]朱熹:《周易本义》,北京:中华书局,2009年,第53页。

④⑤ [清]晏斯盛:《易翼宗》,《楚蒙山房易经解》,《影印文渊阁四库全书》,台北:台湾商务印书馆,1986年,第49册,第303页。

难免进行了发挥,如"天地之性,人为贵,知觉之良,感而通"①之类,引入了和教育有关的人性、良知等方面。

所以说,朱熹在《周易本义》中以易为卜筮之书,以此为出发点解易的内容,颇有些复古反真的苦心,却也最不被晏斯盛认可,因此在这方面集中地受到了晏斯盛的批评,并重新代之以义理化的解释。

而朱熹易说中利用爻位说进行义理阐释的内容,则被晏斯盛纳入了参考。如在临卦六五爻辞"知临,大君之宜,吉"的解释下,晏斯盛就引用了朱熹的说法:"《本义》曰以柔居中,下应九二,不自用而任人,乃知之事,而大君之宜,吉之道也。"②六五之君,柔且下应,不自己专断而信用别人,合于君道,因此尤为吉利,这是对为君之道的借机阐发,颇合晏斯盛之意,晏斯盛也在这里毫无偏见地引用了朱熹此说。

由此可见,晏斯盛本身的义理说,与宋易同属义理范畴,却并不囿于宋易,反而完全以自己对《周易》经传的理解为出发点,对前人、包括朱熹义理易说进行毫无偏见的取舍。

而从整体来看,晏斯盛的易说将以经解经、或者说以传解经作为准绳。他通过毛奇龄,吸收了考据、训诂、句读等方面的内容,并且接受了他对宋易《图》《书》学、先天学等说的批评。同时又参考宋易义理学的内容,创建了自己汉宋、义理考据辨析并兼采的独特解易体系。他与毛奇龄及其流派中的其他人一样,力图在汉、宋之外走出一条回归经文本身的新路,又在易说取舍中表现出了自己的独特性。

---

① ［清］晏斯盛:《易翼宗》,《楚蒙山房易经解》,《影印文渊阁四库全书》,台北:台湾商务印书馆,1986年,第49册,第302页。

② ［清］晏斯盛:《易翼宗》,《楚蒙山房易经解》,《影印文渊阁四库全书》,台北:台湾商务印书馆,1986年,第49册,第345页。

第六章　牛运震——远绍毛奇龄

牛运震其人,学术交游情况几乎完全不可考,这使他成为唯一无法找出与毛氏流派直接渊源的人物,但在本书所研究的几位学者中,他的易学理论和具体易说,都最为信服和依赖毛奇龄的易学思想。

第一节　牛运震的生平、著作与经学思想

一、生平与著作

牛运震(1706—1758),字阶平,自号真谷,世称空山先生,山东滋阳人。雍正十一年(1733)进士,乾隆元年(1736)诏试博学宏词,因"格策多古字,被乙"①,只因用字不规范就被刷下来,十分可惜。牛运震后于乾隆三年被授予甘肃秦安知县之职,能力出众,颇有政绩,在秦安为官八年,兼知多县。最终牛运震被劾免官后,乾隆十四年在兰州主讲皋兰书院,十五年辞归京师,十六年归家,"闭门治经,搜考金石"②,专心学术多年,在治经的同时也专注于金石学。乾隆十九年,牛运震复出,分赴多所书院主讲,乾隆二十三年卒。《清史稿》有传,牛运震次子牛钧作行状,清孙玉庭有《牛真谷先生传》,民国时蒋致中则编有《清牛空山先生运震年谱》。

关于牛运震的著作,牛钧在所撰的《行状》中说:

> (牛运震)所著《空山堂古文》《时文》《诗集》已行于世。《春秋传》《易经解》、批注《诗经》《书经》《论语随笔》《批点孟子》《评注史记》《二十一史纠谬》俱未刻。③

除了"批注""批点""评注""随笔"这一类没有体系的著作以及诗文之外,牛运震主要的著作即《春秋传》《易经解》和《二十一史纠谬》三部。

---

① [民国]蒋致中:《清牛空山先生运震年谱》,台北:台湾商务印书馆,1978年,第21页。
② 详见[清]赵尔巽等撰:《清史稿》,北京:中华书局,1977年,第13021—13022页。
③ [民国]蒋致中:《清牛空山先生运震年谱》,台北:台湾商务印书馆,1978年,第86—87页。

《八千卷楼书目》所收录的牛运震著作,在已知的"《空山易解》四卷"
"《空山堂春秋传》十二卷""《论语随笔》二十卷""《史记评注》十二卷""《空
山堂遗书》不分卷""《空山堂诗集》六卷《文集》十二卷"之外,还有"《诗志》
八卷""《金石经眼录》一卷《金石图》二卷"①,这两种是《行状》中未曾提到
的,其他目录类书所收录的牛运震条目,都没有《八千卷楼书目》齐全。而
《清史稿》所收录的条目,则有《八千卷楼书目》所没有的"《考工记论文》一
卷"②这一条。《四库全书》中所收的牛运震著作,却只有《金石经眼录》一种
而已。《空山易解》《空山堂春秋传》与《金石图》都只被收入存目中。

遍搜牛运震的文集,都找不到他在经学领域的师承与交游情况。他幼
年受业于同乡王奂、陈先生(不知其名),十六岁受学于彭维新③,这几位在
经学方面都无特别的建树。同时牛运震的主要交游对象,从他文集中的书
信看来,以同乡亲友为主,再如颜懋侨、颜懋企兄弟、胡天游等人,也都是文
学领域中人,并没有经学中人。既然无法从牛运震的交游中找到他经学思
想的源流,就只好从他经学相关著作中来总结他的思想与他所受到的
影响。

至于《空山堂易解》,根据《年谱》记载,乾隆七年(1742),《空山堂易解》
已经纲纪粗立④,可惜最终的成书时间却已不可知。《空山堂易解》的体例比
较特殊,并不收录经传正文,只将要解释的内容题作"某某解",有解一卦大
意的,有解多卦间关系的,有解一爻之义的,还有解象爻辞中某句之义的,
如"乾元亨利贞解""蒙卦六三见金夫不有躬解"等等。若牛运震认为没有
需要解释的内容,就干脆略过,如乾卦初九就没有"解"。根据想要解释的
内容,牛运震自拟的题目也较为灵活,如"损、益二卦推易解"之类。

在《四库全书总目提要》的存目中,馆臣评价牛运震与《空山易解》说:

> (牛运震)其学博涉群书,于金石考据为最深,经义亦颇研究。是
> 编务在通汉晋唐宋为一,然大旨主理不主数,故于卦气值日,及虞翻半

---

① 分别详见[清]丁丙藏、丁仁编:《八千卷楼书目》,《续修四库全书》,上海:上海古籍出版
社,2002年,第921册,第68页、第88页、第96页、第198页、第262页、第338页、第77页、
第194页。

② [清]赵尔巽等撰:《清史稿》,北京:中华书局,1977年,第4233页。

③ 详见井东燕:《牛运震传略》,兰州:兰州大学,2007年,第6—7页。

④ 详见[民国]蒋致中:《清牛空山先生运震年谱》,台北:台湾商务印书馆,1978年,第41—
43页。

象两象等说皆排抑之,是仍一家之学,不能疏通众说也。①

这一段评价,虽然有吹毛求疵之嫌,但是对《空山易解》整体思想特点的概括,有一定参考价值,却又没有真正把握住实情。

总结起来,这段话说了三个要点:其一是他不专主某代,试图会通汉晋唐宋,其实牛运震的易学与其说是会通,不如说是择善而从;其二是他主理不主数,因此排斥象数学的一些说法,如卦气值日、半象两象,但其中举的这两个例子,都是走得比较远的象数理论,其实牛运震也接受了一部分比较合于经文的象数说,详见下文;其三是所谓"一家之学,不能疏通众说"的问题,这一条其实和第一条关系很大。四库馆臣认为,牛运震"会通汉晋唐宋",所以认为他在会通方面是失败的,并没有疏通众说,仍然坚持一家之学。但是馆臣们对《周易解》"会通"的定位本就不恰当,牛运震广列各家只是为了参考而已,为的是以个人理解为标准进行取舍,而不是把他们全都接受。既然非为"会通",那么最后"一家之学"的批评,自然也就难以成立。当然,牛运震易学的真正面目,与提要之准确与否,要通过下文仔细分析他的具体易说,才能揭示出来。

《春秋解》《周易解》这两部书是牛运震唯二较为完备的经学著作,剩下的随笔与评注,体例随意,且因天不假年,未及整理成书,价值远远不如《春秋解》与《周易解》。

二、牛运震的经学观与以经解经

《空山堂文集》中收录了牛运震所著的一篇《十三经注疏序》,该序开篇就说:"秦人火经而经存,汉人解经而经亡,此有激之言,殆亦有见之论也。"②

首先要着重说明的一点是,牛运震引用的"秦人火经而经存,汉人解经而经亡"这句话,明显来自毛奇龄。我们在上文论述毛奇龄的相关章节中,已经辨析过毛奇龄的这段话,这里只讲其大略。这句引文出自郑樵,他所说的原话其实是"秦人焚书而书存,诸儒穷经而经绝"③,有特定的语境和意思,并非专门批评汉人。而倾向于汉学的毛奇龄却将"诸儒"改成了"汉

---

① [清]永瑢等:《四库全书总目》,《影印文渊阁四库全书》,台北:台湾商务印书馆,1986年,第1册,第237页。

② [清]牛运震:《空山堂文集》,《清代诗文集汇编》,上海:上海古籍出版社,2010年,第305册,第113页。

③ [宋]郑樵:《通志》,北京:中华书局,1987年,第831页。

人"①,把它理解成为对汉学的污蔑,因此极力反驳。牛运震在这里既然也将"诸儒"引作"汉人",可见他是从毛奇龄著作中得来的引文。

虽然牛运震因为毛奇龄而产生了对郑樵的同样误读,但是他的观点却和毛奇龄不同,认为汉学确实在一定程度上阻碍了经学的发展,因为他们"人执一议,家师一说。分门别户,持矛操戈。簸扬谶纬之书,蜂讼白虎之观。解经愈繁,背经愈远。后之人欲遵圣人指教,求先王之法,其孰从而折衷之?"②门户之见、谶纬之书、议论之繁等等,都使汉学偏离圣人之经,后人因此想要学习圣人之教与法而不得其门。

唐人编十三经注疏所收录的经注,汉、魏、晋三代兼有,牛运震为之作序,先间接显露褒扬之意,说:"自宋以来,锓版刻石,勒为成书,未见有废之者也。天有南北极,地有东西岳,人有十三经。"③他将十三经与天地并提,而且指出十三经自宋以来流行不废的事实,看似是很肯定的说法,但是后面却透露出不满意:

> 顾仲尼殁而微言绝,七十子之徒散而大义乖。惟兹注疏,亦曷敢遽语圣籍蕴奥,以合诸所谓精微中正者?然苟有好学深思之士,沉潜融蓄,即其津航,求其原本。王道备,人事浃,物理该。幽之为性命之文,显之为布帛菽粟日用之事,安在注疏?诸人不足为羲、文、周、孔诸先圣人功臣哉?④

看来牛运震认为,十三经注疏的内容并不完全符合圣人洁净精微之旨。他认为,孔子及其门徒死后,这些注疏之作都不敢说能够完全符合经文之旨。且圣人之旨并不在于注疏中,它隐藏在经书性命之文里,同时显露在人文日用之事中,这后一点倒是与颜李学派颇为一致。但是十三经注疏意义也是很大的,人们可以用它们作为了解圣人之言的途径,通过自己的钻研思索,扬长弃短,求得经书的蕴奥。

《十三经注疏序》是牛运震唯一一篇总论经学的文字,从中可以看出,他对汉学、对十三经注疏,都在肯定的基础上又持有保留态度。至于对宋学,牛运震也保持着类似的保留态度,认可则取,不认可则否,在这一问题上,牛运震并未如对汉学那样进行过明确表态,只能从大量的具体例子中

---

①② 详见[清]毛奇龄:《西河集》,《影印文渊阁四库全书》,台北:台湾商务印书馆,1986年,第1320册,第453页。

③④ [清]牛运震:《空山堂文集》,《清代诗文集汇编》,上海:上海古籍出版社,2010年,第305册,第114页。

进行分析,因此这里先说结论,具体分析留待后文。

因此,牛运震对孔子之后的任何一家学术都不能信服,这一点与毛奇龄基本一致。从基本解经理念来说,牛运震也与毛奇龄一致,提出了"以经解经"。

这一点在他的《春秋》学中即有明证。《空山堂春秋传》一书,以《春秋经》为本而以三传为末,因此只录经文不录传文,只利用三传的说法作解释经文的辅助。一般来说,牛运震解《春秋》先以经之上下文与体例入手,如解释"郑伯克段于鄢"之"克",他先说"《春秋》他未有书克者,此其书克何?特笔也。克者,两相敌而力胜之辞也"①。《春秋》中其他地方都没用过"克"字,克即强调战争双方在势均力敌的情况下一方取胜。在这之后牛运震才讲《公羊》《谷梁》对克的解释,说:"《公羊传》克之者,杀之也,《谷梁传》克者何?能杀也……"《公羊传》说克即是杀,《谷梁传》说克是有杀死对方的能力。这种先《春秋》自证,然后才引三传的做法,证明在牛运震心目中,《春秋》经高于传的这种经传关系非常明确。

再如襄公七年,鲁襄公会诸侯,郑僖公也来参加会盟,还没到达就去世了,即"郑伯髡顽如会,未见诸侯,丙戌卒于鄵",三传均认为郑僖公是遇弑而亡,却被假传为暴病而卒,因此经不说"弑"而说"卒",是避讳的写法,牛运震却并不同意,认为经书体例中,说"卒"就非刺杀,不能信传而曲解经文。他因此总结说:"执传疑经不如信经而黜传,此为解经之要法,不独此条为然也。"②这是牛运震在《春秋》与三传领域对以经解经的表述,强调《春秋》作为经,要优先于三传,哪怕信经而黜传,也要优于执传而疑经。这和毛奇龄及其他秉持"以经解经"理念的学者在《春秋》学领域的表述一致。

在易学领域的《空山堂易解》中,牛运震更加明确地提出了自己以经解经的观念:"愚谓以注疏解经,不如以经解经之为精确也"③,认为以注疏解经不如以经解经准确,并且明确说出"以经解经"四个字。这一观点是在"乾卦九二爻解"解释"见龙在田,利见大人"时提出的。牛运震先分别总结

---

① [清]牛运震:《春秋传》,清嘉庆空山堂全集本,卷一。

② [清]牛运震:《春秋传》,清嘉庆空山堂全集本,卷九。

③ [清]牛运震:《周易解》,《续修四库全书》,上海:上海古籍出版社,2002年,第21册,第586页。

了郑玄、褚仲都、张讥①、王弼、孔颖达、《程传》、蔡清②、朱熹、毛奇龄等多人的说法，并将他们按照谁主郑玄、谁主王弼分为两类。郑玄的观点较为简单，认为所谓"大人"，就是处在君位的九五。王弼孔颖达的观点是，

> 王弼注云："德施周普，居中不偏，虽非君位，君之德也。初则不彰，三则乾乾，四则或跃，上则过亢利见大人，惟二五焉。"盖谓二之与五俱为大人，为天下所利见也。孔颖达正义："见龙在田，虽非君位而有君德，故天下众庶利见九二之人，故先儒云夫子教于洙泗，利益天下，有人君之德，故称大人。"③

与郑玄最根本的区别在于他们认为九二自己就是大人，虽未处君位而有君德，因此也被其他爻敬仰追随。

在这之后，牛运震强调以注疏解经不如以经解经，首先否定了他们或主郑康成、或主王弼的出发点，因为他们各自偏信一个后人的注疏，却不知自己排除干扰，重新从经书原文中去理解。

于是牛运震引用了与乾卦九二相关的《象传》及《文言》，从《周易》中寻找根据进行解读：

> 此言九二刚健中正，施普博之德，著文明之象，虽无大人之位，而有大人之德，故曰君德，而为天下所利见也。既曰龙矣，安得不谓之大人？其为龙也，既见在田矣，安得不谓之利见？此孔子之《象传》《文言》所以为九二爻辞之正解也。④

九二又"刚健中正"，又"德施普"，这都是《易传》中的原文，经文又将九二称作"龙"，如此认可九二的德行，可见九二已有君德，所以不应局限于爻位之说，将九二也看作利见之大人。因此，牛运震出于以经解经的前提，根据

---

① 按褚仲都、张讥，《周易正义》只说"褚氏、张氏同郑康成之说"，牛运震亦照《正义》而录。这里所用二人名讳，见方光华：《南北朝〈周易〉学研究》，西安：西北大学，2005年，第20页、第21页。

② 按《空山易解》"蔡清"只作"蔡氏"，考此说收录在明人蔡清《易经蒙引》中，因此此处径作"蔡清"。

③ ［清］牛运震：《周易解》，《续修四库全书》，上海：上海古籍出版社，2002年，第21册，第586页。

④ ［清］牛运震：《周易解》，《续修四库全书》，上海：上海古籍出版社，2002年，第21册，第587页。

《易传》中的记载,认定王弼注、孔颖达疏的说法更符合经文之旨。

虽然仍然从两说中择取其一,但仅限就此例具体问题所作的具体分析,且其做出选择的出发点也与主王弼的大多数人不同,并不存在学派或思想的倾向性。因此,牛运震也能够准确发现,孔疏最后牵扯到了卦气值日的内容,又非易卦之正解,因此断然抛弃这一部分,即"至若孔疏九二当建丑建寅之间,以应阳气发扬之,时此又卦气直月之说,而非易卦之正解也"①。牛运震的辨析十分仔细,始终坚守以经解经的原则,特地区分了孔疏符合传意的内容与不符合传意的内容。

从这个例子还可以看出,牛运震在易学领域所强调的"以经解经",实际上是以传解经,这也与毛奇龄等人一样,而他基于同样的"以经解经"所延展出来的易学理论与易说,却又与他们有同有异。易学与其他经学的最大不同,在于它极深的理论化与系统化程度,最初解读《周易》时,学者要先从经传中的只字片语入手,整理出一套解易理论,然后再反过来使用这一理论去认识《周易》。而在有了现成的理论之后,大多数的易学家都省略了整理易学理论的第一步,转而使用前人已有的理论来组织自己的易解,这就很容易落入前人窠臼。不论汉学还是宋学,他们所遵从的都已非"圣经"本身,而是后代的某种解经理论,在"以经解经"学者们看来,这是一种本末倒置的情形,因此他们要做的第一步,就是根据以经解经的大原则,创立自己新的易学系统和易学理论。

因此,从毛奇龄到牛运震的这几位学者,他们的易学观点各自不同,同时与前人的易说也多有异同。但透过现象看其本质,这种似乎杂乱而不可为流派的情形,正说明他们各自都坚持住了以经解经原则。既然强调以经解经,那么当毛奇龄的易说与自己出于以经解经所作的理解有冲突时,应该如何取舍呢? 选择遵从以经解经而对毛奇龄具体易说有所取舍,反而是在更重要的大原则问题上遵从了毛奇龄所开创的"以经解经"。他们在破除主观因素的方面,其实做得比毛奇龄更好。毛奇龄带着偏见,往往对宋学过于严苛,而程廷祚、牛运震等人反对某种易说时,用的依据却总是"圣经无有""与经不合"之类的表述,可以说坚持住了以经解经这唯一的标准,在此标准下,他们对前人,以及流派先驱如毛奇龄、李塨的易说都主动地进行了重新审查。

---

① 详见[清]牛运震:《周易解》,《续修四库全书》,上海:上海古籍出版社,2002年,第21册,第586—587页。

第二节　牛运震的易说

一、牛运震的取象说

(一)牛运震的象数观与取象说

上文提到,四库馆臣认为《周易解》"大旨主理不主数"①,这一概括并不十分准确,牛运震讲义理却不主理,而且尤其重视象数。对于象数,牛运震曾明确地说:"易者,象也,象者,像也,象数之说明,则卦爻之义昭然如揭矣。"②"易者,象也,象者,像也"是《易传》中的明文,不可忽略。牛运震利用这句话,强调象数在易学中的重要性。他认为明象数之说后才能进一步理解卦爻之义,明显并非"不主数"。

这句话强调象数重要性的同时,尤其强调了取象说的重要性,乾坤八卦均有对应的物象,他们都是易道的投射。取象说是象数学家们几乎人人都要采用的说法,通过八卦代表自然与社会中的事物,解释象辞爻辞的来历。而义理学派的易学家却对《易传》中的明文视而不见,有的尽力废弃取象说,有的会试图将八卦之象抽象化、哲理化,如程廷祚以八卦真象为健顺动入陷丽止说之类。

牛运震所采用的取象,以自然之象为主。他认为八卦之取象,与该卦的特性相一致,一卦对应的不同象之间,以及不同卦的相同取象之间,也存在内在逻辑,如他讲乾卦之取象龙:

> 《说卦》云"乾为天",乾《大象》曰"天行健",乾六爻不言天而言龙者何也? 天统元气,浑沦穆清,不可以象名。龙秉纯阳之性,有飞腾变化之能,故言刚健者莫尚焉,言龙即以言天也,《说卦》曰震为龙,《九家易》曰乾为龙,震得乾之健,乾得健之全,乾震同体,故震为龙,乾亦称龙也。

《说卦》以乾为天,《大象》又说天行健,但六爻只说龙而不说天。首先因为龙秉持着纯阳之气,正是最为刚健的物象,因此以乾为龙,说龙也就是在说

---

① [清]永瑢等:《四库全书总目》,《影印文渊阁四库全书》,台北:台湾商务印书馆,1986年,第1册,第237页。

② [清]牛运震:《周易解》,《续修四库全书》,上海:上海古籍出版社,2002年,第21册,第588页。

天的特性,这是在分析乾卦内部不同取象的关系。另外,虽然乾为天,但天本身是元气的统领,地位更加高级,因此不能用作普通的取象。乾为天与天行健并提,表明在牛运震眼中,一卦的象数与义理含义之间并不抵牾,甚至互相关联,只有结合在一起才能得出象辞爻辞的意义来。至于震,它得到了乾刚健的特性,因此与乾同体,也能以龙为取象,这是在分析乾与震都取龙为象的原因。

在实际解卦时,牛运震对取象说的运用也很频繁。《周易解》中,题为"某卦象爻取象解""某卦象辞取象解""某卦六爻取象解"等专门对取象进行解读的内容,一共有六十七条,其中与乾、比、小畜有关文字的"取象解"为两条,如果减去这三卦分别多出的一条,正好六十四条,也就是说,六十四卦,每卦都有相关的"取象解"。可见取象说是牛运震解卦最基本的手段。

再举"豫卦象爻取象解"中关于豫卦象辞的内容为例,进行具体分析。豫卦䷏下坤上震,象辞"利建侯行师",牛运震解释说:

> 震为侯,坤为土,长子主器,震惊百里,建侯之象也。一阳统五阴,为地为水,而以上震之长子帅之,行师之象也。①

这一段解释一字不差地照搬了毛奇龄的《仲氏易》②,毛氏在此处的解读较为简单,只使用了豫卦上下体的解读。其实毛奇龄前一句解释来自郑玄,他也明言"此义见郑玄诸说",但郑玄原本的说法是:"震又为雷,诸侯之象,坤又为众,师役之象,故利建侯行师矣"③,直接以坤为师役,有点超出常规的取象范围了,所以毛奇龄的后半部分抛弃郑玄的说法,以一阳统五阴来解释行师。这一处理受到了牛运震的认可,因此他选择照搬毛奇龄的说法,而非郑玄之说。可见相比汉人的取象说,牛运震更信服毛奇龄的取象说,关于这一点,下文还会提供更多证据。

(二)对取象相关理论的取舍与创造

牛运震在取象说上,大体都遵从《仲氏易》,但也并不是完全照搬。"豫卦象爻取象解"这一段后面的内容,取象也多以《仲氏易》为主,但是牛运震

---

① 〔清〕牛运震:《周易解》,《续修四库全书》,上海:上海古籍出版社,2002年,第21册,第605页。

② 详见〔清〕毛奇龄:《仲氏易》,《影印文渊阁四库全书》,台北:台湾商务印书馆,1986年,第41册,第261页。

③ 〔清〕李道平:《周易集解纂疏》,北京:中华书局,1994年,第139页。前文有省略。

改造毛说的细节，能够显露很多问题，体现出他所接受与摒弃的取象理论。

接着上一段对豫卦☳☷"利建侯行师"解释引文的是，"屯有震无坤，则言建侯。谦有坤无震，则言行师。此震坤合，故兼言之也"①。震为建侯，坤为行师，豫兼有二卦，所以建侯、行师皆宜。屯只有震，所以只说建侯。谦只有坤，所以只说行师。这一段其实是丘行可的理论，属于义理派，最早可见于胡一桂的《周易本义附录纂注》。②这句引文紧接着毛奇龄的取象说，在牛运震的理解上，它们的意思是连贯的，这与牛运震在乾卦取象解一段中表现出的特点一致，即能够广泛参考象数义理，而且毫无芥蒂地将二者合为一体的特点。

再接下来解释《象传》"日月不过"，牛运震说："中爻互坎，下卦位象为离，大象为坎，错离为背合，坎月离日，无过差也。"③毛奇龄在此则说："互坎、大坎皆与伏离为背合，坎月离日，无过差也。"④

首先，牛运震既然直接转引了毛奇龄所说的"中爻互坎"，那么他是接受互体说的。而"大象为坎"与毛奇龄的"大坎"其含义应当也一致，指大坎大离之说，即四爻或五爻一起，形成了像坎（阴-阳阳-阴、阴-阳-阴阴等）或像离（阳-阴阴-阳、阳-阴-阳阳等）的形式。在《周易解》的其他地方，"大坎""大离"的使用也很多，如"蛊卦（☶☴）象爻取象解"说"蛊自初至五为大坎""节卦（☵☱）象爻取象解"说"二至五象大离"⑤，所以牛运震也接受大坎大离说。

其次，毛奇龄说"伏离"，是采用了飞伏之说，以互体之坎中伏有相反之离，比互体更进一步。牛运震不能接受飞伏说，因此删去了"伏离"。但要想解释"日月不过"，必须用坎离取象日月，互体之坎好得，离却得不到。于是牛运震自己采用了别的解释。他认为，上卦位象为坎，下卦位象为离，并且在《周易解》中多次使用了这个说法，如"夬卦象爻取象解"说"下卦纯乾

---

① ［清］牛运震：《周易解》，《续修四库全书》，上海：上海古籍出版社，2002年，第21册，第605页。

② 详见［元］胡一桂：《易附录纂注》，《影印文渊阁四库全书》，台北：台湾商务印书馆，1986年，第22册，第30页。

③ ［清］牛运震：《周易解》，《续修四库全书》，上海：上海古籍出版社，2002年，第21册，第605页。

④ ［清］毛奇龄：《仲氏易》，《影印文渊阁四库全书》，台北：台湾商务印书馆，1986年，第41册，第261页。

⑤ 分别见［清］牛运震：《周易解》，《续修四库全书》，上海：上海古籍出版社，2002年，第21册，第607、644页。

位象为离""坤卦六爻取象解"说"外卦纯阴位象为坎"①。《周易解》全书共有十二处提到上卦或下卦位象,其中以上卦位象为坎、以下卦位象为离均是五次。只在"大有六爻取象解"中有一次说"下卦位象为坎,上卦为离"②,这应该是笔误或者印刷错误所致,因为同一篇解中,不过数行以下,就又说"下卦位象为离"③了。

上卦坎位下卦离位,这其实是毛奇龄也承认的说法,《推易始末》开篇总结"演易属辞十例",方位一例中就包括"一二三即阳阴阳为离位,四五六即阴阳阴为坎位"④,《仲氏易》在夬卦中还说:"凡卦位皆上坎下离,纯爻即见"⑤,要求需为纯乾纯坤时才能使用坎离位,牛运震《周易解》中显然也注意到了纯爻的限制,如上文所引的"下卦纯乾位象为离""外卦纯阴位象为坎",都特地表达出纯爻的意思。而在具体易解中,牛运震使用坎离位的情形,也多坚持纯爻则见的原则,且都是在毛奇龄已有易说基础上的修正。偶尔毛奇龄本人不遵守纯爻则见原则,就被牛运震排除了。如《周易解》"夬卦象爻取象解"说"下卦纯乾位象为离"⑥,因夬卦乾下兑上,下为纯卦,因此取下卦离位,而《仲氏易》原本在夬卦中说的是"今五画纯阳止余上画,而上又阴画,适当坎上阴之位,则坎离两位显然全现"⑦,不仅用离,而且用了上卦的坎,但夬之上卦为兑,并非乾坤,因此牛运震坚持原则,不取毛奇龄上卦坎位的内容。

但是牛运震下文也说了"伏离",即"上震正二月卦,下坤六月卦,伏离五月卦,互坎十一月卦,互艮十二月卦,递四时而顺序之不少僭也。故曰:天地以顺动,故日月不过而四时不忒。"这里的所谓"伏离"与一般意义上的伏离不同,又是另一种理解,需要仔细辨析。遍考《周易解》,除去这一条,还有四处"伏离",包括"观卦(䷓)象爻取象解"之"坤为国邑,坤伏离为光""大畜(䷙)象爻取象解"之"初以乾之初阳而为伏离之初""大壮(䷡)象爻取

---

① 分别见[清]牛运震:《周易解》,《续修四库全书》,上海:上海古籍出版社,2002年,第21册,第631、593页。

②③ [清]牛运震:《周易解》,《续修四库全书》,上海:上海古籍出版社,2002年,第21册,第604页。

④ [清]毛奇龄:《推易始末》,《毛奇龄易著四种》,北京:中华书局,2010年,第3页。

⑤ [清]毛奇龄:《仲氏易》,《影印文渊阁四库全书》,台北:台湾商务印书馆,1986年,第41册,第360页。

⑥ [清]牛运震:《周易解》,《续修四库全书》,上海:上海古籍出版社,2002年,第21册,第631页。

⑦ [清]毛奇龄:《仲氏易》,《影印文渊阁四库全书》,台北:台湾商务印书馆,1986年,第41册,第360页。

象解"之"乾伏离""萃卦（☷）象爻取象解"之"先号咷而后笑,以伏离故也"与"六二……居伏离"①,在这四卦中,只有萃卦有大坎之体,因此能出现正常意义的伏离,可见牛运震之"伏离"并非普遍意义上的伏离,也与毛奇龄不同。而恰好这四条伏离,都存在乾卦或坤卦,且在观、大畜、大壮三卦都特地点出乾、坤卦中有伏离。

同时考察《周易解》中的六种"伏坎",包括"同人（☲）象爻取象解"之"三居离刚,离为戎兵而皆有伏坎""无妄（☳）象爻取象解"之"下卦大离上卦伏坎""大畜（☰）象爻取象解"之"乾为大车,伏坎为轮"与"二以乾之中阳而居伏坎之初""颐卦（☷）象爻取象解"之"颐卦本临（☷）,临上坤伏坎""升卦（☴）象爻取象解"之"纯坤伏坎""井卦（☵）象爻取象解"之"井以坎水为主,坤位伏坎,卦纯则见,在泰卦（☷）则纯坤伏坎,本为井也"②。

其中同人、无妄、大畜和升,都是直接有乾坤而伏坎,颐卦与井卦虽本身没有乾坤,但牛运震说,他们的卦变来源即临卦与泰卦,则有乾坤伏坎的可能,因此这两卦就分别借用临卦和泰卦来引入伏坎。另外大畜一卦,既有伏离,又有伏坎,只有乾卦同时有伏坎、伏离能够解释这种情况。因此综上所述,牛运震所有的"伏离"与"伏坎",都来自乾坤,而且乾坤与坎离属于互相对应的关系,乾坤都可分别伏坎伏离。

因此,牛运震主要根据毛奇龄的解说,来构建自己的取象说,这也是他易说最主要的内容。他还接受了毛奇龄与取象相关的互体说、大坎大离说与上坎下离说。与此同时,他不能接受更进一步的飞伏说,但独创了自己与前人飞伏说截然不同的"伏坎""伏离"说。因此可以说,在取象说这一方面,牛运震的取象说使用频率较高,而且参考了很多象数派引申的取象理论,所以他应该被算作是倾向于象数派,而非倾向于义理派的易学家。

二、牛运震的主要卦变和爻位理论

《空山易解》没有凡例或前言,但在正文"生生之谓易解"一篇中的一段话,基本上概括了他所信服的主要卦变和爻位理论:

> 以其错者而言之,则乾错坤,坤错乾,是对易相生也。以其综者而言之,则屯综蒙,蒙综屯,是倒易相生也。以移易之法推之,则刚往柔

---

① 分别见[清]牛运震:《周易解》,《续修四库全书》,上海:上海古籍出版社,2002年,第21册,第610、616、623、632页。

② 分别见[清]牛运震:《周易解》,《续修四库全书》,上海:上海古籍出版社,2002年,第21册,第603、615、616、618、633、634页。

位,柔来刚位,推迁变化,迭用成章,是以移而生者也。以变易之法推之,则阴卦为阳,阳卦为阴,老少动静,互转取象,是以生者也。一卦之中,有内卦有外卦,有互卦有大象卦,有伏位卦,是一卦而兼生诸卦也。一爻之位,有承爻有乘爻有敌爻有应爻,是一爻而生合诸爻也。①

其中包括了错综,推易、变易、互卦、大象卦、伏卦、承乘敌应等等,其中互卦、大象卦、伏卦三种上文已经说到,下文就对牛运震所运用的其他几种理论进行分析。

(一)推易说

牛运震不仅在取象说中大量接受毛奇龄的说法,而且对毛奇龄的推易说,也颇为信服。

首先,牛运震的"推易"之命名,即与毛奇龄"推易"之命名相去无几,甚至连相关的表述,也常常直接采用毛奇龄的说法。在"既济、未济二卦位象次序解"中有一段论述:

> 实则文王推易,以全经为首尾。乾坤者聚之始,既未济者分之终。阴阳浑聚始于乾坤,阴阳等分极于既未济。盖六十四卦中无有一阴一阳循次间析,如二卦之明且晰者也。孔子阐易,于十翼之首倡曰"方以类聚,物以群分",而于六十四卦之终,即以未济一卦中统之,曰"君子以辨物居方",所谓方即类聚之方也,居方者,阳与阳居,阴与阴居也;所谓物即群分之物也,辨物者,一阳分一阴,一阴又分一阳也。故以全经观之,则乾、坤为"居方",即、未济为"辨物"。
>
> 而以终卦言之,则阴阳相间为"辨物",阴阳各见为"居方"。阴阳相间者,六爻之中,奇偶分列也;阴阳各见者,奇自为奇,偶自为偶也。推易之法,实于《系辞》开其始,于大收其终焉。②

这里的上一段完全抄录了《仲氏易》中的内容。③毛奇龄推易法,大体内容在前人卦变说中都能找到根据,但他对聚卦的看法颇有独创性。他根据

---

① [清]牛运震:《周易解》,《续修四库全书》,上海:上海古籍出版社,2002年,第21册,第657页。

② [清]牛运震:《周易解》,《续修四库全书》,上海:上海古籍出版社,2002年,第21册,第646页。

③ 毛说见[清]毛奇龄:《仲氏易》,《影印文渊阁四库全书》,台北:台湾商务印书馆,1986年,第41册,第426页。

《系辞》的"方以类聚，物以群分"，认为阴阳爻最初是同类相聚的，即阴爻与阴爻在一起、阳爻与阳爻在一起，如乾坤、聚卦（即十辟卦），像半聚卦（小过和中孚）、子母聚卦（颐、萃、升、咸、恒、损、益、大过、无妄、大畜）那样部分地聚在一起，也算是聚卦，而阴爻阳爻互相穿插分布在六爻中，则是卦变之后的结果。恰好六十四卦始于阴阳相聚最整齐的乾、坤，而终于阴阳互相穿插最不整齐的既济、未济。且未济《象传》"君子以慎辨物居方"又带有与"方以类聚"相同的"方"字，这都成了分聚说的重要证据。毛奇龄这样认为，牛运震也完全接受。

第二段则是牛运震认为毛奇龄论述得还不够仔细，因此补充的内容。阴阳相间排列，如既济、未济就是"辨物"，而阴爻全在一起、阳爻全在一起，如乾坤等，就是"居方"，恰好和"方以类聚"的意思相合。推易法就是如此完美，始自乾、坤这样完美的聚卦，终于既济、未济这样完美的分卦。

另外在《系辞》"方以类聚物以群分解"这一篇之下，牛运震同样大段引用毛奇龄对推易说的论述①。相比既济、未济两卦的卦序，这句话更是毛奇龄推易说最根本的依据，既然牛运震接受推易说，自然会引用。鉴于上一段引文也已经辨析了推易说前提下的"方以类聚，物以群分"，这里就不再过度引用牛运震所引用毛奇龄的长篇大论了。

同时在"损益二卦推易解"这一篇中，以"甚矣损益之为义大也，君子观于此二卦而悟推易之法焉"开头，牛运震又一次大段地引用了毛奇龄在损卦下的议论，专门阐发推易说，其中最重要的引用莫过于这一段：

> 孔子赞易而有见于此，故于损、益《象传》发明而指示之，曰"损下益上，其道上行""损上益下，自上下下"二卦之中三致意焉，何其深且著也。②

牛运震认为，这两卦的《象传》，所说的正是推易说。损☲、益☲这两卦，在毛奇龄的推易理论中属于子母聚卦，既是推易所形成的卦，又是来源卦，除了毛奇龄与朱熹以外，一般的卦变说都不将它们算作是来源之卦，这证明牛运震对毛奇龄推易法的全盘接受。在这两卦的《象传》中，似有上下变动之意，所以被毛奇龄和牛运震抓住机会，在此论证推易说符合《周易》的

---

① 详见[清]牛运震：《周易解》，《续修四库全书》，上海：上海古籍出版社，2002年，第21册，第648—649页。

② 详见[清]牛运震：《周易解》，《续修四库全书》，上海：上海古籍出版社，2002年，第21册，第628页。

本义。

以上都是推易理论方面的继承,至于对推易说的具体运用,牛运震整体上也继承了毛奇龄,少数情况下会按自己的理解进行解释,放弃使用推易说。

例如比卦䷇,《仲氏易》在解释比卦上六"比之无首,凶"时,运用了推易说:"上六以剥(䷖)之艮刚而易为坎柔,是无阳也。"①剥卦上九之阳移动到比卦的九五,因此比卦上九变为阴,即为无首。牛运震在"比卦三爻取象解"中解释上六的部分,也完全照搬了毛奇龄的说法。②

而在解释比卦象辞之"后夫凶"时,毛奇龄对推易说的运用略有含蓄:

> 上与下应,有何勿比?(上下应非上六之上,谓上卦与下卦应,五与二应也)而独此后一人向之所称为夫者,(阳为夫,指剥上爻也……)倚畴昔之刚而不甘内附,容或有之。然此系上六以阴处高位,而又乘刚而抗阳,是道穷矣。夫道穷则凶,君可再推,夫不可再袭,则亦徒自居于凶地已耳。③

这一段应该算是推易说与爻位说结合的产物。夫即卦中唯一的阳爻,以上六原为剥之阳而变为比之阴,不服原本为阴而变为阳的九五,因此不甘于内附,又身处上六,乘刚抗阳,所以道穷而凶。至于牛运震,他对"后夫凶"的解释,表述虽然与毛奇龄不同,但是意思却一模一样,比毛奇龄更加直观,而且更加明确地点出这就是推易说,应该只是对毛说的重新表述。他说:"后夫凶指上六而言,凡阳画为夫,上爻本以剥之九而变为六,然高亢在上,负固不服,则为后夫之凶也,是亦推易之说也。"④

但是在九五爻的解释中,毛奇龄继续运用推易说,牛运震却舍弃了推易说。毛奇龄解释九五"显比,王用三驱,失前禽,邑人不诫,吉"之"失前禽"却又能"吉"时,用了和解释上六时同样的思路,他说九五得比于天下,

---

① [清]毛奇龄:《仲氏易》,《影印文渊阁四库全书》,台北:台湾商务印书馆,1986年,第41册,第242页。

② 详见[清]牛运震:《周易解》,《续修四库全书》,上海:上海古籍出版社,2002年,第21册,第599页。

③ [清]毛奇龄:《仲氏易》,《影印文渊阁四库全书》,台北:台湾商务印书馆,1986年,第41册,第239页。

④ [清]牛运震:《周易解》,《续修四库全书》,上海:上海古籍出版社,2002年,第21册,第598页。

但上六却不肯追随,"舍之如三驱"①。三驱古礼规定,射猎之时,战车在猎物后面追赶,如果猎物反而向射猎之人跑来,就不能射它,而只能射那些背对着射猎之人逃跑的禽类。因此,"今上六以剥艮止刚,不甘内附,虽背我而去,亦等之为禽之前纵,逆我而反,舍之不与校也"②,逆即迎面而来,也就是说,上六虽然不服,背我而去,但可以把它们看成是射猎时迎面跑过来的禽类,不予计较。然而上六背九五而去,与禽类正面奔向射猎人,正好是相反的方向,与背离的禽类方向才相同,如果用古礼比照,反而应该射杀它们才对。牛运震不知是否出于这点考虑,依旧按照古礼解释九五之"失前禽"之吉,但不提上六之事,只说:

> 三驱之礼,禽逆来趣己则舍之,背己而走则射之,爱于来而恶于去也。故其所施,当失前禽也。以显比而用三驱,故曰王用三驱失前禽也。有闻无声,邑人无虞,故不诚也,是显比之吉也。③

牛运震与毛奇龄对三驱之礼的理解是相同的,不同之处在于,毛奇龄认为九五放过背弃自己的上六不计较,因此吉;牛运震则认为三驱之礼不打扰邑人,因此吉,没有提到推易说,也就避过了上六是背还是逆的矛盾。这是牛运震对推易说进行修正的一个例子。

以上所罗列的证据,证明牛运震对毛奇龄推易说的接受程度相当高,这是十分有趣的现象。毛奇龄的推易说本是众矢之的,甚至于同样坚持以经解经并且在易学领域受到他很大影响的李塨、晏斯盛、程廷祚,尤其是程廷祚,都对此不以为然。但在毛奇龄看来,推易说在经传文中证据确凿,自己发明推易说正是出于以经解经的原则,李塨、晏斯盛和程廷祚显然并不这样认为。而牛运震完全接受了推易说,可见他对毛奇龄易说的接受度,比其他以经解经学者还要高。毛奇龄从文本中为推易说找到些许找根据的段落,如"方以类聚,物以群分"、既济未济卦之说、损益卦之说,都被牛运震引作证据,毛奇龄具体使用推易说解卦之处,也多为牛运震直接袭用。下面要说的牛运震反对说,又是一个袭用毛奇龄说法的实例。

(二)反对与错综说

牛运震所谓的反对,分为卦画反对与卦名反对两种。他在"革卦象爻

---

① ② [清]毛奇龄:《仲氏易》,《影印文渊阁四库全书》,台北:台湾商务印书馆,1986年,第41册,第241页。

③ [清]牛运震:《周易解》,《续修四库全书》,上海:上海古籍出版社,2002年,第21册,第598—599页。

取象解"中说:"文王序卦以反对为法。以卦画反对则革与鼎对,离画同而巽、兑倒也。以卦名反对则革与睽对,睽上火下泽、革上泽下火也。"①革卦为䷰,"卦画反对"之鼎为䷱,可见卦画反对即颠倒卦序之反对,而"卦名反对"之睽为䷥,可见卦名反对即上下卦互换之反对。

牛运震这两种反对,其实是对毛奇龄同样在革卦之下列举的三种反对说进行了整理。毛奇龄说:

> 昔者文王之序卦也,以反对为法。顾反对有三,以义对耶,则革与鼎对,曰革去故而鼎就新也。以画对耶,则革亦与鼎对,曰离画而同,巽兑倒也。独不曰有卦名对乎? 泽火之革对之为火泽之睽。②

义对与画对、卦名对相比,不似一类,于是牛运震干脆删掉义对的内容,保持卦画、卦名两种反对。卦画反对即毛奇龄的反易,卦名反对即毛奇龄的交易,这一点在分析毛奇龄五易说的章节中已经有所辨析。毛奇龄接着解释革卦,则以革与睽的卦名反对立说,牛运震也因袭了他的说法。

牛运震使用的反对说,大体上以卦画反对(反易)为主,并且基本上来自毛奇龄的成说。如"旅卦象爻取象解"之"旅与丰反对,丰大也,旅小也。丰大故亨,旅则小者亨也"③。旅䷷和丰䷶是卦画反对的关系,恰好它们卦序相连,《序卦》说:"丰大也,穷大者必失其居,故受之以旅",丰为大,过大会失去居所,因此不得不旅行,而旅就要扭转这种过大的局面,所以彖辞说"旅,小亨",旅小则亨。这也是对毛奇龄同样说法的继承。

但是对于"错综"这一概念,牛运震的理解却与毛奇龄不同。《系辞上传》说"错综其数",毛奇龄结合上文之筮法来理解,并不认为这里的错综与卦变有什么关系。他说:

> 筮法以三揲而得一爻,五闰而再扐,即参伍也。取扐之余数而合计之,乘除往复,即错综也。夫物相杂而成文,揲三变而成爻,此参伍

---

① [清]牛运震:《周易解》,《续修四库全书》,上海:上海古籍出版社,2002年,第21册,第635页。

② [清]毛奇龄:《仲氏易》,《影印文渊阁四库全书》,台北:台湾商务印书馆,1986年,第41册,第379页。

③ [清]牛运震:《周易解》,《续修四库全书》,上海:上海古籍出版社,2002年,第21册,第635页。毛奇龄之说则见[清]毛奇龄:《仲氏易》,《影印文渊阁四库全书》,台北:台湾商务印书馆,1986年,第41册,第404页。

以变也。通三极之数以定天下吉凶之象,此错综其数也。①

毛奇龄认为错综就是筮卦过程中的数字计算,因其上句为"叁伍以变",即三揲而成一爻,而"错综其数"就应是下一步的六爻成卦,成卦后即可得知天下吉凶之象。

而以错综指卦变,这其实是明人来知德《周易集注》中的做法,牛运震在"错综其数解"这一篇中说:

> 　　来氏知德谓参伍言蓍,错综言卦,不为无见也。盖错者阴与阳相对也,有阳则有阴,有刚则有柔,故乾与坤错,坎与离错,姤与复错,夬与剥错,而象即寓于错之中,所谓对易也。……综者上与下相综,所谓倒易也。乾坤坎离四正之卦,乾倒为乾,坤倒为坤,坎离仍倒为坎离,此其不综者也。巽兑艮震四偶之卦,巽倒为兑,艮倒为震,此其相综者也。②

来知德与毛奇龄不同,认为上半句"叁伍以变"确实在说蓍筮过程,后半句"错综其数"就在讲成卦后的变化了,牛运震接受了这一看法。

从他所举的例子可以看出,"错"即两卦阴阳相反,也就是毛奇龄五易说中的变易。而牛运震却说"错"是"对易",这称呼倒是和李塨保持了一致,但在牛运震的著作中,从未提及李塨,因此无法确知牛运震的这种命名是更多出于内在理路,还是受到过谁的外在影响。

综即两卦卦序相反,也就是反对说中的"以卦画反对"与五易说中的反易,牛运震将其称为"倒易",这一点倒是和毛奇龄没有矛盾。毛奇龄有时也这样称呼,如《推易始末》一开篇就说:"《周易》者,移易之书也。虽易例有三:一曰倒易,叙卦用之;一曰对易,分篇者用之;而必以移易一例为演易属辞之用③,《周易》卦序的主要排列方式,就是毛奇龄五易体系中所称的"变易"和"反易","倒"显然不是阴变阳、阳变阴之意,因此只能是反易。再

① [清]毛奇龄:《仲氏易》,《影印文渊阁四库全书》,台北:台湾商务印书馆,1986年,第41册,第450页。
② [清]牛运震:《周易解》,《续修四库全书》,上海:上海古籍出版社,2002年,第21册,第663页。
③ [清]毛奇龄:《推易始末》,《毛奇龄易著四种》,北京:中华书局,2010年,第3页。

如《仲氏易》中说："坎离与乾坤皆无倒易之法"①,坎离、乾坤都是上下完全对称,爻序倒过来后仍然是本卦,因此无倒易,这也说明"倒易"正是"反易"。"倒易"之称,毛奇龄只是偶尔用到,一般情况下都使用"反易"之称,但毛奇龄之外的易学家们,也没有专用"倒易"者,因此牛运震的倒易应该仍然来自毛奇龄。尤其需要指出的是,恰好在辨析来知德《卦综图》时,毛奇龄用的是"倒易"一词,说"盖推易、倒易截然两事"②,这或许是牛运震采用这一冷门称呼的原因。

参照来知德《伏羲文王错综图》(见图17),可见牛运震对错综的理解,和来知德的理解完全一样。这张图中,第一排相邻二卦是相错的关系,正是阴阳互变。第二排是综,各卦上下均标一卦名,指此卦分别按由上向下与由下向上的方向看,可以形成相反两卦,正是牛运震所谓的"倒易"。

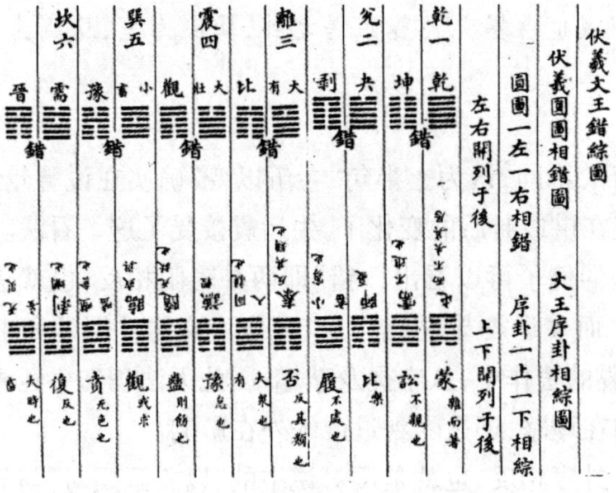

图17　来知德《伏羲文王错综图》节录③

错综分别对应毛奇龄的变易与反易,虽然牛运震明显更信服毛奇龄,但是在毛奇龄这两易与来知德错综卦之间,他有时也会选择来知德的错综卦说。

大壮阴阳相聚,在毛奇龄眼中属于聚卦,因此没有卦变来源,但毛奇龄

---

① [清]毛奇龄:《仲氏易》,《影印文渊阁四库全书》,台北:台湾商务印书馆,1986年,第41册,第426页。

② [清]毛奇龄:《推易始末》,北京:中华书局,2010年,第49页。

③ [明]来知德:《周易集注》,《影印文渊阁四库全书》,台北:台湾商务印书馆,1986年,第32册,第16页。

说："大壮者,遯之反也"①,用反易理论来解释大壮。来知德则认为大壮综遯卦,"大壮综遯,二卦本是一卦"②。二人虽然同时借用遯卦来解释大壮,意思也都是反对,但名目稍有不同。牛运震在二人之中,选择了来知德的综卦说,说"大壮综遯"③而非"遯之反"。但是,来知德只说:"大壮,二月之卦也",毛奇龄则说:"遯为六月卦,大壮为二月卦",牛运震也说:"遯为六月卦,大壮为二月卦",不仅和毛奇龄一样说到遯卦对应的月份,而且表述也一模一样。接着后面的"阴阳中正,两具有之"云云,又继续转引毛奇龄之说,可见他虽然在毛奇龄之反易与来知德错综卦之间选择了错综为名,但是具体解释时仍然更加信服毛奇龄。

另外,牛运震在讲反对卦时,往往直接引用毛奇龄的原文,不但很少运用自己的理解,甚至很少自己组织表述语言。但在运用"错综"说时,却很少直接照搬来知德的原话。举"离错坎"一种为例,牛运震以此解释卦爻,《空山堂易解》中共有八处,包括"乾卦六爻取象解"解释九三"纯乾见离,错坎","小畜六爻取象解"解释六四"互离错坎","同人象爻取象解"解释象辞"离背又错坎","大畜象爻取象解"解释初九"大象为离,错坎","离卦象爻取象解"解释九三六五"离错坎","益卦象爻取象解"解释象辞"大象离错坎","鼎卦象爻取象解"解释六五"离错坎","中孚象爻取象解"解释六四"大离错坎"④。

而来知德《周易集注》正文中用"离错坎"作解的卦爻,包括乾卦九三、小畜象辞、六四、同人九三、九五、大有九二、无妄六三、大畜象辞、六四、六五、离卦六五、睽卦上九、益卦《象传》、夬卦九二、震卦九四、丰卦象辞、旅卦九四、六五、上九《象传》、兑卦上六、中孚六三、未济上九⑤,共二十二处。

两相对比,就会发现,二人使用"离错坎"说位置完全相同的,只有乾卦九三、小畜六四、离卦六五、益卦象辞四处而已,仅占一半。其中益卦一处,

① [清]毛奇龄:《仲氏易》,《影印文渊阁四库全书》,台北:台湾商务印书馆,1986年,第41册,第325页。
② [明]来知德:《周易集注》,《影印文渊阁四库全书》,台北:台湾商务印书馆,1986年,第32册,第208页。
③ [清]牛运震:《周易解》,《续修四库全书》,上海:上海古籍出版社,2002年,第21册,第622页。
④ 分别见[清]牛运震:《周易解》,《续修四库全书》,上海:上海古籍出版社,2002年,第21册,第588、600、602、616、619、630、636、645页。
⑤ 分别见[明]来知德:《周易集注》,《影印文渊阁四库全书》,台北:台湾商务印书馆,1986年,第32册,第65、112、114、130、131、133、174、176、178、179、193、228、240、247、281、295、302、302、303、309、321、333页。

虽然一在象辞下,一在《象传》下,但《周易集注》同时也解释了象辞的内容,且牛运震所用的意思与来知德相同,因此也算作同一处。这说明,牛运震对来知德错综说的态度,是将其理论消化,尽量脱出来知德的束缚,自己独立用该理论来解释《周易》,这和他对毛奇龄一些理论的接受方式截然相反,反而体现出他对毛奇龄易说的依赖程度与对别人不同。

(三)承乘敌应说

在爻位说及其相关理论中,牛运震对承乘敌应说的信用,也能体现出毛奇龄对于他的深刻影响。毛奇龄根据以经解经的原则,改承乘比应为承乘敌应,具体情况上文已经仔细介绍过了。不同于推易说,承乘敌应确实较为符合《周易》的本义,因此"以经解经"后学们对承乘敌应的接受度都比较高,李塨与晏斯盛继承了毛奇龄的看法,牛运震也是如此。

牛运震对于乘、承与应的用法,大多数比较中规中矩,如"屯卦象爻取象解"解释上九时说:"上九'乘马班如'者,谓乘九五之刚也"①,上九乘九五,这是对该爻十分普遍的理解。偶有比较创新的看法,如"贲卦象爻取象解"解释贲卦初九说:"易中言乘者皆在上也,初在下无可乘之理,故《小象》曰'义弗乘也'。"②初爻身处最下,自然下无所乘,说它因此"义弗乘",似乎并非毫无道理,只是若真如此,那么所有的初爻都应具有"义弗乘"的特点,为何单独说贲卦初九? 解易理论只能讲通一节,却很难兼顾它处,这是包括牛运震在内很多易学家解易时遇到的困境。

在《空山堂易解》中,敌则很少出现,若非在"生生之谓易解"一篇,牛运震曾说:"一爻之位,有承爻有乘爻有敌爻有应爻,是一爻而生合诸爻也"③,明确地把敌与承乘应相提并论,他也接受敌应这一点恐怕就要被人忽略了。实际上,书中真正讲敌应的,不过两处,其一为"《文言》释六爻取象解"讲乾卦初与四之敌应④、其二为"丰卦(䷶)六爻取象解"讲初与四之敌应。举后者为例,牛运震说:"四与初上下敌应,故初则曰遇其配主,而四则遇

---

① [清]牛运震:《周易解》,《续修四库全书》,上海:上海古籍出版社,2002年,第21册,第594页。

② [清]牛运震:《周易解》,《续修四库全书》,上海:上海古籍出版社,2002年,第21册,第611页。

③ [清]牛运震:《周易解》,《续修四库全书》,上海:上海古籍出版社,2002年,第21册,第657页。

④ [清]牛运震:《周易解》,《续修四库全书》,上海:上海古籍出版社,2002年,第21册,第590页。

其夷主也"①，以初九与九四为敌应，两爻同为阳，且分别为上下体的初爻，证明牛运震的敌应与毛奇龄口中的敌应含义一致。

但"贲如皤如白马翰如解"这一段里，记载了牛运震对敌应的一种特殊看法，在表述上有些模糊，必须结合上下文，才能梳理清楚牛运震的意思。牛运震首先说：

> 贲六四"贲如皤如白马翰如"，王弼注"有应在初而阂于三，虽二志相感，不获亨通，欲静则疑初之应，欲进则惧三之难，故或饰或素，内怀疑惧也"。《程传》："四与初为正应，相贲者也。本当贲如而为三所隔，故不获相贲而皤如。马，在下而动者也。未获相贲，故云白马，其从正应之志如飞，故云翰如。"朱子《本义》："皤，白也。马，人所乘。人白则马亦白矣。四与初，相贲者，乃为九三所隔而不得遂，故皤如。而其往求之心，如飞翰之疾。然九三刚正非为寇者也，乃求婚媾耳，故其象如此。"按《程传》《本义》解此爻，皆沿注疏之说而误者也。②

贲卦䷕初九和六四本是正应，但却有寇，王弼、程颐和朱熹都认为，这是由于初、四之应受到了九三在中间的阻碍，并且六四爻辞所说的"婚媾"，指的也并非初九，而是九三。牛运震对此表示否定，认为《周易程氏传》和《周易本义》都延续了王弼和孔颖达的错误观点。还说："六四本与初九相应为贲，九三何从阻之而皤如？ 既阻之矣，又何以为婚媾也？"③六四、初九相应，九三怎么阻碍呢？ 况且九三既然已经阻碍了六四，怎么还能和六四为婚媾呢？ 客观来说，第二条反问确实很有道理。

接着牛运震就需要给出自己对这一爻的解释了，他先说："凡卦爻言寇言婚媾者，皆取敌应之象。如屯之六二、睽之上九，皆言匪寇婚媾者是也"。这让人有些疑惑，屯卦为䷂，睽卦为䷥，屯之六二与九五正应，睽之上九与也是六三正应，牛运震却说它们是敌应，还强调寇与婚媾同讲之卦均为敌应，包括贲的六四和初九也是正应而非敌应。况且，牛运震已经在上文承认了，"四六本与初九相应为贲"，说他们是正应。其实他在这里所说的"取

---

① [清]牛运震：《周易解》，《续修四库全书》，上海：上海古籍出版社，2002年，第21册，第640页。

② [清]牛运震：《周易解》，《续修四库全书》，上海：上海古籍出版社，2002年，第21册，第611—612页。

③ [清]牛运震：《周易解》，《续修四库全书》，上海：上海古籍出版社，2002年，第21册，第612页。

敌应",并非真的敌应,而是正应取敌应之义,因为他在后面接着说:

> 贲之六四与九三本非敌应,寇与婚媾之称何有焉?此自属乎四与
> 初而言之。谓其皤如者,乘此白马下寻贲趾,有似乎为寇者。曰匪寇
> 也,乃婚媾也。言始似相敌,终则相亲也。①

六四乘白马下寻初九之贲趾,似乎想要为寇,有敌应之意,然而实际上反而是婚媾之正应,而屯之六二、睽之上九都是类似的意思。如果不联系上文牛运震对王弼、程颐、朱熹说的批评,就会误以为他将这三爻真的当成敌应了。

三、牛运震对一些概念的义理化处理

虽然牛运震的易解中大部分内容属于象数说,而且他明显从毛奇龄、来知德等人的易说中继承了大量象数解易的说法,但是《四库全书总目》却评价《空山堂易解》为"大旨主理不主数"②,四库馆臣做出这种论断,是看到了牛运震易解义理化这一方面后所得出的结论,虽不准确,但也有其来历。牛运震对十翼部分内容的解释,尤其明显地表现出义理化的倾向。

(一)解惊魂游魂

《系辞上传》中说:"易与天地准,故能弥纶天地之道。仰以观于天文,俯以察于地理,是故知幽明之故。原始反终,故知死生之说。精气为物,游魂为变,是故知鬼神之情状。"京房以此为根据,创八宫卦之说,以八纯卦形成的八个六画卦(即八宫卦)为卦变之始,先将初爻改变阴阳,接着二爻、三爻,直到五爻,这是一变至五变,接着在五变的基础上,将四爻变回原先的阴阳,即为游魂,然后在游魂的基础上,将下体之初爻、二爻、三爻同时变回原先的阴阳,即为归魂。最终一卦变七次,八纯卦正好变成六十四卦③,关于其具体细节,上文对比京房与毛奇龄卦变法时已有详细论述,总之,游魂卦、归魂卦是八宫卦系统中的两种变化。

毛奇龄虽然没有使用游魂归魂说,但是对京房之说的评价却是很温和的。首先要他在对《系辞》这一段相关内容的解释时说:

---

① [清]牛运震:《周易解》,《续修四库全书》,上海:上海古籍出版社,2002年,第21册,第612页。

② [清]永瑢等:《四库全书总目》,《影印文渊阁四库全书》,台北:台湾商务印书馆,1986年,第1册,第237页。

③ 详见[清]李道平:《周易集解纂疏》,北京:中华书局,1994年,第21—22页。

易本乾坤,而天地之道皆弥纶其中焉(弥,满也……)。故仰观俯察,则乾坤成列而阴阳以分。(幽明即阴阳)乃推其阴阳之初聚者曰原始,(《九家易》曰:阴阳交合,物之始也)阴阳之既分者曰反终。(《九家易》曰:阴阳分离,物之终也)原始则阴精阳气聚而为物,(王弼曰:精气絪缊,聚而成物,亦以聚言。又朱汉上曰:气聚为精,精聚为物。)反终则魂升魄降散而为变。(游散即推移,皆指卦言。故京房易有游魂、归魄之卦,虽说与推易不同,然其为卦则一也。又郑康成以精气为七八,游魂为九六,七八,木火之数,九六,金水之数,木火用事则物生,故曰精气为物,金水用事则物变,故曰游魂为变。虽其理有之,然与词义不合。若后魏正光历推四正卦术,焦延寿用卦气值日,皆术数别学,与易无与矣。)①

毛奇龄按照自己的推易说来理解这一段内容,认为乾坤已经可以体现所有天地之道,乾坤形成后,再分别组合形成万物。万物之始,阴与阴、阳与阳分别聚在一起,聚卦即原始、也即"精气为物",精气聚集而成物。然后开始分开,分卦即反终,也即"游魂为变"。毛奇龄还尤其强调,说这一段讲的是卦变内容,而非其他。因此,京房之游魂卦、归魂卦虽然与毛奇龄的推易说区别很大,但由于也讲卦变,所以毛奇龄在卦变这一点上予以肯定。至于郑玄引入五行,还算有道理,但已经不符合《周易》的原文了,而正光历引入二分二至,以及焦延寿以卦对应具体日期,就更是数术小道,与易学无关。总之,毛奇龄针对游魂、归魂这一段,完全是为了证明其推易说的象数化阐释。

大多以毛氏为准且尤其信服推易说的牛运震,这次却采用了完全相反的义理派理解。他的"精气为物游魂为变是故知鬼神之情状解"就鬼神、精气、魂魄一类进行了一大段阐发:

有天地则有阴阳,有阴阳则有鬼神。鬼神者,二气之迹屈伸合散以成能者也。有气化之鬼神,如风霆水火飞扬升降,皆有神以使之,他如木石山川之精,往往能见怪异作祟厉者是也。有形化之鬼神,如忠孝节义聪明正直之士,灵爽常有,又有用物精多横死强死之人,精魄不散者是也。

① [清]毛奇龄:《仲氏易》,《影印文渊阁四库全书》,台北:台湾商务印书馆,1986年,第41册,第441页。

　　　　鬼神与人虽有幽明之隔,而作止喜怒与人无异,故自有情状焉。
　　聚则为物,精气为物者,鬼神之聚也;散则为变,游魂为变者,鬼神之
　　散也。

　　　　"为物"者,有形有声,或凝而成质,或冯而为怪,或为异鸟入室,或
　　为青磷照野,或如傅说之为列星,或如伯鲧之为黄熊,或如彭生之为大
　　豕,此皆阴精阳气聚而成物,所谓自无而之有者也。

　　　　"为变"者,返乎无形与声,视之弗见,听之弗闻,出乎幽渺,入乎冥
　　漠。或升天而沉渊,或跨风而逐云,或震澹乎清霜冷露,或隐闪于蔓草
　　荒烟。其来也氤氲希夷,其去也倘怳飘忽。此皆阴魄阳魂散而为变,
　　所谓自有而之无也。①

这么一大段的阐发,讲辞藻讲对仗,以气论为基础,颇似张载所谓"鬼神者,
二气之良能也"之说。牛运震认为,阴阳二气是万物的根本,二气以不同比
例、不同形式聚在一起,就组成了不同的鬼神。"精气为物"指鬼神积聚,可
以幻化成其他灵异之物,成为实体,"游魂为变"指鬼神消散,又可虚化无
形,自有而变为无。

　　但牛运震也没有完全抛弃毛奇龄的推易说,在长篇阐发之后,他补
充说:

　　　　鬼神之情状,一聚散尽之,而鬼神之聚散,易卦之聚散该之。刚柔
　　成物,即卦爻之类聚者也。阴阳互变,即卦爻之推移者也。以是推之,
　　盖鬼神之情状莫有遁焉者,《文言》所谓"与鬼神合其吉凶"也。②

其中又说到卦变、类聚与推移,显然仍然遵循毛奇龄在这方面的看法。按
照这段话的逻辑,气化鬼神之说,与爻变聚散之说其实并不矛盾,后者是前
者在《周易》中的体现。但是这一段的篇幅相比于上面阐发精气鬼神的内
容要少得多,可见精气鬼神这些的义理阐发才是牛运震想要表达的重点,
但出于对毛奇龄的遵从,他也不会废弃毛奇龄的说法,尽力将两方面糅合
在一起。

　　(二)解圆而神方以知

　　牛运震这种半是个人义理阐发,半是继承毛奇龄之说,义理象数合在

―――――――――――

①② 　[清]牛运震:《周易解》,《续修四库全书》,上海:上海古籍出版社,2002年,第21册,第
　　655页。

一起的特点,在其他地方也有所体现。

如《系辞上》曰:"蓍之德圆而神,卦之德方以知,六爻之义易以贡",这段话曾经被认为是宋易方图圆图(也叫伏羲六十四卦方位图,详见图18)的根据。毛奇龄曾将方图、圆图与另外几种卦图放在一起,评论为其"不过逞狡侩伎俩"①,不过是花招儿戏而已,甚至没有多费心思进行辩驳。他自然也不会按照方图、圆图理论来理解《系辞》中的这句话。毛奇龄在这句话下只是说:

> 蓍圆者,蓍以七为数,七七四十九象阳之奇,奇则圆也。卦方者,卦以八为数,八八六十四象阴之偶,偶则方也。如圆则径一围三而数奇,方则径一围四而数偶,理有然也。②

圆的周长径一围三,因此代表奇,蓍草五十,挂一不用剩七七四十九根,也是完美的奇数,所以说"蓍之德圆而神"。方的周长径一围四,因此代表偶,八八六十四卦也是完美的偶数,所以说"卦之德方以知"。毛奇龄对这句话的解释到此为止,虽然并没有使用复杂的象数观念或是图画,但是取蓍数、卦数作解,明显倾向于象数派。

至于牛运震,首先他在"易逆数解"中明确表示出对宋人易图的不满,认为方图、圆图出自陈抟、李之才这些道士的创造,被朱熹、邵雍等人发扬光大,其实与圣人无关,即"朱、邵以图象解易,而与易卦之义实多龃龉。夫横图、圆图出自后代陈希夷、李之才之徒,非必羲文周孔果有此图也"③。

---

① 详见[清]毛奇龄:《仲氏易》,《影印文渊阁四库全书》,台北:台湾商务印书馆,1986年,第41册,第188页。

② [清]毛奇龄:《仲氏易》,《影印文渊阁四库全书》,台北:台湾商务印书馆,1986年,第41册,第451页。

③ [清]牛运震:《周易解》,《续修四库全书》,上海:上海古籍出版社,2002年,第21册,第671页。

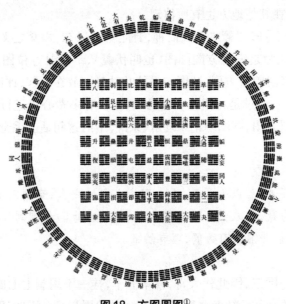

图18　方图圆图①

在"蓍之德圆而神卦之德方以知解"中,他进一步探讨方圆图的问题,在方与圆这两个基本理解上采用毛奇龄的看法,但是却在毛奇龄原本纯象数的表达中夹杂了自己的义理阐发。他说:

> 蓍之数七,七七四十九奇以象圆,圆者运而不穷,挂扐过揲,极变化往来之用,故曰圆而神。卦之数八,八八六十四偶以象方,方者止而有分,象列爻分,备刚柔动静之体,故曰方以知。神则无思无为,无有远近幽深,遂知来物,故曰神以知来,知则成天地之文而定天下之象,故曰知以藏往。②

仔细分析,牛运震所说的"蓍之数七,七七四十九奇以象圆"与毛奇龄的"蓍圆者,蓍以七为数,七七四十九象阳之奇,奇则圆也"意思相同,但毛奇龄到此为止,牛运震却加上一句"圆者运而不穷,挂扐过揲,极变化往来之用,故曰圆而神"就圆循环不穷的特点进行发挥,说蓍卦可以体现世界往复变化的所有功效,因此神妙。方也是如此,"卦之数八,八八六十四偶以象方"已

---

① [宋]朱熹:《周易本义》,北京:中华书局,2009年,第16页。

② [清]牛运震:《周易解》,《续修四库全书》,上海:上海古籍出版社,2002年,第21册,第663页。

经概括了毛奇龄"卦方者,卦以八为数,八八六十四象阴之偶,偶则方也"的意思,但后面这句"方者止而有分,象列爻分,备刚柔动静之体,故曰方以知",又在进一步引申方在义理上的特点,说他刚柔、动静的特点同时具备,因此智慧。

在"蓍之德圆而神卦之德方以知解"中,牛运震还继续解释了这句话后面的"圣人以此洗心,退藏于密。吉凶与民同患,神以知来,知以藏往"这一句,牛运震在这一句的解释中同样扩充了毛奇龄的意思。毛奇龄只说:"蓍神知来,卦知藏往,往来既未,无不蕴彻"①,稍微带有一些玄之又玄的味道,但是并不展开,重点还是在于强调实在的蓍与卦。而牛运震则说:"神则无思无为,无有远近幽深,遂知来物,故曰神以知来,知则成天地之文而定天下之象,故曰知以藏往。"展开论述并强调虚无又义理化的神与知,神超越了时空的局限,且不为人为左右,所以能够预知未来,知能够创造天地万物之象,所以能够体现过往。

虽然牛运震对方圆、神知的论述仍然以毛奇龄说为基础,但是有意无意地,通过行文中的只字片语,他比毛奇龄更进一步地将这些概念义理化,这体现出他本人一定程度上的义理化倾向。

（三）解八卦方位

《说卦》"万物出乎震,震,东方也"一段中,提到了八卦的方位对应,后儒据此画出了所谓的"后天八卦方位图"。毛奇龄出于以经解经原则,对这一张图是认可的,但宋儒又创造出所谓伏羲的"先天八卦方位图",八卦对应的方位与"后天八卦方位图"不同,完全违背了《说卦》原文,招致毛奇龄不满,以至于在一段下,语气激烈地用反问句进行讽刺:

> 按震、巽、离、坤、乾、坎、艮,此夫子于此凡三复言之,朱子信陈、邵先天之说,妄指为伏羲所画,反以此文王孔子所传卦位注曰"未详何也",及后节仍如此序,又注曰"未详何也",岂真未详耶? 亦必如陈氏者而后能详耶?②

《说卦》明明已经将八卦方位说清了,宋儒却为了宣扬与此不合的陈抟先天图,故意在后天图的这段根据下说其意不详。他们怎么可能真的读不懂

① [清]毛奇龄:《仲氏易》,《影印文渊阁四库全书》,台北:台湾商务印书馆,1986年,第41册,第451页。
② [清]毛奇龄:《仲氏易》,《影印文渊阁四库全书》,台北:台湾商务印书馆,1986年,第41册,第469页。

呢,难道只有陈抟的那一套理论他们能读懂,圣人之说却读不懂了？关于毛奇龄对《先天图》的驳斥,第二章相关部分已有更详细的介绍,此处从略。

至于牛运震,他的"八卦方位解"虽然完全继承了毛奇龄的观点,但在引用时,删去毛奇龄语气过于激烈的内容,又自己加上了一些旁证:

> 卦通乎时,时见乎位。以大衍之数观八卦时位而考其道德,则时从春首,位从东起,由是而周流推移,则八卦成列矣。震、巽、离、坤、兑、乾、坎、艮,此文王所演,孔子所传之卦位,万古不可易者,非本有先天卦位而此为后天卦位也。①

其实从牛运震所补充的这两句内容中,就可以看出一丝义理化的端倪。他认为八卦之方位对应,来自它们的时位与道德,时间应从春天起始,方位应从东方开始,然后才能流传变化,形成八卦,《说卦》一段正符合这一点。这显然是毛奇龄不会考虑的角度,而牛运震又一次义理化改造了毛奇龄的说法。

不仅如此,毛奇龄在批评先天之学后,就开始解释这一段文字的意思,也涉及八卦方位的排列原因。如讲为何战乎乾:"乾、坎、艮、震四卦皆阳,巽、离、坤、兑四卦皆阴,阴疑于阳必战,故遇乾而战,此秋冬相交之时,阴阳相嬗之候也。"八卦分别按照阴阳分为两组,且阴阳相遇必有战斗,乾自然是首当其冲的,而且乾卦对应的季节也正是阴阳交战的时节。又讲为何始于震而终于艮:"艮阳尽于上,而震复生阳于下,故艮止震起。"艮☶一阳在上,正要被阴完全消灭,是阳止之卦,而震☳的一阳又从众阴之下重新产生,是阳复生之时。接着又讲五行相生,说:"火不能生金,故离火兑金必间坤土"②,因为火不能生金,所以代表火的离与代表金的兑之间,必须有代表土的坤作为过渡,才符合八卦相生的原理。总而言之,这些都是偏于象数的解读。

牛运震在下面正式解释这一段文字的时候,采择范围则比较广,他引用了郑玄、郑樵、杨万里、徐畿、龚焕(其人《宋元学案》附《双峰学案》下③)、

---

① [清]牛运震:《周易解》,《续修四库全书》,上海:上海古籍出版社,2002年,第21册,第672页。

② [清]毛奇龄:《仲氏易》,《影印文渊阁四库全书》,台北:台湾商务印书馆,1986年,第41册,第470页。

③ 详见[清]黄宗羲:《宋元学案》,北京:中华书局,1986年,第2828页。

胡炳文、《仲氏易》，最后说："此诸说皆足以发明八卦方位之义也"①，可见这些都是他所肯定的说法。但这些人除郑玄、毛奇龄之外，其余四人都属于宋代义理流派。

在这些对宋易学者的引用内容中，就有一部分是义理阐述，如这一段引用郑樵之说：

> 乾居西北，父道也。父道尊严，严凝之气盛于西北。西北者，万物成就之方也。坤居西南，母道也。母道在养育万物，万物之生，盛于西南。西南者，万物长养之方也。②

在八卦方位的内容下联系到父母之道进行道德说教，非常有理学特色。再如杨万里这一段："于帝言致役者，坤，臣也，帝，君也，君之于臣，役之而已。"③又牵扯到君臣关系，认为君就应该役使臣，也是道德说教。在引用毛奇龄象数说的同时，又总是补充引用像这样的义理说，表现出牛运震不以象数义理完全对立的中立态度。

同时值得一提的是，牛运震此处还有一部分引用，是关于八卦对应五行的内容。一方面是毛奇龄的五行说：

> 八卦方位，其理多端。即以相生论之，火不能生金，故离火兑金必间坤土，此人所知也。水能生木矣，而坎水震木又间艮土，天下有水木不夹土而可以自生者乎？若震木取离火必藉巽风，兑金化坎水煅以乾阳，此亦一节之可验者。④

介绍五行相生关系，并就五行物象的现实特征来立论，如用木头烧火必须靠风的帮助，或是树木必须有水和土共同作用才能生长。另一方面又引龚焕的五行说：

> 土之养物，无时不养，然于西南夏秋之交，物将成就之时，土气正

① ［清］牛运震：《周易解》，《续修四库全书》，上海：上海古籍出版社，2002年，第21册，第673页。

②③ ［清］牛运震：《周易解》，《续修四库全书》，上海：上海古籍出版社，2002年，第21册，第672页。

④ ［清］牛运震：《周易解》，《续修四库全书》，上海：上海古籍出版社，2002年，第21册，第673页。

旺,致养之功莫盛于此。水火一而木金土二者,水火,阴阳之正,木金土,阴阳之交。正者一而交者二也。又水火以气王,木金土以形王也。①

强调土养育万物的功效,以及水火代表阴阳正道,而木金代表阴阳交融之道,又说水火是气、土金木是形。相比毛奇龄,明显更义理化。牛运震在此将象数化、义理化的五行说解同引,兼顾两方的意图昭然若揭。

统观牛运震"八卦方位解"的结构,前半段选择毛奇龄批评先天后天学的文字,揭示出牛运震对"以经解经"的坚持,以及对毛奇龄的信服。后半段阐发八卦方位和五行说的内容,则在引用毛奇龄的同时加入更义理化的宋学解释,可以看出他在象数义理之间打破对立、调和共存的特点。

第三节　牛运震对前人易说的参考

一、牛运震对毛奇龄的参考

（一）牛运震对毛奇龄易说的参考——以需卦为例

其实从第二节的论述中就已经可以看出,毛奇龄的易说,可以称得上是牛运震《空山堂易解》的骨架。牛运震不仅光明正大地注明并引用毛说,而且在不注明的情况下,也多有逐字逐句照搬毛说的情况。上文引用过的多条牛运震易说,几乎每一篇"解",都带有毛奇龄的影子。

在解易理论中,牛运震的取象说、推易说、承乘比应说,都带有毛奇龄思想的痕迹,而在对象爻辞的具体说解中,虽然牛运震很少言明,但是也可以发现大量内容直接使用毛氏成说,或者稍微做了一点取舍与重新表述,这种情况在数量及出现频率上十分惊人。具体频率如何,还需要举一些卦爻为例。

这里再举"需卦(䷄)象爻取象解"全篇为例,逐字分析,看看其中有多少内容来自毛奇龄。首先解释象辞"需有孚,光亨贞吉,利涉大川",牛运震对有孚的说法与毛奇龄不同,牛运震说:"需有坎体,坎中实,故有孚"②,这

---

① [清]牛运震:《周易解》,《续修四库全书》,上海:上海古籍出版社,2002年,第21册,第672—673页。

② [清]牛运震:《周易解》,《续修四库全书》,上海:上海古籍出版社,2002年,第21册,第596页。

是就九五说,毛奇龄则说:"两卦相合,中有虚契,便为有孚"①,这是就六四说。接着解释光亨贞吉,牛运震说:"中爻互离,坎又错离,故有光。坎为通,九五居正位,为一卦主,故曰光亨贞吉",以坎离解释光这一点与毛奇龄相同。毛奇龄还说:"日月并而光自生,非光亨乎?若夫贞则天位正中,正则必吉,不待言也",因此对亨的解释与牛运震不同。但毛奇龄解释贞吉也以九五为说,表述虽异,意思上却相同。然后就是利涉大川,牛运震说:"中爻互兑,上卦见坎,兑泽坎水,皆有大川之象。乾易知险,故能利涉。有孚光贞而利涉大川,所谓'忠信涉波涛'也。"对比《仲氏易》,坎水为川同,但没有兑泽与乾善于知险之说。并且毛奇龄说:"孚光且贞,而尚患涉乎?忠信可行,昧险无渡",因为有孚信、有光且贞吉,所以涉陷也不担心,有忠信就可以出行,但明知危险,还是应该躲避。"忠信可行"之前的阐释也和牛运震意思相同而文字不同,而"昧险无渡"的反思被牛运震忽略了。毛奇龄还用小字补充说:"诗曰'忠信涉波涛',又'公无渡河',刺昧险也",这正是牛运震"所谓'忠信涉波涛'也"的来历,可见牛运震正是比照着《仲氏易》来建构他这段对象辞解释。

　　下面还有"若以移易言之,则此卦凡四易"云云,自此以下九十余字:

> 一自中孚易,三作上则向为正合,今为侧合,故有孚象。一自大畜易,五作上则向为大离,今成正离,故有光象。一自大壮易,四作五则向一刚中,今二刚中,故有贞象。一自大过易,四作初则向为大坎,今成正坎,故有涉川象。皆自然之象也。②

通过推易说,从中孚、大畜、大壮、大过四个来源卦入手分析象辞来历,与毛奇龄"凡此卦四易"一段,几乎一字不差。

　　接着再看需卦六爻。初九"乾为郊,故曰需于郊。凡易卦言郊言野者多在外卦,此内卦言郊者,以乾取象也"③,这一爻与毛奇龄的说法完全不同,鉴于牛运震对来知德易说借鉴也颇多,且来知德此爻即用"需于郊"来解释④,牛运震主要参考来知德易说的可能性较大。但包括来知德在内,无

---

① [清]毛奇龄:《仲氏易》,《影印文渊阁四库全书》,台北:台湾商务印书馆,1986年,第41册,第230页。

②③ [清]牛运震:《周易解》,《续修四库全书》,上海:上海古籍出版社,2002年,第21册,第596页。

④ 详见[明]来知德:《周易集注》,《影印文渊阁四库全书》,台北:台湾商务印书馆,1986年,第32册,第98页。

人在此处提到过下卦为郊的问题，这一点是牛运震的个人发挥。

九二前半段"当互兑之始，兑于地为刚卤，即沙也。兑为说为口舌，即小有言也"与毛奇龄之说一字不差，后半段"衍者宽平之地，如昌衍、廊衍之衍。衍在中，即指互兑言也"，也只是文字小异而已。

而九三用"坎陷为泥又为寇盗"解释"需于泥致寇至"，用"坎在外卦"解释"灾在外"，这与毛奇龄、来知德均不同。

接着的六四，"坎为血，有血之象，又为隐伏，有穴之象，故曰需于血出自穴，然尚须夫出之者也"之说，又出自毛奇龄。当然，这里用坎为血坎为穴作解者颇多，但"尚须夫出之者"这六字与毛奇龄的文字一模一样，不可能出自他处。

九五"坎为九，中爻互兑为食"，来自来知德《周易集注》，"又五互离，坎水在火上，亦酒食之象也"，来自《仲氏易》引用的荀爽说。至于"酒食贞吉，中正无为，处需之最善者也。九五为需卦之主，故《象传》即取此爻辞以蔽需义之全也"，涉及《象传》对"贞吉"的解释，牛运震取九五为贞吉的来历，毛奇龄则取九四，因此这里的论述，牛运震也按照自己的理解而发。

最后的上六，牛运震先说："上六与六四均处坎之二阴，所谓坎窞者是也，故上六亦有穴象。险陷之极，又变巽为人，故人于穴。下卦三阳并进，有三人之象焉。我为主，应为客，敬之终吉，所以刚健而不陷也。上六以阴居阴，而《小象》谓之不当位者，正王弼所谓初上不当贵贱之定位，故曰不当位也。"①这一段从大意上说，牛运震与来知德、毛奇龄均同，而文字与二者均有较大出入，因此无法判定牛运震接受自谁。

综上所述，牛运震对需卦六爻的解释，九二与六四全部照搬毛奇龄文字，初九、九五的一部分选自毛奇龄，上六意思与毛奇龄相同，只有九三完全与毛奇龄不同。可见牛运震易解依赖毛奇龄的程度之深。

(二)牛运震反对毛奇龄别作新解之例

虽然牛运震尤其信服并接受了毛奇龄的易说，但是遇到不赞成毛说的时候，他也不惮于明确指出，书中偶有几处对毛奇龄的引用，恰恰是为了指出其错误而作。这种情况虽然比较少见，但也是牛运震参考毛奇龄易说的一个重要方面。

如同人卦六二"同人于宗"，牛运震在"同人象爻取象解"中说：

---

① ［清］牛运震：《周易解》，《续修四库全书》，上海：上海古籍出版社，2002年，第21册，第597页。

  《程传》《本义》解宗为党,而不言取象之义。来知德谓离变乾而应乎阳者皆谓之宗,若是则离变乾而应阳者凡卦多有,何以不皆言宗也?毛西河训宗为众,谓与同人于野同,若然,同人于宗正合象卦之旨,又何以言吝道也?盖宗训主,即党也。《论语》曰"因不失其亲,亦可宗也。"六二为一卦之主,即一卦之宗也,故曰同人于宗,此义庶为得之。①

列出程颐、朱熹,来知德、毛奇龄对"宗"字的训释,牛运震对他们都不够满意。对于他一向信任的来知德与毛奇龄,牛运震则使用了更多篇幅进行辨析。毛奇龄训宗为众,但若解为与众人相同,那正符合同人的卦义,应该是好事,所以与"吝"之判词不符。而按照牛运震的意思,"宗"当作"主"讲,可以把六二当作主人依靠,意思与"党"相似,因为有偏信结党而不好。程朱均以二五正应为解,如朱熹说:"二与五为正应,故曰同人于宗,宗谓宗党也。同于所系应,是有所偏与,在同人之道为私狭矣,故可吝"②,即以二党于五,五才是主,牛运震则以二为主,以它爻党于二,所以认为程、朱之解虽然接近,但是还没有说到精髓。

  再如对大有九四的理解,牛运震在"大有六爻取象解"中说:

  匪其彭无咎,王弼注作匪其旁,谓九三在九四之旁也。《程传》"彭,盛多之貌",匪其彭者,不极其盛也。毛西河谓"彭者,多也,犹大有也",阳虽五有而非五所有,故曰"匪其彭"。义俱牵曲。窃按彭者,盛多之貌,如"驷驖彭彭"之彭。匪,文貌,如"有匪君子"之匪。九四四阳连进,可谓盛多矣。上卦见离,下卦位象为离,可谓文明矣。阳盛有文,何咎之有?《象传》曰"明辨晢也",正以离火文明而言也。③

牛运震与程颐、毛奇龄都认为彭是多之义,他与二人的分歧在于对"匪"的解释,程、毛都认为匪就是非,是否定之意,而牛运震用"有匪君子"之"匪",通"斐",五色相错成文,所以"匪其彭"就是褒义的多而成文。

  这是一种非常独特的理解,也有其道理,但它是否是牛运震独特的创

①　[清]牛运震:《周易解》,《续修四库全书》,上海:上海古籍出版社,2002年,第21册,第603页。

②　[宋]朱熹:《周易本义》,北京:中华书局,2009年,第76页。

③　[清]牛运震:《周易解》,《续修四库全书》,上海:上海古籍出版社,2002年,第21册,第604页。

见,却还不一定。与牛运震同时的王又朴(1681—1763),在他的《易翼述信》中,也持此解。王又朴不仅在这一条独特的易解中与牛运震观点一致,而且也同样大量引用毛奇龄的易说。虽然没有文字材料证明牛、王二人的书信往来,但是他们很可能有直接的交往,并且在易学领域有过交流与借鉴。据王又朴自定的年谱《介山自定年谱》记载,他的《易翼述信》刊刻于七十岁时(即1750年)。①至于牛运震归家专心经史则在1751年之后,《空山堂易解》的成书应当更晚,因此从时间上说,牛运震参考王又朴的可能性更大。但《空山堂易解》具体成书时间未知,也没有证据表明牛运震曾经见到过《易翼述信》,这个问题,只好暂时存疑,待能够找到新资料后再议。

以上两例,都是在具体问题上先一一否定前人之说,再提出自己的看法的形式,而且两例中都提到程颐、朱熹和毛奇龄,说明这三家正是牛运震易学上最主要的参考对象。

二、牛运震对宋人义理说的借鉴情况

(一)牛运震的四德说

在"乾元亨利贞解"中,牛运震说:

> 盖自汉唐以来,儒者谈易,皆谓元亨利贞为乾之四德,独夫子《本义》以为占辞,当得大通而利在正固,其说不同。近代易家,来知德易注主朱子,毛奇龄《仲氏易》主汉唐以来旧说。
>
> 夫乾元建而健德备,其道大通,安和正固四德,本乾所自有。第易之为书,本以卜筮酬酢之事,而寓德行教诫之权。凡为彖爻,必有指向,以诚占者,故乾卦本有四德,而必戒占者以大通而利于正,义乃备也。元始亨通利和贞正,此天道之本然也。占易者当大通而利于正,此人事之当然也。……夫易本四圣,义非一端,故有伏羲之易,有文王之易,有周公之易,有孔子之易,原不可以孔子之说即文王之说。孔子《彖传》《象词》有正释经文者,有广经文以见义者。……乌得执孔子之《文言》,以为乾卦断属四德,而必不可更有所训乎?②

---

① 详见[清]王又朴:《介山自定年谱》,《北京图书馆藏珍本年谱丛刊》,北京:国家图书馆出版社,1999年,第92册,第79页。

② [清]牛运震:《周易解》,《续修四库全书》,上海:上海古籍出版社,2002年,第21册,第585页。

朱熹解元亨利贞为"元，大也。亨，通也。利，宜也，贞，正固也"①，并且按照大通而利于正固来解释这四个字总体的意思，这与《易传》中的说法区别很大。《文言》说："元者，善之长也。亨者，嘉之会也。利者，义之和也。贞者，事之干也。君子体仁足以长人，嘉会足以合礼，利物足以和义，贞固足以干事。君子行此四德者，故曰：乾元亨利贞"，《子夏传》也说："元，始也。亨，通也。利，和也。贞，正也。"朱熹与它们的根本区别在于，他不分列四德，而是按照"元亨""利贞"两两分组来进行理解。毛奇龄以《易传》为本，因此反对朱熹，说他违背经意，但是在朱熹看来却不算违背经意，因为象辞是周公之易，《文言》是孔子之易，他们说法不同，本就合情合理。

牛运震则认为，朱熹对象辞之"元亨利贞"的理解是正确的，但他并不强调经传间意思的不同，反而认为三圣之说互相之间不但不相悖，而且相通，虽然仍不可互相训释，但是强调他们都能成立，只是说解的着眼点不同而已。所以说在"元亨利贞"这个问题上，他选择相信朱熹说，目的反倒是为了同时维护四圣，解决在他看来《文言》对元亨利贞的理解明显意义不能符合象辞的问题。所以他说："元始亨通利和贞正，此天道之本然也。占易者当大通而利于正，此人事之当然也"②，《易传》的着眼点在于天道，《易经》的着眼点在于人事，所以经传的不同意思可以并行不悖。正如他最后所总结的：

> 乾卦象辞惟以大通而利于至正为解，庶有得于圣人作易之旨，君子学易之法。而文王系辞之旨，孔子释卦之意，正有两相发而不相悖者。

既然两说都能成立，那么应当用它们互相阐发，也就没有了争论孰是孰非的必要，这大概正是《四库全书总目》说《空山堂易解》"是编务在通汉晋唐宋为一"③的原因，但是实际情况比这要复杂得多。

牛运震在乾卦四德一处注意区分孔子之易与伏羲、文王、周公之易，只是为了解决乾卦象辞与《文言》对四德之解释不一致的问题。而在其他地方，仍然一如既往地引用十翼来解释经文。如在提出四圣分别之"乾元亨

① ［宋］朱熹：《周易本义》，北京：中华书局，2009年，第30页。
② ［清］牛运震：《周易解》，《续修四库全书》，上海：上海古籍出版社，2002年，第21册，第586页。
③ ［清］永瑢等：《四库全书总目》，《影印文渊阁四库全书》，台北：台湾商务印书馆，1986年，第1册，第237页。

利贞解"的下一篇"乾卦九二爻解",牛运震就引九二的《象传》与《文言》解释乾卦九二爻辞,并且论证"此孔子之《象传》《文言》所以为九二爻辞之正解也"①,强调《易传》是经文的正确解释。再如"贲卦象爻取象解"引《杂卦》为证,说"孔子《杂卦》曰'贲,无色也'可谓括乎贲之全者矣"②,又说《杂卦》可以把贲卦的所有意思囊括其中。更不用说牛运震所使用的解易理论,如取象说、推易说等等,它们能成立的最重要依据都在《易传》中。

(二)牛运震对理学易说的修正

从上文牛运震对十翼中一些概念给予义理化解读的情况看来,他带有明显义理化倾向,但他并不信用程朱理学,从牛运震在"一阴一阳之谓道解"中对朱熹的评论看来,他对宋理学的一些易说颇有些不以为然:

> 朱子《本义》云"阴阳迭运者气也,其理则所谓道",又《语类》云"道非器不形,器非道不立,阴阳亦器也,而所以阴阳者道也"。按经文一阴一阳即谓之道,若云阴阳非道,其所以阴阳者道,则又与经文悖矣。③

理这一概念是理学的新发明,牛运震在这里认为将气与理这两个概念加入"一阴一阳之谓道",均不符合经文的意思,万物的本源——阴阳本身就是道,朱熹却创造了一个理作为阴阳运行的规律,说阴阳是气,并说理就是道,这违背了经文的意思。直接否定理,就相当于否定了理学的根基。

事实又证明,牛运震这里否定"阴阳迭运者气也,其理则所谓道",并非出于反理学的主观目的,而是出于他对《周易》的理解,认为该说不符合经文,因此不成立。因为在"一阴一阳之谓道解"的最后,他就对邵雍的说法表示了肯定。他说:"邵子曰'一阴一阳,天地之道,物由是而生,由是而成',非知道者孰能识之。"④邵雍之说,不像朱熹那样强调阴阳之理才是道,只强调阴阳之道的重要意义,就被牛运震接受了,并夸他是真懂得道的人。

因此理学中的其他说法如果与经文在意思上没有冲突,那么牛运震是乐于接受的。再如对张载的"一物两体"说,牛运震也十分赞同。他在"阴

---

① [清]牛运震:《周易解》,《续修四库全书》,上海:上海古籍出版社,2002年,第21册,第587页。

② [清]牛运震:《周易解》,《续修四库全书》,上海:上海古籍出版社,2002年,第21册,第611页。

③④ [清]牛运震:《周易解》,《续修四库全书》,上海:上海古籍出版社,2002年,第21册,第656页。

阳不测之谓神解"中说：

> 　　神也者，变化之极，妙万物而为言，不可以形诘也。天下万物皆由阴阳，或生或成，本其自然之理，不可测量。造之非我，理自元应。化之无主，数自冥运。非天下之至神，其孰能与于斯也？盖天地之道，独则不生阴阳之理，两则能变。惟其为两，故一之理可见。一之理见，故错综推迁而极于万殊，此其所以神无方也。张子曰"两在故不测"，蔡氏曰"合一不测为神"。惟其合一，故为两在，惟其两在，故能合一也。神与化非有二物，故曰一物两体。①

"数自冥运"之前，是王弼《周易注》的内容，着重强调明阴阳是万物本源，万物的变化又由冥冥中不可捉摸的自然之理控制②。牛运震后面的部分，则承接王弼的意思进行引申：如果一没有分阴阳，那么阴阳合一之理也就无法显现，而有一之理，才能由一至二以至于万物，所以有了二才有一，有了二也才有万物，即张载的一物两体之说。其实这里牛运震还犯了引用错误，所谓"蔡氏曰"的内容，其实也是张载所说，如《周易本义》解释《系辞下》"穷神知化，德之盛也"，就说："张子曰气有阴阳，推行有渐为化，合一不测为神。"③

　　平心而论，一物两体之说十分哲理化，虽然与《周易》经传没有抵牾，但也超出了《周易》经传所表达的意思，不过牛运震并不这样认为，仍然接受了该说。可见对于宋学的义理阐述，牛运震在他自己以经解经的原则下进行判断，也有选择性地接受了不少。

　　牛运震对于理学易说的引用，完全做到以自己对经文的理解作为判断依据，与己不合就毫无顾忌地进行否定。如"西南得朋东北丧朋解"，解释坤卦彖辞中的"西南得朋，东北丧朋"，牛运震基本按照时间顺序进行引用，先是"荀氏九家易"，接着马融，接着虞翻，然后评价说：诸说不同，然皆以干支杂方位论易，总属旁义"④，对夹杂干支和方位做出"旁义"的评价，不算是完全否定，是虽然认为它们可以成立，但是并非重点，或者说并非根本。接

---

①　[清]牛运震：《周易解》，《续修四库全书》，上海：上海古籍出版社，2002年，第21册，第657—658页。

②　详见[魏]王弼《周易注》，北京：中华书局，2011年，第347—348页。

③　[宋]朱熹：《周易本义》，北京：中华书局，2009年，第250页。

④　[清]牛运震：《周易解》，《续修四库全书》，上海：上海古籍出版社，2002年，第21册，第592页。

着,牛运震引用了他所认可的崔憬说:

> 惟崔氏憬曰:"西方坤兑,南方巽离,二方皆阴,与坤同类,故曰西
> 南得朋。东方艮震,北方乾坎,二方皆阳,与坤非类,故曰东北丧朋。"
> 此按《说卦》方位与男女少长为言,而与象辞柔顺利贞之义亦相
> 吻合。①

所以在他眼中,结合方位与男女少长是本义,结合方位与干支则为旁义。

接着牛运震评论程颐:"《程传》谓西南阴方,东北阳方,则以方位言,不
以卦位言。而南阴北阳,方位不合,殆不如崔说之精确矣。"程颐只说方位
未说男女少长,方位之说又有问题,因此不如崔憬精确。至于朱熹之说,在
牛运震看来就更不正确了:"朱子《本义》谓东北虽丧朋,然反之西南,乃终
有庆。则既失象卦方位之意,考之经文辞义,亦未有以反从阴类为吉者
也。"朱熹甚至连方位之说都没有,而且他的说法本身也不符合经文,无法
成立。

由此可见,牛运震对于理学派的易说,不论是义理阐发还是普通疏解
经文的内容,由他的以经解经作为出发点,合则取,不合则舍。同时,牛运
震对程颐、朱熹二人又尤为关注,对宋易其他人之说不赞同时,他往往弃之
不用,而对程朱之说不赞同时,他会更倾向于专门指出。同时,他选用程朱
的情况,也比他选择宋易其他说法频繁。

三、牛运震对王弼、孔颖达的接受

除了毛奇龄、来知德、程颐和朱熹之外,牛运震主要的参考对象,还包
括王弼、孔颖达等人。这两位的易解以义理之说为主,牛运震出于以经解
经,对他们有取有舍。

王弼易解有时夹杂老庄思想,牛运震发现了这一点,他在"复其见天地
之心解"中评论说:

> 王弼说易概以虚无为宗,其解天地之心,以为寂然至无是其本根
> 者,殆本老子致虚极守静笃以观万物之复者,以为之说,其理则是,而

---

① [清]牛运震:《周易解》,《续修四库全书》,上海:上海古籍出版社,2002年,第21册,第
592页。

与经旨不合也。①

说王弼以虚无之说解天地之心自有道理,但与经文之旨不合,虽然结论是否定,但态度算得上是十分平和,这与道学家极力排斥释老的态度十分不同。若是统观《空山堂易解》,就会发现,虽然牛运震意识到了王弼夹杂道家思想的特点,但他赞同王弼具体易说的情况也并不罕见。

如上文"阴阳不测之谓神解"之例,其中引用张载的半句话注明了出处,引用王弼的一大段,即"神也者,变化之极,妙万物而为言,不可以形诘也。天下万物皆由阴阳,或生或成,本其自然之理,不可测量。造之非我,理自元应。化之无主,数自冥运。"②却反而并未注明。同时其中"化之无主,数自冥运"等说法,也带有明显的道家特色,牛运震却仍然并不在意地引用了。

王弼所使用的解易理论以爻位说为主,辅以义理解释。因此在爻位之说方面,牛运震参考了一些王弼。如"蒙卦六三见金夫不有躬解":

> 金夫,朱子《本义》不贴爻象,《程传》以为九二,来氏知德因之。按九二为发蒙之主,若三能从之,正合象辞童蒙求我之义,不应谓之不顺。王弼以为六三在下,上九在上,上不求三而三求上,女先求男者也。故曰"不有躬无攸利"。按此则金夫当指上九。盖易例阴爻居下体而有求于上位者皆凶,其说当是也。③

六三见金夫,则卦中必有另一爻为金夫。以九二为金夫,其实始自《周易集解》中的虞翻注④,牛运震从程颐开始说起,似乎并未参考《周易集解》。九二之外,以上九为金夫者亦不少,如毛奇龄,但毛奇龄的解释思路有不同,因为蒙卦六三与上九本为正应,按理说六三取女之事应当很顺利,因此毛奇龄转而从取象的角度来解释"勿用取女"。这与牛运震的想法不合,因此他舍毛氏说而取王弼之说。王弼以上九为金夫,给出的解释也很简单,即

---

① [清]牛运震:《周易解》,《续修四库全书》,上海:上海古籍出版社,2002年,第21册,第614页。

② [清]牛运震:《周易解》,《续修四库全书》,上海:上海古籍出版社,2002年,第21册,第657—658页。

③ [清]牛运震:《周易解》,《续修四库全书》,上海:上海古籍出版社,2002年,第21册,第596页。

④ 详见[清]李道平:《周易集解纂疏》,北京:中华书局,1994年,第110页。

以三求上，以女求男，不符合男求女的传统，因此不可轻举妄动且没有好处。

至于孔颖达疏解王弼注，往往疏不破注，但他会顺着王弼的意思做进一步的引申，牛运震有时会在肯定王弼注的同时，否定孔疏的引申。如复卦象辞"七日来复"，王弼只说"阳气始剥尽，至来复时，凡七日"①，却没有说明，为何阳气从剥尽至来复为七日。褚氏、庄氏等人以月易日，用十辟卦所代表的月份来解释。孔颖达不取此说，认为王弼采用的是郑玄来自易纬的分卦值日之说，三百六十五日分配给六十四卦，一卦当六日七分，所以由剥卦至复卦为七日②，牛运震对孔颖达的解读，评价说"亦有牵曲而不可通者"③。那么对于由剥至复为七日究竟应该如何理解呢？牛运震说："盖从剥数起，以至于复，自剥上一爻连坤六爻为七日。"④剥卦为☶☷，复卦为☷☳，由剥至复，上九变阴则为坤，但下一步不能直接变为复，还要间隔坤卦六爻到初爻，因此是七爻，也就是七日。

又如对乾卦九二的解释，牛运震肯定了王弼注、孔颖达疏对该爻并非君位但有君德的解释之后，又专门指出孔疏超越王注进行发挥的内容，进行反驳。"至若孔疏九二当建丑建寅之间，以应阳气发扬之时，此又卦气直月之说，而非易卦之正解也。"⑤孔颖达加入了纳甲和分卦值日，这都并非《周易》的正解。情况与上一个例子完全一样。

通过总结牛运震引用的情况，可以发现，在利用象数解易的时候，牛运震所引，十之七八都是毛奇龄易说，而在采用爻位说、义理说解易的时候，牛运震的选择对象却多种多样，既有程朱，又有王弼、孔颖达、张载等人，当然更有不少牛运震自己创造的独特说法。

牛运震的易学虽然师承不明，但他明确提出并坚守以经解经的原则，且从易学理论到解易文字，都深受毛奇龄的影响，甚至比李塨等人更深，因此本书也将他算作以经解经派中的重要一员进行介绍。

① ［魏］王弼：《周易注》，北京：中华书局，2011年，第131页。

② 详见［唐］孔颖达：《周易正义》，《十三经注疏》，北京：中华书局，1980年，第27页。

③④ ［清］牛运震：《周易解》，《续修四库全书》，上海：上海古籍出版社，2002年，第21册，第614页。

⑤ ［清］牛运震：《周易解》，《续修四库全书》，上海：上海古籍出版社，2002年，第21册，第587页。

结　论

　　自从清代学术汉、宋对立的学术史框架被渐渐确立之后,学术研究的视野反而受到了限制,人们囿于或汉或宋的框架之中来讨论问题,认为宋学即理学,汉学即反理学,不再寻找清代学术史中的其他流派。而近现代学者更是如此,甚至不知尚有大量优秀学者,因为无法被归类而在学术史中噤声。

　　毛奇龄就是其中之一,他的易学立足于阳明学派,因此在清初就表现出反宋学立场,远早于清代汉学的兴起,但他又同时与反宋学主流——汉学若即若离,不肯接受非汉即宋的易学框架。他所坚持的易学原则是"以经解经",试图解构汉代以降的所有易解,重新以《易经》与《易传》为判断依据,创造自己独特的易学理论与易学说法。这一点不仅体现在他的五易说和其他易学理论中,更体现在他对很多象爻辞的具体解释中。

　　为了改变目前对毛奇龄的研究大多局限于孤立个体的现状,本书又努力将毛奇龄放在平行时代与前后历史的双重背景下,研究毛奇龄与汉学、宋学的关系。尤其是他与汉学的关系,亟须廓清。这就需要不仅仅将他与汉魏易学进行对比,而且将他与同时代的汉易学者惠栋等人进行比较,从立场、考据、易解三个方面揭示二者之同异。在辨析《图》《书》学以及搜集汉易成果方面,文中还单独指出毛奇龄对胡渭、翟均廉等人的影响。这些工作的最终目的都在于厘清毛奇龄易学的源流与成果,同时又明确毛奇龄在易学史中的影响力。

　　"以经解经"是本书最核心的概念,它并非由毛奇龄首创,且在经学史各个经学门类中都有影响,因此本书还对这一概念进行了仔细的考证和辨析。"以经解经"其实包含了"以本经解经""以他经解经"和"以传解经"三个范畴。具体到易学,所谓"经"的参考范围不仅包含《易经》,也包含《易传》,因为在一般观念里,《易传》早已是"易经"的一部分。毛奇龄所肯定、否定或自创的所有观点,都在这一范畴中的"以经解经"原则之下形成,至于它们是否真的完全符合"以经解经"原则,则是另外的问题。针对《周易》的特殊性,本成果专门开辟章节,梳理"以经解经"的内涵和历史,并辨析"易传附经""易传升经""以传解经"等一系列易学领域的相关概念。

　　对于毛奇龄本人及其易学的研究,时至今日已经成果颇丰,但对于他的后学及影响,研究却十分缺乏。其实在易学方面,继承毛奇龄以经解经易学理念并大量参考毛奇龄易说的学者颇多,本书后几章所研究的李塨、程廷祚、晏斯盛和牛运震,就是受到毛奇龄影响最为明显的四位易学家。研究他们的易学,能够在体现出毛奇龄影响力的同时,又能通过他们各自对以经解经不同的理解与运用,深刻揭示出以经解经的内涵。

李塨在经学领域,可以算是毛奇龄的入室弟子,对毛奇龄的接受最为明显。李塨虽在思想倾向上属于实用主义的颜李学派,原本应当强调事功反对穷经,但李塨与颜元不同,他后期也曾致力于经学,并且在毛奇龄的易学中找到了与自己颜李学哲学主张一致的倾向,即回归经典、破除后人所设迷障的“以经解经”观。同时李塨对毛奇龄的解易法与具体易说也十分信服,可以说,他是毛奇龄经学,尤其是易学名正言顺的继承者。

程廷祚的定位,首先是颜李学派的后学,受到李塨极深的影响,但因身处因言获罪的时代,他不敢宣扬颜李学思想,只好阳奉阴违,只在经学领域继承李塨的拓荒成果,并走出了自己的思路。他接受了毛奇龄、李塨解易的基本原则——“以经解经”,并且将它发展到极致。毛奇龄等人虽然从原则上强调以经书本身为根据解释经书,摒弃后人不符合经书本义的理论与说解,但是从实践上来说,并没能完全抛开前人的解易理论,只是根据经文从中选出更符合本义的现成理论来使用。而程廷祚则完全抛弃他人成说,重新从《周易》文本中提炼一套与众不同的解易体系。因此,程廷祚的易学理论别具一格,乍看之下与毛奇龄、李塨的易说都有明显区别,但是他的易学理念来自他们,是在继承毛奇龄易学精髓的同时走出了自己新路,丰富了“以经解经”的内涵。

第三位重点研究对象是晏斯盛。晏斯盛与毛奇龄并无直接的交往,但是他从毛奇龄的易学著作中吸收了大量养分,他同时也是程廷祚的至交,他们成为好友的重要原因,正在于二人在易学观上的一致。晏斯盛不但接受了毛奇龄的“以经解经”说,而且对毛奇龄的具体易解也颇多认同,又继承了毛奇龄对句读的重视与他旁征博引的资料,甚至也有直接袭用毛奇龄具体易说文字的部分。

至于牛运震,他的易说更是以毛奇龄之说为主体,从很多角度来说,他都是受毛奇龄影响极深的一位学者。他不仅明确提出并坚持践行“以经解经”的原则,并且完全接受了毛奇龄的推易说、卦画反对卦名反对说等独特理论,《周易解》中还有大量明显直接移植毛奇龄易说的痕迹。因此,虽然牛运震从学缘及交游上来看,都找不到与毛奇龄以及前几位学者的关系,但是他坚持“以经解经”,且易说多与毛奇龄一致,因此仍可算是“以经解经"的派易学家。

以上四位学者,他们每人的具体情况与所受毛奇龄的影响各有不同。但毋庸置疑,他们都拥有与毛奇龄相同的"以经解经"观,而且解易理论与易说也有对毛奇龄的明显继承或借鉴。其中即使是与毛奇龄易说区别最大的程廷祚易说,也正是将"以经解经"发挥到极致后产生的结果。所以本书将他们都概括为一个"流派",并冠以"以经解经派"之名,以便更加直观地表现出他们的这种一致性,以及毛奇龄对他们的深刻影响。

参考文献

一、古籍

[1][清]毛奇龄:《西河集》,《影印文渊阁四库全书》,台北:台湾商务印书馆,1986年,第1321册。

[2][清]毛奇龄:《毛奇龄易著四种》,北京:中华书局,2010年

[3][清]毛奇龄《仲氏易》,《影印文渊阁四库全书》,台北:台湾商务印书馆,1986年,第41册。

[4][清]毛奇龄:《经问》,《影印文渊阁四库全书》,台北:台湾商务印书馆,1986年,第191册。

[5][清]毛奇龄:《论语稽求篇》,《影印文渊阁四库全书》,台北:台北商务印书馆,1986年,第210册。

[6][清]毛奇龄:《春秋毛氏传》,《影印文渊阁四库全书》,台北:台北商务印书馆,1986年,第176册。

[7][清]毛奇龄《易韵》,《影印文渊阁四库全书》,台北:台湾商务印书馆,1986年,第249册。

[8][清]李塨:《周易传注》,《影印文渊阁四库全书》,台北:台湾商务印书馆,1986年,第47册。

[9][清]李塨:《恕谷后集》,丛书集成初编影印畿辅丛书本,北京:中华书局,1983年。

[10][清]李塨:《阅史郄视》,《丛书集成新编》,台北:台湾新文丰出出版公司,1985年。

[11][清]方苞:《方苞集》,上海:上海古籍出版社,1983年。

[12][清]冯辰、冯调赞:《李塨年谱》,北京:中华书局,1988年。

[13][清]戴望:《颜氏学记》,北京:中华书局,1958年。

[14][清]程廷祚:《易通》,《续修四库全书》,上海:上海古籍出版社,2002年,第20册。

[15][清]程廷祚:《大易择言》,《影印文渊阁四库全书》,台北:台湾商务印书馆,1986年,第52册。

[16][清]程廷祚:《清溪集》,《金陵丛书》本。

[17][清]程廷祚:《春秋识小录》,《影印文渊阁四库全书》,台北:台湾商务印书馆,1986年,第181册。

[18][清]程廷祚:《论语说》,《续修四库全书》,上海:上海古籍出版社,2002年,第153册。

[19][清]晏斯盛:《楚蒙山房集》,《清代诗文集汇编》,上海:上海古籍出版社,2010年,第270册。

[20][清]晏斯盛:《楚蒙山房易经解》,《影印文渊阁四库全书》,台北:台湾商务印书馆,1986年,第49册。

[21][清]牛运震:《周易解》,《续修四库全书》,上海:上海古籍出版社,2002年,第21册。

[22][清]牛运震:《空山堂文集》,《清代诗文集汇编》,上海:上海古籍出版社,2010年,第305册。

[23][清]牛运震:《春秋传》,清嘉庆空山堂全集本。

[24][清]永瑢等:《四库全书总目》,北京:中华书局,1965年。

[25][清]毛奇龄:《四书改错》,《续修四库全书》,上海:上海古籍出版社,2002年,第165册。

[26][清]李光地:《周易折中》,成都:四川出版集团巴蜀书社,2013年。

[27][清]胡渭:《易图明辨》,北京:中华书局,2008年。

[28][清]黄宗羲:《易学象数论(外二种)》,北京:中华书局,2010年。

[29][宋]朱熹:《周易本义》,北京:中华书局,2009年。

[30][宋]黎靖德编:《朱子语类》,北京:中华书局,1986年。

[31][宋]朱熹:《晦庵集》,《影印文渊阁四库全书》,台北:台湾商务印书馆,1986年,第1145册。

[32][宋]程颐:《周易程氏传》,北京:中华书局,2011年。

[33][宋]程颐、程颢:《二程遗书》,《二程集》,北京:中华书局,2004年。

[34][明]何楷《古周易订诂》,《影印文渊阁四库全书》,台北:台湾商务印书馆,1986年,第36册。

[35][宋]方闻一《大易粹言》,《影印文渊阁四库全书》,台北:台湾商务印书馆,1986年,第15册。

[36][元]胡一桂《易附录纂注》,《影印文渊阁四库全书》,台北:台湾商务印书馆,1986年,第22册。

[37][宋]冯椅《厚斋易学》,《影印文渊阁四库全书》,台北:台湾商务印

书馆,1986年,第16册。

[38][清]阮元:《十三经注疏》,北京:中华书局,1980年。

[39][清]李道平:《周易集解纂疏》,北京:中华书局,1994年。

[40][宋]郭京《周易举正》,《影印文渊阁四库全书》,台北:台湾商务印书馆,1986年。

[41][宋]朱震:《汉上易传》,《影印文渊阁四库全书》,台北:台湾商务印书馆,1986年,第11册。

[42][明]来知德:《周易集注》,《影印文渊阁四库全书》,台北:台湾商务印书馆,1986年,第32册。

[43][清]惠栋:《周易述(附易汉学、易例)》,北京:中华书局,2007年。

[44][清]惠栋:《松崖笔记》,《丛书集成续编》,上海:上海书店,1994年,第92册。

[45][清]惠栋:《九曜斋笔记》,《丛书集成续编》,上海:上海书店,1994年,第92册。

[46][清]惠栋:《增补郑氏周易》,《影印文渊阁四库全书》,台北:台湾商务印书馆,1986年,第7册。

[47][清]顾炎武:《日知录集释》,上海:上海古籍出版社,2006年。

[48][清]张惠言:《周易虞氏易》,《续修四库全书》,上海:上海古籍出版社,2002年,第26册。

[49][清]李锐:《周易虞氏略例》,《续修四库全书》,上海:上海古籍出版社,2002年,第28册。

[50][清]张惠言:《周易虞氏消息》,《续修四库全书》,上海:上海古籍出版社,第26册。

[51][清]全祖望:《全祖望集汇校集注》,上海:上海古籍出版社,2000年。

[52][汉]郑玄注[宋]王应麟辑:《周易郑注》,清湖海楼丛书本,卷五。

[53][魏]王弼《周易注》,北京:中华书局,2011年。

[54][汉]班固:《汉书·儒林传》,北京:中华书局,1964年。

[55][南北朝]范晔:《后汉书》,北京:中华书局,1965年。

[56]赵尔巽等:《清史稿》,北京:中华书局,1977年。

[57][唐]魏征、令狐德棻:《隋书》,北京:中华书局,1973年。

[58][后晋]刘昫等:《新唐书》,北京:中华书局,1975年。

[59][清]皮锡瑞:《经学通论》,北京:中华书局,1954年。

[60][清]梁启超:《清代学术概论》,上海:上海古籍出版社,1998年。

[61][清]江藩:《汉学师承记(外二种)》,上海:中西书局,2012年。

[62][清]黄宗羲:《宋元学案》,北京:中华书局,1986年。

[63][清]黄宗羲:《明儒学案》,北京:中华书局,1986年。

[64][宋]周敦颐:《周敦颐集》,北京:中华书局,1990年。

[65][汉]魏伯阳:《周易参同契》,北京:中华书局,2014年。

[66][宋]郑樵:《通志》,北京:中华书局,1987年。

[67][清]丁丙藏、丁仁编:《八千卷楼书目》,《续修四库全书》,上海:上海古籍出版社,2002年,第921册。

[68][唐]陆德明:《经典释文》,上海:上海古籍出版社影北京图书馆藏宋本,1985年。

[69][汉]许慎:《说文解字》,北京:中华书局,1963年。

二、专著与硕博论文

[1][民国]胡适:《颜李学派的程廷祚》,《北京图书馆藏珍本年谱丛刊》,北京:国家图书馆出版社,第94册。

[2][民国]蒋致中:《清牛空山先生运震年谱》,台北:台湾商务印书馆,1978年。

[3]汪学群:《清初易学》,北京:商务印书馆,2004年。

[4]汪学群:《清代中期易学》,北京:社会科学文献出版社,2009年。

[5]朱伯崑:《易学哲学史》,北京:昆仑出版社,2005年。

[6]高亨:《周易古经今注》,北京:清华大学出版社,2010年。

[7]高亨:《周易大传今注》,北京:清华大学出版社,2010年。

[8]王力:《同源字典》,北京:中华书局,2014年。

[9]孙钦善:《中国古文献学史》,北京:中华书局,2015年。

[10]漆永祥:《乾嘉考据学研究》,北京:中国社会科学出版社,1998年。

[11]李申:《易图考》,北京:北京大学出版社,2001年。

[12]王汎森:《权力的毛细管作用——清代的思想、学术与心态》,北京:北京大学出版社,2015年。

[13]梁启超:《中国近三百年学术史》,北京:商务印书馆,2011年。

[14]杨峰、张伟:《清代经学学术编年》,江苏:凤凰出版社,2015年。

[15]王俊义、黄爱平:《清代学术文化史论》,文津出版社,1999年。

[16]郑朝晖:《述者微言——惠栋易学研究》,武汉:武汉大学,2005年。

[17]雍琦:《朱彝尊年谱》,上海:复旦大学,2007年。

[18]朱纯:《李塨思想流变考论》,长沙:湖南大学,2014年。

[19]井东燕:《牛运震传略》,兰州:兰州大学,2007年。

[20]崔丽丽:《毛奇龄易学研究》,山东大学,2010年。

[21]周怀文:《毛奇龄研究》,山东大学,2010年。

[22]闫宝明:《毛奇龄与朱子学》,南开大学,2009年。

[23]陈修亮:《乾嘉易学三大家研究》,山东大学,2005年。

[24]王应宪:《清代吴派学术研究》,华东师范大学,2007年。

[25]王棋:《荀爽易学研究》,山东大学,2009年。

[26]董春:《李塨易学思想研究》,山东大学,2002年。

三、期刊论文

[1]林久贵:《〈四库全书〉收录个人著述最多的人——毛奇龄》,《文史知识》,1997年第7期。

[2]田智忠:《再论〈太极图〉与〈周易参同契〉"三五至精"思想之关系》,《周易研究》,2015年第2期。

[3]谷继明:《论李鼎祚〈周易集解〉的流传》,《周易研究》,2012年第3期。

[4]杨自平:《程廷祚"以经解经"的释《易》实践与易简哲学》,《(台湾)清华学报》,2013年,新43卷,第二期。

[5]程二奇:《毛奇龄〈推易始末〉与清代汉学之复兴——清学史源流的一个新认识》,《学习与探索》,2006年第5期。

[6]林忠军:《毛奇龄"推移"说与清代汉易复兴》《陕西师范大学学报(哲学社会科学版)》,2012年3月。

[7]张鑫:《论毛奇龄"移易"说视域下的子母聚卦》,《德州学院学报》,2016年3月。

[8]於梅舫:《从王学护法到汉学开山——毛奇龄学说形象递变与近代学术演进》,《中山大学学报(社会科学版)》,2014年1月。

[9]郑万耕:《毛奇龄对河图洛书的驳斥》,《中国哲学史》,2001年第4期。

[10]黄爱平:《毛奇龄与明末清初的学术》,《清史研究》,1996年第4期。

[11]胡春丽:《毛奇龄交游考》,《理论界》,2009年10月。

[12]胡春丽:《三百年来毛奇龄研究述评》,《玉溪师范学院学报》,2014

年第1期。

[13]陈居渊：《毛奇龄与乾嘉经学典范的重塑》，《浙江学刊》，2002年第3期。

[14]陈居渊：《清代乾嘉学人论宋儒"图书"易学》，《孔子研究》，2012年第6期。

[15]汪学群：《试论清代中期易学诸流派的特色》，《中国哲学史》，2008年第4期。

[16]杨效雷：《学术史视野下的清代易学》，《理论学刊》，2012年11月。

[17]景海峰：《论"以传解经"与"以经解经"——现代诠释学视域下的儒家解经方法》，《学术月刊》，2016年第6期。

[18]侯江波：《牛运震学术渊源考述》，《德州学院学报》，2014年第30卷。

[19]李伟波：《李塨易学的经世精神》，《周易研究》，2009年4月。

[20]韩进军：《李塨对颜元思想的背离与超越》，《河北大学学报（哲学社会科学版）》，2008年2月。

[21]陈山榜：《李塨年表》，《河北师范大学学报（教育科学版）》，2007年5月。

[22]王春阳：《略论李塨经学转向之动因》，《郧阳师范高等专科学校学报》，2009年8月。

[23]任雪山：《李塨与方苞之交游及其学术意义》，《保定学院学报》，2017年5月。

[24]康全诚、张忠智：《程廷祚〈易〉学思想探微》，《辽东通识学报》，2011年7月。

[25]杨自平：《程廷祚"以经解经"的释〈易〉实践与易简哲学》，《（台湾）清华学报》，2013年6月。

[26]周兆茂：《论程廷祚的哲学思想》，《安徽师大学报（哲学社会科学版）》，1988年第一期。